GIA-DINH-THUNG-CHI.

HISTOIRE ET DESCRIPTION

DE

LA BASSE COCHINCHINE.

BENJAMIN DUPRAT,

LIBRAIRE DE L'INSTITUT, DE LA BIBLIOTHÈQUE IMPÉRIALE ET DU SÉNAT,

À PARIS, RUE DU CLOÎTRE-SAINT-BENOÎT, 7,

AUPRÈS DU MUSÉE DE CLUNY.

志 逼 定 嘉

(GIA-DINH-THUNG-CHI.)

HISTOIRE ET DESCRIPTION

DE

LA BASSE COCHINCHINE

(PAYS DE GIA-DINH)

TRADUITES POUR LA PREMIÈRE FOIS, D'APRÈS LE TEXTE CHINOIS ORIGINAL,

PAR G. AUBARET,

CAPITAINE DE FRÉGATE,

PUBLIÉES PAR ORDRE

DE S. EXC. LE COMTE DE CHASSELOUP-LAUBAT,

MINISTRE DE LA MARINE ET DES COLONIES.

PARIS.

IMPRIMERIE IMPÉRIALE.

———

M DCCC LXIII.

1864

INTRODUCTION.

Le *Gia-dinh*[1]*-Thung-chi* ou description du pays de *Gia-dinh*, dont nous donnons aujourd'hui la traduction, est le livre classique et en quelque sorte officiel pour tout ce qui a historiquement et géographiquement rapport à la basse Cochinchine.

Ce livre a été écrit du temps du roi *Minh-mang*, il y a trente ans environ, par le haut mandarin *Trang-hoï-duc* (lieutenant du vice-roi de Gia-dinh en 1810), homme très-considéré à cause de son érudition. Les lettrés annamites ne pourraient occuper aucune position un peu importante en basse Cochinchine sans la connaissance complète de cette compilation historique et géographique : aussi peut-on affirmer qu'elle est nécessairement connue de tous les mandarins. Il en est pourtant de ce livre comme des très-rares ouvrages particulièrement propres au royaume d'Annam, c'est-à-dire qu'il est en général assez difficile de se le procurer, quoiqu'il soit cependant

---

[1] Sous le nom général de *Gia-dinh* les Annamites ont l'habitude de désigner les six provinces qui composent la basse Cochinchine.

bien plus commun que le recueil des lois et des règlements.

Le peu d'ordre et de méthode qui règne dans ce travail nous a forcé à intervertir plusieurs parties, sans néanmoins porter jamais aucune altération au sens littéral. Ainsi, il nous a paru que, contrairement au plan adopté par l'auteur, l'histoire de la conquête et de la colonisation du pays, ainsi que ses mœurs et ses coutumes, devait être placée avant sa description purement géographique. Cette division présente cet avantage à des lecteurs européens, que ceux d'entre eux qui voudront se faire une idée de la basse Cochinchine sans entrer dans des détails uniquement destinés aux fonctionnaires ou aux habitants du pays pourront se borner à la première partie.

L'abondance des noms propres, qu'il est impossible de diminuer sans enlever à cet ouvrage sa véritable valeur d'authenticité, le rendra sans doute un peu obscur, surtout dans sa partie purement géographique, à toute personne qui, même étant sur les lieux, n'aura pas intérêt à se rendre parfaitement compte de la configuration du pays. Mais si l'on désire être guidé dans le dédale des innombrables cours d'eau des six provinces, les noms propres, si compliqués qu'ils paraissent, seront d'un très-grand secours, et le lecteur sera bien plus porté à les trouver trop restreints qu'à se plaindre de leur nombre.

On s'est conformé, autant que possible, pour l'écriture

de ces noms, à l'orthographe [1] adoptée par les missionnaires, orthographe qui paraît ne devoir pas être changée, malgré ses imperfections, à cause du nombre assez
grand des Annamites qui la connaissent aujourd'hui.
Bien que les mots transcrits de la sorte, et en général
traduits du chinois, n'indiquent qu'à peu près la prononciation véritable des noms propres, nous pensons
que cette prononciation suffira pour se faire comprendre,
surtout avec des indigènes prévenus qu'il s'agit, par
exemple, de tel cours d'eau situé dans telle province.

La première division expose, comme nous l'avons dit,
l'histoire de la conquête des six provinces sur le royaume
de Cambodge. C'est là une relation importante à cause
des dates précises qu'elle donne, dates toujours contrô-
lées par la chronologie chinoise, et qui établissent d'une
façon bien certaine la priorité du royaume d'Annam sur
celui de Siam en tant que suzerain du Cambodge. Cette
priorité est pour nous pleine d'importance, à cause des
prétentions de la cour de Bang-kok sur un vaste et
riche pays qui semble devoir être entièrement placé sous
notre protectorat. Les guerres de la Cochinchine avec
Siam jettent beaucoup de lumière sur cette question,
très-ignorée jusqu'à ce jour, et qu'il était pourtant indispensable de connaître, afin de pouvoir répondre
sciemment à une revendication de droits souvent fort peu

---

[1] Les accents et signes de convention que comporte l'orthographe adoptée par les missionnaires n'ont pas été employés, afin de ne pas augmenter la difficulté de la lecture pour les personnes étrangères à l'étude de la langue annamite.

fondée. C'est surtout dans l'appendice de cette première division, appendice continué jusqu'à nos jours par une note du ministre d'État *Phang-thang-giang*, que le lecteur puisera les renseignements les plus précis sur cette question du Cambodge, qui paraît avoir été de tout temps la première en basse Cochinchine.

La grande révolte des *Tay-so'n*, qui pendant plus de dix ans a bouleversé le royaume d'Annam dans toute son étendue, est racontée avec toute l'indépendance que peut se permettre un fonctionnaire de race chinoise ayant à traiter un sujet aussi épineux. Cette relation est intéressante en ce qu'elle montre combien le roi *Gia-long* est le restaurateur, sinon le fondateur véritable de la dynastie actuelle. Le lecteur sera sans doute frappé de l'ingratitude de l'historien, qui ne mentionne seulement pas l'évêque d'Adran, ni les officiers français distingués auxquels le roi *Gia-long* dut en définitive la conquête de son royaume; mais il ne doit pas oublier que cette histoire a été écrite sous le roi *Minh-mang*, prince peu reconnaissant de son naturel et avec lequel il eût sans doute été très-dangereux de se trop laisser aller à ses propres impressions. Cependant le mot de Français est écrit à plusieurs reprises, et l'on fait même l'éloge d'un matelot breton passé depuis sa mort au rang des demi-divinités guerrières de la Cochinchine.

Les mœurs et coutumes suivent la partie historique. Bien que ce ne soit qu'un aperçu des coutumes nombreuses qui régissent le peuple d'Annam bien autrement

que ses lois, il y règne assez d'originalité et assez
d'exemples pour que l'on voie bien à quelle société on
a affaire. L'élément chinois y domine à un tel point,
que l'origine des Annamites ne peut plus être une
question pour personne. C'est pour cela que la connaissance de la Chine est à peu près indispensable pour
l'administration de ce peuple. Les différences de détail
sont quelquefois assez tranchées; mais le fond est tellement le même, que l'on fera certainement fausse route
toutes les fois que l'on se comportera en ce pays autrement qu'en pleine société chinoise.

Enfin, la partie météorologique, qui clôt la première
division, n'est là que pour laisser au livre toute sa couleur originale; elle est entièrement basée sur les idées
reçues en Chine et donne une preuve de l'ignorance
incroyable où sont restés ces peuples pour tout ce qui
est du ressort scientifique. L'auteur, quoique habitant
de la basse Cochinchine et aimant beaucoup son pays,
comme tous les Annamites, fait une description très-
peu flatteuse de son climat et des maladies qu'il engendre. Ceci ne doit nullement surprendre de la part
d'un Annamite, témoin des nombreux décès dus à l'in-
curie de ce peuple pour sa propre personne. Les Chinois
vivent fort bien et fort longtemps en Cochinchine; cela
tient surtout à leur alimentation et aux soins qu'ils ont
d'eux-mêmes. Les Annamites sont tellement négligés sur
ce point, qu'il faut quelque temps aux Européens pour
s'habituer à leur vue. Leur genre d'alimentation, loin

d'être aussi dégoûtant qu'on l'a prétendu, a le tort d'être déplorable pour la santé, tant il est salé et excitant; son défaut principal est de forcer à boire tout le long du jour dans un pays bas et noyé, où l'eau est presque toujours un peu saumâtre[1]. Une autre grande cause de maladies est chez les Annamites la légèreté de leurs vêtements, incapables de les protéger contre la très-grande humidité des nuits; c'est pour eux une source de bronchites aiguës qui en font périr un grand nombre. Leur science médicale est tellement arriérée, qu'ils ne connaissent pas de meilleur remède pour se défaire de ces bronchites que de se peindre à la chaux la partie antérieure du cou. Les plaies et ulcères sont fréquents, et, à la manière dont tout cela est traité, il faut s'étonner qu'il n'y en ait pas davantage. Nous entrons dans ces détails afin de défendre contre l'auteur lui-même le climat d'un pays qui ne mérite aucune mauvaise réputation, et qui est même probablement l'un des plus sains parmi les pays intertropicaux.

La mortalité des indigènes, due aux causes exposées plus haut, n'est nullement à comparer avec celle des Européens; et il est si vrai que le régime et non le climat engendre les maladies de ces indigènes, que ceux d'entre eux qui se soumettent à nos soins hygiéniques se transforment au point que leur physionomie

---

[1] Il existe néanmoins dans ce pays un assez grand nombre de puits où l'eau est excellente; mais c'est presque toujours dans le voisinage des centres habités par les Chinois que ces puits se trouvent.

ne tarde pas à changer. En résumé, la basse Cochinchine n'est pas une région malsaine, et il ne faut pas
perdre de vue que ce qui est dit dans ce livre ne se
rapporte qu'aux Annamites.

La deuxième partie de cet ouvrage est une description
géographique des provinces de la basse Cochinchine,
qui étaient au nombre de cinq du temps du roi *Minh-
mang*. La province de *Vinh-thanh*, très-peu peuplée à
cette époque, a depuis été divisée en deux et forme aujourd'hui la riche province de *Vinh-long* ainsi que celle
d'*An-giang*, dont l'étendue est très-considérable et n'est
nullement en rapport avec la population qui l'habite.
Le pays, dans son ensemble, est généralement appelé
Gia-dinh, nom que porte aujourd'hui en particulier la
province où est située *Saï-gon*, province qui est de beaucoup la plus importante, à cause de sa situation et de
ses magnifiques cours d'eau; elle se nommait *Phan-yen*
à l'époque où écrivait l'auteur de ce livre : on dit encore aujourd'hui citadelle de *Phan-yen* quand on veut
parler de l'immense travail exécuté par le colonel français Ollivier. Cette citadelle fut rasée par ordre du roi
Minh-mang à la suite d'une révolte célèbre qui lui montra
combien il était difficile de la reprendre sur ceux qui
l'occupaient. On se borna alors à la citadelle dont nous
avons dû nous emparer lors de la prise de Saï-gon :
celle-là se nomme citadelle de *Gia-dinh*.

La basse Cochinchine se nomme aussi et plus communément aujourd'hui *Nam-ki* ou pays du sud, par oppo-

sition au *Tonkin*, qui est appelé *Bat-ki*, pays du nord. Ces deux appellations sont le plus souvent employées dans le langage administratif. Ce pays est tellement coupé de cours d'eau de toutes dimensions et de toutes directions que sa description se borne en réalité à celle de ces cours d'eau. Il paraît difficile au premier abord d'établir une loi quelconque dans un pareil dédale; cependant, en y portant quelque attention, on s'apercevra que ce problème n'a pas été trop mal résolu par les Annamites, qui ont apporté dans les divisions principales un esprit géographique assez remarquable. Ils se sont bornés simplement aux ramifications les plus fréquentées, négligeant de décrire les subdivisions infinies et capricieuses qu'affectent les petits arroyos.

Les noms propres sont ici d'une difficulté réelle, à cause de leur multiplicité. Les deux langues dont se servent les Annamites, c'est-à-dire la chinoise et leur langue vulgaire proprement dite, sont la source de grandes confusions.

Ainsi chaque cours d'eau a en réalité deux noms : un nom chinois, le plus souvent employé dans les dépêches officielles, et un nom annamite, généralement en usage chez le peuple. La confusion ne serait pas extrême si elle se bornait là; mais ce qui la rend quelquefois vraiment inextricable, c'est l'habitude qu'ont les Annamites de changer le nom vulgaire du cours d'eau chaque fois qu'il passe devant le territoire d'un nouveau village, et il leur arrive même de défigurer ce nom vulgaire par quelque abréviation plus en usage encore que le premier nom dans la basse classe du peuple.

Il en est résulté que plusieurs personnes étrangères au pays ont pu recueillir sur le même cours d'eau chacune un nom différent. Cela peut amener beaucoup de discussions, qui tombent d'elles-mêmes lorsqu'on est prévenu que c'est la coutume annamite de ne pas imposer le même nom au même fleuve ou à la même rivière pendant tout son cours.

On s'est donc attaché, afin d'avoir une base quelconque, à se conformer, autant que possible, aux dénominations officielles de ce livre classique en Cochinchine, et les excellents travaux hydrographiques de M. l'ingénieur Manen, où ces dénominations ont été adoptées, seront du secours le plus efficace, et même le plus indispensable, pour se guider dans ce labyrinthe et lire avec fruit une description qui, bien que fautive sous beaucoup de rapports pour les détails, ne manquera pas de fixer les idées et d'aider puissamment la mémoire.

Les limites dont il est question au commencement de cette partie sont sensiblement demeurées les mêmes, sauf en ce qui concerne la province de *Vinh-thanh*, divisée aujourd'hui en deux, comme nous l'avons dit plus haut, et celle de *Gia-dinh*, qui s'est agrandie aux dépens de *Dinh-tuong* (*Mi-tho*) et, très-contrairement aux indications géographiques, de la plus grande partie du territoire situé entre ce que les Français nomment le grand

Vaï-co, le *Soi-rap* et le fleuve de *Mi-tho* (huyens de *Tan-hoa* et de *Tan-thanh*).

Nous n'avons pas cru devoir donner les divisions administratives de l'auteur, parce qu'ayant dans ces trente dernières années subi des changements très-considérables, elles n'auraient pu que porter du trouble dans les idées.

On sait que les provinces du royaume d'Annam se divisent en arrondissements nommés *phus* et que ceux-ci donnent naissance à un certain nombre de sous-arrondissements nommés *huyens*. Les huyens, à la tête desquels sont placés les mandarins du rang le moins élevé dans l'administration, se subdivisent à leur tour en cantons, dirigés par des chefs de cantons, hommes choisis parmi les maires ou notables des dix ou quinze villages (quelquefois plus) placés sous leur surveillance. Enfin on arrive de la sorte à l'unité, qui est le village, à la tête duquel est un maire élu par ses concitoyens et qui, sous l'inspection de l'autorité, est le magistrat de cette petite république, dont les franchises communales sont faites pour attirer fortement l'attention des Européens. Il faut toujours, quand on parle en Cochinchine d'un phu, d'un huyen, d'un canton ou d'un village, entendre toute l'étendue d'un territoire et jamais le lieu où réside le mandarin, ni même celui où se trouvent réunis le plus grand nombre des habitants du village[1].

---

[1] Ce lieu est le marché, qui porte presque toujours un autre nom que celui du village quand il est très-important, ou qui, dans les autres cas, se

Il en résulte que ces différentes divisions n'étant réellement déterminées que par des limites assez capricieuses, c'est seulement sur les lieux que l'on peut s'en faire une idée précise.

Nous nous sommes borné à donner dans une note les noms des divisions administratives actuelles, et nous ferons seulement remarquer à quel point ces six provinces se sont développées en trente ans, car au temps où écrivait l'auteur non-seulement elles étaient réduites à cinq, mais la plupart de leurs cantons d'alors ont été élevés au rang de huyens, tandis que les huyens sont devenus des phus.

C'est ici le cas de considérer combien les six provinces actuelles forment un tout homogène et combien il nous sera peut-être difficile d'établir une administration solide dans trois d'entre elles, pendant que les trois autres demeurent sous le régime annamite. Ce n'est, certes, pas là une difficulté qu'il serait sage de déclarer insurmontable, mais elle mérite d'être prise en très-sérieuse considération. Ce que nous avons surtout à craindre est l'émigration de nos trois provinces dans celles du sud. La chose est des plus faisables et des plus aisées à cause du nombre réduit de la population, eu égard à l'étendue du pays. Ce sera certainement une grande tentation[1] pour les Annamites qui ne nous sont

nomme simplement le marché de tel village. S'il n'y a pas de marché au lieu de plus grande agglomération, on lui donne le nom de *xom*, ce qui signifie réunion de maisons. Ainsi, étant sur le territoire de tel village, on demandera où est le *xom*.

[1] Il est bon pourtant d'ajouter que c'est avec la plus grande répugnance que les Annamites abandonnent le sol où ils

pas dévoués, c'est-à-dire pour la plus grande partie de ceux qui ne sont pas chrétiens, de franchir le fleuve à *Vinh-long* pour aller se ranger sous l'autorité des mandarins. On ne saurait en effet trop combattre l'erreur qui consiste à représenter comme tyranniquement insupportable le régime de ces mandarins, que le peuple annamite regrette jusqu'à ce jour. D'un autre côté, il ne sera que trop facile aux gouverneurs des provinces du sud de nous créer beaucoup d'embarras sans recourir en aucune façon à la force. En résumé, les six provinces forment une sorte de petit royaume bien circonscrit, et il nous paraît difficile que deux maîtres aussi différents l'un de l'autre puissent y régner tranquillement à la fois.

L'ouvrage se termine enfin par une description des produits du sol. Ce chapitre intéresse particulièrement l'agriculture de nos provinces. L'auteur a poussé le soin jusqu'à indiquer par arrondissements principaux l'époque des semailles et celle de la récolte. La plus grande partie des noms cités ne pourra recevoir d'explication que de la part des Annamites eux-mêmes, et encore ceux-ci seront-ils en général assez embarrassés quand il s'agira des plantes non potagères (presque toutes médicinales) comme des essences qui abondent dans les vastes forêts de la Cochinchine. Ces plantes et ces essences étant

sont nés et où reposent leurs aïeux. Ils ne désirent rien tant de notre part qu'une administration, qu'il ne paraît pas bien difficile de leur accorder, à cause des ressemblances nombreuses qu'a cette administration avec la nôtre.

pour la plupart désignées en chinois, c'est sur les lieux
seulement qu'on pourra en avoir une idée précise, en
s'adressant pour cela aux hommes compétents. Sans
doute, il eût été important de placer à côté de chaque
appellation chinoise son expression vulgaire, et il eût
été mieux encore d'avoir pu y ajouter les dénominations
scientifiques ; mais, outre que le temps nous a manqué
dans cette partie de notre travail, c'eût été entreprendre
une tâche certainement bien au-dessus de nos connaissances en botanique, et c'est, du reste, le sujet d'un
travail spécial réservé à des personnes plus compétentes
que nous.

Notre but, en traduisant cet ouvrage, a été surtout
pratique et dicté par le désir de faire connaître un pays
très-intéressant sous bien des rapports et qui, tant par
sa situation que par la richesse de son sol, peut devenir
pour la France une source importante de profits et de
légitime influence morale dans cette partie extrême de
l'Orient où les grandes forces commerciales de l'Europe
semblent vouloir se transporter aujourd'hui.

Paris, 1ᵉʳ juillet 1863.

GIA-DINH-THUNG-CHI.

HISTOIRE ET DESCRIPTION

DE

LA BASSE COCHINCHINE.

PREMIÈRE PARTIE.

CHAPITRE PREMIER.

CONQUÊTE DE LA BASSE COCHINCHINE SUR LE CAMBODGE.
— SUZERAINETÉ. — COLONISATION.

SOMMAIRE. — Le roi du Cambodge viole la frontière d'Annam. — Le royaume du Cambodge est déclaré de nouveau vassal de l'empire d'Annam. — Guerre civile au Cambodge, intervention des Annamites. — Des Chinois se réfugient en Cochinchine après le renversement de la dynastie des Ming. — Les Chinois entrent en basse Cochinchine. — Établissement commercial à *Bien-hoa*. — Invasion annamite dans le Cambodge. — Premiers établissements annamites dans le Cambodge. — Organisation de l'administration et de l'armée. — Colonisation de la basse Cochinchine. — Persécutions contre les chrétiens. — Prise de *Ha-tien*. — Divisions administratives dans la province de *Vinh-long*. — Lois somptuaires. — Nomination d'un vice-roi (*kinh-luôc*). — *Saï-gon* devient la résidence du vice-roi. — Hostilités contre le Cambodge. — Destitution et remplacement du vice-roi. — Le roi du Cambodge est contraint de céder de nouveaux territoires. — La conquête sur le Cambodge est poussée jusqu'à *Châu-dôc*. — Cartes et délimitations des provinces de la basse Cochinchine. — Mode de colonisation. — Recensement et cadastre de la basse Cochinchine.

Dans les commencements de la dynastie actuelle, les divers empereurs d'Annam n'avaient point encore jeté leurs vues sur le Cambodge. Ce pays, situé aux limites sud de l'empire, offrait simplement et sans interruption le tribut habituel.

1658.

Le roi du Cambodge viole les frontières d'Annam.

L'an *Mâu-tuât,* 11ᵉ année de l'empereur *Thai-tôn* [a], pendant l'automne et au 9ᵉ mois, le roi du Cambodge *Neac-ong-chan* [b] viola les frontières annamites.

Le gouverneur de la province du *Trân-bien-dinh* [c], nommé *Yên,* le major général *Minh* et le capitaine *Xuân* marchèrent avec 2,000 hommes de troupes annamites à la rencontre des Cambodgiens et parvinrent, après vingt-quatre jours, au lieu dit *Môi-xui* (Baria), en plein royaume du Cambodge. *Môi-xui* fut pris par les Annamites, et le roi cambodgien *Neac-ong-chan* fut fait prisonnier et porté dans une cage jusqu'à la province de *Quang-binh.*

Le royaume du Cambodge est déclaré de nouveau vassal de l'empire d'Annam.

Cependant l'empereur d'Annam fit grâce à *Neac-ong-chan* et le renvoya régner sur le Cambodge, à la condition de demeurer à jamais vassal de l'empire d'Annam et de lui payer régulièrement le tribut; il lui fut en même temps recommandé de ne causer aucun dommage au peuple annamite vivant à la frontière.

On donna à *Neac-ong-chan* une escorte de soldats pour le conduire et le protéger jusqu'à la capitale de son royaume.

Les deux territoires de *Môi-xui* et de *Don-naï,* qui forment aujourd'hui la province de *Bien-hoa,* étaient déjà habités, à cette époque, par des Annamites vagabonds qui étaient venus se mêler et vivre avec les Cambodgiens; ils s'occupaient d'agriculture.

[a] Dynastie des *Lê : Thân-tôn,* 1ʳᵉ année; dynastie des *Ming :* 12ᵉ année de *Vinh-lih,* et dynastie des *Tsing : Chun-tche,* 14ᵉ année [1].

[b] Les Cambodgiens n'ont pas de surnoms; les fils et descendants d'un roi prennent le nom de *Neac-ong,* auquel ils ajoutent le mot qui leur plaît le plus : ainsi nous désignerons dorénavant tous les rois du Cambodge par l'appellation de *Neac-ong* un tel. Exemple : *Neac-ong-hiem,* etc.

[c] On nomme *Trân-bien* les territoires placés aux limites du royaume. Cette province de *Trân-bien-dinh* se nomme aujourd'hui *Phu-yen.*

[1] Les notes de l'auteur sont imprimées à longues lignes immédiatement après le texte; celles du traducteur sont disposées sur deux colonnes.

Les Cambodgiens, qui redoutaient beaucoup la dynastie d'Annam, n'avaient point osé s'opposer à cette sorte de colonisation et d'occupation de terres qui leur appartenaient.

L'an *Giap-dian*, 27e année de *Thai-tôn*[a], au 2e mois du printemps, le Cambodgien *Neac-tai* chassa le roi *Neac-ong-nôn* et le mit en fuite. Le gouverneur de la province de *Khanh-hoa*, nommé *Duong*, lequel avait le rang d'envoyé impérial, se réunit au major général *Dien* pour porter la guerre dans le Cambodge. Au 4e mois et pendant l'été, ils s'emparèrent des forts de *Saï-gon*[b], de *Go-bich* et de *Nam-vang*.

··Le rebelle *Neac-tai* fut entièrement défait et perdit la vie.

Le prince *Neac-thu*[c] fit, à la même époque, sa soumission aux Annamites.

L'an *Giap-dian*, 1594e année de l'ère cambodgienne, l'armée d'Annam entra dans le Cambodge, et le roi *Neac-chi* perdit en même temps la vie et sa couronne. On rendit le royaume à *Neac-nôn* et à *Neac-tan*; *Neac-thu*, dernier fils de *Neac-so*, fit sa soumission aux Annamites; *Neac-tan*, sur ces entrefaites, mourut de maladie.

L'empereur d'Annam décida que *Neac-thu* serait premier roi du Cambodge et *Neac-nôn* deuxième roi. Ils se partagèrent donc tous deux le gouvernement.

Les opérations de guerre furent terminées en deux mois,

----

[a] Dynastie des *Lê* : *Giâ-tôn*, 1re année; dynastie des *Tsing* : *Khang-hi*, 13e année.

[b] Nommé aujourd'hui *Phan-yen*[1].

[c] Il y avait alors au Cambodge trois rois, que l'on nommait le premier, le deuxième et le troisième roi. *Neac-so* était le premier roi; son frère, *Neac-tan*, était le deuxième roi. Le fils aîné de *Neac-so*, nommé *Neac-sa-phu*, ayant le plus vif désir de monter sur le trône, se rendit parricide. *Neac-tan* et son frère *Neac-nôn* se réfugièrent dans l'empire d'Annam. Cependant la femme du parricide *Neac-sa-phu* fit périr son mari, et son fils *Neac-chi* devint roi à sa place.

----

[1] *Phan-yen* était, au temps où écrivait l'auteur, le nom de la province dont le chef-lieu est Saï-gon; cette province se nomme aujourd'hui *Gia-dinh*.

et ce fut alors que l'empereur donnant à *Neac-thu* le titre de premier roi, celui-ci fixa sa résidence à *Vuong-luôn* (*Oudon*[1]).

Le deuxième roi *Neac-nôn* résida à *Saï-gon*. Ils eurent tous les deux à payer le tribut à l'empereur. La surveillance des frontières fut dès lors placée entre les mains du gouverneur général de la province de *Khanh-hoa*[2].

L'an *Ki-vi*, 32ᵉ année de *Thai-tôn*[a], pendant l'été et au 5ᵉ mois, le général en chef chinois de la province de *Canton*, nommé *Diuong-ngan-nghich*, se réunit, ainsi que le général en sous-ordre nommé *Huynh-thanh*, à un autre général également chinois et nommé *Trang-tang-tai* et à son second, *Tran-an-binh*. Ils purent ainsi mettre sous les armes plus de 3,000 hommes, montés sur 50 ou 60 jonques, et se rendirent dans le port de *Tourane* afin d'exposer à l'empereur d'Annam qu'étant des mandarins attachés à la dynastie des *Ming*, ils désiraient vivement demeurer fidèles à cette dynastie ; qu'ils avaient vainement résisté de toutes leurs forces aux Tartares, mais que la dynastie des *Ming* étant décidément renversée, ils ne voulaient à aucun prix devenir sujets de la dynastie des *Tsing*, et qu'ils préféraient de beaucoup se soumettre à l'empereur d'Annam. Celui-ci, déjà inquiété par des troubles qui avaient lieu dans le nord, ne put s'empêcher de douter de la bonne foi des paroles qui lui étaient adressées par des chefs de soldats étrangers venus de loin, et de costumes comme de langue différents de l'empire d'Annam.

Il lui paraissait donc difficile de prendre un parti. Cependant on ne pouvait repousser entièrement des gens qui venaient se soumettre et qui annonçaient de si sincères

1680.

Des Chinois se réfugient en Cochinchine après le renversement de la dynastie des Ming.

---

[a] Dynastie des *Lê : Hi-tôn*, 4ᵉ année ; dynastie des *Tsing : Khang-hi*, 18ᵉ année.

[1] Cette ville est la capitale actuelle du Cambodge.

[2] Province située dans le nord de celle de *Binh-tuân*.

sentiments de fidélité pour leur prince déchu. Or, il y avait dans les environs de *Dong-pho* [a] de magnifiques et immenses étendues de terrain dont le gouvernement d'Annam n'avait pu encore s'emparer ; on y envoya ces Chinois, afin qu'ils y fixassent leur demeure. L'empereur d'Annam réalisa de la sorte et du même coup trois excellentes opérations, à savoir : la conquête d'une partie du Cambodge, l'expulsion de ses habitants, et enfin il se débarrassait de ces inquiétants Chinois.

L'empereur ordonna donc qu'on servît un grand repas aux généraux du Céleste-Empire, auxquels il accorda le titre et la dignité de mandarins, en leur prescrivant de se rendre dans le *Don-naï* pour s'y efforcer d'en conquérir le territoire. Il écrivit en même temps au roi du Cambodge et le prévint de l'arrivée de ces Chinois, en lui disant qu'il n'avait rien à craindre de leur part. Les généraux chinois *Diuong* et *Tran* remercièrent l'empereur et se mirent en route.

Le général *Diuong* [b] entra avec ses barques et ses jonques chargées de soldats dans le *Xui-rap* [c] ; il donna aussi dans la grande et la petite passe de *Mi-tho* et poussa jusqu'au territoire de ce nom, où il s'établit [d].

Les Chinois entrent en basse Cochinchine.

Quant au général *Tran*, il se rendit avec sa division au port de *Can-gio'* et se dirigea de là vers le *Don-naï ;* il arriva ainsi au lieu nommé *Ban-lân* [e]. Une partie de ses hommes établirent là des boutiques pour se livrer au commerce, et l'autre se livra à l'agriculture.

Ce point devint dès lors très-commerçant, et l'on y vit venir des Chinois, des Européens, des Japonais et des Malais, chacun sur leurs navires. Les coutumes et habitudes du grand empire de Chine s'implantèrent ainsi dans le pays

Établissement commercial à Bien-hoa.

[a] *Gia-dinh.*
[b] Ancien gouverneur de *Long-mon*, en Chine.
[c] Aujourd'hui *Loi-rap.*
[d] Aujourd'hui province de *Dinh-tuong*.
[e] Aujourd'hui nommé *Bien-hoa.*

de *Dong-pho* avec autant d'élégance que dans la Chine elle-même.

L'an *Mau-tin*, 2ᵉ année d'*Anh-tôn* [a], au 6ᵉ mois d'été, le général *Tan*, lieutenant du général *Diuong*, se révolta dans son orgueil contre son commandant en chef et le fit mettre à mort. Il éleva alors un fort sur le *Rach-nan* [b]. C'était une fortification fort redoutable. Il y réunit une grande quantité de barques et se mit à fondre de gros canons. Ainsi armé et pourvu, il intercepta le commerce et causa de grands dommages aux Cambodgiens.

Le roi du Cambodge *Neac-ong-thu* établit de son côté trois forts : le premier à *Ba-câu-nam*, le second à *Nam-vang* et le troisième à *Go-bich*. Il ferma en même temps par une estacade composée d'un radeau et de fortes chaînes la rivière de *Câu-nam*, afin de s'opposer à toute attaque.

Le deuxième roi *Neac-ong-nôn*, qui résidait à *Saï-gon*, adressa une requête à l'empereur d'Annam, lequel envoya, pendant l'hiver et au 10ᵉ mois, le mandarin *Van* avec le titre de général en chef. L'empereur fit partir également les généraux *Thang* et *Tan*, comme commandants d'aile gauche et d'aile droite dans l'armée de *Van*; le mandarin *Vi* fut nommé major général. Cette armée eut ordre de franchir la frontière pour y opérer le stratagème suivant: après être parvenue au fort de *Rach-gam* [c], elle fit connaître tout haut et répandre le bruit qu'elle marchait contre le roi *Neac-ong-thu*. Le rebelle chinois *Tan*, ainsi trompé, obéit à l'ordre qu'il avait reçu de marcher en avant-garde, et lorsque son armée et ses jonques furent au milieu du fleuve, les Annamites s'en emparèrent, et ayant mis le chef *Tan* à mort, ils détruisirent le fort qu'il avait élevé.

Cependant il ne fut rien fait à ses soldats, que l'on plaça

---

[a] Dynastie des *Lê : Hi-tôn*, 9ᵉ année; dynastie des *Tsing : Khang-hi*, 27ᵉ année.

[b] Province de *Dinh-tuong*, huyen de *Kien-hoa*.

[c] Province de *Dinh-tuong*, huyen de *Kien-dang*.

sous le commandement du collègue de *Diuong*, le général
chinois *Tran*, venu de *Bien-hoa*. On marcha alors contre le
roi *Neac-ong-thu*, et le général *Tran* reçut l'ordre d'aller en
avant. Les estacades furent brûlées et détruites, et l'armée
s'empara des trois forts de *Ba-câu-nam*, de *Go-bich* et de
Nam-vang. Le roi *Neac-ong-thu* se réfugia à *Vuong-luôn* (*Oudon*),
où il établit une citadelle.

Le roi *Neac-ong-thu* ordonna alors à une femme nommée
Chiem-luât de se rendre au-devant du généralissime *Van*,
afin de faire soumission devant lui et de lui promettre un
tribut considérable s'il voulait faire retirer son armée. Les
Cambodgiens comptaient, d'après ce plan, gagner le temps
nécessaire pour lever de nouvelles troupes, afin de garder
tous les postes de défense. Le haut mandarin *Van*, ayant
accédé à la demande qu'on lui faisait, ramena ses soldats
à *Ben-nghe* (*Saï-gon*).

Cependant, au bout d'un an, le roi *Neac-ong-thu* se refusa à payer le tribut promis par lui. Or il survint, à la
même époque, une épidémie de choléra qui fit les plus
grands ravages tant sur le peuple que sur l'armée.

Les différents mandarins militaires adressèrent alors à
l'empereur d'Annam une supplique dans laquelle ils accu-
saient le général en chef *Van* de grave erreur dans une
importante affaire de guerre.

L'an *Ki-ti*, 3ᵉ année d'*Anh-tôn*[a], pendant l'hiver, l'empereur désigna comme général en chef le mandarin *Nguyen-
huu-hao*. Le mandarin *Hoa* devint major général, et le
nommé *Tang* fut appelé au poste de premier capitaine de
l'armée. Le général en chef dut choisir les meilleures troupes
dans les trois provinces de *Phu-yen*, de *Khanh-hoa* et de
Binh-tuân, afin de porter la guerre dans le Cambodge. Il
lui fut ordonné aussi de faire saisir le précédent général en

----

[a] Dynastie des *Lê* : *Hi-tôn*, 10ᵉ année; dynastie des *Tsing* : *Khang-hi*,
28ᵉ année.

chef *Van* et de le faire mettre en cage pour l'envoyer à Hué. Ce général coupable, ayant reçu grâce de la vie, fut mis au simple rang d'homme du peuple, et son major général *Vi* fut réduit à la 9e classe du mandarinat.

1691.

L'an *Canh-ngo*, 4e année d'*Anh-tón*[a], au 3e mois, pendant le printemps, le général en chef *Hao* défit les Cambodgiens, et s'étant emparé du roi *Neac-ong-thu*, il le fit emmener à *Saï-gon*.

Ainsi fut pacifié le Cambodge et les hostilités cessèrent. Sur ces entrefaites, le roi *Neac-ong-thu* mourut de maladie, ne laissant pas d'enfants après lui. Le deuxième roi *Neac-ong-nón* ayant de son côté mis lui-même fin à ses jours, on adressa une supplique à l'empereur d'Annam afin de mettre sur le trône du Cambodge le prince *Neac-iem*, fils de *Neac-nón*[b], pour résider dans la citadelle de *Go-bich*.

1699.

Premiers établissements annamites dans le Cambodge.

L'an *Mau-dian*, 8e année de *Hién-tón*[c], au printemps, l'empereur nomma le général en chef *Lé* gouverneur général et envoyé impérial[d] dans le Cambodge. Sur ce vaste territoire de *Non-naï* fut établi le phu[1] de *Gia-dinh*, et plus particulièrement sur celui de *Don-naï* fut établi le huyen de *Phuoc-long*[e].

---

[a] Dynastie des *Lé : Hi-tón*, 11e année; dynastie des *Tsing : Khang-hi*, 29e année.

[b] Année 1622 de l'ère cambodgienne.

[c] Dynastie des *Lé : Hi-tón*, 19e année; dynastie des *Tsing : Khang-hi*, 37e année.

[d] *Kinh-luóc*[2].

[e] *Non-naï*[3] est une appellation générale dérivée de *Don-naï*, et prononcée *Non-naï* par les Chinois.

---

[1] On nomme *phu* un arrondissement administratif à la tête duquel est un mandarin appelé *quan-phu*. Un *phu* se divise en sous-arrondissements ou *huyens*, dirigés chacun par un *quan-huyen*.

[2] Ce titre de *kinh-luóc* équivaut à celui de vice-roi; c'est en 1699 qu'il en est fait mention pour la première fois en basse Cochinchine, et il est la preuve que la conquête du pays de *Gia-dinh* date de cette époque. De nos jours c'était le gouverneur général résidant à Saï-gon qui avait la haute position de *kinh-luóc*, laquelle plaçait sous son commandement les gouverneurs des six provinces. Le dernier des *kinh-luóc* a été le général en chef *Nguyen-tri-phuong*, défait et blessé en 1861 aux lignes de *Ki-hoa*.

[3] *Don-naï*, ou plaine des Cerfs, que les Chinois prononcent *Non-naï* ou *Lon-*

On fonda également le *dinh*[a] de *Trân-bien* (*Bien-hoa*) au
lieu où se trouve aujourd'hui le village de *Phuoc-lu*. A
Saï-gon fut constitué le huyen de *Tan-binh*, et la demeure
officielle du gouverneur fut nommée *Phan-trân-dinh*[b]. Dans
ces dinhs furent placés le *cai-bo*, aujourd'hui *quan-bo*, et
le *ki-luc*, aujourd'hui *quan-an*. Ces deux mandarins principaux, source de toute administration, avaient chacun,
pour les assister, leurs employés et leurs greffiers particuliers.

L'armée fut divisée en régiments (*co'*[1]) et en compagnies
(*doï*). Les soldats d'élite composèrent l'infanterie et la marine, et il y eut en outre des soldats employés à différents
services (suite des mandarins, escortes, etc.).

Cependant le territoire de la basse Cochinchine était
immense et peu peuplé ; on n'avait encore enregistré sur
les registres du peuple que 40,000 maisons. Il fut donc
ordonné de lever et de réunir des gens du peuple, surtout
parmi les vagabonds, depuis la province de *Quang-binh*, au-
dessus de *Hué*, jusqu'au *Binh-tuân*, et de les transporter
comme colons dans ces nouvelles provinces. On put alors
fonder des villages, des bourgs et des hameaux, dont on
fixa les limites. Les terres labourables (rizières, etc.) étant
exactement cadastrées, l'assiette de l'impôt fut établie tant
sur les immeubles que sur les personnes elles-mêmes.

Organisation
de
l'adminis-
tration
et de l'armée.

Colonisation
de
la basse
Cochinchine.

[a] Siége officiel du gouvernement.

[b] Ces *dinhs* sont devenus les chefs-lieux des provinces de *Bien-hoa* et de
Gia-dinh.

laï, était une appellation générale, comme
fut dans la suite *Gia-dinh*. Mais c'est plus
particulièrement à la province de *Bien-
hoa* que se rapporte le nom de *Don-naï* :
de là le nom du bras de *Bien-hoa*, appelé
aujourd'hui rivière de *Don-naï*.

[1] Prononcez *cœu*. Un régiment annamite se compose de 10 compagnies ou
doï de 50 hommes chacune. Les officiers
sont : un *chanh-quan-cœu* ou colonel, un
pho-quan-cœu ou lieutenant-colonel, deux
ou trois *hiep-quan-cœu*, chefs de bataillon
ou majors ; un *chanh-quan-doï* ou capitaine en premier par compagnie, des
pho-doï ou simplement *ong-doï*, qui assistent le capitaine, et enfin des *tho-laï* ou
écrivains chargés de tenir les registres
des compagnies. Nos sergents sont repré-
sentés par des sous-officiers nommés *ong-
caï*, et nos caporaux par des *ong-bép*,
chargés de veiller sur l'alimentation des
hommes, comme leur nom l'indique.

Ce fut alors qu'on dressa régulièrement les registres du peuple (*Bô-dinh*) et ceux des champs (*Bô-diên*). Les Chinois, ainsi que leurs fils et descendants, se fixèrent dans la province de *Bien-hoa*, au village de *Tanh-ha*, et dans la province de *Gia-dinh*, au village nommé *Minh-huong*[1]. Ils furent tous, comme les Annamites, soumis à l'impôt.

L'an *Ki-mau*, 9e année de *Hiên-tôn*[a], pendant l'automne, il y eut persécution de la religion chrétienne, dite *Dao-hoa-lang*[2]. Il fut fait des recherches parmi tous les Annamites afin de connaître ceux qui s'étaient faits chrétiens, d'en établir le nombre et de savoir en quels villages étaient leurs demeures.

Tous leurs livres furent brûlés et les missionnaires européens furent chassés du pays et contraints de s'en retourner chez eux.

L'an *Giap-ngo*, 24e année de *Hiên-tôn*[b], au 8e mois, pendant l'automne, un Chinois de *Loi-chaou*, province de *Canton*, nommé *Mac-cu'u*[3], fut nommé général de l'armée dans la province de *Ha-tien*.

1700.

Persécutions
contre
les chrétiens.

1715.

Prise
de Ha-tien.

[a] Dynastie des *Lê* : *Hi-tôn*, 20e année; dynastie des *Tsing* : *Khang-hi*, 38e année.

[b] Dynastie des *Lê* : *Diu-tôn*, 10e année; dynastie des *Tsing* : *Khang-hi*, 53e année.

[1] On donne aujourd'hui le nom de *Minh-huong* aux fils de Chinois et de femmes annamites. Ce n'est cependant pas une appellation générale, et il ne suffit point à l'enfant d'une Annamite d'avoir eu un Chinois pour père pour être reçu dans la congrégation ou société des *Minh-huong*, société qui est composée, pour la plupart, de gens riches et jouissant de certains priviléges. Le nom de *Minh-huong* s'applique donc en quelque sorte à l'aristocratie des descendants de Chinois et de femmes annamites; plusieurs d'entre eux ont occupé de hautes positions dans le gouvernement.

[2] La religion chrétienne est appelée de nos jours, par le Gouvernement annamite, *Ta-dao*, secte fausse ou perverse; mais dans les rapports avec nous on lui donne, comme en Chine, le nom de religion du Seigneur du ciel.

[3] Ce *Mac-cu'u* était un aventurier chinois qui s'empara de la province de *Ha-tien* aux dépens du Cambodge et l'offrit à l'empereur d'Annam. Celui-ci éleva *Mac-cu'u* au rang de haut mandarin, et ses descendants furent jusqu'au règne de *Minh-mang* gouverneurs de *Ha-tien*. On trouvera beaucoup de détails à ce sujet dans la partie historique relative à *Ha-tien*.

L'an *Nham-ti*, 8e année de *Thuc-tôn*[a], au printemps, il fut ordonné par l'empereur d'établir des divisions territoriales et administratives dans la partie du pays de *Gia-dinh* (basse Cochinchine) située au sud de la province de *Dinh-tuong*.

On délimita donc le phu de *Dinh-vien*, et le chef-lieu d'administration fut placé à *Long-ho*. Ce chef-lieu administratif était avant cela à *Cai-bé*, dans la province de *Dinh-tuong*.

L'an *Binh-thin*, 12e année de *Thuc-tôn*[b], le fils de *Mac-cu'u*, nommé *Mac-tien-thu*, fut élevé à l'emploi de gouverneur de *Ha-tien*; son frère, nommé *Tôn* ou *Mac-tôn*, reçut la dignité de *ké-tap*[c].

L'an *Mau-ngo*, 1re année de *Thé-tôn*[d], au 6e mois, pendant l'été, les uniformes et vêtements officiels des mandarins de la basse Cochinchine furent réglés et déterminés. Il fut décrété des lois somptuaires[1], et le peuple dut abandonner les habitudes un peu sauvages qu'il avait apportées du *Bac-ha*[e]; dès lors la basse Cochinchine prit l'aspect d'un pays civilisé[2].

[a] Dynastie des *Lê : Thuôn-tôn*, 1re année; dynastie des *Tsing : Yong-tching*, 10e année.

[b] Dynastie des *Lê : Hi-tôn*, 2e année; dynastie des *Tsing : Kien-long*, 1re année.

[c] Fils de haut mandarin.

[d] Dynastie des *Lê : Hi-tôn*, 4e année; dynastie des *Tsing : Kien-long*, 3e année.

[e] On nomme *Bac-ha* le pays situé au nord de la province de *Quang-binh*; le *Nam-ha* est situé dans le sud.

[1] Ces lois sont très-rigoureuses en Cochinchine; il y a certaines étoffes tissées exprès pour les mandarins, et qu'il est interdit au peuple de porter. Les mandarins sont eux-mêmes très-sévèrement réglementés à ce sujet d'après leur degré dans la hiérarchie. Les Annamites, loin de se plaindre de cette coutume, y tiennent beaucoup et regrettent, en général, que nous ne la fassions pas observer.

[2] La basse Cochinchine, comme on l'a vu précédemment, fut, dans le principe, colonisée par des gens de la dernière classe et des vagabonds pris dans le Tonkin. Il n'est donc pas surprenant que l'on ait été forcé de prendre certaines mesures pour les amener en si peu de temps au degré de civilisation remarquable dont jouit actuellement ce pays.

1733.

Divisions administratives dans la province de Vinh-long.

1737.

1739.

Lois somptuaires.

1754.

Nomination
d'un vice-roi
.(kinh-luốc).

L'an *Qui-diêu*, 16ᵉ année de *Thế-tôn*[a], pendant l'hiver, le premier capitaine[1] de l'armée, appelé *Thien*, fut nommé général en chef, et le *quan-an Trinh*, major général; le haut mandarin *Thien* fut chargé de la surveillance générale des provinces de *Khanh-hoa*[2], *Binh-tuân*, *Trân-bien* (*Bien-hoa*), *Phan-trân* (*Gia-dinh*) et *Long-ho* (*Vinh-long*). Il fut élevé en même temps à la dignité de *kinh-luôc*, envoyé impérial dans

Saï-gon devient
la résidence
du
vice-roi.

le Cambodge. Il fixa sa résidence avec le major général à *Ben-nghe* (*Saï-gon*) et y établit un camp fortifié, nommé *Don-dinh*[3]. Ce haut envoyé impérial, ou mieux ce vice-roi, fit préparer une expédition composée d'hommes exercés à combattre sur cinq files; il donna également l'ordre de réunir un grand nombre de rations et de munitions, afin d'être prêt à entrer en campagne.

1755.

Hostilités
contre
le Cambodge.

L'an *Giap-tuât*, 17ᵉ année de *Thế-tôn*[b], au 6ᵉ mois, pendant l'été, deux colonnes de l'armée de *Gia-dinh* se mirent en marche; l'une d'elles, composée d'infanterie, sous les ordres du major général *Trinh*, se dirigea sur le fleuve *Bat-dong*, dans les environs du *Rach-vun-ngu*[4].

Les Cambodgiens furent défaits et mis en fuite; la colonne se dirigea alors sur le point dit *Tan-li-bac* et déboucha dans le grand fleuve[5], où elle se réunit à la principale colonne,

---

[a] Dynastie des *Lê* : *Hiên-tôn*, 14ᵉ année; dynastie des *Tsing* : *Kien-long*, 18ᵉ année.

[b] Dynastie des *Lê* : *Hiên-tôn*, 15ᵉ année; dynastie des *Tsing* : *Kien-long*, 19ᵉ année.

---

[1] Ce grade de premier capitaine de l'armée n'existe plus aujourd'hui; il équivalait à celui de général.

[2] Ces deux provinces, distraites aujourd'hui de la basse Cochinchine (*Nam-ki*), forment sa limite au nord et sont sous les ordres d'un même gouverneur, tenu, sous le régime annamite, de rendre compte au vice-roi des six provinces pour tout ce qui a rapport aux opérations militaires.

[3] Au lieu nommé aujourd'hui *Cho'-soi*.

Cho'-soi est ce que nous nommons à Saï-gon la rue du *Bazar*, sur l'arroyo chinois.

[4] *Vaï-co* de l'ouest.

[5] Le Cambodge, qui se bifurque à *Nam-vang* en deux branches principales dites fleuve antérieur et fleuve postérieur. Les Annamites ne donnent jamais à ce fleuve le nom de *Cambodge*, qui est d'invention européenne. Au-dessus de sa bifurcation on le nomme en annamite *Song-lo'n* et en cambodgien *Toanlê-thom*; ces deux expressions signifient également

commandée par le général en chef *Thien*, au fort nommé *Lu'-iem*, situé sur le fleuve antérieur.

Les Cambodgiens établis dans les quatre phus de *Xui-rap*, *Tam-dôn*, *Câu-nam* et *Nam-vang* se soumirent tous aux Annamites [a].

Les Cambodgiens ne tardèrent pas à abandonner entièrement aux Annamites le territoire du *Xui-rap* et se transportèrent à *Quang-hoa*, qui fait aujourd'hui partie de la province de *Gia-dinh*.

Le capitaine *Chan* s'avança jusqu'au phu de *Tam-phong-xiem*. Il avait avec lui des *Moï*[1], levés comme soldats, et qui, ayant précédemment abandonné leurs montagnes du *Binh-tuân*, étaient allés s'établir dans le Cambodge. Comme les gens qui suivaient le capitaine *Chan* étaient fort nombreux, le roi du Cambodge *Neac-ong-nguyen* s'enfuit jusqu'au phu de *Tam-phong-thu*[b], où il fixa sa résidence.

Les pluies de l'automne étant extrêmement abondantes, l'armée annamite fut contrainte de retourner dans ses camps retranchés et de suspendre les hostilités.

L'an *At-ho'i*, 18e année de *Thê-tôn*[c], au printemps, le général en chef *Thien* conduisit le gros de l'armée au fort

1756.

---

[a] Les *Moï* des montagnes nomment leurs villages *bô* quand ils sont considérables, et *lac* quand ils ne sont que peu peuplés. Les Siamois les nomment *mang*, et les Cambodgiens les nomment *soc*. Le *soc* du *Xui-rap*[2] ou de *Loi-rap* était situé auprès de la mer; il fait aujourd'hui partie de la province de *Dinh-tuong*, jusqu'aux bouches du *Loi-rap*.

[b] Aujourd'hui *La-bich-phu*.

[c] Dynastie des *Lê* : *Hiên-tôn*, 16e année; dynastie des *Tsing* : *Kien-long*, 20e année.

---

grand fleuve. Cet immense cours d'eau a pourtant en chinois un nom scientifique : on le nomme, d'après la prononciation annamite, *Cu'u-long-giang* (fleuve des *Neuf-Dragons*).

[1] On appelle *Moï* les habitants des montagnes, sans doute aborigènes du royaume d'Annam et nullement de race chinoise. Une assez grande partie de ces *Moï* sont soumis aux Annamites et ont une administration semblable à la leur; les autres sont sauvages et habitent des pays très-peu connus, même des Annamites.

[2] C'est aujourd'hui le huyen de *Tan-hoa* ou pays de *Go-cong*, détaché bien à tort de la province de *Dinh-tuong* pour faire partie de celle de *Gia-dinh*.

de *Mi-tho*; il donna en même temps l'ordre aux *Moï*, habitants d'*A-sam*, d'abandonner leurs villages et de venir avec leurs chariots se fixer au fort de *Binh-thanh*[a]. Ceux-ci s'étant mis en mouvement au nombre de plus de 10,000, pour exécuter cet ordre, étaient parvenus au lieu dit *Vo-ta-an*, lorsqu'ils rencontrèrent l'armée cambodgienne, forte aussi de plus de 10,000 hommes. Les Cambodgiens attaquèrent les *Moï*[1], qui, se sentant les plus faibles, se firent, à l'aide de leurs nombreux chariots, des sortes de fortifications passagères.

Ils firent alors connaître au général en chef *Thien* dans quelle situation précaire ils se trouvaient; mais ce général, obligé, pour les secourir, de franchir un grand nombre d'arroyos, ne put leur être d'aucune utilité.

Cependant le major général *Trinh* put se porter à leur secours avec cinq compagnies; il les dégagea, en mettant en fuite les soldats du Cambodge, et ramena environ 5,000 *Moï*, tant hommes que femmes, jusqu'à la montagne de *Ba-din*[2], où ils purent s'établir.

Le major général adressa alors un rapport à l'empereur[3], accusant le général en chef *Thien* d'avoir abandonné des alliés aux mains de l'ennemi sans leur porter aucun secours.

L'empereur, ayant fait prendre sur ce fait des informations qui lui prouvèrent la vérité de l'accusation, enleva au général en chef *Thien* les dignités de son haut commandement et le réduisit au rang de simple *doï*.

[a] Aujourd'hui *Go-viap*[4].

[1] Il est à remarquer que ces *Moï* avaient été d'abord attirés par les Cambodgiens, qui les considéraient comme des colons leur appartenant.

[2] Située auprès de *Tay-nin*, à 100 kilomètres environ de *Go-viap*, où les *Moï* comptaient d'abord se rendre.

[3] Cette liberté d'accusation de la part d'un inférieur est caractéristique des mœurs du royaume d'Annam; elle est permise lorsque le chef a ouvertement violé les lois du royaume, mais c'est toujours aux risques et périls de celui qui la prend. Cette coutume de dénonciation a nécessité des lois très-sévères sur la calomnie, qui est la plaie de ce peuple.

[4] Marché très-populeux situé auprès de *Saï-gon*.

L'empereur nomma à sa place, comme général en chef, le premier capitaine *Diu*. Celui-ci, ayant placé les *Moï* à l'avant-garde, porta la guerre dans le Cambodge et s'empara de *Câu-nam* et de *Nam-vang*, où le mandarin cambodgien *Hoc-nha-sô*[1] fut mis à mort. Le roi du Cambodge, fort effrayé, se sauva à *Ha-tien*.

Le gouverneur de cette province, nommé *Thu'*, adressa à l'empereur un rapport dans lequel il l'informait que le roi du Cambodge se reconnaissait responsable de la faute commise par son général *It*, lequel avait précédemment défait les *Moï*, alliés des Annamites, comme on vient de le dire.

L'an *Binh-ti*, 19ᵉ année de *Thê-tôn*[a], le roi du Cambodge *Neac-ong-nguyen* supplia l'empereur d'Annam de vouloir bien accepter, comme satisfaction, les deux territoires des phus de *Tam-dôn* et du *Loi-rap*; il paya en outre, comme indemnité, les trois années arriérées pendant lesquelles le tribut n'avait pas été remis. Mais le gouvernement d'Annam exigea que le général *It*, chef des rebelles, fût mis en cage pour lui être livré. Alors le roi *Neac-nguyen*, qui était parent du général *It*, et qui l'aimait beaucoup, imagina, pour le sauver, de déclarer faussement qu'il l'avait déjà fait mettre à mort pour le punir de son attaque contre les *Moï*.

Le gouvernement d'Annam, sans être dupe du mensonge du roi *Neac-nguyen*, n'insista pas davantage et demanda la famille du coupable. Le roi mentit de nouveau en disant qu'il ne pouvait la donner. Cependant le major général *Trinh* insista auprès du gouvernement pour que la faute du roi fût rachetée moyennant les deux phus susdits, qui, cédés définitivement à l'empereur d'Annam, faisaient avec celui

1757.

Le roi du Cambodge est contraint de céder de nouveaux territoires.

---

[a] Dynastie des *Lê : Hiên-tôn*, 17ᵉ année; dynastie des *Tsing : Kien-long*, 21ᵉ année.

[1] Les mandarins cambodgiens prennent le titre de *Hoc-nha*.

de *Dinh-vien* un territoire très-bien circonscrit. L'empereur voulut bien consentir à cette demande[1].

1758.
L'an *Dinh-su'u*, 20ᵉ année de *Thé-tôn* [a], le roi du Cambodge *Neac-ong-nguyen* mourut. Son oncle *Neac-ong-nhuân* devint régent du royaume. Le gouverneur général de *Gia-dinh* demanda à l'empereur d'Annam de vouloir bien donner l'investiture au régent, qui promettait, si on le mettait sur le trône, de respecter fidèlement les frontières.

L'empereur d'Annam répondit que si le régent consentait à céder *Tra-van*[2] et *Ba-tac*, on le ferait roi du Cambodge. Sur ces entrefaites, le gendre de *Neac-nhuân*, nommé *Neac-hinh*, mit son beau-père le régent à mort et s'empara du trône; mais un neveu de *Neac-nhuân*, nommé *Neac-tôn*, s'enfuit à *Ha-tien* pour dénoncer le meurtrier au gouverneur *Mac-tôn*, qui adressa à ce sujet, et de concert avec *Neac-tôn*, un rapport à l'empereur. De son côté, le gouverneur général de *Gia-dinh*, nommé *Diu*, marcha contre l'usurpateur *Neac-hinh*, et celui-ci se sauva à *Tam-phong-xui*, où il fut mis à mort par le mandarin cambodgien *Uong*.

Le gouverneur *Mac-tôn*, de la province de *Ha-tien*, supplia l'empereur d'Annam de vouloir bien donner la couronne du Cambodge à *Neac-tôn;* cela fut accordé, et le gouverneur *Mac-tôn* reçut l'ordre de donner au nouveau roi une forte escorte pour le reconduire dans le Cambodge.

Ce nouveau roi du Cambodge offrit alors à l'empereur d'Annam le territoire de *Tam-phong-long*, et les troupes annamites s'en retournèrent à *Gia-dinh*.

Cependant le général en chef *Diu* et le major général *Trinh* adressèrent un rapport à l'empereur, demandant à

---

[a] Dynastie des *Lé : Hiên-tôn*, 18ᵉ année; dynastie des *Tsing : Kien-long*, 22ᵉ année.

---

[1] Cette comédie très-annamite, et tout à fait dans les façons d'agir de la cour de Hué, n'avait pas d'autre but que de dépouiller le roi du Cambodge, en se donnant l'air généreux.

[2] Dans la province de *Vinh-long*.

transférer le siége du gouvernement de *Long-ho* à *Tam-phao*[a] ; ils demandèrent, en outre, d'établir : 1° une forteresse à *Sa-dec*[1] (*Dong-khâu-dao*[2]) ; 2° une deuxième forteresse sur le fleuve antérieur et sur l'île dite *Cu-lao-gien* (*Tang-châu-dao*) ; 3° une troisième forteresse sur le fleuve postérieur, au lieu dit *Châu-dôc*[3] (*Châu-dôc-dao*). Un détachement de soldats de *Long-ho* fut préposé à la garde de cette forteresse de *Châu-dôc*, lieu très-important à surveiller, car il était tête de frontière.

La conquête sur le Cambodge est poussée jusqu'à Châu-dôc.

Le roi du Cambodge *Neac-tôn* voulant reconnaître les services que lui avait rendus, en le protégeant, le gouverneur de *Ha-tien*, *Mac-tôn*, détacha de son royaume, pour les lui donner, les cinq phus de *Vung-tho'm*, *Can-vot* (Campot), *Chan-sum*, *Sai-mat* et *Linh-quinh*[4].

Le gouverneur *Mac-tôn*, de son côté, établit les deux forteresses du *Rach-gia*, nommées *Kieng-giang-dao*[5], et celle de *Ca-mâu*, nommée *Long-xuyên-dao*. Il y mit des mandarins et employés, et en fit deux siéges d'administration où l'on attira des habitants ; ces territoires, divisés en villages, augmentèrent considérablement la province de *Ha-tien*.

L'an *Ki-ho'i*, 2ᵉ année de *Thé-tô*[b][6], au 11ᵉ mois, peu-

1780[s].

[a] Aujourd'hui village de *Long-ho* (citadelle de *Vinh-long*).
[b] Dynastie des *Lê : Hiên-tôn*, 40ᵉ année; dynastie des *Tsing : Kien-long*, 44ᵉ année ; révolte des *Tay-so'n*[7] : *Nguyen-van-nhac*, 2ᵉ année.

---

[1] C'est le marché le plus important des trois provinces du sud de la basse Cochinchine.

[2] Les noms de *Dong-khâu-dao*, *Tang-châu-dao* et *Châu-dôc-dao* sont ceux des forteresses.

[3] Cette citadelle de *Châu-dôc* est devenue de nos jours le siége du gouvernement de la nouvelle province d'*An-giang*, distraite de celle de *Vinh-thanh*, qui a donné de la sorte lieu aux deux provinces d'*An-giang* et de *Vinh-long*.

[4] Les territoires de ces cinq phus ont été restitués au Cambodge sous le règne actuel du roi *Tu-duc*.

[5] Ces deux territoires ont été de nos jours convertis en huyens.

[6] Le roi *Gia-long*.

[7] L'histoire de cette révolte célèbre est relatée plus loin ; le roi *Gia-long* fut contraint, pour en venir à bout, de faire la conquête de la Cochinchine entière. Il ne put y parvenir que grâce aux secours de l'évêque d'Adran et des officiers français qui répondirent à son appel. L'auteur de ce livre ne mentionne nullement ce fait, afin de ne pas déplaire au roi *Minh-mang*, sous le règne duquel il écrivait.

[8] L'auteur passe ici sous silence les révoltes qui se succédèrent pendant

Cartes
et
délimitations
des
provinces
de
la basse
Cochinchine.

dant l'hiver, l'empereur donna l'ordre de lever les plans et de faire la carte des différentes provinces de la basse Cochinchine, savoir : *Trân-bien* (*Bien-hoa*), *Phan-trân* (*Gia-dinh* et *Dinh-tuong*) et *Long-ho* (*Vinh-long* et *An-giang*). Ces trois grandes provinces étaient contiguës l'une à l'autre. On délimita exactement leurs frontières, et les points les plus essentiels furent décrits et consignés dans un livre. *Mi-tho* devint un siége d'administration placé dans le fort de ce nom, lequel était situé sur l'élévation dite *Giong-cai-en*.

Mode
de
colonisation.

Ce pays de la basse Cochinchine, qui se nomme d'une manière générale *Don-naï*[1], est coupé d'un très-grand nombre de cours d'eau et couvert de forêts. On réunit dans le principe, pour le coloniser, des habitants dans les trois grands siéges administratifs dont il vient d'être question. On fut alors extrêmement facile et coulant sur la façon de gouverner le peuple. Le but principal étant de faire cultiver et d'attacher au sol, il fut permis aux habitants de *Gia-dinh* d'empiéter sur le territoire de *Bien-hoa* et réciproquement. On laissa les nouveaux colons libres de leurs mouvements et travailler la terre là où il leur convenait le plus. Le peuple eut donc l'entière liberté de défricher ce que bon lui semblait et d'établir ses demeures et ses nouvelles rizières, en fondant ses villages aux lieux choisis par lui-même. Chacun put à son gré choisir les lieux bas et humides pour y planter de vastes et belles rizières, ou bien se fixer sur les lieux élevés et y établir les rizières dites *ruông-go*[2]. Les lots de terre étant choisis, il suffisait d'en exprimer le désir au mandarin pour en devenir propriétaire. On ne mesurait pas le terrain quand on le concédait. On ne pre-

---

vingt-deux ans à la suite de la mort de *Thé-tôn* ou *Vo-vuong*, qui avait désigné comme son successeur le fils d'une concubine nommé *Han-vuong*, et qui fut ainsi la cause des troubles considérables au milieu desquels apparurent les *Tay-so'n*, partis de la province de *Qui-nho'n*, sous le commandement de leur chef *Nhac*, homme très-célèbre en Cochinchine. (Voyez au 3ᵉ chapitre de la 1ʳᵉ partie de cet ouvrage.)

[1] Il se nommait également *Gia-dinh* ; mais aujourd'hui son appellation officielle est *Nam-ki*, pays du sud.

[2] Champs ensemencés de riz de montagne.

nait pas davantage en note s'il était de bonne ou mauvaise nature. Chacun payait l'impôt selon l'étendue du sol qu'il possédait et pouvait à son gré se servir du grand ou du petit *hôc*[1] (picul) quand il payait son impôt en nature. On suivait en cela les anciens règlements sans y porter une grande attention.

Mais sous l'empereur *Gia-long* les choses changèrent et furent désormais réglées. L'impôt fut basé avec équité d'après le produit du sol; malgré cela cependant, les règlements en vigueur dans le pays de *Gia-dinh* furent bien plus larges en matière d'impôt que ceux depuis longtemps établis dans le nord.

L'an *Canh-thanh*, 22ᵉ année de *Thé-tô*[a], le phu de *Gia-dinh* fut converti en province de *Gia-dinh*.

1801.

L'an *At-su'u*, 4ᵉ année de *Gia-long*[b] [2], au 17ᵉ jour du 6ᵉ mois, pendant l'été, il parut un édit ordonnant le recensement général des cinq provinces du pays de *Gia-dinh* : *Phan-trân*[3] (*Gia-dinh*), *Trân-bien* (*Bien-hoa*), *Vinh-trân* (*Vinh-long* et *An-giang*), *Dinh-trân* (*Dinh-tuong*) et *Ha-tien*. Les terrains furent exactement mesurés, ainsi que les champs. On nota les différentes productions du sol. Les distances d'un point à un autre furent appréciées et notées, ainsi que la longueur des routes. On classa les montagnes, îles et cours d'eau d'après leur nature. Les différentes cartes particulières furent soigneusement dressées; il en fut de même

1806.

Recensement et cadastre de la basse Cochinchine.

---

[a] Révolte[4] des *Tay-so'n* : *Nguyen-quang-toan*, 8ᵉ année; dynastie des *Tsing* : *Kia-king*, 5ᵉ année.
[b] Dynastie des *Tsing* : *Kia-king*, 10ᵉ année.

[1] Les Annamites ont un grand nombre de mesures différentes. Elles ont été en grande partie réglementées depuis le commencement du siècle; cependant elles diffèrent encore selon la nature du produit qu'il s'agit d'acheter ou de vendre.

[2] Ce roi n'a daté les années de son règne sous le nom de *Gia-long* qu'à partir de 1802, époque de l'extinction totale de la dynastie des *Lê*.

[3] *Trân* était le terme employé pour désigner une province au temps du roi *Gia-long*; on dit aujourd'hui *tinh*.

[4] On remarquera qu'il n'est désormais plus question de la dynastie des *Lê*, disparue pendant la révolte des *Tay-so'n*.

pour les registres de populations et d'impôts. On mesura également la distance de la capitale (*Hué*) à *Gia-dình*, estimée en journées de marche. Tous ces divers documents furent adressés à l'empereur.

L'an *Dinh-mâu*, 6ᵉ année de *Gia-long*[a], au 7ᵉ mois, pendant l'automne, le prince cambodgien *Neac-ong-chan* envoya deux ambassadeurs[b] à *Hué* afin de remettre à l'empereur d'Annam une supplique dans laquelle il demandait l'investiture du royaume du Cambodge[1].

[a] Dynastie des *Tsing : Kia-king*, 12ᵉ année.
[b] Les mandarins *Vibonrach* et *Rachgiaphuphurach*.

[1] Voyez, pour ce qui concerne plus spécialement le royaume du Cambodge, l'appendice placé à la fin de cette première partie.

CHAPITRE II.

Arrivée du Chinois *Mac-cu'u* au pays de *Ha-tien*. — *Mac-cu'u* s'empare de la province de *Ha-tien*. — Il en est nommé le gouverneur par l'empereur d'Annam. — Mort de *Mac-cu'u*. — Son fils lui succède. — Colonisation et administration de *Ha-tien*. — Guerre entre le Cambodge et l'empire d'Annam. — Tentative de Siam sur *Ha-tien*. — Invasion des Birmans dans le royaume de Siam. — Grande épidémie à Siam. — Piraterie de l'archipel de *Ha-tien*. — Le Chinois *Phya-tan* usurpe le trône de Siam. — Fâcheux pronostics au sujet de *Ha-tien*. — Guerre de Siam avec le Cambodge. — Conspiration pour s'emparer de *Ha-tien*. — Nouvelle tentative contre *Ha-tien*. — Disette à *Ha-tien*. — Attaque sérieuse de Siam sur *Ha-tien*. — Demandes de secours à *Gia-dinh*. — Nouveaux pronostics fâcheux observés à *Ha-tien*. — Siége de *Ha-tien* par l'armée siamoise. — Prise de *Ha-tien*. — L'armée siamoise s'avance jusqu'à *Châu-dôc*. — Sa défaite. — Tentatives de Siam sur le pays de *Gia-dinh*. — Préparatifs d'expédition contre les Siamois. — Plan de bataille des Annamites. — Insuccès de la flotte annamite. — Défaite des Siamois à *Nam-vang*. — Fortifications à Saï-gon. — Le roi *Phya-tan* fait des propositions de paix. — Elles sont repoussées. — *Mac-tôn* fait à son tour des propositions de paix au roi *Phya-tan*. — Elles sont accueillies. — *Ha-tien* est rendue à son gouverneur *Mac-tôn*.

La province de *Ha-tien* faisait partie, dans l'origine, du territoire de *Chan-lap (Cambodge)*; on la nommait vulgairement *Man-kham* chez les Cambodgiens et *Phuon-thanh* chez les Annamites.

Un Chinois nommé *Mac-cu'u*, de la province de *Canton* et du village de *Lé-quat*, huyen de *Hai-cuong* et phu de *Loi-châu*, ne voulant pas se soumettre à la dynastie des *Tsing*, passa en Cochinchine durant la 19ᵉ année de *Khang-hi* [a].

Mac-cu'u se dirigea vers le phu de *Nam-vang*, dans le

[a] Ce fut à cette époque que les *Tsing* réduisirent sous leur domination la Chine entière; la province de *Canton* avait notamment résisté jusque-là.

Arrivée
du Chinois
Mac-cu'u
au pays
de Ha-tien.

3.

royaume du Cambodge. Il y avait alors dans ce royaume, au phu de *Sai-mat*, une population composée d'Annamites, de Chinois, de Cambodgiens et de Malais.

Ces gens-là jouaient beaucoup, et leurs jeux rapportaient une sorte d'impôt sous forme de ferme des jeux, nommée *hoa-chi*. *Mac-cu'u* devint acquéreur de cette ferme, et comme en outre il trouva un filon de mine d'argent très-productif, il s'enrichit beaucoup et fut alors en mesure d'attirer vers lui les vagabonds et gens déclassés de l'empire d'Annam, avec lesquels il parvint à fonder les sept villages de *Phu-quôc, Long-cai, Can-vot, Vung-tho'm, Rach-gia* et *Ca-mâu*.

Les habitants ayant l'habitude de raconter qu'un génie (*Tien*) allait et venait sans cesse sur la rivière de ce terri-toire, on finit par donner à celui-ci le nom de *Ha-tien* (ri-vière du génie).

Mac-cu'u s'empare de la province de Ha-tien.

Deux lieutenants de *Mac-cu'u*, qui venaient aussi de s'em-parer des pays nommés *Truong-câu* et *Ly-xa*, se rendirent à *Hué*, porteurs d'une supplique tendant à faire accorder à leur maître *Mac-cu'u* le gouvernement de cette nouvelle province de *Ha-tien*.

1715.

Il en est nommé le gouverneur par l'empereur d'Annam.

L'an *Giap-ngo*, 24ᵉ année de *Hiên-tôn* [a], au 8ᵉ mois, l'em-pereur éleva *Mac-cu'u* à la dignité de gouverneur et général en chef dans la province de *Ha-tien*. Le chef-lieu de son ad-ministration fut établi à *Phuong-thanh*. Ce territoire devint chaque jour de plus en plus peuplé. Le nouveau gouver-neur, *Mac-cu'u*, ne tarda pas à se rendre à la capitale (*Hué*) pour y saluer l'empereur.

1736.

Mort de Mac-cu'u.

L'an *At-mau*, 11ᵉ année de *Thuc-tôn* [b], au 5ᵉ mois, pendant le printemps, mourut le gouverneur de *Ha-tien*, *Mac-cu'u*, à l'âge de 78 ans; son fils aîné, *Mac-tôn*, informa de cette mort la cour de *Hué*.

---

[a] Dynastie des *Lê : Diu-tôn*, 10ᵉ année; dynastie des *Tsing : Khang-hi*, 53ᵉ année.

[b] Dynastie des *Lê : Hi-tôn*, 1ʳᵉ année; dynastie des *Tsing : Young-tching*, 13ᵉ année.

L'an *Binh-thin*, 12e année de *Thuc-tôn*[a], l'empereur désigna *Mac-tôn* pour succéder à son père et lui donna le titre d'envoyé impérial[1]. L'empereur fit mettre, en outre, à sa disposition trois grandes jonques qui furent exemptes de tout droit à payer. *Mac-tôn* envoyait ces jonques à la mer, où tantôt elles se procuraient[2], tantôt elles achetaient différents riches produits qu'il offrait ensuite à l'empereur. Celui-ci accorda à *Mac-tôn* le droit de faire fondre des sapèques[3]. Il fut institué à *Ha-tien* des mandarins civils et militaires; une armée fut levée régulièrement et on disposa des résidences officielles pour les mandarins pendant que s'élevait une citadelle. On perça des routes et on fonda des marchés où se rendirent un très-grand nombre de commerçants dans leurs barques. Plusieurs lettrés du *Fo-kien*, ainsi que des bonzes de *Qui-nho'n*, vinrent aider de leur savoir et de leurs conseils le gouverneur *Mac-tôn*. Ces lettrés firent des descriptions élégantes des dix lieux remarquables de *Ha-tien*, et par leurs compositions littéraires ils donnèrent une réputation à ce coin de terre perdu au milieu des mers.

L'an *Dinh-mau*, 10e année de *Thé-tôn*[b], pendant l'automne, un fameux pirate, nommé *Vo-vuong-du'c-bung*, enleva au large de la côte de *Long-xuyên* une des grandes jonques données par l'empereur.

Cette jonque avait été envoyée précédemment au 4e mois à *Hué* pour offrir à l'empereur des perles et des pierres précieuses; il y avait en outre vingt faisans, une poule eu-

1737.

Son fils
lui succède.

Administration
et
colonisation
de Ha-tien.

- 1748.

---

[a] Dynastie des *Lê* : *Hi-tôn*, 2e année; dynastie des *Tsing* : *Kien-long*, 1re année.

[b] Dynastie des *Lê* : *Hiên-tôn*, 8e année; dynastie des *Tsing* : *Kien-long*, 12e année.

---

[1] Ce titre d'envoyé impérial est donné aux gouverneurs quand ils ont des pouvoirs extraordinaires.

[2] Avec les habitudes chinoises, on peut croire que les jonques de *Mac-tôn* faisaient tout simplement la piraterie au profit de l'empereur et de *Mac-tôn* lui-même.

[3] Les sapèques annamites sont en zinc. Il en faut 600 pour faire ce que les Européens nomment une ligature et qui vaut environ un franc.

ropéenne, dite poule de feu, un grand chien d'Europe, cinq merles parleurs[1] de couleurs différentes et des nattes variées.

L'empereur avait répondu à ces cadeaux en accordant deux brevets de colonel et deux brevets de premier capitaine; il avait aussi fait donner de belles étoffes brodées, variées en couleurs. La jonque s'en retourna au 8e mois, et elle était parvenue à *Long-xuyên* lorsqu'elle rencontra le pirate *Du'c-bung*, de la province de *Qui-nho'n*, qui savait très-bien ce qu'elle contenait et qui s'empara d'elle.

Le gouverneur *Mac-tôn*, étant instruit de ce fait, envoya son gendre, *Diung*, à la tête de dix barques, pour faire la chasse au pirate; on parvint à s'emparer de quatre de ses hommes, qui furent décapités. Quant à *Du'c-bung*, il s'enfuit jusqu'à l'embouchure de *Ba-lac*. *Mac-tôn* en informa les autorités de *Gia-dinh*, qui s'emparèrent de *Du'c-bung*, et ce pirate fut mis immédiatement à mort. Le commerce put dès lors reprendre paisiblement son cours.

1756.

Guerre entre le Cambodge et l'empire d'Annam.

L'an *At-ho'i*, 18e année [a], la guerre éclata entre le Cambodge et l'empire d'Annam. Le roi du Cambodge, *Neac-ong-nguyen*, fut réduit à se réfugier à *Ha-tien* auprès de *Mac-tôn*, qui implora en sa faveur la clémence de l'empereur, à la condition que le roi céderait une partie du territoire du Cambodge.

1758.

L'an *Dinh-su'u*, 20e année [b], les troubles ayant recommencé dans le Cambodge, le prince *Neac-ong-tôn* s'enfuit à *Ha-tien* et supplia le gouverneur *Mac-tôn* de lui servir de père adoptif. Celui-ci ayant adressé, à ce sujet, un rapport à l'empereur, la couronne du Cambodge fut donnée à son protégé

---

[a] Dynastie des *Lê* : *Hiên-tôn*, 16e année; dynastie des *Tsing* : *Kien-long*, 20e année.

[b] Dynastie des *Lê* : *Hiên-tôn*, 18e année; dynastie des *Tsing* : *Kien-long*, 22e année.

[1] Le merle parleur, oiseau qui parle infiniment mieux que le perroquet, est très-estimé chez le peuple annamite.

Neac-ong-tôn, qui put rentrer dans son pays, où régna dès lors la tranquillité. Le nouveau roi, *Neac-ong-tôn*, céda au gouverneur de *Ha-tien* les cinq phus de *Chan-sum, Sai-mat, Linh-quinh, Can-vot* et *Vung-tho'm*, afin de reconnaître les services qu'il lui avait rendus et de s'assurer de sa puissante protection. *Mac-tôn* offrit à l'empereur les cinq nouveaux territoires, qui furent, par décret impérial, adjoints à la province de *Ha-tien*.

Mac-tôn éleva à la même époque, sur les bords du *Rach-gia*, le fort de *Kieng-giang*, et à *Ca-mâu* celui de *Long-xuyén*. Ces deux forts furent le siége de l'administration de ces deux territoires; il y plaça des mandarins pour gouverner le peuple.

L'an *Binh-tuât*, 2ᵉ année de *Diué-tôn*[a], au 8ᵉ mois, un voyageur venu de *Siam* à *Ha-tien* informa le gouverneur de cette province que le roi de Siam, *Phung*[1], le Lépreux[b], préparait une expédition par mer dans le but de s'emparer de *Ha-tien*[c][2]. Ce roi *Phung* était d'une nature très-belliqueuse, et sans cesse il portait la guerre contre ses voisins, ce qui l'avait fait haïr et craindre partout à cause de ses grandes cruautés. Le gouverneur *Mac-tôn* fut donc plein de sollicitude pour sa province quand il eut connaissance de cette expédition, et il fit immédiatement ses préparatifs. Au

1767.

Tentative
de
Siam
sur Ha-tien.

---

[a] Dynastie des *Lê : Hiên-tôn,* 27ᵉ année; dynastie des *Tsing : Kien-long,* 31ᵉ année.

[b] Ainsi nommé à cause de la maladie dont il était atteint.

[c] Les barques de Siam sont appelées *thap;* elles sont semblables à celles d'Europe, mais plus grandes; les matelots qui les montent manient la rame de la même manière que les Européens.

---

[1] Ce roi lépreux est célèbre dans les annales de Siam par son esprit de conquêtes. On remarquera que c'est pour la première fois en 1767 qu'il est fait mention de Siam. Jusqu'à cette époque la suzeraineté des Annamites sur le Cambodge n'est contestée par personne; sa priorité est donc parfaitement établie, et en Orient la priorité a beaucoup de poids en toutes choses.

[2] Le royaume du Cambodge se trouvait déjà tellement affaibli par les invasions annamites qu'il tenta la cupidité de son voisin de Siam, auquel il dut bientôt céder d'aussi belles provinces que celles de la basse Cochinchine.

9ᵉ mois, il envoya une dépêche à *Gia-dinh* pour demander des secours. Le 18ᵉ jour du 10ᵉ mois, le général en chef de *Gia-dinh*, *Khoï*, et le major général *Mién* expédièrent à *Ha-tien* le premier capitaine *Chéu*, commandant les troupes chargées de réprimer la piraterie, ainsi que le commandant du fort de *Tang-châu-dao* (*Cu-lao-gien*), nommé *Ké*, à la tête de 1,000 hommes d'infanterie et de 20 jonques de guerre; il leur fut adjoint le conseiller civil *Dui*. Ces secours arrivèrent à *Ha-tien* le 3ᵉ jour du 11ᵉ mois. Aussitôt furent prises les plus sérieuses dispositions pour s'opposer à l'invasion du roi de Siam.

1768.

Invasion des Birmans dans le royaume de Siam.

L'an *Dinh-ho'i*, 3ᵉ année de *Diué-tôn* [a], au 3ᵉ mois, pendant le printemps, le pays *Dien-dien*[1], qui avait pour les Siamois

[a] Dynastie des *Lê : Hiên-tôn*, 28ᵉ année; dynastie des *Tsing : Kien-long*, 32ᵉ année.

[1] Le pays de *Dien-dien* est l'empire des Birmans, qui tirent leur origine, comme les Siamois et les Cambodgiens, du vaste territoire de *Laos*. Trois grands cours d'eau, dont les sources assez rapprochées l'une de l'autre sont situées dans les montagnes de *Ko-ko-noor* (Thibet), ont vu se grouper non loin de leur embouchure trois royaumes distincts; ce sont : les Birmans, sur les bords de l'*Irawady*; les Siamois, sur ceux du *Meï-nam*, et les Cambodgiens, sur le cours inférieur du grand fleuve *Cu'u-long-giang*. Il est infiniment probable que des guerres intestines ont amené ces divisions, et que dans le principe un peuple unique et d'une civilisation très-avancée formait l'empire de *Laos*. Les preuves de ce fait sont nombreuses et considérables; elles reposent principalement sur l'identité de la religion et sur les rapports très-grands qu'ont entre elles les langues cambodgienne, siamoise et birmane. La civilisation du *Laos* était purement bouddhique. Ses temples splendides, et malheureusement très-peu connus, sont un irrécusable témoignage de son antique magnificence.

Les habitudes d'élégance conservées chez les *Laociens* proprement dits, habitudes dont conviennent les Annamites eux-mêmes, malgré leur extrême vanité et le mépris qu'ils ont pour tous ces peuples qu'ils nomment barbares, tendrait à démontrer que c'était principalement sur les bords du grand fleuve *Cu'u-long-giang* que régnait cette antique civilisation de la presqu'île *Indo-chinoise*. Le bouddhisme pratiqué de nos jours chez ces trois peuples (birman, siamois et cambodgien) est exactement le même que celui de Ceylan; c'est-à-dire qu'il est là dans toute sa pureté et n'a rien de commun avec ce que l'on nomme bouddhisme en Chine, culte tellement défiguré que, sauf dans un très-petit nombre de monastères, les bonzes eux-mêmes n'y comprennent absolument rien. La langue cambodgienne, plus rapprochée que les deux autres du centre religieux (ancien empire de *Laos*), s'écrit avec les propres caractères de la langue *pâli*, tandis que les caractères siamois et birmans, quoique appartenant évidemment au même type, en diffèrent beaucoup plus.

la plus vive haine, prit les armes et porta le ravage dans le royaume de Siam ; le palais du roi fut réduit en cendres, les magasins furent pillés, ainsi que le trésor royal ; le roi lépreux fut fait prisonnier avec le prince son fils et emmené dans le Laos avec plus de 10,000 Siamois réduits en esclavage. Le royaume de Siam fut semblable à un désert[a].

Le troisième fils du roi de Siam, le prince *Chiêu-xi-xang*, s'enfuit dans le Cambodge, pendant que son fils, le prince *Chiêu-phi*, se réfugia à *Ha-tien*.

L'entreprise de *Siam* sur cette province fut naturellement interrompue et empêchée par l'invasion des Birmans.

Le gouverneur *Mac-tôn* envoya donc une dépêche à *Gia-dinh*, afin d'offrir ses remercîments pour les secours qu'on avait mis à sa disposition ; et comme il priait de faire revenir à *Gia-dinh* ces troupes auxiliaires, elles y furent rappelées au 5e mois par ordre du gouverneur général.

Cependant *Mac-tôn*, redoutant la force des *Dien-dien*[1] et craignant qu'ils ne violassent ses frontières, envoya le premier capitaine *Lu'c* sur des jonques de guerre, afin de surveiller et de garder le pays de *Chân-bôn*, frontière du royaume de Siam et de la province de *Ha-tien*. L'invasion et les ravages des barbares Birmans (*Dien*) avaient causé dans le royaume de Siam une peste très-dangereuse, à laquelle succombèrent un grand nombre de personnes, et qui frappa également les soldats d'Annam envoyés à la frontière.

Leur chef *Lu'c* fut frappé du fléau et mourut.

Cependant comme il était absolument nécessaire de surveiller cette frontière, qui était loin d'être tranquille, *Mac-tôn*

Grande
épidémie
à Siam.

[a] Ces *Dien-dien* sont des barbares du sud-ouest qui furent battus dans l'an 1220 (de notre ère) par l'empereur de Chine *Thê-to* (en chinois *She-tsou*). Le prince *Quê-wang* (*Yeou-yay*), de la dynastie des *Ming*, se réfugia dans la suite dans ce pays de *Dien-dien*. Ces barbares se tatouent le ventre : c'est pour cela qu'on les nomme aussi *Hoa-tôn* ; on les appelle encore *O-tôn* (ventre noir). A Siam, ils sont désignés par le nom de *Phu-ma*.

[1] Birmans.

envoya à la place de *Lu'c* le mandarin *Tai ;* mais celui-ci mourut aussi avant même d'arriver à son poste. On envoya alors le mandarin *Du'c*, qui s'occupa spécialement de la surveillance des îles de *Cô-cong*, *Cô-côt* et *Diân-cam*.

Un chef de pirates nommé *Hoac-nhiên*, très-habile dans l'art de la guerre, ayant à sa tête des gens de son espèce, était parvenu à s'emparer de l'île de *Cô-cong*, qui jouit d'une position très-forte et facile à défendre. Cette île fait face au Cambodge du côté du continent, et du côté du large elle est bordée de montagnes élevées formant une baie vaste et profonde et qui offre un bon mouillage. *Hoac-nhiên* y avait établi les campements de ses soldats. C'est de ce repaire que partaient les pirates pour aller exercer leurs ravages sur mer. Tous les bateaux qui commerçaient du nord au sud, ainsi que tous les habitants de Siam qui, pour se sauver, se réfugiaient sur les bords de la mer, devenaient les victimes de ces pirates. Leur chef se servait de flèches en fer avec lesquelles il perçait les voiles des barques pour les arrêter; il s'élançait alors, couvert d'un bouclier, à bord de ces barques incapables de lui résister. Comme beaucoup de mauvais sujets s'étaient mis à sa suite, il méditait l'attaque et la prise de *Ha-tien*. Ce projet d'attaque étant venu à la connaissance du gouverneur *Mac-tôn*, il envoya le premier capitaine *Khuong* pour s'emparer du pirate, dont les gens s'enfuirent quand ils entendirent le bruit du canon des Annamites, ainsi que leur cri de guerre[1].

Hoac-nhiên, s'armant d'un sabre, se jeta dans une petite barque et, forçant le blocus des jonques, il allait se sauver lorsque, assailli par de nombreux coups de feu, il fut contraint de se jeter à l'eau, où il périt sous les lances annamites. Sa tête fut exposée, et sa bande terrifiée se dispersa en tous sens.

Piraterie
de l'archipel
de
Ha-tien.

---

[1] Ce cri de guerre est représenté par les syllabes *hé! hé! hé!* Les Annamites s'excitent de la sorte pour marcher à l'ennemi.

L'an *Maü-ti*, 4ᶜ année de *Diué-tôn*[a], un Chinois de la province de *Canton* et du phu *Triêu-châu*, nommé *Quôc-hoa* en Chine et *Phya-tan* chez les Siamois, succéda à son père, qui était depuis longtemps au service de Siam et qui gouvernait le territoire de *Man-long*. Ce Chinois prit dès lors le titre de *Phya-long*, et profitant des désordres qui régnaient à Siam depuis l'enlèvement du roi lépreux, il appela à lui un grand nombre de personnes avec lesquelles il s'empara du pouvoir et se déclara roi de Siam. Il voulut dès lors exiger du Cambodge le tribut en or et en argent; mais le roi du Cambodge, *Neac-ong-tôn*, ne voulant pas reconnaître cet usurpateur, se refusa à payer le tribut qu'on exigeait de lui.

1769.
Le Chinois
Phya-tan
usurpe
le trône
de Siam.

L'an *Ki-su'u*, 5ᶜ année de *Diué-tôn*[b], au printemps et au 2ᵉ mois, un tigre s'introduisit dans la citadelle de *Ha-tien*, et successivement dans les tribunaux des divers mandarins. Ceux-ci se réunirent à leurs soldats pour s'emparer de la bête féroce; mais le tigre, poussant un fort rugissement, sortit et disparut[c]. Cependant l'usurpateur du trône de Siam, *Phya-tan*, envoya les mandarins *Phya-sosi* et *Bon-ma* à la tête de troupes pour porter la guerre contre le roi cambodgien *Neac-ong-tôn*; l'expédition de Siam avait avec elle le prétendant *Neac-ong-non*, qu'elle comptait placer sur le trône à la place de *Neac-ong-tôn*. Mais les Siamois, parvenus au bourg de *Lo-go*, livrèrent bataille sans pouvoir venir à bout des Cambodgiens; ils s'en retournèrent donc emmenant en esclavage des gens du peuple dont ils avaient pu s'emparer.

1770.
Fâcheux
pronostics
au sujet
de Ha-tien.

Guerre
de Siam
avec
le Cambodge.

Le gouverneur de la province de *Ha-tien*, voyant la guerre dans un pays voisin, dut veiller avec le plus grand

---

[a] Dynastie des *Lê : Hiên-tôn*, 29ᵉ année; dynastie des *Tsing : Kien-long*, 33ᵉ année.

[b] Dynastie des *Lê : Hiên-tôn*, 30ᵉ année; dynastie des *Tsing : Kien-long*, 34ᵉ année.

[c] C'est là un signe de guerre prochaine.

soin sur ses frontières. A la même époque, un vagabond chinois de *Triêu-châu*, nommé *Tran-thai*, ramassa à sa suite une bande de brigands et fixa sa résidence sur la montagne de *Bach-ma*, territoire de *Ha-tien*.

Conspiration pour s'emparer de Ha-tien.

L'intention de ce brigand était de s'emparer de la province de ce nom ; il était entré en communication secrète avec deux parents du gouverneur *Mac-tôn*, nommés *Mac-sung* et *Mac-khoan*. Il était convenu que pendant la 9ᵉ nuit du 6ᵉ mois ils allumeraient comme signal un feu dans l'intérieur de la citadelle. Mais le gouverneur *Mac-tôn*, ayant eu connaissance du complot, fit arrêter, à l'heure voulue, les conjurés, qui étaient réunis dans la pagode de *Huong-so'n* (*Thay-huong*). Le chef du complot, *Tran-thai*, s'enfuit dans le royaume de Siam et se fixa dans le territoire de *Chân-bôn*.

Le 20ᵉ jour du même mois, un Cambodgien de *Vong-vân*, nommé *Neac-phôn*, étant parvenu à réunir jusqu'à 900 Moï, voulut faire éclater une rébellion, mais il échoua. Il fut pris et mis à mort.

1771.
Nouvelle tentative contre Ha-tien.

L'an *Canh-dio'n*, 6ᵉ année de *Diuê-tôn*[a], au 7ᵉ mois, un déserteur de la citadelle de *Ha-tien*, nommé *Pham-lam*, se rendit à *Can-vot* et à *Vung-tho'm*, où, ayant réuni les brigands et les pirates de ces lieux, il se joignit au Malais *Vinh-li-malu* et au Cambodgien *Hoc-nha-kê*. Ces trois chefs de rébellion, ayant avec eux plus de 800 hommes, les divisèrent en armée de terre et armée de mer. Ils résolurent alors de s'emparer de *Ha-tien*. Ils entrèrent donc avec leurs quinze jonques dans la baie de *Ha-tien* pendant que leur infanterie se rendait à la montagne *Tuy-binh;* mais ils furent bientôt défaits par la garnison annamite. *Pham-lam* fut massacré sur ses barques, et ses alliés, le Malais ainsi que le Cambodgien,

Disette à Ha-tien.

furent saisis et décapités. A partir de cette époque de troubles la disette se répandit sur la province de *Ha-tien*, et le peuple

---

[a] Dynastie des *Lê : Hiên-tôn*, 31ᵉ année ; dynastie des *Tsing : Kien-long*, 35ᵉ année.

fut réduit à une grande misère. Le gouverneur *Mac-tôn* s'accusa[1] lui-même auprès de la cour de *Hué*, disant que c'était sans doute son incapacité qui était la cause de tant de malheurs; mais là cour de *Hué* ne voulut pas accepter une pareille accusation, et elle donna l'ordre au généralissime de *Gia-dinh* d'avoir dorénavant à envoyer de prompts secours à *Ha-tien* toutes les fois qu'il y surgirait un événement.

L'an *Tan-mâu*, 7e année de *Diué-tôn* [a], au 8e mois, un espion, ayant pu pénétrer à Siam, apprit que le roi usurpateur, *Phya-tan*, préparait une expédition contre *Ha-tien*. Le gouverneur *Mac-tôn* demanda aussitôt des secours à *Gia-dinh;* mais le gouverneur général *Khoï* et le major général *Miên* répondirent que déjà précédemment on leur en avait inutilement demandé, et que le résultat avait été pour les soldats annamites beaucoup de fatigues pour rien, vu qu'ils étaient revenus à *Gia-dinh* sans avoir été employés; ils ajoutèrent que, par conséquent, ils allaient se borner à préparer les secours sans les envoyer, et que, lorsqu'ils seraient instruits par une nouvelle certaine de l'entreprise dirigée par *Siam*, ils se hâteraient de faire partir pour *Ha-tien*, et sans aucun retard, les secours demandés.

Le 14e jour du 8e mois, les habitants de la citadelle de *Ha-tien* virent au-dessus d'eux deux arcs-en-ciel[2], longs de plus de 30 brasses; ils étaient rouges et en forme de croix. Le 16e jour, deux jours après, un tourbillon de vent porta dans les airs, au-dessus de la citadelle, un monceau de sable placé depuis longtemps auprès de la pagode *Bac-dé*.

1772.

Attaque
sérieuse
entreprise
par Siam
sur Ha-tien.

Demandes
de
secours
à Gia-dinh.

Nouveaux
pronostics
fâcheux
observés
à Ha-tien.

[a] Dynastie des *Lê : Hiên-tôn*, 32e année; dynastie des *Tsing : Kien-long*, 36e année.

[1] S'accuser soi-même, chez les Annamites, est une façon à peu près certaine non-seulement de se faire pardonner, mais encore de gagner du crédit : de là l'exagération de fausse modestie commune à ce peuple.

[2] Les habitants de l'empire d'Annam sont extrêmement superstitieux et ajoutent beaucoup d'importance à ces sortes de choses. On peut dire que leur religion est tout entière chez les devins et les sorciers.

Ce sable forma un nuage tellement épais que la citadelle fut entièrement plongée dans les ténèbres, et lorsqu'il retomba sur le sol il y prit la forme d'une croix +, qui représente en chinois le signe *dix*, et c'est pour cela qu'on augura, après tant de signes répétés, que la citadelle serait prise au dixième mois.

Le 9ᵉ mois, le roi *Phya-tan*, ne pouvant supporter[a] la présence à *Ha-tien* du prince *Chiéu-phi*[1], fils du roi lépreux, s'empara d'abord de *Luc-con*, pays dépendant des *Dien*[2]. Ses forces s'élevaient alors, tant en infanterie qu'en marins, à 20,000 hommes. *Tran-thai*, le chef de bande de *Bach-ma*, fut placé à la tête des éclaireurs.

Le 3ᵉ jour du 10ᵉ mois, l'armée siamoise parvint sous les murs de la citadelle de *Ha-tien*, dont elle commença le siége. Cette citadelle avait ses remparts formés sur trois côtés avec des arbres[3]; on n'avait employé à sa défense ni la terre ni la pierre. Les défenseurs de la citadelle étaient, en outre, en nombre fort restreint; ils déployèrent néanmoins une très-vive résistance. Un courrier des plus rapides fut expédié en toute hâte à *Long-ho* pour informer le commandant de ce fort des dangers courus à *Ha-tien*. Cependant les assiégeants établirent sur la montagne de *To-châu* une batterie de grosses pièces avec laquelle ils foudroyaient l'intérieur de la citadelle. Pendant la 10ᵉ nuit du mois, le magasin à poudre de *Ngu-ho* éclata dans les ouvrages, et cela porta au dernier degré la terreur des assiégés. Le 13,

Siége de Ha-tien par l'armée siamoise.

----

[a] De même qu'une personne couchée ne peut supporter dans le même lit la présence d'une personne qui ronfle[4].

[1] *Phya-tan* étant un usurpateur avait beaucoup à craindre que l'empereur d'Annam, très-puissant alors à la cour de Siam, ne plaçât sur le trône usurpé le prince *Chiéu-phi*, fils légitime du roi lépreux.

[2] Birmans.

[3] Beaucoup de forts dans le Cambodge ne sont pas construits autrement. Les Annamites ont très-peu d'ouvrages en pierre; ils emploient en général la terre ou bien le sable et les bambous.

[4] Cette comparaison, assez triviale, peint bien l'impatience chez les Annamites, qui, quoique en général peu difficiles, surtout quand il s'agit de dormir, ne peuvent nullement supporter les personnes qui ronflent.

pendant la nuit, les soldats siamois se dirigèrent, à l'aide
d'un petit cours d'eau, vers la porte de derrière de la citadelle, et comme les remparts étaient simplement faits d'arbres, ils les coupèrent et s'introduisirent dans la place ; ils
mirent alors le feu au palais du gouverneur, et les flammes
de l'incendie répandirent leurs sinistres lueurs jusque sur
les forêts d'alentour. L'armée siamoise se précipita bientôt
de toutes parts en jetant son cri de guerre, et le bruit du
canon fut semblable aux roulements de la foudre.

Cependant le gouverneur *Mac-tôn*, à la tête de ses hommes,
les encourageait à repousser l'ennemi. Le peuple et les soldats
combattaient corps à corps dans la citadelle avec les Siamois,
dans une affreuse mêlée. Le gouverneur *Mac-tôn* était décidé
à périr les armes à la main ; mais le capitaine *Du'c*, l'enle-
vant dans ses bras, l'emporta dans une barque et le conduisit au poste de *Giang-thanh*.

Les trois fils de *Mac-tôn* [a], ayant forcé la ligne des assiégeants, se sauvèrent, à la tête de soldats de marine, du côté
de la rivière *Kieng-giang* (*Rach-gia* [1]) et s'arrêtèrent après
avoir franchi le *Trân-giang*.

Le 15e jour du même mois, le gouverneur *Mac-tôn* s'étant
réfugié au fort de *Châu-dôc*, il y fut poursuivi par le général
siamois *Chiêu-qua-liên* [b]. *Mac-tôn* envoya à sa rencontre, pour

Prise
de Ha-tien.

L'armée
siamoise
s'avance
jusqu'à
Châu-dôc.

---

[a] Le premier, *Mac-dien*, remplissait les fonctions de *quan-bo* [2] ; le deuxième,
Mac-thuong, était *quan-an*, et le troisième, *Mac-diung*, était *lanh-binh*.

[b] Ce général était un Chinois de *Triêu-châu* [3], nommé *Liên*, et passé au
service de Siam.

[1] Voyez la carte. Le *Rach-gia* est le principal cours d'eau de la province de *Ha-tien*.

[2] Le *quan-bo*, directeur de l'impôt, de l'enregistrement du peuple, des levées d'hommes, etc. et le *quan-an*, chef de la justice, forment avec le gouverneur, nommé *tong-dôc*, le triumvirat qui compose la haute administration d'une province. Il faut joindre à ces trois principaux fonctionnaires le *lanh-binh* ou commandant des troupes. On voit par là qu'à cette époque, où l'occupation de *Ha-tien* n'était que le résultat d'un acte de piraterie, on n'avait pas craint d'en laisser exclusivement la direction à la famille de *Mac-cu'u*.

[3] Un grand nombre de pirates et d'aventuriers chinois sont de ce territoire ou phu de *Triêu-châu*, dans la province de Canton. C'est le pays d'où l'on émigre le plus et l'un de ceux qui ont en Chine la plus mauvaise réputation.

l'arrêter et le combattre, le capitaine malais *Sha*[1]; mais celui-ci fut vaincu par les soldats de Siam. Cependant ce Malais ne put trouver la mort, malgré les nombreux coups de sabre qu'on lui donna. Il devait cette impunité à une sorte de charme ou d'enchantement commun aux Malais, aux Cambodgiens et aux Moï : c'est ce que l'on nomme *co-ghong*[2]. Il fut donc impossible aux Siamois de le tuer, et il s'enfuit avec *Mac-tôn* sur le fleuve antérieur jusqu'à l'île de *Tang-châu* (*Cu-lao-gien*). Le commandant de *Long-ho*, le colonel *Hap*, envoya des troupes au-devant de *Mac-tôn* pour les mettre à sa disposition; il expédia aussi en toute hâte des jonques de guerre pour repousser l'ennemi, qui était entré à *Châu-đôc*. Les Siamois, ne connaissant pas la route, se trompèrent et donnèrent dans des arroyos sans issue, ce qui offrit à l'armée annamite l'occasion de défaire complétement ces brigands, dont plus de 3oo furent décapités. Leur chef, *Chiêu-qua-liên*, ayant pu se sauver à terre, suivit la route de *Chan-sum*, et il parvint à *Ha-tien* pendant la nuit.

Les soldats de *Long-ho* s'emparèrent de cinq jonques siamoises avec beaucoup d'armes de guerre; ils reprirent aussi une grande quantité de barques de *Ha-tien*. On laissa un fort poste pour la garde et la surveillance de *Châu-đôc*, et le gros des forces revint au fort de *Tang-châu*, où le gouverneur de *Long-ho* se concerta avec *Mac-tôn*, à la disposition duquel il fut mis des jonques pour l'amener à *Long-ho*, où il alla se fixer.

Cependant, du côté du fleuve postérieur, le gouverneur du fort de *Dong-khau-dao* (*Sa-dec*), nommé *Nho'n*, eut à combattre les Siamois qui étaient venus au poste de *Cuo'ng-thanh;* il les défit et leur enleva dix jonques de guerre. Il en déca-

Défaite de l'armée siamoise.

---

[1] Il existe encore aujourd'hui dans les environs de *Châu-đôc* et près de *Ha-tien* plusieurs villages habités par des Malais.

[2] Les Annamites, qui sont très-superstitieux, croient fermement à ces charmes qui mettent les gens à l'abri des blessures. Cependant ils avouent que l'on n'en voit des exemples que chez les barbares.

pita, ou tua et blessa en combattant, plus de la moitié ; le reste parvint à s'enfuir.

A partir de cette époque, le territoire de *Long-ho* étant solidement défendu, personne n'osa plus l'attaquer.

Le roi de Siam *Phya-tan* avait établi son quartier général à *Ha-tien*, avec le chef de ses troupes, *Chiêu-qua-liên*. Ce prince ne tarda pas à se mettre à la tête de ses meilleurs soldats, avec lesquels il porta la guerre dans le Cambodge. Le roi de ce pays, qui était *Neac-ong-tôn*, s'étant enfui à *Bat-kien*, sur le territoire de *Long-quât*, *Phya-tan* installa à sa place sur le trône du Cambodge le prince *Neac-ong-non*.

L'armée siamoise campa alors à *Nam-vang*, avec l'intention d'attaquer le pays de *Gia-dinh*.

Le 11e mois, le gouverneur général de *Gia-dinh*, *Khoï*, et le major général *Miên* envoyèrent une dépêche à *Mac-tôn*, afin de l'engager à venir à Saï-gon pour y conférer sur les affaires présentes. *Mac-tôn* s'étant mis en route, des envoyés du gouverneur général vinrent le recevoir, et il alla loger dans la demeure réservée aux mandarins en voyage (*cung-quan*)[1], sur les bords du *Nghi-giang* (*Song Ti-nghe*[2]). Étant entré en conférence avec les mandarins de *Gia-dinh*, il fut adressé un rapport à l'empereur sur les événements qui avaient eu lieu, et *Mac-tôn* se reconnut coupable d'avoir perdu la citadelle de *Ha-tien*.

Au 12e mois revint la réponse impériale, qui accordait le pardon au gouverneur *Mac-tôn*, et qui enjoignait en outre de disposer des rations et de l'argent, avec ordre aux grands mandarins de *Gia-dinh* de préparer une expédition pour accompagner *Mac-tôn* jusqu'à *Trân-giang-dao*, où il établit son quartier général. Ses soldats s'étant, dans leur défaite, dispersés de toutes parts, il les réunit de nouveau.

Tentatives
de Siam
sur
le pays
de Gia-dinh.

---

[1] Ce *cung-quan* ou palais public est destiné aux grands dignitaires voyageant pour le service de l'empereur ; on y reçoit également les ambassadeurs étrangers.

[2] La rivière *Ti-nghe* dont il est ici question est ce que nous appelons communément à Saï-gon l'arroyo de l'Avalanche.

1773.

Préparatifs
d'expédition
contre
les Siamois.

L'an *Nham-thin*, 8ᵉ année de *Diué-tôn*[a], au 2ᵉ mois, un décret impérial nomma gouverneur général de *Gia-dinh* le mandarin *Dam* et major général le mandarin *Hiên*. Ces deux hauts dignitaires dûrent se mettre à la tête de 10,000 hommes d'infanterie tirés des deux provinces de *Binh-tuân* et *Khanh-hoa*; on adjoignit à cette expédition trente jonques de guerre. L'ancien gouverneur général *Khoï*, ainsi destitué pour avoir mis des empêchements dans l'envoi de secours à *Ha-tien*, fut mis au rang de simple capitaine. Le major général *Miên* fut rappelé à la capitale pour le service de l'empereur.

Plan
de bataille
des
Annamites.

Au 6ᵉ mois, les hauts mandarins de *Gia-dinh* tinrent conseil de guerre, afin de s'entendre sur les détails de leur expédition contre les Siamois.

Le gouverneur général *Dam*, à la tête du gros de l'armée, prit la route du fleuve antérieur. Le *quan-bo* de *Long-ho*, nommé *Tuyên*, ayant avec lui des soldats appartenant à la garnison de *Dong-khâu* (*Sa-dec*), se dirigea par mer sur le *Kieng-giang* (*Rach-gia*). Le gouverneur *Kinh* se rendit au fort de *Châu-dôc* par le fleuve postérieur, afin de porter secours, selon le cas, à la colonne du fleuve antérieur ou bien à celle du *Rach-gia*.

Insuccès
de
la flotte
annamite.

Le commandant *Nho'n*, du fort *Dong-khâu*, étant gravement malade, ne put aller combattre; les soldats de *Dong-khâu* restèrent donc entièrement sous les ordres du *quan-bo Tuyên*, qui eût ainsi 3,000 hommes et 50 jonques, grandes ou petites. Il livra bataille avec ces forces aux Siamois; mais ce fut sans aucun succès, et il fut contraint de rentrer au poste de *Kieng-giang*.

Défaite
des Siamois
à
Nam-vang.

Le gouverneur général *Dam*, ayant un bon guide cambodgien, parvint avec le gros de l'armée à *Nam-vang*, où il attaqua les Siamois et les défit en leur causant de grandes pertes.

Le roi *Phya-tan* s'enfuit à *Ha-tien*, et son partisan *Neac-ong-non* se réfugia à *Can-vot*.

---

[a] Dynastie des *Lê* : *Hiên-tôn*, 33ᵉ année ; dynastie des *Tsing* : *Kien-long*, 37ᵉ année.

Les territoires de *Nam-vang* et de *La-bit* rentrèrent ainsi sous la domination du roi cambodgien *Neac-ong-tôn*, qui remonta sans difficulté sur son trône. Le gros de l'armée annamite rentra à *Gia-dinh;* un rapport fut adressé à l'empereur sur la campagne.

Le gouverneur général *Dam* fit alors élever à Saï-gon une fortification en terre qui partait au sud du lieu dit *Cat-ngang*[1], à l'ouest du pont *Lao-hué* et au nord de l'embouchure de l'arroyo de *Ti-nghe.* Cette fortification présentait une circonférence de 15 lis[2]; elle enveloppait la citadelle, où se trouvait le siége du gouvernement, et lui donnait beaucoup de sécurité; on pouvait la parcourir dans le sens de la largeur par des routes très-praticables à l'infanterie.

Le roi *Phya-tan*, parvenu à *Ha-tien*, envoya au gouverneur *Mac-tôn* des propositions de paix; mais celui-ci les repoussa. Depuis que cet usurpateur, semblable à un arbre sans racines, s'était emparé du trône de Siam, il avait sans cesse combattu au loin sans pouvoir arriver à aucun résultat, et maintenant que son armée était harassée et défaite, il n'était point sûr de son lendemain et ne savait pas s'il ne serait pas bientôt contraint de se réfugier dans quelque caverne. Avancer ou reculer lui était également difficile, aussi difficile que de mordre son propre nombril[3]. Il abandonna donc son armée aux mains de son général *Chiéu-qua-liên*, préposé à la garde de *Ha-tien*, et s'emparant, avec les soldats qui le suivaient, des enfants de *Mac-tôn* ainsi que du prince *Chiéu-tuy* (fils du roi lépreux), il se jeta dans des barques et arriva le 8e mois à *Bang-kok* pour y faire mettre à mort ce prince *Chiéu-tuy.*

---

[1] Ce lieu dit *Cat-ngang* est appelé aujourd'hui *Câu-bahom* ou pont de *Bahom.* Ce pont, construit sur l'arroyo de l'Avalanche, est celui que les Français nomment deuxième pont. On voit par ce tracé de fortification que, depuis leur arrivée dans le pays, les Annamites n'ont jamais varié sur l'emplacement de leur citadelle à Saï-gon. Celle du colonel Ollivier fut l'agrandissement et la construction régulière de cet ouvrage du gouverneur général *Dam.*

[2] Dix lis valent à peu près notre lieue de 4 kilomètres.

[3] Expression populaire chez les Annamites.

1774.

Mac-tôn fait à son tour des propositions de paix au roi Phya-tan. Elles sont accueillies à Siam.

L'an *Qui-ti*, 9ᵉ année de *Diué-tôn*[a], au printemps et au 2ᵉ mois, le gouverneur *Mac-tôn*, étant au fort de *Trân-giang*, députa à Siam un envoyé pour s'enquérir de l'état des affaires et porter des propositions de paix qui furent favorablement écoutées par *Phya-tan*. Celui-ci fit rendre à *Mac-tôn* sa quatrième concubine et sa plus petite fille comme gage de sa sincérité; il rappela aussi à Siam le général *Chiêu-qua-liên*.

Cependant, lorsque les Siamois s'étaient précédemment emparés de la citadelle de *Ha-tien*, ils avaient commis de tels ravages, en détruisant les habitations et pillant tout ce qui appartenait au peuple, que ce territoire était devenu un véritable désert.

Ha-tien est rendue à son gouverneur Mac-tôn.

Les habitants ayant fui de tous les côtés, il ne restait plus que le sol dévasté et nu. Le gouverneur *Mac-tôn*, très-affligé d'un pareil désastre, envoya son fils *Mac-dien, quan-bo* de *Ha-tien*, pour tâcher de réparer tant de maux et prendre des mesures afin de rappeler le peuple.

[a] Dynastie des *Lê* : *Hiên-tôn*, 34ᵉ année; dynastie des *Tsing* : *Kien-long*, 38ᵉ année.

CHAPITRE III.

RÉVOLTE DES TAY-SO'N [1].

Sommaire. — Les deux frères *Tay-so'n* s'emparent de la citadelle de *Qui-nho'n*. — La capitale est au pouvoir des rebelles. — L'empereur se sauve à *Saï-gon*. — Première tentative sur *Gia-dinh* opérée par les *Tay-so'n*. — Secours envoyés à *Phu-yen* par le vice-roi de *Gia-dinh*. — Défaite de l'armée impériale de *Gia-dinh*. — Le corps volontaire des *Dong-so'n* repousse les rebelles. — L'empereur retourne à *Saï-gon*. — Corps volontaire des *Hoa-ngaï* au service des *Tay-so'n*. — Les *Hoa-ngaï* passent au service de l'empereur. — Prise de *Gia-dinh* par les rebelles. — Fuite de l'empereur. — Les rebelles s'emparent de la personne de l'empereur. — Le gouverneur *Mac-tôn* se sauve à Siam. — L'empereur est mis à mort par les rebelles. — Son successeur reprend *Gia-dinh*. — L'empereur monte sur le trône à *Gia-dinh*. — Négociations avec Siam. — Arrestation des envoyés d'Annam. — Le gouverneur de *Ha-tien* est mis à la torture. — Il met fin à ses jours. — Exécution du prince *Xuân*, des envoyés d'Annam et de la famille de *Mac-tôn*. — Révolte à Siam. — Le roi de Siam *Phya-tan* est jeté en prison. — Son exécution. — Le nouveau roi *Chat-tri* monte sur le trône de Siam. — Nouvelle invasion des *Tay-so'n* dans le pays de *Gia-dinh*. — Combat du capitaine français *Manuel*. — L'empereur s'enfuit de *Saï-gon*. — Il reprend *Saï-gon* sur les rebelles. — Quatrième attaque de *Gia-dinh* par les rebelles. — Victoire des *Tay-so'n*. — L'empereur se sauve à *Phu-quôc*. — Sa poursuite par les rebelles. — Perte d'une flotte de jonques rebelles. — L'empereur retourne à *Phu-quôc*. — Il est de nouveau contraint de prendre la fuite. — L'empereur se rend à Siam pour y demander du secours. — Traité d'alliance entre le roi de Siam et l'empereur d'Annam. — L'empereur se met en marche à la tête de son armée. — Succès de l'armée impériale. — Exactions de l'armée auxiliaire de Siam. — Sa défaite par les rebelles. — L'empereur retourne à *Ha-tien*. — Il se rend de nouveau à Siam. — Séjour à Siam de la suite de l'empereur. — Dissensions parmi les rebelles. — L'empereur quitte Siam pour marcher contre eux. — Succès de la cause impériale. — L'empereur est de nouveau maître du pays de *Gia-dinh*. — Pacification de la basse Cochinchine. — Reconstitution de la province de *Ha-tien*.

Il arriva, au 7ᵉ mois de cette année 1774, la nouvelle que deux frères, habitant la province de *Qui-nho'n*, dont

1774.

---

[1] Cette révolte des *Tay-so'n* est la plus célèbre en Cochinchine. L'empire d'Annam fut entièrement soumis aux rebelles pendant plus de dix ans, et la puis-

Les deux frères
Tay-so'n
s'emparent
de
la citadelle
de Qui-nho'n.

1775.

La capitale
est au pouvoir
des rebelles.

1776.

l'un se nommait *Nguyen-van-nhac* et l'autre *Nguyen-van-hué*, étaient partis de leur montagne *Tay-so'n*, prêchant partout la révolte, et qu'ils étaient de la sorte parvenus à s'emparer de la citadelle de *Qui-nho'n*.

L'an *Giap-ngo*, 10ᵉ année de *Diuê-tôn* [a], au 5ᵉ mois, un grand dignitaire de l'empire, nommé *Phuoc*, trama la révolte dans la basse Cochinchine.

Le 28ᵉ jour et le 12ᵉ mois de la même année, la capitale de l'empire tomba au pouvoir des rebelles *Tay-so'n*[1]. L'empereur *Diuê-tôn* se sauva dans la province de *Quang-nam*, au lieu dit *Bên-gia*.

L'an *At-vi*, 11ᵉ année de *Diuê-tôn* [b], au 20ᵉ jour du 2ᵉ mois,

---

[a] Dynastie des *Lê* : *Hiên-tôn*, 35ᵉ année ; dynastie des *Tsing* : *Kien-long*, 39ᵉ année.

[b] Dynastie des *Lê* : *Hiên-tôn*, 36ᵉ année ; dynastie des *Tsing* : *Kien-long*, 40ᵉ année.

sance des frères *Tay-so'n* fut telle que les Annamites supputent les années de leurs règnes. Le mot *Tay-so'n*, qui signifie montagne de l'ouest, est le nom du pays habité par *Nhac* et ses frères ; mais comme les gens qui se mirent à leur suite en firent l'appellation de la cause qu'ils servaient, ce nom leur fut appliqué, et plus tard, lorsque se forma un corps de volontaires pour combattre cette révolte, il prit, par opposition, le nom de *Dong-so'n*, montagne de l'est, bien qu'il n'y eût aucune raison géographique pour se nommer de la sorte. Ces surnoms ou sobriquets sont communs en chinois et en annamite, et souvent ils sont la cause de beaucoup de confusion. Ainsi les généraux vainqueurs de la révolte prirent mot à mot le titre de pacificateurs de l'Occident ; mais par occident il faut entendre les rebelles de la montagne de l'occident, c'est-à-dire les *Tay-so'n*.

[1] Le roi *Thê-tôn*, connu également sous le nom de *Vo-vuong*, ayant désigné à sa mort, pour lui succéder, le fils d'une de ses concubines, nommé *Han-vuong*, cela amena des troubles dans le royaume.

D'un autre côté, l'affaiblissement graduel de la dynastie royale et légitime des *Lê*, causé par l'ambition ascendante des aïeux du roi *Gia-long*, lesquels ne portaient nullement le titre de souverain, qui s'exprime en annamite par le mot *vua*, mais simplement celui de seigneur, qui se dit *chua*, dut exciter de très-vifs mécontentements chez un peuple très-attaché à ses coutumes. Ces divers sentiments furent très-adroitement exploités par le nommé *Nhac*, riche marchand de la province de *Qui-nho'n*. Cet homme, que les Annamites considèrent comme extrêmement habile et intelligent, pensa qu'il pouvait aussi bien se faire un royaume pour lui-même aux dépens de la famille *Nguyen*, qui règne aujourd'hui, après avoir entièrement détruit la race royale des *Lê*. *Nhac* y serait certainement parvenu si aux dissensions qui eurent lieu entre lui et ses frères n'étaient venus se joindre les puissants secours que le roi *Gia-long* reçut de l'évêque d'Adran et des officiers français très-distingués auxquels ce souverain dut certainement sa couronne.

l'empereur *Diué-tôn* et son fils *Thê-tô* se sauvèrent par mer et arrivèrent à *Gia-dinh* après cinq jours de navigation. Ils se fixèrent dans la partie nord de la citadelle, sur le territoire de *Ben-nghe*[1]. Le gouverneur *Mac-tôn* vint saluer l'empereur, qui l'éleva à la dignité de gouverneur général : de ses trois fils, l'un, *Mac-dien*, fut fait général en chef de l'armée de terre; l'autre, *Mac-thuong*, commandant de l'armée de mer, et le troisième enfin, *Mac-diung*, fut créé major général d'infanterie.

Ces trois frères, fils de *Mac-tôn*, furent préposés à la garde de *Trân-giang*. Tous les efforts furent faits pour rappeler dans la province de *Ha-tien* le peuple qui avait fui pendant la guerre : on avait besoin de son concours pour se préparer aux événements.

L'an *Binh-than*, 12ᵉ année de *Diué-tôn*[a], au 8ᵉ jour du 2ᵉ mois, le troisième frère des chefs révoltés *Tay-so'n*, nommé *Nguyen-van-lu'*, se mit à la tête d'une expédition sur mer et marcha à la conquête de *Gia-dinh*.

Déjà la nouvelle était arrivée à *Gia-dinh* de la perte successive des provinces de *Qui-nho'n*, de *Quang-nghia* et de *Phu-yen*[2], tombées au pouvoir des rebelles *Tay-so'n*.

L'an *Giap-ngo*, c'est-à-dire en 1775, deux ans auparavant, le *kinh-luôc*, généralissime et vice-roi de la basse Cochinchine, avait envoyé le gouverneur de *Long-ho*, nommé *Kinh*, suivi de son *quan-bo*, nommé *Hiên*, au secours de la province de *Phu-yen*. Ce gouverneur *Kinh* avait réuni sous son commandement les troupes des cinq provinces de *Khanh-hoa*, *Binh-tuân*, *Bien-hoa*, *Gia-dinh* et *Long-ho* (*Vinh-long*).

[a] Dynastie des *Lê* : *Hiên-tôn*, 37ᵉ année ; dynastie des *Tsing* : *Kien-long*, 41ᵉ année.

[1] Saï-gon.

[2] Ces provinces, contiguës l'une à l'autre, ne pouvaient présenter aucune résistance après la fuite de l'empereur.

Le sort de l'empire d'Annam devait dès lors être décidé dans le pays de *Gia-dinh*, et c'est pour cela qu'on verra les *Tay-so'n* y accumuler tous leurs efforts.

Ces troupes s'élevaient, tant en soldats qu'en marins, à 20,000 hommes.

Le général *Kinh*, à la tête de l'infanterie, se dirigea sur le fort de *Chô-go* (province de *Phu-yen*), et le *quan-bo Hiên*, avec les marins, se rendit à la baie de *Vung-lim*. Les *Tay-so'n* furent très-effrayés de l'arrivée de ces troupes, dont la force égalait celle du vent et du tonnerre. Leur chef *Nhac* dut recourir à la ruse; il envoya aussitôt une lettre pour faire croire qu'il était prêt à se rendre, mais en même temps il donna l'ordre à son frère *Hué* de prendre les troupes de *Qui-nho'n* pour aller combattre l'armée impériale. *Hué* exécuta promptement cet ordre et défit entièrement cette armée; il s'empara du colonel *Triêu*, et le général *Kinh* dut se réfugier dans le fort d'*O-cam*, où il se fortifia solidement.

Défaite de l'armée impériale de Gia-dinh.

Cependant, des nouvelles importantes étant arrivées de la province de *Quang-nam*, le chef des rebelles *Nhac* donna l'ordre à son frère *Hué* de rentrer dans ses quartiers, en laissant la garde de *Phu-yen* à la division chinoise nommée *Hoa-ngaï*.

L'empereur[1] éleva le général *Kinh*, malgré sa défaite, à la haute dignité de *quôc-cong*, duc de l'empire, et le *quan-bo Hiên* fut nommé major général. Ces deux mandarins retournèrent à *Gia-dinh* pour s'y consulter sur les opérations futures. Or, le pays de *Gia-dinh* était dans un grand état de faiblesse et très-exposé aux coups et aux ravages du chef rebelle *Lu'* qui était venu l'attaquer.

A la même époque, l'empereur désirant établir sa résidence dans la province de *Bien-hoa*, au lieu dit *Don-lam*, il y fut escorté par le colonel *Hu'u* à la tête des gardes du corps.

---

[1] Le titre d'empereur que nous donnons aux princes aïeux de *Gia-long* est uniquement pour nous conformer au sens littéral du chinois. Il est à remarquer que ce titre ne peut nullement leur appartenir, par cette raison qu'il est toujours fait mention de la dynastie des *Lê* dans les dates, raison rendue plus concluante encore par le nouveau nom que prit *Gia-long* aussitôt qu'il fut débarrassé entièrement de cette dynastie. Ce titre impérial est donc uniquement une flatterie de l'auteur adressée à *Minh-mang*, sous le règne duquel il écrivait.

On leva des troupes dans toutes les parties du territoire afin de repousser et d'exterminer la rébellion. Un capitaine nommé *Nho'n* enrôla des milices volontaires qu'on appelle milices de *Dong-so'n*[a][1]. Il eut pour officiers dans cette milice les chefs de tigres[2] nommés *Nguyen-du'c, Tran-bua, Dao-vang, Dao-cui, Vo-nhan, Dao-ban,* lesquels se trouvèrent de la sorte à la tête de 3,000 hommes. *Nho'n* prit donc le titre de général en chef des *Dong-so'n*.

Ces soldats *Dong-so'n* se fabriquèrent de longues lances; ils se revêtirent d'habits imitant la peau du tigre et se grimèrent la figure. Ils se rendirent très-redoutables depuis *Ba-giong*[b] jusqu'à *Gia-dinh,* qu'ils reprirent sur le chef *Tay-so'n Lu'* au 5e mois, pendant l'été.

Cependant le chef *Tay-so'n Lu'* était parvenu à s'emparer dans les magasins à riz de quoi charger plus de 200 jonques, avec lesquelles il s'en retourna à *Qui-nho'n.* Le général des *Dong-so'n* alla au-devant de l'empereur pour le ramener à *Gia-dinh,* d'où il venait d'expulser les rebelles. L'empereur, établi de nouveau à *Ben-nghe,* éleva le général *Nho'n* à l'une des plus hautes dignités de l'empire; il donna en même temps l'ordre aux *Dong-so'n* de se rendre à *Bien-hoa,* pour y concourir à la défense des frontières avec la division

Le corps volontaire des Dong-so'n repousse les rebelles.

L'empereur retourne à Saï-gon.

---

[a] En opposition au mot *Tay-so'n,* qui signifie montagne de l'ouest, tandis que *Dong-so'n* veut dire montagne de l'est.

[b] *Ba-giong,* qui signifie les trois élévations de terrain, est placé dans la province de *Dinh-tuong,* où se trouvent beaucoup d'élévations semblables nommées *giong* ou bien *go.* Les trois élévations de *Ba-giong* sont : *Triêu-giong, Cai-lu'* et *Kien-dinh*[3].

---

[1] Montagne de l'est. (Voir les notes précédentes.)

[2] Les Chinois se plaisent à se donner à eux-mêmes des surnoms effrayants, tels que tigre, force invincible, etc. etc. espérant de la sorte intimider leurs ennemis.

[3] Ce territoire de *Ba-giong* est ce que l'on nomme communément aujourd'hui *Mi-qui;* il joue un grand rôle dans les guerres de *Gia-dinh* par l'excellente défense naturelle qu'il présente. Les Annamites le considèrent, à cause de cela, comme très-important : aussi n'ont-ils pas manqué de nos jours d'y élever de nombreuses fortifications après la prise de la citadelle de *Mi-tho* par les troupes françaises.

chinoise des *Hoa-ngaï*, placée sous le commandement du général *Li* [a].

1776.

Les Hoa-ngaï abandonnent les rebelles pour la cause de l'empereur.

L'an *At-vi* (1776), l'armée du Tonkin[1] vint livrer bataille aux *Tay-so'n*; la guerre eut lieu dans la province de *Quang-nam* entre les Tonkinois et les *Tay-so'n*, aidés de la division *Hoa-ngaï*, qui, s'étant fait battre, tomba dans un grand discrédit auprès du chef rebelle *Nhac*. Ce fut la cause de la défection des *Hoa-ngaï*, qui, laissés dans la province de *Phu-yen*, passèrent du côté du général *Kinh*, de l'armée impériale, et retournèrent avec lui à *Gia-dinh*.

Les généraux *Kinh* et *Nho'n* allèrent avec leurs officiers saluer l'empereur.

Au 6e mois, le général en chef *Kinh* mourut de maladie.

Cependant le gouverneur *Mac-tôn* était toujours à *Trân-giang*, où, n'ayant pas encore pu réunir ses troupes, il ne pouvait être d'aucun secours à l'empereur. Cela lui déchirait les entrailles[2] et lui arrachait sans cesse les plus douloureux gémissements.

1778.

Prise de Gia-dinh par les rebelles.

L'an *Dinh-diau*, 13e année de *Diuê-tôn* [b], au 3e mois, le généralissime chef des rebelles *Tay-so'n*, nommé *Hué*[3], s'empara de *Gia-dinh*. Au 4e mois, l'empereur fut contraint de se sauver à *Trân-giang*; le gouverneur *Mac-tôn* alla le recevoir.

---

[a] Ce *Li* était un homme du *Fo-kien* qui était venu faire du commerce à *Qui-nho'n*, dans le marché du huyen de *Phu-li*; lorsque *Nhac* se mit à la tête de la révolte des *Tay-so'n*, *Li* s'empressa de lever des Chinois volontaires et forma une division appelée *Hoa-ngaï*, avec laquelle il se mit au service des *Tay-so'n*; il fut d'une très-grande utilité au chef rebelle *Nhac* à cause de la valeur extrême de ses hommes, que, du reste, *Nhac* récompensa largement.

[b] Dynastie des *Lê*: *Hiên-tôn*, 38e année; dynastie des *Tsing*: *Kien-long*, 42e année.

---

[1] *Nhac*, chef des *Tay-so'n*, menaça également le Tonkin, où régnait, dans un état de grande faiblesse, le prince de la dynastie des *Lê*. Cette dynastie succomba devant la rébellion et fut entièrement supprimée par le roi *Gia-long*, qui s'empressa de substituer sa famille, dite des *Nguyen*, à la race royale des *Lê*.

[2] Le gouverneur *Mac-tôn*, ainsi que toute sa famille, était très-dévoué à la cause de l'empereur. L'auteur, pour donner une idée de ce dévouement, dépeint en termes extrêmement vifs le chagrin que causait à ce mandarin son inaction forcée.

[3] Frère de *Nhac*.

Au 6ᵉ mois, *Mac-tôn* dut rester pour garder et surveiller le fort de *Kieng-giang (Rach-gia)*, et l'empereur passa à *Long-xuyên*[1]; mais, au 8ᵉ mois, les rebelles s'emparèrent de la personne de l'empereur et de celle de son fils, le prince *Muc-vuong*. Ces deux augustes personnages furent conduits à la citadelle de *Phan-trán (Gia-dinh)*.

L'empereur *Thê-tô*, fils de *Diuê-tôn*, réduit à régner en cachette, s'enfuit à *Long-xuyên*. Au 9ᵉ mois, *Mac-tôn* se réfugia à *La-xang* [a].

Le roi de Siam *Phya-tan*, ayant appris la retraite du gouverneur *Mac-tôn*, l'envoya complimenter par le mandarin cambodgien *Bo-ong-giao*; il l'invita à venir à Siam, où *Mac-tôn* se rendit avec un parent de l'empereur nommé *Xuân*. On les y reçut avec beaucoup d'égards.

Au 10ᵉ mois[2], le roi du Cambodge *Neac-ong-van* fit périr son frère, le deuxième roi *Neac-ong-tôn*.

L'an *Mâu-tuât*, 1ʳᵉ année de *Thê-tô* [b][3], au 1ᵉʳ mois pendant le printemps, et le 5ᵉ jour du mois, l'armée entière prit le deuil[4].

L'empereur prit alors lui-même le commandement des troupes et parvint à reprendre *Gia-dinh*. Au 6ᵉ mois, un envoyé de l'empereur d'Annam, nommé *Trang*, se rendit à

Fuite
de l'empereur.

Les rebelles
s'emparent
de la personne
de
l'empereur.

Le gouverneur
Mac-tòn
se sauve
à Siam.

1779.

L'empereur
est mis à mort
par
les rebelles.
Son successeur
reprend
Gia-dinh.

[a] Lieu situé à la frontière de *Siam* et de *Ha-tien*.

[b] Dynastie des *Lê* : *Hiên-tôn*, 39ᵉ année; rébellion des *Tay-so'n*[5] : *Nguyen-van-nhac*, 1ʳᵉ année; dynastie des *Tsing* : *Kien-long*, 43ᵉ année.

[1] Dans le sud de la province de *Ha-tien*.

[2] Les faits saillants qui se passent en d'autres lieux à la même époque sont rapportés par l'auteur sans tenir aucun compte du cours du récit. Cette coutume des annalistes de la Chine rend quelquefois leur interprétation très-difficile.

[3] *Thê-tô* n'est autre que le roi *Gia-long*, qui ne data les années de son règne sous ce dernier nom qu'après qu'il eut entièrement conquis le royaume pour son propre compte.

[4] L'auteur ne dit point le motif qui fit prendre le deuil à l'armée, parce qu'il suppose qu'il est suffisamment connu et que d'ailleurs il est de ceux qu'il n'est point convenable d'écrire. Ce motif était la mort de l'empereur *Diuê-tôn*, qui fut exécuté par ordre de *Nhac*, le chef des *Tay-so'n*.

[5] Les *Tay-so'n* régnèrent effectivement sur l'empire d'Annam, et c'est pour cela que l'on compte leurs années; seulement on les nomme ans de rébellion et non de règne.

Siam pour y conclure un traité de paix et d'amitié, et pour s'informer aussi auprès du gouverneur *Mac-tôn* du parent de la famille impériale nommé *Xuân*. L'empereur désirait savoir s'ils étaient convenablement traités et dans quel état ils se trouvaient.

1780.
L'an *Ki-hо'i*, 2ᵉ année de *Thê-tô* [a], au printemps, le mandarin cambodgien *Mo-dédoluyen* attaqua le roi *Neac-ong-van*, qui donna l'ordre à son général *Vi-bon-sô* d'appeler la garnison du *Ba-tac* pour lui venir en aide; mais *Vi-bon-sô*, qui haïssait le roi à cause du crime qu'il avait commis en faisant périr son frère, l'accusa auprès de l'empereur *Thê-tô*, qui envoya au Cambodge le mandarin *Phuong*, et celui-ci, après avoir défait le roi *Neac-ong-van*, s'empara de sa personne et le mit à mort.

Le fils du feu roi *Neac-ong-tôn*, nommé *Neac-ong-in*, devint roi du Cambodge.

1781.

L'empereur monte sur le trône à Gia-dinh.

Négociations avec Siam.

L'an *Canh-ti*, 3ᵉ année de *Thê-tô* [b], au 1ᵉʳ mois, pendant le printemps, l'empereur et généralissime[1] monta sur le trône à *Gia-dinh*. Au 6ᵉ mois, pendant l'été, l'empereur envoya à Siam les colonels généraux *Tam* et *Tinh* comme plénipotentiaires, afin d'y poursuivre les négociations relatives au traité de paix; mais, sur ces entrefaites, il arriva un bâtiment de commerce appartenant au roi de Siam [c] qui rapporta que, revenant de Canton, il avait été attaqué sur la côte de *Hatien* par le commandant de la citadelle nommé *Tang*, et que celui-ci avait pillé les marchandises et massacré une partie de l'équipage.

Le roi *Phya-tan*, à cette nouvelle, fut transporté de fu-

---

[a] Dynastie des *Lê : Hiên-tôn*, 4oᵉ année; rébellion des *Tay-so'n : Nguyen-van-nhac*, 2ᵉ année; dynastie des *Tsing : Kien-long*, 44ᵉ année.

[b] Dynastie des *Lê : Hiên-tôn*, 41ᵉ année; rébellion des *Tay-so'n : Nguyen-van-nhac*, 3ᵉ année; dynastie des *Tsing : Kien-long*, 45ᵉ année.

[c] Les rois de Siam font le commerce aussi bien que leurs hauts dignitaires.

---

[1] L'empereur porte ici le titre de généralissime parce qu'il avait pris lui-même le commandement en chef de ses troupes.

reur, et ordonnant que l'on s'emparât des envoyés de l'empereur d'Annam, il les fit jeter en prison.

Peu de temps après, le Cambodgien *Bo-ong-giao* arriva du Cambodge à Siam, et rapporta qu'il avait pu s'emparer d'une dépêche secrète, venue de *Gia-dinh*, dans laquelle il était ordonné au parent de l'empereur *Xuân*, ainsi qu'au gouverneur *Mac-tôn*, de dresser des embûches dans le but de s'emparer de la citadelle de *Bang-kok*. Le roi de Siam ne put, à ce récit, maîtriser sa colère; il ordonna donc que ces deux personnages fussent arrêtés, et le 5ᵉ jour du 10ᵉ mois il les fit mettre à la question pour avouer leurs crimes. Ceux-ci, malgré la torture, protestèrent énergiquement, et le fils du gouverneur *Mac-tôn*, nommé *Mac-diung*, ayant crié très-hautement à la calomnie, le roi *Phya-tan* le fit mettre à mort. Le gouverneur *Mac-tôn* mit lui-même fin à ses jours.

Le 24ᵉ jour du même mois fut exécuté le prince *Xuân*, parent de l'empereur, ainsi que les envoyés d'Annam et les fils et petits-fils de *Mac-tôn;* cela faisait en tout cinquante-trois victimes. Quant au reste des Annamites qui habitaient alors le royaume de Siam, ils furent exilés aux plus lointaines frontières.

L'an *Tan-su'u*, 4ᵉ année de *Thê-tô*[a], au 10ᵉ mois, les deux frères *Chat-tri* et *So-si*, généraux de Siam, portèrent la guerre dans le Cambodge. Le roi *Neac-ong-in* demanda avec empressement des secours à l'empereur d'Annam.

L'an *Nham-diân*, 5ᵉ année de *Thê-tô*, au 1ᵉʳ mois pendant le printemps, l'empereur donna l'ordre au général *Toai* d'aller au secours du roi du Cambodge.

A la même époque, le roi de Siam, *Phya-tan*, se conduisait en tyran si horriblement cruel, opprimant et mettant à mort, qu'il était devenu impossible au peuple de vivre plus longtemps sous son autorité; c'est pourquoi la révolte éclata de toutes parts.

[a] Dynastie des *Lê* : *Hiên-tôn*, 42ᵉ année; rébellion des *Tay-so'n* : *Nguyen-van-nhac*, 4ᵉ année; dynastie des *Tsing* : *Kien-long*, 46ᵉ année.

La citadelle de *Colac* (Siam) était au pouvoir des révoltés, et c'est là que leur puissance était le mieux établie; le roi *Phya-tan* donna donc l'ordre au général *Phya-oan-san* d'aller faire le siége de cette citadelle et de la réduire. Or, le chef des rebelles, commandant la citadelle, était frère de père et de mère du général *Oan-san;* il représenta à celui-ci que la conduite du roi était extrêmement blâmable et cruelle, que c'était à cause de cela que les mandarins et le peuple s'étaient séparés de lui, que donc, si le général envoyé par le roi persistait dans son premier dessein, on se battrait certainement jusqu'à la mort. Le général *Oan-san* entendant son frère parler de la sorte, l'approuva et ne voulut pas engager les hostilités; il réunit, au contraire, ses troupes à celles de son frère et marcha contre la citadelle de *Bang-kok*, dont ils firent le siége. Le peuple en masse s'étant rangé sous leurs ordres, ils parvinrent à s'emparer du roi *Phya-tan*,

Le roi Phya-tan est jeté en prison.

qu'ils jetèrent en prison; ils mirent aussi la main sur ses trésors, à l'aide desquels ils donnèrent des récompenses à ceux qui les avaient aidés dans leur entreprise. Le général *Oan-san* expédia une dépêche au général *Chat-tri*, qui était dans le Cambodge, pour l'engager à revenir à Siam avec son frère, afin de conférer sur les affaires de ce royaume. *Chat-tri*, ayant reçu cette dépêche au 3ᵉ mois, se mit en route, en prescrivant à son frère *So-si* de rester après lui, afin de faire la paix avec le général annamite *Toai*.

Exécution du roi Phya-tan.

Chat-tri, arrivé à Siam, entra de nuit dans la citadelle de *Bang-kok* avec des soldats qui lui étaient entièrement dévoués; il fit mettre à mort le roi *Phya-tan*, et son cadavre fut jeté hors de la citadelle : on le priva ainsi de la sépulture pour être agréable aux nombreuses personnes qu'il avait persécutées.

Chat-tri monta alors sur le trône de Siam [n]; son frère *So-si*,

---

[n] Le roi de Siam se nomme *Phat-vuong,* roi *Bouddha,* à cause de la profonde vénération qu'ont les Siamois pour *Bouddha;* chez les Annamites, qui

qui revint après lui à Siam, fut deuxième roi, et son neveu *Malac* fut troisième roi. Les persécutions cessèrent dès lors contre les réfugiés annamites, et tous ceux qui avaient été exilés par le roi *Phya-tan* furent amnistiés et purent revenir à *Bang-kok*, où on les assista en argent et en vivres.

Le roi *Chat-tri* fit mettre en prison le général *Oan-san*, pour s'être emparé des trésors et des greniers publics de la citadelle de *Bang-kok*. Ce général y fut pris d'un tel accès de colère, qu'il en perdit la vie. Cette accusation portée contre *Oan-san* était due surtout à la crainte qu'éprouvait *Chat-tri* de voir en lui un rival.

Le roi *Chat-tri* envoya bientôt le mandarin *That-xi-da* pour s'emparer injustement du territoire de *Ha-tien*.

Au 2e mois, les deux frères chefs des rebelles *Tay-so'n*, *Nguyen-van-nhac* et *Nguyen-van-hué*, à la tête d'une colonne d'infanterie et d'une division navale, firent invasion pour la troisième fois dans le pays de *Gia-dinh*.

L'armée impériale se mit en état de défense au lieu dit *Nga-bây*, à *Can-gio'*[1]; mais les rebelles, ayant pour eux le flot et le vent favorables, firent force de toile et repoussèrent les impériaux, qui ne purent résister à leur choc.

Un capitaine français nommé *Man-oé*[a] (Manuel[2]) résista

ont une vénération particulière pour le ciel, le roi se nomme *Thien-vuong*, roi céleste[3].

[a] Ce capitaine était un Occidental du pays Français; c'était un homme doué de beaucoup de probité et qui nous assistait avec énergie. Il avait les titres et dignités de *kham-sai-cai-cœu* (envoyé impérial et général des troupes), capi-

[1] Baie du cap Saint-Jacques.

[2] Ce *Manuel* était un simple matelot breton, très-brave et très-intelligent; c'est à cause de lui seulement que le nom français est cité dans cet ouvrage. Il est extraordinaire que l'on n'ait pas rendu la même justice à MM. Vannier, Ollivier, Chaigneau, Dayot, etc. qui ne furent pas moins utiles dans cette rébellion que le matelot Manuel. Quoi qu'il en soit, ce matelot mérita après sa mort les hautes dignités que l'auteur énumère. Ces dignités étaient inscrites en lettres d'or sur sa tablette, conservée à la pagode dite *des Mares*, laquelle était pour les Annamites une sorte de panthéon. Il est fâcheux que ce fait ait été connu trop tard et qu'il ait été dès lors impossible de préserver la tablette de Manuel.

[3] Cette note de l'auteur n'a pas beaucoup de rapport avec le sujet; mais c'est l'habitude des Annamites d'écrire leurs

Combat
du capitaine
français
Manuel.

pendant longtemps aux attaques répétées des rebelles. Ceux-ci se réunirent en grand nombre pour entourer le bâtiment du capitaine *Man-oé*, auquel ils finirent par pouvoir mettre le feu. Ce brave officier périt au milieu de l'action. Les *Tay-so'n* se précipitèrent alors sur les soldats impériaux, qu'ils défirent complétement, et ils s'avancèrent jusqu'aux trois bras du *Loi-rap;* de là, chassant toujours devant eux l'armée annamite, ils parvinrent à *Ben-nghe* (Saï-gon).

L'empereur
s'enfuit
de Saï-gon.

L'empereur s'enfuit au lieu dit *Ba-giong* (*Mi-qui*), dans la province de *Dinh-tuong*, où il tâcha de rallier son armée. Semblables aux nuages, ses soldats arrivèrent de toutes parts.

Au 5e mois, les chefs rebelles *Nhac* et *Hué* ramenèrent leur armée de terre et de mer à *Qui-nho'n;* ils laissèrent à la garde de *Gia-dinh* le général *Trap*, qui du corps volontaire des *Dong-so'n* avait passé aux rebelles. Ce général se fixa à *Ben-nghe* (Saï-gon).

L'empereur
reprend
Saï-gon
sur les rebelles.

Au 8e mois, l'armée impériale marcha de nouveau vers *Gia-dinh*, dont elle s'empara encore une fois, en mettant en fuite le général *Trap*, qui s'enfuit dans le nord.

1784.

Quatrième
attaque
de Gia-dinh
par
les rebelles.

L'an *Qui-mâu*, 6e année de *Thê-tô*, au 2e mois, les deux frères chefs des rebelles *Tay-so'n*, *Nguyen-van-lu'* et *Nguyen-van-hué*, attaquèrent *Gia-dinh* pour la quatrième fois. L'empereur manda aussitôt le commandant *Thiep* du fort de

taine de la compagnie *Trung-khuong*, *An-hoa-hâu*[1]. A sa mort, il fut appelé : sujet fidèle, juste et méritant, avec le titre de généralissime, et colonne de l'empire. Sa tablette fut placée dans la pagode de *Hien-trung*[2].

pensées quand elles viennent, sans s'occuper le plus souvent de les coordonner. Cette note est la preuve que le bouddhisme est religion d'État à Siam. Le ciel, ou *Thien*, dont parle l'auteur au sujet des Annamites, est le même que celui dont il est question dans la philosophie de Confucius.

[1] Ce titre de *hâu* est le second degré de la noblesse conférée en Chine et en Cochinchine, mais non d'une manière transmissible, aux hommes qui se distinguent le plus. Il y a cinq degrés, qui sont : *cong*, *hâu*, *pe*, *tse*, *nan*.

[2] Pagode de *la Fidélité éclatante*, sorte de panthéon. Cette pagode, située sur la route de la ville chinoise, est appelée par les Français pagode *des Mares*.

Tra-vang, lequel s'étant rendu avec ses troupes à *Gia-dinh*, y fut nommé commandant en chef de l'armée de mer; il s'occupa à faire construire un grand nombre de brûlots.

Le mandarin *Trung* eut sous son commandement le fort de *Thu-tiêm*[1]. Le prince *Van-cong*, frère de l'empereur, commandait le fort du *Rach-bang*; le général *Tô*, de la province de *Phan-yen* (*Gia-dinh*), eut le commandement en chef des brûlots; quant au mandarin *Thiep*, on plaça sous ses ordres la flottille du fleuve de *Ben-nghe* (rivière de Saï-gon), dans lequel furent placés des estacades, afin d'arrêter les barques ennemies.

Le 24ᵉ jour du mois, deux divisions de marins, sous les ordres des mandarins *Hoang* et *Thang*, s'avancèrent contre les rebelles *Tay-so'n* jusqu'à *Cuc-rang*; ils avaient avec eux des brûlots auxquels ils mirent le feu quand ils se jugèrent assez rapprochés de l'ennemi. Mais ce jour-là la marée était très-haute et l'eau dépassait le niveau habituel du fleuve; pour comble de malheur, le vent soufflait du nord-est, de sorte que les flammes et la fumée des brûlots enveloppèrent les soldats impériaux. Les *Tay-so'n*, profitant de tant d'avantages, fondirent sur eux et les mirent en pleine déroute. Le commandant en chef de la flottille, *Thiep*, se sauva jusque dans le *Laos*[a][2].

Victoire des Tay-so'n.

(a) Ce pays de *Laos*, nommé aussi *Aï-lao*, était jadis en communication avec la Chine (environ 220 ans après J. C.). Il est contigu à la province de *Yun-nan*[3] et borné au sud par l'empire d'Annam; au nord-ouest, ce ne sont que des montagnes habitées par les barbares. Ce pays renferme diverses tribus, dont les principales sont : *Aï-lao, Lac-hoan, Van-tuong, Xi-da, Mac-da, Han-vien, Chan-man, Khong-xuong, Mai-xuong-tinh* et *Ba-tac*. L'origine de ces différentes peuplades est *Lao-so'n* (montagnes de *Laos*); c'est pour cela qu'on appelle ce pays d'une manière générale pays de *Laos*.

[1] Territoire situé en face du quai de la ville de Saï-gon, sur la rive gauche.

[2] Cela est une bonne preuve de la panique qui dut avoir lieu chez les impériaux, car le *Laos* est fort loin du théâtre de la bataille dont il s'agit.

[3] La province chinoise de *Yun-nan* est également contiguë au *Tonkin*; elle est séparée du *Laos* par le grand fleuve *Cu'u-long-giang*. C'est là un moyen de communication avec la Chine qui peut être pour nous de la plus haute importance.

L'empereur
se sauve
à Phu-quôc.

L'empereur se sauva de *Mi-tho* au fort de *Dong-khâu* et de là à l'île de *Phu-quôc* (en face de *Ha-tien*), où il fixa sa résidence.

Il donna ordre au commandant de l'armée de mer *Diu* de se rendre à *Ha-tien*, afin d'y rallier les troupes.

Cependant le mandarin *Dinh*, chef de la milice chinoise nommée *Hoa-ngaï*, ne voulant pas se soumettre aux ordres impériaux, *Diu* le fit mettre à mort.

Deux généraux nommés *Trang-hung* et *Lam-huc*, sous les ordres de *Dinh*, désireux de venger leur chef, massacrèrent le mandarin annamite *Khuong* et fomentèrent la révolte à *Ha-tien*. Les soldats impériaux se réunirent alors et mirent à mort le rebelle *Trang-hung*; quant à son complice *Lam-huc*, il parvint à s'enfuir.

Poursuite
de l'empereur
par
les rebelles.

Le général malais *Vinh-li-malu*[1], ayant rassemblé plus de 10 jonques, était venu par mer saluer l'empereur à *Ha-tien*. Au 6ᵉ mois, l'empereur arriva à *Phu-quôc* et mouilla sa flottille dans la baie de *Lui-thach*. Il y fut suivi par le chef rebelle *Than*, qui vint pour le combattre et qui parvint à s'emparer de la personne du Malais *Vinh-li-malu*. L'empereur se sauva alors à l'île de *Con-non*[2]; mais sa retraite ne tarda pas à être connue des rebelles.

Au 7ᵉ mois, l'empereur fut contraint de faire voile pour *Ban-con-hiêu-xuôi*, où il jeta l'ancre. Le 20ᵉ jour du même mois, une flotte de jonques rebelles, sous le commandement du général *Van*, vint faire le blocus du lieu où l'empereur s'était réfugié. Cette flotte se livra même à une attaque très-vive; mais tout à coup la mer, qui était très-belle, et le ciel, où l'on ne voyait pas un nuage, furent assaillis par une violente tempête, qui souleva des vagues énormes et engloutit les jonques rebelles.

Perte
d'une flotte
de
jonques
rebelles.

L'empereur, aussitôt qu'il le put, fit force de voiles pour se sauver, et se dirigea vers le nord. Il entra dans le port

---

[1] Il a déjà été question d'un Malais nommé *Vinh-li-malu*, exécuté à la suite d'une tentative sur la citadelle de *Ha-tien*.

[2] *Pulo-Condor*.

de *Mali*, qui était en face du lieu où il se trouvait. Il y avait bien dans ce port des rebelles qui en avaient la surveillance, mais ils n'osèrent point s'approcher de la jonque impériale. Cependant l'empereur ayant été de nouveau battu par la tempête, sa jonque fut poussée dans l'est, allant au gré des flots et sans que l'on sût précisément vers quel point elle se dirigeait.

L'eau douce venant à manquer à bord, l'équipage souffrit de la soif pendant sept jours. La tempête s'apaisa enfin, et la mer étant devenue calme, on distingua sur la surface des flots comme une séparation des eaux en eaux noires d'un côté et blanches de l'autre; on puisa de cette eau blanche et limpide, et l'on s'aperçut qu'elle était douce et bonne à boire.

L'équipage vit dès lors la fin de ses misères. La jonque retourna à l'île de *Phu-quôc*, où se rassemblèrent toutes les jonques composant la flotte impériale.

L'empereur retourne à Phu-quôc.

Au 8e mois, l'empereur alla au fort de *Long-xuyên*, afin d'y faire disposer de nouvelles jonques et des approvisionnements en munitions et en vivres pour la campagne qu'il allait entreprendre.

Un mandarin rebelle nommé *Hoa*, ayant eu connaissance du séjour de l'empereur à *Long-xuyên*, réunit sous ses ordres un grand nombre de soldats et se dirigea, par mer, de la bouche de *Ba-tac* à *Long-xuyên*; il arriva de nuit au-dessous de la bouche de *Doc-van*; là il prit ses dispositions pour bloquer, le lendemain, les impériaux. Mais l'empereur, ayant appris les mouvements de l'ennemi, se sauva pendant la nuit et vint à *Hôn-chong*, où les rebelles, quoique ayant connaissance de sa fuite, n'osèrent pas le poursuivre. Les mandarins et l'armée impériale se réfugièrent dans l'île de *Tho-châu*.

Il est de nouveau contraint de prendre la fuite.

Au 12e mois, un envoyé de Siam apporta à l'empereur une dépêche du mandarin *Thiep* [a], accompagnée d'une lettre

[a] Celui qui s'était sauvé dans le *Laos*.

5.

du roi de Siam qui invitait l'empereur à venir dans son royaume pour y conférer sur des affaires de la plus haute importance.

L'empereur apprit par cette lettre que son général *Thiep*, après sa défaite à *Ben-nghe*, s'était enfui au Laos, et que de là il était passé à Siam pour y supplier le roi de ce pays de lui prêter des secours en soldats. C'est ainsi que le ciel se montra favorable à la juste cause de l'empereur, et les rebelles *Tay-so'n* l'ont eux-mêmes rapporté de la sorte.

A la même époque, il y avait parmi les dix fils adoptifs du chef rebelle *Hué* un jeune homme doué de beaucoup de qualités et très-supérieur à ses autres frères; il se nommait *Van*, et avait secrètement le désir de passer au service de l'empereur. Il feignit donc une maladie qui le rendit muet, et dut ainsi cesser forcément ses fonctions de mandarin; alors il prit la mer et visita les îles du littoral pour y chercher l'empereur, mais il ne put le rencontrer.

Au 1ᵉʳ mois de l'an *Dinh-vi* (1788), *Van* arriva à *Bangkok* et fit sa soumission à l'empereur. Il lui demanda la faveur d'aller le premier à l'attaque des rebelles.

Plus tard, ce jeune homme fut pris à *Mi-tho* par les *Tay-so'n* et se laissa mourir de faim.

L'an *Giap-thin*, 7ᵉ année de *Thé-tó*[a], au 3ᵉ mois, l'empereur passa dans le royaume de Siam, et, exposant de quelle façon il avait perdu son trône, il pria le roi de lui prêter des troupes afin de le reconquérir.

Le roi de Siam reçut l'empereur avec les plus grands égards, et, pour se conformer exactement aux rites, il le défraya lui et sa suite et lui fit offrir d'abondantes provi-

<hr>

[a] Dynastie des *Lê* : *Hiên-tôn*, 45ᵉ année ; rébellion des *Tay-so'n* : *Nguyen-van-nhac* (*Thaï-duc*[1]), 7ᵉ année ; dynastie des *Tsing* : *Kien-long*, 49ᵉ année.

[1] *Thaï-duc* est le nom que prit le chef rebelle *Nguyen-van-nhac* en montant sur le trône d'Annam. C'est sous ce nom de *Thaï-duc* que doivent être comptées les années de son règne. Son frère et son fils prirent aussi des noms particuliers.

sions. Le roi *Chat-tri* signa un traité d'alliance avec l'empereur d'Annam, et il mit des troupes à sa disposition afin qu'il pût arracher son pays aux rebelles.

Le deuxième roi de Siam (*So-si*) déclara que l'année précédente il était allé dans le Cambodge pour traiter de la paix avec le mandarin annamite *Toai*, qu'à cette occasion ils s'étaient tous deux engagés par les serments les plus solennels à se porter réciproquement secours au cas où l'une des nations éprouverait quelque calamité, et que par conséquent on devait maintenant faire tous ses efforts pour venir en aide aux Annamites.

Très-peu de temps après, ce prince (le deuxième roi) fut contraint de se porter aux frontières de Siam pour y repousser une nouvelle agression des *Dien-dien*[1].

Cependant le général en chef siamois *Chiêu-tang*, ayant sous ses ordres le général d'avant-garde *Chiêu-suong* et 20,000 hommes de troupes de terre et de mer embarqués à bord de 300 jonques, quitta Siam le 9e jour du 6e mois.

Le mandarin *Thiep* se mit à la suite de l'empereur.

On a vu plus haut que le gouverneur de *Ha-tien*, *Mac-tôn*, avait été mis à mort avec ses enfants et petits-enfants par le roi *Phya-tan*. Cependant trois de ses enfants, fils de concubines, nommés *Sanh*, *Tuân* et *Tiem*, avaient été recueillis, étant encore tout jeunes, par un mandarin cambodgien nommé *Ham-boc*, lequel était au service de Siam; ce mandarin les avait cachés chez lui, où il les élevait.

Il y avait aussi parmi les petits-fils de *Mac-tôn* les nommés *Binh*, *Dui*, *Thê* et *Thaï*, qui étaient encore en bas âge lorsqu'ils suivirent en exil les Annamites condamnés à cette peine par le roi *Phya-tan*.

Le nouveau roi *Chat-tri* les fit revenir de l'exil pour les élever à Siam.

L'empereur *Thê-tô*, prenant en considération les mérites

Traité
d'alliance
entre
le roi de Siam
et
l'empereur
d'Annam.

---

[1] Birmans.

de son ancien serviteur *Mac-tôn*, donna à l'un de ses fils, au nommé *Sanh*, le titre de major général, pour servir auprès de sa personne impériale.

L'empereur se met en marche à la tête de son armée.

Au 7ᶜ mois, la grande armée arriva au fort de *Kieng-giang* (*Rach-gia*) et entra de là dans la fortification de *Trân-giang*, où elle battit et mit en fuite le général rebelle *Hoa*. L'armée de *Thé-to* se dirigea ensuite sur *Ba-tac*, *Tra-ôn*, *Vo-tiêt* et *Sa-dec*, construisant en ces divers lieux des retranchements fortifiés.

Le 18ᵉ jour du 10ᵉ mois, le général impérial *Thiep* livra un combat de nuit au rebelle *Da* (gendre du chef *Tay-so'n Nhac*), qui était avec ses marins dans la rivière de *Vo-tiêt;* il le battit et mit à mort un mandarin élevé appartenant aux rebelles. Il périt en cette rencontre un grand nombre de *Tay-so'n;* les autres abandonnèrent leurs barques et s'enfuirent par terre. Le général *Thiep*, qui déploya une grande bravoure, fut gravement blessé dans l'action et perdit la vie peu de jours après.

Il tomba ainsi au pouvoir de l'empereur un nombre considérable de barques et d'armes. Le rebelle *Da* s'enfuit à *Long-ho*, avec le colonel *Trân*, afin de garder et de défendre la citadelle de ce nom.

Succès de l'armée impériale.

Au 11ᵉ mois, l'armée impériale s'empara des forts de *Balaï* et de *Tra-luât*, qu'elle détruisit entièrement. Cependant cette armée s'avançant en donnant partout des preuves de sa force, les chefs rebelles expédièrent des courriers très-pressés à *Qui-nho'n*, séjour du roi rebelle *Nhac*, qui envoya aussitôt des secours commandés par son frère *Hué*.

Ces secours se rendirent par eau à *Gia-dinh;* mais les milices se levaient de toutes parts pour se mettre dans les rangs de l'armée impériale, qui augmentait ainsi chaque jour de force et d'importance. Cependant l'armée auxiliaire

Exactions de l'armée auxiliaire de Siam.

siamoise se livrait à toutes sortes de vols et de vexations envers le peuple, sans qu'il fût possible de l'en empêcher. L'empereur était extrêmement affligé de la conduite des soldats de Siam, dont les exactions et la brutalité étaient telles qu'il était devenu impossible au peuple de les supporter.

L'armée siamoise s'étant avancée jusqu'au *Rach-gam*, sans s'inquiéter si la position était facile ou difficile à enlever, s'engagea fort avant dans le pays, tentée qu'elle était par la conduite des *Tay-so'n*, qui simulaient la retraite; mais quand cette armée fut très-engagée, elle fut taillée en pièces par les *Tay-so'n*, au point que les généraux siamois *Chiêu-tang* et *Chiêu-suong* ne purent rallier que 2 à 3,000 hommes, avec lesquels ils traversèrent le Cambodge pour se rendre à Siam. *(Sa défaite par les rebelles.)*

Le 18ᵉ jour du 12ᵉ mois, l'empereur se rendit au fort de *Trân-giang*, où il fut reçu par le major général *Sanh;* il fut bientôt contraint, à cause de la défaite de l'armée siamoise, de pousser jusqu'à *Ha-tien*, d'où il expédia à Siam le major général *Sanh* et le colonel général *Trung*, porteurs d'une lettre au roi de ce pays, pour l'informer des revers de ses troupes. *(L'empereur retourne à Ha-tien.)*

L'an *At-ti*, 8ᵉ année de *Thê-tô*[a], au 1ᵉʳ mois et au printemps, l'empereur passa sur l'île de *Tho-châu;* mais il y fut suivi par les *Tay-so'n*, qui l'en chassèrent, et il dut se sauver sur l'île de *Cô-côt*. Un mandarin de Siam vint alors dans une jonque pour recevoir l'empereur, qui, le 1ᵉʳ jour du 3ᵉ mois, arriva à la citadelle de *Bang-kok*, où il fut reçu par le roi de Siam avec les plus grands égards. Quant aux deux généraux siamois qui, semblables à des chiens sans intelligence, s'étaient laissé battre par les *Tay-so'n* et avaient, par leur défaite, causé de nouveaux soucis à l'empereur d'Annam, ils furent, par ordre du roi, condamnés à mort. *(1786. Il se rend de nouveau à Siam.)*

Mais l'empereur, dont le cœur était excellent, et qui voyait dans ses malheurs bien plutôt la volonté du ciel s'opposant encore à ce qu'il pût jouir de la paix, pria le roi de

[a] *Tay-so'n : Thaï-duc*, 8ᵉ année.

vouloir bien faire grâce à ses deux généraux, et cela lui fut accordé.

Séjour à Siam
de la suite
de l'empereur. Il y avait à cette époque à Siam, autour de l'empereur, un grand nombre de mandarins civils et militaires, ainsi que des lettrés et des soldats. Le roi de Siam les défraya tous en argent et en rations, selon leurs grades et leurs dignités. Cependant, comme l'armée annamite consommait beaucoup, et qu'il était indispensable de renouveler les approvisionnements, l'empereur se transporta au lieu dit *Long-ki*, appelé *Go-khoai* en siamois, où les soldats annamites furent convertis en *Don-dien*[1].

L'empereur donna, en outre, ordre à ses mandarins de prendre du service dans les armées du roi de Siam et de l'aider ainsi dans les guerres qu'il avait à soutenir contre les Birmans (*Dien-dien*) dans le territoire de *Saï-nac*[a], et aussi

[a] Au 8ᵉ mois de l'an *At-ti* (1786), les Birmans étaient venus à *Saï-nac* attaquer les Siamois, qui demandèrent l'assistance de l'empereur d'Annam;

[1] Colonies militaires. Ce système de colonies a été essayé à différentes reprises en basse Cochinchine, sans avoir jamais eu de réussite bien satisfaisante. Sous le règne du roi *Minh-mang*, le haut mandarin *Lê-cong-duyêt* forma le projet de faire mettre en culture par des colons militaires appelés *Don-dien* les terrains vagues appartenant à l'État; il fit pour cela ramasser et réunir les vagabonds (*lau-dân*), c'est-à-dire les gens qui avaient fui de leur village, soit avant soit après leur inscription sur les registres du peuple. Ces gens-là furent levés de gré ou de force par de très-petits employés militaires ayant préalablement reçu un brevet (*ban-cop*) de chefs de *Don-dien* (*quan-don-dien*). On en fit des colons militaires qui devaient cultiver la terre pendant la paix, tout en étant enrégimentés pour la guerre. On leur donnait de quoi acheter des instruments et des buffles, et après avoir été libérés d'impôts pendant une époque qui pouvait aller jusqu'à dix ans, on se proposait de les faire passer à l'état de village libre avec possession du sol.

Cela ne réussit nullement, et les *Don-dien* se débandèrent à la mort de *Lê-cong-duyêt*. Plus tard, et de nos jours, en 1852 environ, le vice-roi de *Gia-dinh*, *Nguyen-tri-phuong*, tenta de rétablir, en les réformant, ces colonies militaires; il se proposait surtout de faire garder et surveiller de la sorte les frontières du Cambodge, mais son œuvre n'a pas réussi plus que celle de son prédécesseur. Il dépensa dans ce but une somme assez importante, qui ne fut d'aucun résultat. Il existait cette différence entre les *Don-dien* de *Nguyen-tri-phuong* et ceux de *Lê-cong-duyêt*, qu'il était permis à ceux-ci de se livrer aux professions industrielles de leur choix, tandis que les autres ne pouvaient être qu'agriculteurs.

Les Annamites considèrent cette institution comme déplorable et bonne uniquement à encourager les mauvais sujets et les débiteurs insolvables, qui trouvent de la sorte un refuge assuré sous des chefs qui ne valent pas mieux qu'eux. En général, les *Don-dien* sont, aux yeux des gens paisibles, une pépinière de voleurs.

contre les Malais[a], dans le pays de *Toani*. Le roi de Siam pria l'empereur de l'assister; celui-ci mit alors le général anna-mite *Diong* à la disposition du deuxième roi de Siam, et le pays fut de la sorte pacifié.

L'empereur envoya, de toutes les îles des environs, des gens qui eurent pour mission de préparer des jonques, afin de se rendre secrètement à *Gia-dinh* pour y faire des recru-tements dans le but de reconquérir ce pays.

L'an *Dinh-vi*, 10e année de *Thê-tô*[b], au 5e mois, pendant l'été, le général annamite *Dam* se rendit à *Bang-kok* et rap-porta à l'empereur que les deux frères *Tay-so'n Nhac* et *Hué* s'étaient réciproquement déclaré la guerre; que le gouver-neur de *Gia-dinh* pour le compte des *Tay-so'n*, nommé *Trân*, s'était rendu avec des troupes dans la province de *Qui-nho'n* pour secourir le chef rebelle *Nhac*; que ce départ de troupes avait fort affaibli la force de résistance des provinces de *Gia-dinh*; or, que l'occasion était dès lors très-opportune pour marcher sur ce pays.

1788.

Dissensions parmi les rebelles.

Le 1er jour du 7e mois, l'empereur, se conformant se-crètement à la volonté du ciel, résolut de ne pas suivre le sentiment commun, c'est-à-dire de ne demander au roi de Siam des secours ni en hommes ni en rations; il craignait, en demandant ces secours, d'avoir encore affaire à ces auxi-liaires dangereux qu'il était difficile de contenir dans leurs déprédations, et qui étaient odieux au peuple. Il ne fit donc pas part ouvertement de ses projets au roi de Siam, afin

L'empereur quitte Siam pour marcher contre les rebelles.

celui-ci ayant fait lancer un grand nombre de fusées[1] (*hoa-ho*), les Birmans en furent très-effrayés et prirent la fuite.

[a] Ces Malais[2] étaient nommés *Dai-nien* par les Siamois; ils habitaient une île située dans les mers du sud-ouest. C'était un pays tributaire de Siam, mais qui ne voulait pas reconnaître cette suzeraineté en l'an *Binh-ngo* (1787).

[b] Dynastie des *Lê* : *Chiêu-ton*, 2e année; *Tay-so'n* : *Thaï-duc*, 10e année; dynastie des *Tsing* : *Kien-long*, 52e année.

[1] Les Annamites sont très-habiles en pyrotechnie.

[2] Les Malais qui habitent aujourd'hui le Cambodge sont nommés *Chia-via*, ce qui est évidemment la corruption du mot *Java*.

de prévenir les empêchements ou difficultés que celui-ci aurait pu mettre en avant. Il se borna simplement à laisser une lettre qui expliquait son départ, et il partit pendant la nuit par la passe de *Nam-haï* et se rendit à l'île de *Truc-diu*.

L'empereur prit en ce lieu toutes ses dispositions pour l'expédition qu'il projetait. Le colonel général *Trung* s'étant rendu, sur ces entrefaites, coupable de pillage et de meurtre envers des Siamois, l'empereur donna l'ordre de faire exécuter ce mandarin, dont il envoya la tête au roi de Siam, qui députa aussitôt auprès de l'empereur pour le remercier et lui faire en même temps des reproches amicaux sur l'incognito de son départ. Le roi faisait dire également que si l'empereur avait besoin de quelque aide ou secours, il les tenait à sa disposition.

L'empereur d'Annam fit remercier le roi de Siam et il se dirigea vers la province de *Ha-tien*.

Le chef suprême des pirates de mer, surnommé *Thien-ti-hôï-wang* [a], et dont le nom était *Ho-hi-van*, et un de ses lieutenants nommé *Châu-vien*, à la tête de leurs jonques peintes en noir, vinrent se mettre à la disposition de l'empereur et lui offrirent les services de leurs hommes.

L'armée impériale marcha bientôt sur le fort de *Long-xuyén*, dont le commandant pour le compte des rebelles, nommé *Truong*, se rendit à l'empereur avec la garnison qu'il commandait. Ce mandarin *Truong* fut nommé plus tard généralissime et pacificateur des *Tay-so'n*, et proclamé le plus fidèle des sujets. Il demanda, à cette époque, la faveur de marcher à l'avant-garde, et il s'empara successivement des forts de *Tra-ôn* et de *Balaï*, en chassant les rebelles qui les occupaient.

Succès   L'empereur, étant arrivé au lieu dit *Hôï-thuy* (vulgaire-

---

[a] Ce chef de pirates était de la province de *Sse-tchuen* et affilié à la secte du nénuphar blanc; quand il alla exercer la piraterie sur mer il prit le nom de *Thien-ti-hôï-wang*, ce qui signifie roi du ciel et de la terre. Il dévasta le *Fo-kien* (province de Chine), sans que l'on pût s'opposer à ses ravages.

ment *Nuoc-xoaï*), y établit son quartier général. De tous les côtés se réunissaient les milices, et comme des nuages elles s'accumulaient pour secourir le trône impérial. Le commandant d'avant-garde de *Trân-dinh* (*Dinh-tuong*), nommé *Tanh*, et le général *Nghia*, de la province de *Trân-bien* (*Bien-hoa*), qui étaient deux hommes de la plus haute valeur et de beaucoup d'intelligence, vinrent offrir leurs services à l'empereur.

A chaque rencontre c'étaient désormais de graves pertes pour les rebelles, et chaque jour aussi s'augmentait l'armée impériale pendant que grandissait la cause de l'empereur, embrassée par de nombreux mandarins et un grand nombre de lettrés. Les *Tay-so'n*, de leur côté, mirent à mort beaucoup de gens qui demeuraient sans défense; cela excita les fidèles sujets à livrer aux rebelles une sorte de guerre civile qui s'alluma comme un vaste incendie, et que les *Tay-so'n* ne purent nullement arrêter : aussi pouvait-on constater à chaque instant le succès de la cause impériale.

Au 6° mois, le fils (de concubine) du gouverneur *Mac-tôn*, nommé *Sanh*, vint de Siam à *Ha-tien*, dont il prit le commandement.

Cependant les rapides succès de l'armée impériale contraignirent le chef rebelle *Lu'*, qui prenait le titre de *Don-dinh-vuong*, roi de *Don-dinh*, à s'enfuir dans la province de *Bien-hoa*, sur la hauteur dite *Go-mu-luong*, où il se retrancha derrière une fortification en terre; mais il n'y demeura pas longtemps, et il ne tarda pas à se rendre à *Qui-nho'n*. Le gouverneur rebelle de la province de *Phan-yen* (*Gia-dinh*) la surveilla et la défendit avec la plus grande vigueur; il interdit toute espèce de communication aux barques de commerce.

Quant au gouverneur général *Tay-so'n* de *Long-ho* et de *Mi-tho*, nommé *Sam*, il fut entièrement défait par les impériaux et contraint de se créer comme une sorte de citadelle flottante à l'aide de ses jonques. Il se garda de la sorte;

mais les *Tay-so'n* furent réduits à rester sur l'eau et n'osaient plus descendre à terre ni à *Balaï*, ni à *Kien-dinh*, ni à *Mi-tho*.

Le général rebelle nommé *Hung* partit de *Qui-nho'n* à la tête de 30 jonques venant chercher des rations à *Gia-dinh*; il parvint à opérer sa réunion avec le gouverneur *Sam*, pour l'aider à combattre les impériaux; mais ceux-ci les battirent en toutes rencontres.

L'an *Mâu-than*, pendant l'été, le général *Hung*, ayant complété le chargement de ses jonques, s'en retourna à *Qui-nho'n* et laissa le gouverneur *Sam* lutter contre l'empereur avec ses propres moyens.

1789.

L'empereur est de nouveau maître du pays de Gia-dinh.

L'an *Mâu-than*, 11e année de *Thê-tô*[a], au 8e mois et 8e jour, l'empereur se trouva de nouveau le maître du pays de *Gia-dinh*; il fixa sa résidence dans le fort de *Binh-duong*, vulgairement appelé *Ti-nghe*[1]. Le rebelle *Tu* fit sa soumission, et le gouverneur *Sam*, à la tête des soldats de *Qui-nho'n* et de *Tuân-hoa*[2], s'enfuit sur ses jonques jusqu'au port de *Can-gio'*; entrant de là dans la petite passe de *Mi-tho*, dite *Cua-tiêu*, il se dirigea vers le *Baraï*, alla de là à *Long-ho*, et enfin de *Long-ho* à *Ba-tac*, toujours poursuivi et serré de près par les impériaux.

1790.

L'an *Ki-diau*, 12e année de *Thê-tô*[b], au 1er mois de l'année, l'empereur marcha lui-même contre le rebelle *Sam*, qui ne tarda pas à faire sa soumission, et auquel il fut fait grâce

---

[a] Dynastie des *Lê* : *Chiêu-ton*, 3e année; *Tay-so'n* (*Nhac*) : *Thaï-duc*, 11e année, et (son frère *Hué*[3]) *Quan-trung*, 1re année; dynastie des *Tsing*, *Kien-long*, 53e année.

[b] Dynastie[4] des *Tsing*: *Kien-long*, 54e année; *Tay-so'n* (*Nhac*) : *Thaï-duc*, 12e année; (*Hué*) *Quan-trung*, 2e année.

[1] Sur les bords de l'arroyo dit *de l'Avalanche*.

[2] *Tuân-hoa* signifie les deux provinces de *Binh-tuân* et de *Khanh-hoa* réunies sous un même commandement. C'est la coutume administrative de ne faire ainsi qu'un mot dissyllabique à l'aide d'un seul caractère chinois emprunté au nom de chaque province.

[3] Les frères *Tay-so'n* se partagèrent l'empire, dont ils firent des royaumes séparés. Cette division fut la cause de la ruine de leur famille.

[4] Il n'est déjà plus question de la dynastie des *Lê*, renversés de leur trône par la révolte des *Tay-so'n*, qui s'étendit jusqu'au *Tonkin* et dont les chefs furent maîtres de tout le royaume.

de la vie ; mais comme, dans la suite, il machina de nouveau la révolte, l'empereur dut le faire exécuter. Le pays entier de *Gia-dinh*[1] se trouva de la sorte pacifié.

A la même époque, le fils du gouverneur *Mac-tôn*, le major général *Sanh*, mourut de maladie. Le roi de Siam fit conduire à *Ha-tien* son frère *Mac-cong-binh*.

Cette province de *Ha-tien*, située à l'extrémité du pays de *Gia-dinh*, et depuis longtemps le théâtre de nombreuses guerres, n'avait pas encore vu revenir ses habitants et était fort peu peuplée. Son nouveau gouverneur *Mac-cong-binh* s'était fixé à *Long-xuyên-dao;* mais ce ne fut pas pour longtemps, car il ne tarda pas à y mourir de maladie. On dut envoyer à sa place un autre mandarin[2] pour gouverner les territoires de *Long-xuyên* et de *Kieng-giang* (*Rach-gia*). Quant au pays proprement dit de *Ha-tien*, il était encore désert; il n'y avait ni mandarins ni peuple.

L'an *Ki-vi*, 21ᵉ année de *Thê-tô*[(a)], l'empereur manda auprès de lui les fils de *Dien*, l'ancien *quan-bo*[3] de *Ha-tien*, lesquels se nommaient *Tiem* et *Diu* et habitaient encore le royaume de Siam.

L'an *Nham-tuât*[4], 1ʳᵉ année de *Gia-long*[(b)] [5], au 10ᵉ mois,

Pacification
de
la basse
Cochinchine.

1800.

1802 à 1803.

[(a)] Dynastie des *Tsing* : *Kia-king*, 4ᵉ année ; *Tay-so'n* (*Nguyen-quang-toan*, fils de *Nhac*) : *Canh-tanh*, 7ᵉ année.

[(b)] Dynastie des *Tsing* : *Kia-king*, 7ᵉ année.

[1] C'est-à-dire les six provinces qui composent la basse Cochinchine.

[2] N'appartenant pas à la famille de *Mac-cu'u*, le conquérant de *Ha-tien*.

[3] Le *quan-bo* est, comme on l'a déjà dit, le mandarin supérieur qui préside à l'impôt, aux levées de troupes, et en général à l'administration civile, sauf à la justice, entièrement réservée au mandarin qui vient immédiatement après lui et que l'on nomme *quan-an*.

[4] Cette année *Nham-tuât*, qui finit en 1803 de notre ère, est l'avant-dernière du cycle chinois de 60 ans, lequel commence par conséquent en 1804 et finira l'année prochaine (1864). Les Annamites ajoutent une idée superstitieuse au commencement et à la fin de cette révolution de temps. Selon eux, le commencement est heureux, tandis qu'il faut s'attendre à de grands malheurs quand le cycle est près de sa fin. Ils ont l'habitude de donner comme exemples frappants de ce fait, d'une part, le règne très-remarquable du roi *Gia-long* et, en second lieu, l'expédition française en Cochinchine.

[5] Le pays étant pacifié et la dynastie des *Lê* renversée, l'empereur *Thê-tô* prit le nom de *Gia-long*, sous lequel il est resté très-célèbre.

le mandarin *Tiem*, nouvellement venu de Siam, fut nommé gouverneur de *Ha-tien* et résida dans la citadelle de ce nom. Il donna ordre aux habitants de revenir dans leurs précédentes demeures: ils furent exempts d'impôts par ordre de l'empereur; quant au peuple des deux territoires de *Long-xuyên* et de *Kieng-giang*, il dut payer la capitation, ainsi que l'impôt, à la province de *Vinh-thanh*.

1809. L'an *Ki-ti*, 8ᵉ année de *Gia-long* [a], au 12ᵉ mois, le gouverneur de la province de *Ha-tien*, nommé *Tiem*, étant mort en laissant ses enfants, *Diu*, *Thé* et *Taï*, en bas âge, et par conséquent incapables de s'occuper d'affaires publiques, l'empereur leur donna le rang de capitaine pour surveiller la pagode élevée à la mémoire du gouverneur *Mac-tôn*, et offrir aussi les sacrifices rituels dus à ses mânes. L'empereur décida en même temps que cinquante-trois gardiens seraient attachés à la pagode et à la sépulture de *Mac-tôn*, afin de l'entretenir convenablement.

1810. L'an *Canh-ngo*, 9ᵉ année de *Gia-long* [b], au 1ᵉʳ mois de l'année, l'envoyé impérial, haut dignitaire, *Nguyen-van-nho'n* fut nommé vice-roi du pays de *Gia-dinh*, et l'envoyé impérial, haut dignitaire, *Trang-hoï-duc* [1] fut nommé lieutenant du vice-roi. Le gouverneur provisoire de *Ha-tien*, nommé *Nghiem*, et son major général *Phuoc* adressèrent une pétition à l'empereur pour le prier d'abolir les droits sur le bétel et les fruits [2], sur l'opium [3] et la graisse de porc.

L'empereur rendit un décret par lequel il libérait de

[a] Dynastie des *Tsing* : *Kia-king*, 14ᵉ année.
[b] Dynastie des *Tsing* : *Kia-king*, 15ᵉ année.

[1] Auteur de cet ouvrage.

[2] Ce droit se nomme, en annamite, *hoa-chi*.

[3] Il ne faut pas oublier que *Ha-tien* était alors une colonie chinoise que l'empereur avait grand intérêt à favoriser; c'est à cela seulement qu'est due sa tolérance pour l'opium, car ce même empereur *Gia-long* en interdit, sous peine de mort, l'introduction dans ses États, et l'usage de l'opium a toujours paru depuis aux Annamites une violation de la loi. Il est impossible aux fumeurs d'opium de faire leur carrière dans le mandarinat; en général, le peuple les méprise, quelle que soit leur position.

tous droits les bâtiments et les barques de commerce qui fréquentaient le port de *Ha-tien*, le déclarant de la sorte port franc.

Au 9ᵉ mois, l'empereur nomma gouverneur de *Ha-tien* le gouverneur de *Vinh-thanh*[1], nommé *Thien*; le *quan-an* (chef de la justice) de *Vinh-thanh*, nommé *Hôï*, passa à *Ha-tien* en la qualité de *quan-bo* (chef de l'impôt); le major général *Châu* fut nommé général des troupes de *Ha-tien*. L'empereur fit donner à ces trois mandarins un cachet indiquant leur dignité, avec le droit de l'apposer au vermillon[2].

Les territoires de *Long-xuyên* et de *Kieng-giang* furent, comme par le passé, réunis à la province de *Ha-tien*.

On choisit dans les provinces de *Bien-hoa*, de *Phan-yen* (*Gia-dinh*), de *Dinh-tuong* et de *Vinh-thanh* vingt employés lettrés qui furent envoyés à *Ha-tien* pour y reconstituer l'administration.

La garnison de cette province fut composée de 200 hommes de troupes et de 6 jonques de guerre. Ces forces, fournies par l'une des quatre provinces ci-dessus désignées, faisaient à *Ha-tien* un service dont la durée était de six mois, après lesquels on les remplaçait par un même nombre d'hommes provenant d'une autre province, ainsi de suite à tour de rôle. La garnison de *Ha-tien* était employée à la surveillance de son territoire et surtout à la poursuite des pirates. L'état de guerre avait tellement épuisé cette province, que l'on fut obligé d'emprunter ainsi aux autres les moyens de la reconstituer.

Le gouverneur *Thien* mourut de maladie avant d'arriver à son poste à *Ha-tien*. Or les deux autres mandarins de ce pays, le *quan-bo Hôï* et le général *Châu*, ne pouvant vivre en paix à cause de la haine qu'ils avaient l'un pour l'autre,

---

[1] La province de *Vinh-thanh* forme aujourd'hui celles de *Vinh-long* et d'*An-giang*.

[2] Le vermillon est la marque de l'autorité supérieure. Les mandarins n'en font usage que pour leur cachet; le roi seul s'en sert pour écrire. La signature royale se nomme *signature rouge*.

poussèrent cette haine au point d'en faire venir aux mains leurs propres soldats ; cela apporta dans le pays une anarchie déplorable, et le peuple fut en proie à une très-grande frayeur.

Le gouverneur général de *Gia-dinh* fit saisir et mettre dans les fers ces deux mandarins coupables, au sujet desquels il adressa un rapport à l'empereur ; il envoya en même temps le général *Toaï* pour tranquilliser le peuple et le protéger contre les brigands et les pirates.

1811.   L'an *Tan-vi*, 10e année de *Gia-long* [a], au 8e mois, l'empereur nomma gouverneur de *Ha-tien* le commandant du territoire de *Kieng-giang*, nommé *Diao*; le *quan-an* de *Dinh-tuong*, nommé *Minh*, passa à *Ha-tien* en qualité de *quan-bo*. Ce mandarin fit disposer de nouveaux établissements pour les fonctionnaires, ainsi que des campements pour les soldats, et fit tous ses efforts pour faire revenir les marchands et les commerçants; il donna aussi l'ordre au peuple de s'occuper d'agriculture, il fit faire des routes et il fonda de nouveaux marchés. Il sépara les différentes nationalités qui étaient venues s'établir à *Ha-tien* en quartiers annamites, chinois, cambodgiens et malais; il rendit l'administration libérale et accessible à tous, protectrice pour tous; il ne souffrit jamais que le peuple fût molesté en quoi que ce soit ; enfin, il fit si bien que l'administration de *Ha-tien* devint un véritable modèle pour le monde entier [1].

1816.   L'an *Binh-ti*, 15e année de *Gia-long* [b], au 1er mois de l'année, l'empereur nomma *Mac-diu quan-bo* de *Ha-tien*.

1818.   L'an *Mâu-dian*, 17e année de *Gia-long* [c], au 12e mois, l'empereur éleva le *quan-bo Mac-diu* à la dignité de gouver-

---

[a] Dynastie des *Tsing : Kia-king*, 16e année.
[b] Dynastie des *Tsing : Kia-king*, 21e année.
[c] Dynastie des *Tsing : Kia-king*, 23e année.

[1] L'auteur s'est plu, en parlant de ce mandarin, à tracer les qualités qui se doivent rencontrer chez un *quan-bo* digne de ce nom. Nous avons déjà dit que ce fonctionnaire très-important est le véritable directeur du peuple.

neur de *Ha-tien*. La dynastie d'Annam, en donnant ainsi le gouvernement de ce pays à un descendant de *Mac-cu'u*, voulait donner une preuve de la reconnaissance qu'elle conservait pour celui qui avait ajouté la province de *Ha-tien* à l'empire.

CHAPITRE IV.

MOEURS ET COUTUMES.

Avant-propos.

Le Sud correspond au signe *Li* du *Bat-quaï*[1]. Ce signe représente le feu; il est aussi la marque de l'intelligence. C'est sous lui que naissent des docteurs marchant toujours dans la voie de la justice; c'est également lui qui préside à la science et à l'érudition.

Son influence sur le peuple a pour résultat de le pousser à l'agriculture et vers les diverses industries; il développe le commerce.

Le pays de *Gia-dinh* est placé sous la constellation *Duong-châu*, laquelle jette sans cesse ses rayons sur lui. Cependant l'influence de cette constellation n'est pas excellente en tout:

---

[1] C'est le *Pa-qua* des Chinois, sorte de figure géométrique employée pour la divination et inventée par l'empereur *Fouh-hi*. Cette figure comporte huit divisions, auxquelles correspondent des signes particuliers que tous les peuples de la Chine supposent doués de nombreuses influences. (Voyez, pour plus de détails, les livres spéciaux publiés sur la Chine.)

elle donne lieu à de bonnes coutumes, mais aussi elle en engendre de mauvaises.

Les temps et les époques ne sont pas toujours les mêmes ; tantôt c'est le bien qui les gouverne, tantôt ils sont sous l'empire du mal..

L'illustre empereur[1], fils du ciel, dont la puissance s'étend en tout lieu, dont l'humanité et la bienfaisance sont sans bornes, considérant que ce pays de *Gia-dinh* était nouvellement reconquis, a pensé que l'on ne saurait trop le couvrir de faveurs et le protéger.

Ce prince voulant donc établir des règles certaines pour l'organisation de ce pays, lui a donné un code de lois, et il a établi, pour le gouverner, d'abord des *quan-phu*[2] et des *quan-huyen*, afin d'instruire le peuple sur ses devoirs envers le prince, comme de lui tracer ce qu'il doit faire au sujet des impôts qui doivent être réclamés avec justice ; il a établi des mandarins de province (*quan-bo*, *quan-an*), pour que le peuple connût sans cesse par eux les lois et règlements de l'empire, pour qu'il apprît à éviter ce qui est mal et à ne suivre que la voie du bien. Il a établi des professeurs (*doc-hoc*[3]) pour le haut enseignement du peuple, afin que les rites et les livres lui fussent connus ; il a enfin donné ses ordres impériaux à des gouverneurs (*tong-dôc*) qui exercent partout une surveillance générale, et qui partout, en protégeant le peuple, lui procurent la tranquillité.

L'empereur a désiré que le plus petit hameau, que la plus humble chaumière, ne pussent jamais ignorer ses sentiments de bienveillance.

[1] Il s'agit du roi *Minh-mang*, auquel l'auteur se croit obligé d'adresser des éloges fort exagérés, et qui reviennent entièrement à son père le roi *Gia-long*.

[2] Les *quan-phu* sont les mandarins qui administrent un arrondissement, nommé *phu* ; les *quan-huyen*, sous leurs ordres, sont à la tête d'un sous-arrondissement, nommé *huyen*. Le *quan-bo* et le *quan-an* sont, avec le *tong-dôc*, les trois grands mandarins d'une province : le premier est directeur des impôts et administrateur civil du peuple ; le second est le chef de la justice, et le troisième est le gouverneur, et par conséquent leur supérieur à tous. (Voyez la note sur l'administration à la suite du 1er chapitre de la 2e partie de cet ouvrage.)

[3] Directeur des études supérieures et des lettrés de toute une province.

C'est par de pareils moyens que la face de ce pays a été totalement changée, c'est-à-dire qu'il s'est converti au bien.

Coutumes générales.

Che-fan-she[1] dit au livre *Chao-li*[2] que dans le pays du Sud-Est il naît cinq femmes pour trois hommes.

En ce pays de *Gia-dinh* le principe mâle[3] abonde et l'emporte de beaucoup sur le principe femelle; il en résulte comme une sorte d'expansion dans le tempérament de l'homme [a]. Il en résulte aussi que les oiseaux n'ont pas une grande quantité de plumes, ni les animaux beaucoup de poils, aucun d'eux n'ayant à redouter le froid.

Constitution du pays de Gia-dinh.

Le pays de *Gia-dinh*[4], dans l'empire d'Annam, est vaste et abondamment pourvu de moyens d'existence. On n'y entend jamais parler de famine ou de misères causées par le froid; il en résulte que le peuple est habitué à dépenser, sans être obligé d'user d'économie : aussi y voit-on fort peu de fortunes dues à des épargnes successives. On y rencontre un grand nombre de lettrés.

Ce pays étant habité par des personnes venues des différentes parties du monde, présente à cause de cela une grande variété dans les coutumes.

Le territoire de *Gia-dinh* étant rapproché de la constellation *Duong-châu*, laquelle est voisine du soleil, se trouve par conséquent assez près de ce dernier astre. C'est à ce voisinage qu'est due cette expansion régulatrice qui a pour effet d'incliner le cœur des hommes vers le bien et le juste[5].

Beaucoup d'entre eux suivent cette voie de justice à cause

[a] Son corps se dilate à cause de la chaleur, tandis que le froid le resserre.

[1] Auteur chinois.

[2] Les rites complets.

[3] Toute la cosmogonie chinoise repose sur les deux principes mâle et femelle, le *yang* et le *yin*. Le soleil est appelé le *grand yang* et la lune le *grand yin*. La lumière est le *yang*, l'ombre est le *yin*; etc.

[4] La basse Cochinchine.

[5] Il est tout à fait impossible de suivre les habitants de l'empire d'Annam dans leurs suppositions au sujet de l'influence des étoiles; leur ignorance complète sur le système du monde se refuse à toute critique sérieuse.

qu'ils sont très-versés dans l'étude des cinq *King*, des quatre livres et de l'histoire des dynasties [1].

L'empereur *Gia-long* institua dès le principe un chef des lettrés, auquel il donna des instructions au sujet des examens et de la façon de diriger les lettrés de divers rangs. Il résulta de ces dispositions des hommes très-instruits, tant dans les lettres que dans la philosophie. Le nombre de ces lettrés [2] est devenu, de nos jours, fort considérable.

C'est le soleil qui a la principale influence sur le pays de *Gia-dinh*. C'est pour cela que l'on trouve chez ses habitants la fidélité, le courage et le patriotisme. Ce peuple méprise les richesses. Ce qu'il désire ardemment c'est la justice, et il en est de même exactement chez les femmes, qui sont en général douées de grâce et de beauté [3].

C'est surtout parmi elles que se rencontrent les dons de l'esprit et de l'intelligence. La longévité est plus commune chez elles que chez les hommes.

Le peuple suit la religion de *Phat* [4], ou bien celle des génies [5]. La plus grande partie de ces génies ou esprits sont des femmes, telles que : *Ba-chua-ngoc* [6], *Ba-chua-dong*, *Ba-hao-tin*, *Ba-thuy-long*, *Cô-hong* [7], *Cô-hanh*.

Cette influence en faveur des femmes est due à ce que dans le *Bat-quaï* [8], et au signe *Li*, la meilleure place est occupée par le principe femelle.

Lettrés.

Caractère des habitants.

Religion.

---

[1] On voit que l'éducation annamite est exactement la même que celle des Chinois.

[2] Les Annamites se piquent d'une haute érudition dans les lettres, quoique à grade égal ils soient extrêmement inférieurs aux Chinois. Cette classe de lettrés, très-nombreuse en basse Cochinchine, a presque entièrement disparu devant notre conquête.

[3] Les femmes de *Gia-dinh* ont en effet beaucoup de réputation dans le reste de l'empire. Leur longévité, si estimée des peuples de la Chine, est remarquable. Beaucoup de vieilles femmes ne sont nullement décrépites et prennent un air particulier de distinction.

[4] *Bouddha*, mais on peut dire que c'est de nom seulement; il serait peut-être impossible de rencontrer un Annamite capable de se rendre compte du bouddhisme.

[5] Sortes de fées au sujet desquelles se racontent beaucoup de légendes chez ce peuple privé de religion proprement dite, mais très-enclin à la superstition.

[6] *Ba* est une expression de respect équivalente à madame.

[7] *Cô* signifie mademoiselle et ne se dit qu'aux filles de mandarins.

[8] Chaque signe du *Bat-quaï* est com-

On vénère l'esprit du foyer, et cet esprit est représenté sous la forme de trois personnes dont une femme ayant un homme à sa droite et à sa gauche; cela n'est autre chose que la représentation de la figure *Li* du *Bat-quaï*, dans lequel on voit le principe femelle placé entre deux principes mâles.

Sciences occultes. Autrefois il n'y avait en fait de sciences occultes que le *Kê-cot*[1].

Aujourd'hui on pratique le *Thi-qui*[2] et le *Nham-dôn*[3].

Sorciers, devins. On trouve enfin des médecins, des sorciers[4], des devins, des astrologues et des géomanciens, tous instruits dans leur art.

Il y a aussi des coutumes suivies relativement aux mariages et aux funérailles.

Mariage. Bien que pour le mariage il soit d'abord nécessaire de recourir aux entremetteurs ou entremetteuses, cependant la cérémonie du *bétel*[5] et de l'*arec* est indispensable.

Quant aux six cérémonies[6] du mariage, les familles de mandarins sont seules dans l'obligation de les accomplir entièrement. C'est aussi une coutume que le gendre demeure quelque temps chez son beau-père, après quoi il s'en retourne chez lui avec sa femme.

Quand un mariage est sur le point de se conclure, les parents conviennent entre eux d'assurer une dot à chacun des époux par une donation de terres et de buffles[7].

---

posé de trois lignes horizontales, tantôt pleines (mâle), tantôt brisée (femelle). Le signe *Li* est représenté par une ligne brisée placée entre deux lignes pleines:

[1] Opération qui consiste à observer les deux pattes coupées et écorchées d'une poule.

[2] Cela consiste à jeter le sort au moyen de quelques sapèques dans une carapace de tortue.

[3] Bonne aventure comptée sur les phalanges des doigts.

[4] Les sorciers et les devins jouent le plus grand rôle dans la vie annamite.

[5] Les fiançailles consistent à s'offrir et à mâcher ensemble de l'arec et du bétel.

[6] Ces cérémonies, qui se réduisent ordinairement à cinq, sont: 1° *Lê-di-cho'i*, rite qui consiste à aller s'amuser ou flâner, c'est-à-dire choisir sa fiancée sans s'engager encore; 2° *Lê-di-hôi*, demande aux parents de la jeune fille; 3° *Lê-di-an-trau-cdu*, mâcher ensemble du bétel (fiançailles); 4° *Lê-chiu-lo'i*, recevoir parole, prendre jour pour le mariage; 5° *Lê-cuoi*, cérémonie du mariage.

[7] Le plus généralement cependant, le père de la fiancée ne donne rien.

Les funérailles se font d'après les rites du livre *Van-cong-giâ-lê* ou bien d'après le livre *Khêu-ti* [1].

On use beaucoup de musique dans les funérailles.

Autrefois on pouvait, à l'époque du deuil, porter indifféremment des habits noirs ou de couleur, de coton ou même de soie, ce qui a fait dire au Chinois *Sû-tong-po* que les Annamites agissant de même lors d'un mariage ou d'un enterrement, on ne pouvait savoir, en entendant tant de musique, s'il s'agissait d'un homme heureux ou affligé.

Aujourd'hui cela est bien changé et les rites sont suivis; les gens convenables se piquent même de les suivre entièrement [2].

On est dans l'usage, quand on a perdu un parent, d'appeler chez soi un prêtre de *Phat* [3], qui offre des sacrifices et dit des prières pendant quarante-neuf jours.

A l'époque de l'enterrement, la famille du défunt prépare un festin en viandes, vins, etc. puis elle invite tous ses amis et toutes ses connaissances, qui viennent y prendre part.

Autrefois le corps du défunt était gardé pendant des années dans sa famille, jusqu'à ce que celle-ci eût trouvé un lieu [4] de sépulture propice et convenable.

Cette pratique est défendue aujourd'hui par les lois. L'enterrement doit avoir lieu sans délai; il est pourtant accordé trois jours et même jusqu'à cinq mois pour les riches.

Lorsque, dans le principe, le pays de *Gia-dinh* passa sous la domination de l'empire d'Annam, il fut peuplé par des colons annamites venus de l'intérieur, par des Chinois, par des Européens (Français, Anglais, Portugais), par des Cambodgiens et par des Malais, que l'on nomme *Chia-via* [5].

Funérailles.

Population
primitive
de Gia-dinh.

---

[1] Livres rituels de la Chine.

[2] Comme en Chine.

[3] Bonze de Bouddha. C'est le seul cas où les Annamites aient recours à ces prêtres.

[4] C'est une chose extrêmement importante que le choix d'un lieu de sépulture; c'est pourquoi rien ne peut être plus désagréable aux Annamites que de les contraindre à transporter autre part les tombes de leurs parents.

[5] Java.

On donne ce nom de *Chia-via* à des habitants de trente-six ports de mer ou îles ou habitants de montagnes, lesquels adorent le soleil.

Ces différentes nationalités formant la population de *Gia-dinh* y apportaient naturellement des habitudes très-diverses. On voyait donc alors des coutumes et des mœurs entièrement différentes.

Anciennes coutumes. Cependant les Annamites se conformaient en tout aux anciennes coutumes des *Giao-chi*[1].

C'est pourquoi les mandarins étaient coiffés d'un chapeau élevé nommé *haute-montagne*. Ils portaient une robe flottante sans boutons; ils avaient enfin aux pieds des mules en cuir et sans talons.

Quant aux étudiants et au reste du peuple, leur chevelure pendait dénouée sur leurs épaules; les hommes et les femmes étaient également vêtus d'une veste courte et boutonnée sur le devant, non fendue sur les côtés; les pantalons étaient inconnus: les hommes usaient d'une bande d'étoffe ceignant d'abord les reins, puis passant entre les jambes et venant s'attacher sur le ventre. Ce vêtement se nomme *kho*[2].

Les femmes portaient autour des reins une sorte de pagne nommé *man*[3]; elles avaient sur la tête un grand chapeau et fumaient du tabac.

Les maisons étaient petites et très-basses; on s'asseyait par terre, les chaises n'étaient point en usage.

1739. *Réformes dans les coutumes.* L'an *Mâu-ngo*, 1re année de *Thê-tôn*[a], ce costume fut entièrement changé. Les mandarins civils et militaires durent s'habiller suivant la mode des dynasties chinoises, depuis

---

[a] Dynastie des *Lê* : 4e année de *Hi-tôn* ; dynastie des *Tsing* : 3e année de *Kien-long*.

---

[1] Ancêtres de la race annamite, habitant autrefois le Tonkin depuis la province de *Quang-binh* jusqu'à celle de *Lang-san*, limitrophe de la province de *Canton*, en Chine. Ce nom de *Giao-chi* est dû à l'écartement du gros orteil.

[2] Il est encore en usage au Tonkin.

[3] Très en usage au Tonkin.

celles des *Han* et des *Tang* jusqu'à celle des *Ming*, mais avec quelques modifications nouvellement faites.

Il y a aujourd'hui des règles déterminées fixant le costume officiel des mandarins chacun selon son rang. Les uns portent des habits à fleurs, d'autres en portent d'étoffes unies.

Quant au costume, aux habitations et aux divers ustensiles en usage maintenant chez le peuple, tout cela se rapproche beaucoup de ce qui existait sous les *Ming*. Les costumes comme les usages du Nord (Tonkin) ont été mis de côté, et ont fait place aux vêtements et aux coutumes plus convenables de nos jours.

Dans le pays de *Gia-dinh*, vers l'époque du premier de l'an, et durant la 28ᵉ nuit du 12ᵉ mois, certains individus nommés *Lu-nho'n*, vulgairement *Náu-sac-bua*[1], frappant du tambour et usant de crécelles et d'autres instruments, se réunissent au nombre de quinze et s'en vont par les rues. Quand ils passent devant la maison d'une personne riche, ils demandent la permission d'entrer; ils collent alors quelque papier de sortilége sur la porte, prononcent des paroles adressées aux esprits et frappent sur leurs instruments à coups redoublés; le maître de la maison leur fait aussitôt préparer un repas accompagné de vins et de thé, afin de les recevoir convenablement; il leur donne aussi de l'argent. Ils vont de là à une autre maison où les mêmes cérémonies recommencent, et cela dure de la sorte pendant trois nuits consécutives. Ces cérémonies ont pour but de chasser le diable et les mauvais esprits et d'appeler de nouvelles félicités sur les maisons, après les avoir purgées des calamités anciennes.

Pendant la dernière nuit de l'année, il est d'usage de planter devant les portes des maisons un bambou élevé, au bout duquel est une espèce de boîte, également en bambou,

Fêtes
du premier
de l'an.

---

[1] Gens portant des sortiléges.

dans laquelle on place du bétel, de l'arec et de la chaux[1];
cette boîte est entourée de papier d'or et d'argent. Le but
et l'origine d'un pareil usage sont inconnus.

Ce sont là des coutumes entièrement populaires et particulières au pays, de même qu'il est particulier aux Chinois,
à l'époque du premier jour de l'an, de brûler des pétards
et des artifices.

C'est aussi un usage chez les Chinois, au 5e jour du
5e mois, de célébrer la fête nommée *Toan-wu* et de mettre
devant leur porte des fleurs de marguerite et d'artémise.

L'intention qui domine dans les fêtes du premier jour
de l'an est toujours de chasser les mauvaises fortunes précédentes.

Ce bambou dont nous avons parlé n'est enlevé de devant
la porte que le septième jour : c'est ce que l'on nomme *Ha-
néu*, tandis que son érection se nomme *Lên-néu*. Pendant
les sept jours que ce bambou demeure devant la porte, les
créanciers n'ont pas le droit de réclamer ce qui leur est dû
auprès de leurs débiteurs[2]; ils sont obligés pour cela d'attendre le *Ha-néu*, c'est-à-dire l'enlèvement du bambou.

C'est encore un usage, vers le 12e mois, de se préparer
des vêtements neufs, de nettoyer et parer les maisons, de
les tapisser avec des sentences parallèles[3], de disposer des
tables et des bancs, et de préparer le repas offert aux ancêtres. On embellit ces préparatifs par les choses les plus
précieuses et les plus riches que l'on possède.

On recommande aux enfants d'avoir le plus grand soin
de se bien conduire à cette époque et de ne faire que des
choses convenables, et on les prévient qu'une mauvaise

---

[1] Chaux préparée pour l'usage du bétel.

[2] Les Annamites s'endettent très-faci-
lement; beaucoup d'entre eux s'expatrient
pour échapper à leurs créanciers : c'est ce
qu'ils appellent *fuir la dette*.

[3] On nomme sentences parallèles deux
phrases chinoises composées du même
nombre de caractères ayant entre eux certains rapports. Ces phrases, écrites en
lettres d'or sur une bande d'étoffe ou in-
crustées en nacre sur une planche de bois
précieux, sont symétriquement suspen-
dues et contribuent beaucoup à l'orne-
mentation des appartements.

action commise alors sera nécessairement répétée pendant toute l'année.

Le premier jour de l'an, au commencement de la quatrième heure, on allume les baguettes odoriférantes ainsi que les lanternes; on brûle de l'encens et l'on commence alors les salutations aux ancêtres en leur offrant du thé.

Ce devoir accompli, on va faire les mêmes salutations aux grands parents, et en général aux parents plus âgés. C'est là le moyen le plus assuré d'être heureux dans ce monde, en y trouvant la richesse et une longue vie.

On va alors offrir le repas aux ancêtres, et on doit le leur offrir deux fois par jour, matin et soir exactement, comme s'il s'agissait de personnes vivantes.

Ces repas, dans lesquels on ne néglige ni les fruits de toutes sortes, ni les différentes sucreries, cessent d'avoir lieu le troisième jour, où l'on offre aux esprits des ancêtres le repas d'adieu, que l'on nomme *Dua-ông-ba*[1].

On leur offre encore en cette circonstance toutes sortes d'habits et d'ustensiles en papier collé; on fait partir une quantité considérable de pétards, ce qui fait un vacarme épouvantable, vu que chaque famille brûle les siens au même instant. Enfin on boit du vin rouge, et l'on mange des gâteaux et des pâtisseries au sucre ou à la viande.

Bien que toutes ces cérémonies du premier jour de l'an ne soient pas mentionnées dans le livre des rites, elles n'en sont pas moins bonnes en elles-mêmes, et nullement contraires aux convenances.

Cependant, chacun doit connaître là-dessus les règles de l'empire et agir par conséquent selon sa position sociale : ainsi le peuple ne doit pas pratiquer ces cérémonies comme les mandarins ont le droit de le faire.

En général, les convenances sont fidèlement observées; cependant on les néglige en un point, et c'est le peuple qui

---

[1] Reconduire chez eux les ancêtres.

se rend coupable de ce fait : voici à quelle occasion. Nous avons dit que c'est le troisième jour du premier mois que l'on offre le dernier repas aux ancêtres, en les congédiant. Or, le peuple craint, en pratiquant cette cérémonie le même jour que les mandarins, que les ancêtres de ceux-ci, en s'en retournant au lieu où ils habitent (*Am-phu*[1]), ne donnent à porter aux mânes des ancêtres du peuple les différents cadeaux que leurs parents viennent de leur faire. C'est pour cela que les gens du peuple retardent le congé de leurs ancêtres jusqu'au cinquième ou septième jour, afin de donner à ceux des mandarins le temps de rentrer à leur demeure ; il en résulte que, continuant de leur offrir les repas journaliers, c'est toujours la même chose qui leur est servie, c'est-à-dire des mets déjà anciens, et cela n'est point convenable.

Le peuple doit donc se conformer à la règle du troisième jour, et agir ce jour-là comme le veut la coutume, et s'il se présentait quelque autre circonstance où le peuple dérogeât ainsi à la règle, il doit se hâter de corriger cette mauvaise habitude.

Jeux publics.   A *Gia-dinh* on installe, à l'époque du premier jour de l'an, un jeu populaire nommé *Du-bao*. Ce jeu est entièrement différent de ce qui se fait en Chine. Voici en quoi il consiste : six bambous plantés en terre s'inclinent l'un vers l'autre et sont réunis par leur extrémité. En haut se trouve une traverse à laquelle sont suspendus deux autres bambous parallèles ; ces nouveaux bambous sont reliés en bas par une planche sur laquelle un homme se tient debout. On donne un fort mouvement d'oscillation à cette escarpolette, et celui qui se balance continue ce mouvement en baissant et relevant alternativement le haut du corps.

Les spectateurs s'amusent à mettre différentes choses sur la traverse supérieure pour tenter celui qui se balance, et il faut des oscillations extrêmement exagérées, ainsi qu'une

[1] Enfer.

très-grande rapidité de geste, pour saisir la récompense ; car il est indispensable, pendant qu'on se balance ainsi, de se tenir avec les deux mains. Il résulte de cela des accidents très-graves, et même la mort de la personne qui vient à tomber par terre avec une pareille impulsion ; c'est pourquoi ces sortes de tentations qui compromettent la vie des hommes doivent être sévèrement défendues. Deux personnes, et même quelquefois trois ou quatre, se balancent ensemble ; cependant ce ne peuvent être ou que des hommes à la fois ou bien que des femmes : il n'est pas permis à un homme et à une femme de se balancer ensemble.

Il y a aussi un jeu nommé *Tu-tien*, et vulgairement *Du-tien*. Il consiste en deux fortes pièces de bois plantées en terre et reliées entre elles par une traverse qui sert d'axe à une roue semblable aux roues de bambous employées pour puiser de l'eau[1]. Sur la circonférence de cette roue sont ménagées des places pour permettre à huit personnes de s'asseoir chacune à son poste ; huit femmes ou jeunes filles dans leur plus belle toilette, et parées de leurs plus beaux habits, prennent place dans les siéges disposés sur la roue, qui tourne dans un plan vertical.

Les spectateurs donnent d'abord l'impulsion à la roue, et puis le mouvement est continué par chacune des huit personnes qui prennent part au jeu ; elles n'ont pour cela qu'à frapper le sol de leur pied au moment où leur siége passe près de terre.

Cet élan étant donné avec force, la roue finit par acquérir un mouvement très-rapide. Alors les riches et éclatants costumes des filles assises dans la roue se gonflent à l'air et se confondent aux yeux des spectateurs dans un tourbillonnement semblable aux jeux des génies se poursuivant sur la crête des nuages. Cela est vraiment on ne peut plus agréable à voir.

---

[1] Cela a assez de rapport avec les roues de bateau à vapeur.

Ces jeux, qui commencent le premier jour de l'année, cessent le cinquième jour du premier mois.

Il y a encore un jeu qui consiste en deux pieux reliés par une traverse en bois bien arrondi. Sur cette traverse est simplement jetée une corde dont les deux bouts viennent en bas. A l'un des bouts est attaché un morceau de bois sur lequel un saltimbanque place ses pieds ou ses jambes pendant que, saisissant des deux mains l'autre bout de la corde, il se hisse lui-même jusqu'à la traverse, et puis se laissant glisser ou se faisant remonter lui-même, ou bien tournant sur lui, il accomplit des tours de gymnastique qui amusent le public. Cela se nomme *Du-rut*.

Il est aussi un jeu qui consiste en un pieu planté en terre et qui ne dépasse pas la poitrine d'un homme. Ce pieu est très-pointu à son extrémité, et sa pointe s'introduit dans le milieu d'une perche placée transversalement et longue de six ou sept pieds avec une épaisseur de sept ou huit pouces. La perche n'est pas percée complétement, de sorte qu'elle pivote sur le pieu. Deux personnes à cheval sur chaque extrémité de la perche la saisissent avec les mains, et puis se donnant l'élan à l'aide de leurs pieds, elles font des tours de voltige qui réjouissent le public. C'est ce qu'on nomme le jeu *Du-duong-xay* ou bien *Du-xay*.

Ce jeu est complété par une ou par deux fosses creusées en terre et dans lesquelles on place de l'argent ou des prix pour ceux qui savent les prendre. Il arrive alors que l'une des deux personnes, assise à un bout de la perche, fait ses efforts pour descendre dans la fosse, faisant ainsi perdre terre à celle qui est assise à l'autre bout; celle-ci, à son tour, redouble d'énergie pour enlever son adversaire et l'empêcher de prendre le prix, et cela donne lieu à des luttes qui ont pour résultat des chutes fréquentes.

C'est ainsi que ce jeu *Du-xay* et le jeu précédent *Du-rut* étant dangereux de leur nature, et par conséquent mauvais, ne sont pas l'occasion d'une joie convenable.

Lors du repas offert aux ancêtres le premier jour de l'an, on met parmi les fruits des cannes à sucre que l'on ne coupe pas et auxquelles on laisse leur grandeur naturelle. Ce n'est par le fait qu'un fruit de la terre joint aux autres; mais la coutume du peuple veut que cette canne soit ainsi offerte sans être coupée, afin qu'elle puisse servir de bâton de vieillesse aux vieux ancêtres qui prennent part aux repas. C'est ce qui fait que quelques ignorants de village donnent à ces cannes à sucre cette destination dans l'inventaire[1] que l'on a l'habitude de dresser lors d'un pareil repas. C'est là vraiment une preuve de grande ignorance.

Tous les habitants de *Gia-dinh*, à quelque condition qu'ils appartiennent, dépensent au premier jour de l'an beaucoup de ligatures[2], soit pour manger, soit pour boire, soit pour se réjouir de quelque façon que ce soit. Les gens les plus infimes emploient à cela leurs sapèques.

Du reste, personne ne manque de suivre les rites à ce sujet, et chacun observe les règles de la convenance.

A partir du premier jour de l'année jusqu'au septième inclus, il est permis de jouer de l'argent dans les maisons; mais la défense[3] recommence le septième jour.

Les fêtes *Doan-diuong*[4], *That-tich*[5], *Trung-thu*[6] et *Trung-cu'u*[7] sont imitées de la Chine et célébrées à peu près de la même manière que dans l'empire du Milieu.

Fêtes chinoises.

---

[1] Les Annamites n'offrent rien sans expliquer catégoriquement la quantité et la qualité des objets offerts. Ces objets sont le plus souvent inscrits sur une feuille de papier rouge que l'on remet à la personne qui reçoit le cadeau.

[2] La ligature, qui est de 6oo sapèques, a à peu près la valeur de 1 franc de notre monnaie.

[3] Le code annamite défend sévèrement le jeu, pour lequel le peuple a une passion telle qu'une bonne organisation en Cochinchine est tout à fait incompatible avec l'autorisation de jouer de l'argent.

[4] Fête des bateaux dragons, cinquième jour du cinquième mois.

[5] Septième nuit du septième mois, contemplation des étoiles. En Chine, à cette époque, les jeunes filles, à genoux, donnent une preuve de leur habileté en enfilant une très-fine aiguille au-dessus de leur tête.

[6] Milieu de l'automne, contemplation de la pleine lune; quinzième jour du huitième mois.

[7] Neuvième jour du neuvième mois, promenades et festins sur les montagnes et lieux élevés.

Il y a dans chaque village une sorte de temple ou pagode destinée à l'esprit protecteur; ce lieu se nomme *Dinh*[1]. On y célèbre chaque année une fête solennelle, dont on fixe à l'avance le jour, après l'avoir choisi avec soin parmi les jours heureux.

Ce jour étant désigné, et les préparatifs terminés, tous les habitants du village, jeunes ou vieux, se rendent au *Dinh* dans l'après-midi, et ils y passent la nuit, afin de s'y trouver tous rendus le lendemain au point du jour; cela se nomme *Tuc-hiêt*.

Le lendemain donc, au point du jour, chacun se revêt de ses plus beaux habits, les tamtams et les tambours résonnent au loin, et les salutations à l'esprit ont lieu[2].

La fête se termine enfin par de nouvelles salutations que l'on nomme *Dai-doan*.

Chacun alors s'en retourne chez soi.

L'époque de cette fête n'est pas la même pour chaque village; ils se conforment pour cela à leurs habitudes particulières : les uns la célèbrent au premier mois, voulant ainsi honorer l'esprit du printemps[3]; les autres choisissent le huitième ou le neuvième mois, afin de rendre hommage à l'esprit de l'automne; d'autres, enfin, préfèrent un des trois mois de l'hiver, voulant ainsi rendre grâces à cause de l'année qui vient de s'écouler, et consacrer en quelque sorte les travaux exécutés pendant cette année. Chacun agit làdessus comme il l'entend; mais tous n'ont d'autre but que celui de la paix et de la concorde. Les objets employés dans

---

[1] Le mot *Dinh* signifie à la lettre salle de réception officielle; on l'applique au temple de l'esprit protecteur du village, parce que c'est là que se tiennent les réunions importantes. Les *Dinh* sont la propriété du village, et non de l'État; les Annamites y tiennent beaucoup, et on peut dire que le *Dinh* est la marque de la constitution de la commune.

[2] On nomme cela le *Laï-than : salut*

Esprit ! — Il est à remarquer que cette cérémonie religieuse, que tous les habitants d'un village pratiquent, n'appartient nullement au culte de *Bouddha*, culte très-peu pratiqué en Cochinchine et qui se réduit à quelques phrases que personne ne comprend.

[3] Le premier mois de l'année chinoise (février environ) est en même temps le premier du printemps.

la célébration de cette fête ne sont pas non plus partout exactement les mêmes : ici sont sacrifiés des bœufs ou autres animaux domestiques, là sont chantés des chœurs pour rendre hommage à l'esprit. Les villages ont, à ce sujet, chacun leurs habitudes.

Dans l'accomplissement des rites et des salutations sont observés les rangs des personnes présentes. Elles sont assises pour cela chacune selon sa condition; si dans le village réside un mandarin ou bien s'il y a quelque habitant qui en ait eu autrefois la dignité, c'est lui qui préside la fête et commence les salutations.

Il y a des villages où se trouvent des lettrés bien au courant des cérémonies [a], qui les font suivre très-exactement et qui veillent aussi à l'accomplissement des coutumes de l'empire; on peut dire de pareils villages qu'ils sont des lieux et des modèles de parfaite convenance.

On profite de ces réunions générales, dans les villages, pour apprécier ce qui s'est passé pendant l'année écoulée ;. on établit les recettes de la commune, ainsi que la quotité des impôts qu'elle a été tenue de verser; on vérifie si cet impôt, tant en riz qu'en argent, a été entièrement soldé, ou bien s'il faut encore y ajouter quelque chose.

On fait aussi un recensement des habitants et des champs, afin de savoir si les premiers sont heureux et se conduisent bien et si les seconds sont cultivés et fertiles.

C'est ainsi que, sous la présidence d'un mandarin [1], l'état du village est vérifié et justement apprécié.

On examine aussi dans cette assemblée générale s'il y a quelque autorité communale à changer ou à remplacer,

[a] Quand et comment l'on doit boire, etc. etc.

[1] Le mandarin dont il est ici question est le plus communément un notable habitant du village qui a eu quelques dignités pendant sa vie, mais qui pour le moment n'exerce aucune autorité. Il né s'agit nullement d'un agent de la province, car ces réunions sont, au contraire, l'expression la plus évidente des franchises communales de la Cochinchine.

et l'on détermine le genre d'affaires dont ces autorités ont à s'occuper.

Sacrifices
sur les tombes. C'est la coutume à *Gia-dinh* de sacrifier au-dessus des tombes lorsqu'on est au douzième mois et que le premier jour de l'an approche. On visite d'abord les tombes, afin de s'assurer qu'elles n'ont pas été endommagées et pour les remettre en état : c'est là une cérémonie qui fait partie des règlements de l'empire; l'intention de ce règlement est que vers la fin de l'année, lorsque chaque famille se prépare aux joies du premier jour de l'an, les descendants n'oublient pas les parents qu'ils ont perdus et les considèrent comme vivants au milieu d'eux : ils doivent donc visiter leur dernière demeure avec le plus grand soin, la réparer et la nettoyer, soit en arrachant les herbes qui la couvrent, soit en cultivant les arbres plantés autour.

Bien que les rites anciens ne fassent pas mention de ces sacrifices[1] offerts sur les tombes, cependant c'est là un rite conforme à la justice et à la piété.

Les Chinois observent cette cérémonie et offrent leurs sacrifices à l'époque du troisième mois. Dans l'empire d'Annam cela a lieu au douzième mois, et nous pensons que c'est avec plus de raison que nous avons choisi cette époque.

Hospitalité. A *Gia-dinh*, lorsqu'un hôte se présente, on lui offre d'abord du bétel et puis du thé; on l'invite ensuite à prendre un repas, que l'on a soin de servir très-copieux. On ne prend pas en considération s'il s'agit d'un parent ou d'une simple connaissance, on ne s'inquiète pas davantage de la provenance de l'étranger; il suffit qu'il soit un hôte et qu'il se présente pour être bien reçu et avec empressement. Il en résulte qu'un étranger n'a nullement besoin de s'occuper de lui ni de sa nourriture, car partout où il se présente il est sûr d'être bien accueilli. Cela a cependant l'inconvénient

---

[1] Ce sacrifice n'a, en effet, rien de commun avec le culte proprement dit des ancêtres, dont les tablettes sont déposées dans des temples spéciaux.

d'engager beaucoup de personnes à vagabonder, à cause
de cette hospitalité facile qui leur est offerte si libéralement.

C'est une coutume, lorsque dans une maison on fait des
préparatifs pour invoquer le ciel[1] et se réjouir en même
temps par des spectacles, de préparer un cochon que l'on
divise en autant de parts qu'il y a d'invités. On envoie une
de ces parts à l'invité, en lui faisant connaître le jour de la
cérémonie et de la réjouissance.

C'est ce que l'on appelle *Biêu-lê*[2].

Le jour venu, les invités se rendent au lieu désigné, et
chacun, afin de participer à la cérémonie, donne un certain
nombre de ligatures[3]; une, par exemple. La fête commencée,
les convives boivent, mangent et se réjouissent, puis s'en
retournent chez eux.

Si, dans la suite, l'un des invités, *Gia*, par exemple, donne
à son tour une pareille fête, le précédent maître de maison,
que nous supposerons se nommer *At*, chez lequel *Gia* s'est
rendu et a déposé son offrande, ne peut se dispenser maintenant de se rendre à l'invitation; mais il doit alors augmenter sa propre offrande d'une ligature. Ainsi, si *Gia* en a
porté une chez *At*, *At* doit à son tour en donner deux à *Gia*.
Si *At* donne plus tard une deuxième fête, il aura de toute
nécessité la visite de *Gia*, qui cette fois prendra part à la
fête moyennant 3 ligatures. Ainsi de suite, en augmentant
chaque fois jusqu'à la somme de 100 ligatures.

C'est là une dette tellement sacrée que ceux qui n'auraient
pas assez d'argent pour y satisfaire mettent plutôt leurs ustensiles ou habits en gage; mais si enfin ils sont tellement pauvres
qu'ils ne puissent obtenir de l'argent même chez les prê-

Invitations
aux fêtes
particulières.

---

[1] Cérémonie très-usitée en Cochinchine et qui consiste en prosternations
semblables à celles qui se font par-devant
les mandarins supérieurs. C'est encore
là une cérémonie qui n'est nullement
bouddhique, et qui est principalement
observée en Chine par les sectateurs de
Confucius. Les Chinois la nomment *Paï-
thien* et les Annamites *Kéu-tro'i*.

[2] *Avis de la cérémonie.*

[3] La ligature vaut 1 franc de notre
monnaie.

teurs[1], ils se voient l'objet de vexations dégénérant en querelles, et finissent par aller devant le magistrat, qui doit sévèrement défendre de pareils abus.

Cette habitude est aujourd'hui tombée en désuétude[2].

Chaussures.

Les Chinois avaient autrefois l'habitude de donner le nom de *va-nu-pieds* aux habitants de *Gia-dinh*, et cela tenait à ce que les mandarins seulement, ou les personnes fort riches, ou bien les grands marchands, portaient seuls des chaussures. Mais aujourd'hui cela a changé, et les modes chinoises s'introduisent de plus en plus; on voit même des domestiques et des servantes porter des chaussures, soit en peau, soit en étoffe.

Natation, repas.

Le pays de *Gia-dinh* étant coupé par un grand nombre de fleuves, de rivières et d'arroyos, il en résulte que sur dix personnes il y en a neuf qui savent nager.

Les habitants sont généralement bons marins; leur nourriture est extrêmement salée. Ils font trois repas par jour; mais ils consomment beaucoup de riz et peu de purée de riz, comme les Chinois, qui en mangent tous les matins.

Accouchements.

C'est une coutume à *Gia-dinh*, lorsqu'une femme vient d'accoucher, de mettre à la porte de sa maison un morceau de charbon de bois allumé d'un bout et placé entre deux autres morceaux de bois ou entre les deux morceaux d'une branche fendue.

Le côté allumé du charbon est tourné vers l'intérieur de

---

[1] Bien que les Annamites n'aient pas, comme cela existe en Chine, des institutions de mont-de-piété, ils n'en ont pas moins la coutume, trop suivie par eux, de mettre en gage tout ce qu'ils possèdent. Les prêteurs sont des particuliers qui s'enrichissent aux dépens du peuple par les intérêts démesurément usuraires qu'ils retirent de cette spéculation.

[2] L'auteur prétend que cette habitude n'existait plus de son temps. Nous pouvons affirmer qu'elle est aujourd'hui en pleine vigueur. C'est une spéculation pour certains Annamites influents d'inviter à des cérémonies dont le but est en apparence d'offrir des sacrifices, soit au ciel, soit aux ancêtres, mais en réalité pour contraindre ceux qui les craignent, ou qui ont besoin d'eux, à leur offrir un grand nombre de ligatures, qu'ils comptent et encaissent en présence des invités sans se gêner le moins du monde.

la maison si c'est un garçon qui a été mis au monde, tandis qu'on le tourne vers l'extérieur si c'est une fille.

Cette marque qu'une femme est accouchée est vulgairement appelée *cam-khêm*. Elle a pour but d'interdire l'entrée de la maison aux personnes dont les couches ont été ou sont ordinairement difficiles, à celles qui n'ont pas d'enfants, à celles dont l'accouchement est suivi d'hémorrhagie, à celles qui ont eu des caillots de sang dans le ventre, et qui à cause de cela se sont crues enceintes; à toutes les femmes enfin qui ont eu quelque grand malheur ou infortune.

Lorsque la nouvelle accouchée est sur son lit, on place au-dessous un réchaud plein de charbons ardents[1] que l'on entretient nuit et jour sans discontinuer. On lui bassine aussi le ventre avec une bassinoire pleine de charbons ardents, et cela une ou deux fois par jour. La nourriture qu'on lui donne est en général épicée, sèche et très-salée.

Quelques femmes mangent de la soupe au riz, et suivent en cela l'habitude de léur village et de leur famille.

On a la coutume assez générale de prendre pendant les couches de la médecine annamite, composée de racines que l'on coupe très-minces et que l'on fait alors bouillir. Après un mois écoulé, la nouvelle accouchée peut sortir; mais avant cela on la peint des pieds à la tête avec du safran[2], afin de la préserver de la mauvaise influence de l'air.

Pendant ce mois on fait aussi les préparatifs nécessaires pour rendre grâce à l'esprit des accouchements, nommé *Thap-ni-nuong*. Cette cérémonie s'accomplit pour le garçon un jour avant la fin du mois, et pour les filles, deux jours avant.

---

[1] Les Annamites n'ont pas à leur disposition des vêtements capables de les mettre en état de résister à l'humidité des nuits; ils doivent à cela beaucoup de maladies mortelles. L'expérience leur a enseigné que les femmes en couches bien enfermées et soumises à une température uniforme échappent aux péritonites.

[2] Cette espèce de safran, nommé *nghe*, joue le plus grand rôle dans la médecine annamite. On l'emploie aussi bien pour les hommes que pour les animaux. Pilé avec du sel ordinaire, nous l'avons vu guérir radicalement l'ophthalmie, maladie très-commune chez les chevaux de ce pays.

Lorsque l'enfant a juste un an, on le soumet, d'après la mode chinoise, à l'épreuve du *toaï-ban*, vulgairement *antoï-toï*[1].

Le mari, qu'il soit civil ou militaire, doit s'abstenir de tout travail pendant un mois : c'est ce que l'on nomme *Cao-loï-thuy*. C'est là une louable coutume, car le mari doit, à cette époque, donner ses soins à sa femme et à son enfant.

Imprécations. · C'est une coutume chez les gens ignorants de la campagne, lorsqu'ils haïssent quelqu'un et veulent donner une preuve de leur haine, de se rendre dans quelque vieille pagode, ou bien dans un carrefour; là ils plantent, la tête en bas, un bananier qu'ils ont coupé au tronc, ils immolent en même temps une poule auprès de ce bananier, en la coupant presque en morceaux, et ils maudissent alors leur ennemi[2], en l'appelant par son nom et son prénom. Il résulte de ces imprécations, soit quelque malheur, soit quelque maladie pour la personne maudite. C'est pourquoi cette sauvage coutume doit être évitée, car elle est extrêmement blâmable.

Quelques personnes sans pudeur, si elles ont une dispute quelconque avec autrui, dispute dans laquelle il y a eu seulement quelques paroles échangées, se jettent incontinent par terre et se roulent sur le sol, déchirent leurs habits et s'égratignent de leurs ongles par tout le corps, en poussant des cris et des gémissements. Leur but est de calomnier de la sorte leur interlocuteur, en faisant supposer que c'est lui qui les a mises en cet état. C'est ce que l'on nomme *ngoa-hoa*, vulgairement *nam-va*. Cette coutume ancienne,

---

[1] Épreuve des joujoux. Elle consiste à lui offrir sur un plateau différents objets, tels que livres, bonbons, poupées vêtues en femme, etc. L'enfant prend ce qui lui plaît le plus, et l'on conjecture son caractère selon le choix qu'il fait : s'il prend le livre, c'est qu'il sera savant; si c'est l'argent, c'est un avare; si c'est la poupée, c'est qu'il aimera beaucoup les femmes, etc.

[2] Ce que les Annamites redoutent le plus, ce sont les malédictions. Il leur est bien difficile de conserver leur sang-froid en pareilles circonstances. Quand on s'est servi envers un homme ou une femme des plus grossières injures sans les émouvoir, on n'a qu'à les maudire pour les faire subitement entrer dans une violente colère.

bien que défendue par les mandarins, est encore journelle-
ment suivie[1].

Les Annamites étudient, comme les Chinois, les cinq
King et les quatre livres; ils ont cependant un dialecte particulier, qui est le dialecte annamite, et pour exprimer ce
dialecte ils empruntent des caractères chinois en n'employant
que la phonétique de ces caractères. Cette phonétique est
quelquefois ajoutée à un caractère idéologique[2], selon la
nature de la chose qu'il s'agit de désigner.

Dialecte
annamite.

Ainsi, pour exprimer de l'or, *vang*, on ajoute à côté du
caractère or, *kin*, une phonétique s'approchant à peu près
du son *vang*, que l'on écrit à côté de *kin*. Pour le mot
arbre, *cây*, on ajoute de même une phonétique, écrite à
côté du caractère arbre, *mu*. S'il s'agit de paroles ou de
discours, c'est à côté du caractère bouche, *khâu*, que l'on
place la phonétique; on agit de la sorte pour chaque espèce
de choses que l'on veut représenter.

Les Annamites usent, comme les Chinois, des six sortes
de tropes, et notamment de celui qui consiste à répéter le
substantif pour en faire un verbe. Exemple : *j'habille mon
habit, je m'habille; i-i*[3]; cela se nomme *kia-tsié*. Ils se servent
aussi de celui par lequel on ajoute une particule à un mot
pour en rendre quelquefois le sens plus clair et quelquefois pour le changer. Exemple : *cela est bon; hao-hou?* *bon
n'est-ce pas?* cela se nomme en chinois *hoéi-i*.

---

[1] Surtout par les femmes.

[2] Cette façon, très-bornée, de représenter les sons annamites ne constitue
pas, à proprement parler, une écriture,
parce que c'est une simple phonétique
qui est le plus souvent employée, et
comme ce n'est pas toujours la même, il
en résulte beaucoup de confusion. Aussi
les gens ignorants font-ils seuls usage
d'un moyen aussi imparfait, que beaucoup de mandarins ne comprennent même
pas. On peut dire d'une manière générale
que les Annamites parlent seulement leur
langue, mais qu'ils écrivent uniquement
en chinois.

[3] Les exemples donnés ici par l'auteur
sont purement chinois : *je m'habille*, en
langue vulgaire, se dit *mac-ao*. Cette expression, composée de deux mots différents, n'a aucun rapport avec l'exemple
précité. Le deuxième exemple, où se trouve
une particule interrogative, peut, au contraire, s'appliquer à la langue vulgaire,
dans laquelle on emploie constamment
la particule *không* lorsqu'on interroge :
ainsi l'on dira *cela est-il bon? tôt-không?*

Enfin, ils usent de la faculté d'employer les phonétiques approchantes, et écrivent par conséquent comme les Chinois quand ils veulent représenter le son d'un nom propre [1].

En principe, il n'existe pas de littérature ni, à proprement parler, d'écriture annamite; les livres et l'écriture en tiennent lieu.

Quant à la façon d'écrire, il y a des Annamites qui se servent de tables comme les Chinois et appuient leur papier dessus. Ils emploient les quatre sortes de caractères : *tchen*, régulier; *tsao*, cursif; *tchoan*, anciens caractères employés pour les cachets; *li*, à peu près semblables aux précédents, mais employés en architecture.

Il y a quelques Annamites qui écrivent sans se servir de tables et en appuyant leur papier sur la main gauche. Ces gens-là, qui pour la plupart n'écrivent pas très-régulièrement, ne peuvent pas appuyer, comme on le doit, leur main droite sur une table, mais ils acquièrent l'habitude d'écrire avec une grande rapidité.

Pour ce qui est de l'écriture cursive, les Annamites ne tracent pas les différents traits des caractères à la manière chinoise; ils écrivent un peu chacun selon son habitude ou sa méthode. Du reste, les Chinois ne se conforment pas non plus, dans l'écriture cursive, à une façon unique de tracer les caractères; il en résulte une grande variété de façons d'écrire, et c'est à cause de cela que ce genre d'écriture est interdit dans les relations officielles, pour lesquelles on ne doit user que de l'écriture régulière.

Paris.   Nous avons déjà dit que les habitants de ce pays font

---

[1] Cela prouve, comme du reste le dit très-clairement l'auteur, qu'il n'existe pas d'écriture purement annamite. Quant à la littérature, il y en a une, très-peu considérable à la vérité, mais extrêmement populaire : ce sont des poëmes qui n'ont jamais été imprimés et dont chaque personne du peuple sait au moins quelques vers. Les Annamites ne peuvent se lasser d'entendre ces poésies, qui se récitent comme une mélopée. C'est un fait remarquable que les hauts mandarins, c'est-à-dire les premiers lettrés de l'empire, ignorent ou du moins prétendent ignorer cette littérature, qu'ils méprisent comme n'étant pas chinoise.

une consommation excessive de mets salés; il y a certains individus qui engloutissent en un seul repas jusqu'à deux corbeilles de poissons salés, représentant plus de vingt livres de poissons. Ces tours de force sont le résultat de paris[1]. On voit aussi, dans ces paris, boire une quantité énorme de thé. Il y avait un certain *Nguyen-van-thanh* qui, à la suite de semblable gageure, se faisait préparer une vaste jarre de thé[2], et à l'aide d'une écuelle il en avalait sans discontinuer. Il prenait pour cela la précaution de se recouvrir d'une grande quantité d'habits, ce qui, en favorisant sa transpiration et la rendant très-abondante, l'aidait à boire une quantité de thé aussi prodigieuse.

Les habitants de *Gia-dinh* usent, dans leurs conversations, de locutions empruntées aux Chinois et aux Cambodgiens. A force d'entendre ces locutions répétées par ces deux peuples, les Annamites s'y habituent et les répètent eux-mêmes, sans en comprendre le véritable sens.

Locutions
empruntées
à
la Chine
et
au Cambodge.

Ainsi les Chinois disent *qua-maï* ou *oa-maï, acheter le tout;* les Annamites, dans la même intention, disent *oa.*

Les Chinois disent : *ngaï-tsa*[3], *grand merci;* les Annamites imitent cela en disant *xa, merci.*

Les Chinois : *po-tsaï, décharger un grand navire;* les Annamites imitent et disent : *cop-chiai.*

Les Chinois : *tcha, cuiller;* les Annamites : *tang-xi.*

Les Chinois : *xi-tuï,* glands qui pendent, soit au manche d'un éventail ou à autre chose; les Annamites : *xit-toï.*

Les Chinois : *tsoe-nghi,* orner une salle en la tapissant; les Annamites : *tai-ki.*

Les Chinois : *tu'-tu,* entrailles de porc; les Annamites disent *tu'-tao.*

Les Chinois : *tu-sen,* testicules; les Annamites : *tu'-hiêu.*

---

[1] Les Annamites aiment beaucoup à parier entre eux.

[2] Environ quarante litres.

[3] Nous donnons la prononciation cantonaise, parce que c'est celle-là qu'imitent les habitants de la basse Cochinchine, où l'on ne rencontre guère que des Chinois de la province de *Canton* ou du *Fo-kien.*

Les Chinois : *mi-ssi*, espèce de vermicelle ; les Annamites disent *mi-ca*.

C'est ainsi que sont imitées les locutions chinoises que les Annamites s'approprient, en les prononçant selon le génie de leur langue.

Les Annamites disent également, à l'imitation des Cambodgiens, *tan-khao* pour désigner un patron de barque ; ils disent aussi *ca-rôn* pour désigner un petit sac, ainsi de suite. Ces locutions ne sont connues naturellement que des habitants vivant sur les lieux mêmes, soit auprès des Cambodgiens, soit en relations suivies avec les Chinois.

Ces locutions sont très-nombreuses ; nous n'en avons donné ici que quelques exemples.

Ordonnances relatives à la navigation des barques.

Il existe dans les provinces du pays de *Gia-dinh* des barques de toutes les dimensions : quelques-unes de ces barques sont converties en demeure et servent d'habitation aux gens du peuple ; d'autres sont employées, soit pour se promener et rendre visite aux connaissances, soit pour se rendre dans les marchés, soit pour transporter les riz.

Ces barques sont d'une très-grande utilité, aussi bien aux grands négociants qu'aux plus petits marchands. Il y en a un nombre si considérable, que les cours d'eau en sont pleins jour et nuit.

Une navigation aussi active entraînait nécessairement beaucoup d'abordages et d'avaries donnant lieu à de nombreuses plaintes portées par-devant les tribunaux.

Ces plaintes étaient fort difficiles à juger, car il n'était pas commode de savoir qui avait eu le premier tort. Ces considérations engagèrent le chef d'état-major du gouverneur général de *Gia-dinh*, *Tham-mu'u-nghi*, à faire paraître une ordonnance dans laquelle il est enjoint à toute barque en marche, soit qu'elle ait ou non pour elle le vent ou la marée, au moment où elle s'approche d'une autre barque qu'elle pourrait aborder, de mettre la barre à bâbord. Ce mouvement doit avoir lieu simultanément dans les deux

barques, dont les patrons doivent se crier l'un à l'autre *bat*[1].
Il résulte de la manœuvre faite en même temps à bord des
deux barques, que, venant au même instant sur tribord,
elles ne peuvent s'aborder.

Si l'un des patrons, ayant dit tout haut *bat*, fait venir sa
barque sur tribord, et que l'autre patron, n'exécutant pas
la manœuvre voulue, continue à venir au contraire sur bâbord, l'abordage et les avaries qui en seront la conséquence
seront à la charge du patron inattentif.

Si cependant les deux patrons ayant fait la manœuvre
voulue, il y a malgré cela abordage, les avaries donnant
lieu à discussion, on devra s'enquérir quel est celui des
deux patrons dont la barque était lége ou bien qui avait la
marée pour lui. Ce sera celui qui était dans ces conditions
favorables qui sera responsable.

Cette ordonnance ayant été publiée, les patrons durent
porter la plus grande attention à éviter les abordages en
s'avertissant de bonne heure par le mot *bat*[2].

Il n'est permis de mettre la barre à tribord que dans le
cas où il s'agirait d'éviter un navire au mouillage, ou bien
si l'on est chargé par le vent, ou bien enfin si la barre à
bâbord conduit sur un danger. Mais, sauf ces cas de force
majeure, il ne faut user que très-rarement de la barre à
tribord.

Ce sont là les règles de la navigation en rivière.

Le même mandarin *Nghi* se proposa aussi de prévenir
la piraterie de rivière. Cette piraterie, très-fréquente, était
exercée par des hommes qui avaient le soin de se travestir
et de se masquer ou de se grimer la figure, de sorte qu'il
était impossible au propriétaire de la barque pillée de porter
plainte en donnant des preuves suffisantes. Dans le but donc

Règlements
sur
le numérotage
des barques.

---

[1] *Bat* signifie *barre à bâbord !* et *caï, tribord la barre !*

[2] Cette ordonnance est en pleine vi- gueur aujourd'hui, ou plutôt elle est si bien passée dans les coutumes du peuple, que, malgré le nombre extrêmement considérable de barques qui se croisent jour et nuit, il arrive très-peu d'accidents.

de prévenir de pareils actes, le mandarin *Nghi* décida que chaque barque, grande ou petite, serait classée d'après la division territoriale (*huyen*) à laquelle elle appartient; il fit pour cela donner l'ordre à chaque propriétaire de barque de faire graver clairement, sur une planchette, ses nom et prénoms, ainsi que sa demeure.

Cette planchette est placée à l'avant et en dedans de chaque barque. Tout patron dont la barque n'est pas munie d'une pareille planchette est réputé coupable.

Les mandarins des localités doivent tenir régulièrement un registre sur lequel sont inscrits les mêmes renseignements que sur la planchette.

Il en résulte que si quelque propriétaire de barque est pillé par un pirate, il peut, en lisant les renseignements donnés par la planchette, faire sa plainte en règle par-devant le mandarin, qui peut dès lors se saisir du coupable[1].

Cette mesure effraya tellement les pirates que la navigation acquit depuis ce temps-là une très-grande sécurité[2].

Vente
d'eau douce. Dans la province de *Phan-yen*[3] sont deux huyens, celui de *Phuoc-loc* et celui de *Tan-an*, et dans la province de *Dinh-tuong* est le huyen de *Kien-hoa*[4], dont les territoires sont très-rapprochés de la mer. Le sol est à cause de cela très-boueux et l'eau y est salée. On y creuse des puits, mais l'eau y est toujours un peu saumâtre. Cette eau ne peut donc

---

[1] Ces règlements ont été perfectionnés depuis. Les barques de la basse Cochinchine doivent non-seulement être munies de la planchette dont il est question, mais elles sont peintes de telle façon que l'on reconnaît immédiatement en les voyant passer, même de loin, à quelle province elles appartiennent. Ainsi la planchette, nommée *khac-tu'*, indique aujourd'hui, outre le nom du propriétaire, son huyen, son canton et son village, et de plus l'avant de la barque doit être peint, pour la province de *Gia-dinh*, en rouge; pour celle de *Bien-hoa*, en rouge bordé de noir; pour celle de *Dinh-tuong*, en noir bordé de rouge; pour celle de *Vinh-long*, en noir; pour celle d'*An-giang*, en vert; pour celle de *Ha-tien*, en vert bordé de rouge.

[2] La piraterie de rivière est si facile à pratiquer dans un pays aussi couvert de cours d'eau de toutes sortes, qu'elle a de tout temps préoccupé l'autorité; mais c'est surtout quand l'administration cesse d'être régulière, qu'elle devient un véritable fléau.

[3] Aujourd'hui *Gia-dinh*.

[4] Dont le huyen actuel de *Tan-hoa* faisait autrefois partie.

être employée pour cuire les aliments, car c'est comme si l'on se servait d'eau de mer; elle est également impropre à faire du thé. .

C'est pour cela que chaque année, à partir du dixième mois[1], époque de la fin des pluies, jusqu'au quatrième mois, où les pluies n'ont pas encore commencé, c'est une industrie de remplir d'eau douce des barques que l'on a préalablement très-bien nettoyées, et d'aller porter cette eau dans les divers villages qui en manquent.

Les marchands d'eau reçoivent du riz en échange, et c'est pour eux l'occasion d'un bénéfice.

C'est une coutume, dans le commerce de riz, de dire : Dix *gia* valent cent[2]! cent *gia* valent mille!

En fait de poids, on se servait soit du poids véritable et légal de 16 *luong*[3], soit de poids particuliers à chaque marchand, soit enfin de la livre, à laquelle on ajoutait, soit 3 *luong*, soit 5 *luong*[4]. Cela donnait lieu à une grande diversité de poids.

Il en était de même pour les mesures, dont les unes étaient grandes, les autres petites.

Les particuliers avaient même leurs propres mesures à eux; il en résultait qu'avant de passer un marché, le marchand devait s'entendre avec l'acheteur, afin de savoir clairement de quelle mesure on userait. Il devait aussi comparer sa propre mesure à celle de l'acheteur avant de fixer le prix. Si ces précautions n'étaient pas prises à l'avance, cela donnait lieu à de vives contestations.

Mesures vulgaires.

---

[1] Les pluies, en basse Cochinchine, commencent vers le quatrième mois, c'est-à-dire dans la dernière quinzaine du mois d'avril, et finissent au dixième mois, vers la première quinzaine de novembre. Cela fait donc environ quatre mois de saison sèche, qui correspondent à l'époque des plus fortes moussons du nord-est.

[2] Sous-entendu *ô*, sorte de vase ou de corbeille que l'on emploie pour mesurer le riz et le vendre au détail. Le *gia* ou *vu'ong* représente à peu près la moitié du picul, c'est-à-dire 30 kilogrammes environ. Les navires européens qui chargent du riz comptent dix-huit piculs au tonneau.

[3] Le *luong* est à peu près le *liang* ou bien le *taël* de la Chine : seize de ces *luong* font une livre annamite (*cân*), qui pèse 624 grammes.

[4] La livre variait et varie encore selon la qualité de la marchandise.

Si donc deux personnes se rencontraient, et que l'une venant d'acheter des étoffes, l'autre lui en demandait le prix, elle devait également être fixée sur la mesure dont on s'était servi, pour avoir une idée de la valeur véritable.

Il en était à peu près de même pour toute sorte de marchandises.

Les marchands devaient donc être très-fixés sur la valeur de leurs marchandises, afin d'être prêts à livrer ou à garder sans être embarrassés par la diversité des poids et mesures.

Tout ce qui vient d'être dit avait lieu autrefois; mais cela est changé aujourd'hui que les poids et les mesures sont réglés par les lois de l'État et qu'il existe des *cân*[1], des *thuôc*, *dân*, *hoi*, etc. etc.

Il est défendu de se servir de poids ou mesures particulières et privées, sous peine d'être puni selon le code.

C'est, en effet, un ordre du souverain que toutes les marchandises soient soumises à un mode uniforme de mesures et de poids.

Les lettrés de la province de *Gia-dinh* ont une grande réputation ; ils sont d'une conduite irréprochable. Leurs habitudes sont empreintes de beaucoup d'élégance ; ils usent chez eux, soit en livres, vêtements, meubles ou tout autre objet, de choses venant de la Chine, à laquelle ils empruntent beaucoup de coutumes et dont ils étudient exclusivement la littérature.

Dans les deux huyens de *Binh-duong* et de *Tan-long* la population est très-dense; on y voit un grand nombre de marchés et beaucoup de boutiques contiguës les unes aux autres.

Province
de Phan-yen
(Gia-dinh).

[1] *Cân*, livre annamite, de 624 grammes ; *thuôc*, pied, mesure de longueur de 0^m,44 ; *dân* ou bien *ô*, boisseau de riz ; le *hoi*, ou bien *ta*, vaut deux *gia* ou bien deux *vu'ong*, c'est-à-dire 60 kilogrammes environ. Bien que l'auteur prétende ici que les mesures sont aujourd'hui réglementées, il n'en existe pas moins de très-diverses, qui rendent les comptes assez difficiles. Ainsi le *thuôc* qui sert à mesurer les étoffes n'est point semblable à celui que l'on emploie dans les champs. Les Annamites se servent même de ligatures au lieu de poids, et cela donne lieu à beaucoup d'abus. Quant aux mesures particulières et privées, elles sont loin d'avoir encore complétement disparu.

La majorité des maisons sont de bonnes habitations couvertes en tuiles[1]. Les habitants ont de fréquentes relations avec des Chinois du *Fo-kien*, de *Canton*, de *Chiao-châu*, de l'île de *Haï-nan*[2], avec des Européens, des Siamois, des Cambodgiens[3], etc.

De grands bâtiments de mer, vulgairement appelés *tau*, vont et viennent pour leurs opérations commerciales; la vue s'arrête constamment sur des mâtures et sur des voiles. Toutes les marchandises du monde se donnent ainsi rendez-vous à *Gia-dinh*. Aucune place de commerce de l'empire d'Annam ne peut être comparée à celle-là. C'est pourquoi les habitants de ce pays sont d'habiles marchands; cependant il y a parmi eux beaucoup de vagabonds et de filous.

Il y a des personnes qui vivent constamment dans leurs barques converties en maisons : ce sont celles que l'on nomme des *Giang-ho*. Il y a aussi des auberges où se réunissent et habitent des gens étrangers les uns aux autres; on nomme ces gens-là *Dân-tu'-chanh*. C'est le nom vulgaire appliqué aux personnes étrangères à l'empire d'Annam et qui n'y ont pas d'habitation fixe.

Le marché de *Binh-an*[4] a la réputation d'être peuplé de fripons et de filous.

---

[1] Les maisons annamites sont en général recouvertes avec la feuille du palmier d'eau; il n'y a que les gens riches qui habitent des maisons dont la toiture est en tuile. Quelques-unes de ces demeures, dont la charpente est toujours en bois, ne manquent ni d'élégance ni d'art, surtout à cause des sculptures (sur bois) qui ornent la façade principale.

[2] Cette île est vulgairement appelée *Quin-châu-phu*.

[3] L'auteur a surtout en vue ici le grand marché de *Cho'-lo'n*, que l'on peut avec raison appeler *ville chinoise*, car c'est le centre le plus populeux et de beaucoup le plus important de la basse Co-

chinchine. Les nombreux Chinois qui l'habitent, mais dont le nombre était cependant limité sous les mandarins d'Annam, lui ont donné toute l'apparence d'une petite ville chinoise. Cette ville est située à 5 kilomètres de Saï-gon.

[4] Auprès de *Cho'-quan*, à 4 kilomètres environ de Saï-gon. De nos jours le marché dé *Binh-an* n'a plus de réputation d'aucune sorte; il a été remplacé par celui de *Cho'-quan*, mais, au lieu de filous, celui-ci était habité par les gens les plus aisés de Saïgon. Le village de *Cho'-quan*, peuplé de nombreuses maisons et renfermant de charmants jardins, est peut-être le plus joli site des environs.

Les habitants des huyens de *Phuoc-loc*[1] et de *Tan-an*[2] se livrent presque tous à l'agriculture[3]; sur dix personnes il y a neuf agriculteurs et un seul marchand. Contrairement aux huyens précédents où les dépenses sont considérables, on est dans ceux-ci fort économe.

Province de Bien-hoa. La province de *Bien-hoa* est dotée de belles montagnes et d'une eau très-pure. Les habitants sont honnêtes et paisibles; il y surgit peu d'affaires.

Les lettrés s'occupent avec assiduité de leurs livres; le peuple laboure les champs et tisse des étoffes; chacun poursuit ses travaux avec assiduité.

On retrouve dans cette province, comme dans celle de *Gia-dinh*, les mêmes choses venant de la Chine, telles que livres, habits, ustensiles de ménage, etc. les mêmes habitudes chinoises.

Cependant dans le huyen de *Long-thanh* il y a un territoire nommé *Toaï-dam*, lequel est coupé de nombreux arroyos et couvert de beaucoup d'arbres. C'est un lieu peu habité par le peuple, mais qui sert de repaire à des bandes de brigands. Les marchands, qui n'ignorent pas la mauvaise réputation de ce lieu, ne manquent pas de prendre leurs précautions quand ils doivent le traverser.

Province de Vinh-thanh (Vinh-long et An-giang). Il y a dans la province de *Vinh-thanh*[4] deux points seulement, celui de *Long-ho* et celui de *Sa-dec*, où les coutumes sont presque les mêmes que celles de *Phan-yen* (*Gia-dinh*).

La seule différence provient de ce que ces deux places commerciales sont en relations continues avec des Cambo-

---

[1] Ces deux territoires sont très-riches en riz.

[2] *Tan-an* a été plus tard converti en *phu.*

[3] Les Annamites sont en général agriculteurs; c'est le voisinage de quelques centres chinois qui en fait des marchands. Dans les villages, la vente au détail est ordinairement entre les mains des femmes.

[4] Cette province, plus rapprochée du Cambodge que les deux premières, a été colonisée beaucoup plus tard. Elle forme aujourd'hui la riche province de *Vinh-long* et celle d'*An-giang*, où la population est fort loin d'être en rapport avec la grande étendue du territoire. Cette dernière renferme pourtant le marché de *Sa-dec*, qui rivalisait dans le sud avec celui de *Cho'-lo'n*; mais celui-ci lui est de beaucoup supérieur.

dgiens négociants ou marchands eux-mêmes. Il en résulte que les habitants de *Long-ho* et de *Sa-dec* sont très-habitués aux mœurs du Cambodge, et que plusieurs d'entre eux en parlent la langue.

Quant au reste des habitants de cette grande province, ce sont de braves gens à la conscience droite, mettant beaucoup de retenue dans leurs dépenses et ne s'occupant que du travail des champs et des jardins. Chacun possède là son patrimoine : aussi la pauvreté est-elle inconnue dans ces lieux[1].

Le territoire de cette province étant coupé par un très-grand nombre de cours d'eau, il serait impossible aux habitants de circuler s'ils n'avaient chacun leur barque; c'est à cause de ces fréquentes courses sur l'eau que presque tous les habitants savent nager.

Le pays est également très-boisé : aussi les maisons ne sont-elles pas rapprochées l'une de l'autre; elles sont même à des distances assez grandes, et cela fait qu'on rencontre en ces lieux beaucoup de brigands et de voleurs.

Au temps de la révolte des *Tay-so'n,* tous ceux qui possédaient quelques valeurs les enfouirent dans le sol; on n'osait plus se servir d'objets de prix ni les montrer dans sa demeure. Ces objets échappèrent ainsi à la main des brigands.

Il y avait à cette époque un habitant du pays, nommé *Nguyen-van-ngu',* qui réunit une bande de brigands à la tête de laquelle il se mit; ils allaient secrètement dans la nuit pour enlever les personnes. La victime saisie, on la mettait dans un sac; et puis, se dirigeant par des routes non fréquentées jusqu'au plus épais de la forêt, on remettait la personne enlevée à la garde d'un brigand de la bande.

La famille de la victime recevait d'abord une lettre anonyme dans laquelle on la prévenait que la rançon du

---

[1] Le pays est d'une fertilité extrêmement remarquable. Il n'est pas possible à un Annamite d'être pauvre là où le riz vient avec abondance, et quand dans quelques minutes il remplit sa barque de poisson.

prisonnier était fixée à telle valeur en argent ou en nature. On indiquait en quel lieu cette rançon devait être échangée contre le prisonnier. Si la famille ne donnait pas la rançon voulue, ou si elle portait plainte au mandarin, le prisonnier était mis à mort. C'est ce que l'on appelait *tiêu-bao*.

Ce fut *Van-ngu'* qui, le premier, eut l'idée de ce genre de crime; mais, dans la suite, il fut tellement imité que cela devint une très-grande calamité pour le peuple.

La terreur alla même au point que les gens riches, et en général tous ceux qui possédaient quelque chose, abandonnèrent les villages pour se porter dans les marchés qui entourent les citadelles. Les villages devinrent donc déserts et leur sol ne tarda pas à se couvrir d'herbes; il n'y resta que des personnes isolées, parmi lesquelles il y en eut une ou deux qui, usurpant le nom et la réputation de deux grands chefs de bande, écrivaient des lettres en leur nom pour extorquer de l'argent aux gens du peuple.

On sut plus tard la vérité, et l'on apprit que ces prétendus chefs de bande étaient deux mystificateurs[a] dont on fit sévère justice; cela donna au peuple beaucoup de tranquillité.

Il y a en ce lieu un grand nombre de caïmans et de tigres; mais les habitants, étant habitués à leur voisinage, ne les craignent pas. Les enfants et les femmes elles-mêmes sont capables d'attaquer le tigre[1] avec une simple serpette ou une faucille.

L'année précédente il y avait dans la rivière *Tiên-thuy* un caïman énorme, long de 6o pieds, et dont le corps n'eût

[a] C'étaient un homme et une vieille femme.

[1] Il y a en Cochinchine beaucoup de tigres de la plus haute taille, qui sont la cause de nombreux malheurs. Les Annamites, malgré leur prétention d'attaquer avec un simple bâton ce terrible animal, ne laissent pas de le craindre beaucoup, et ils ne parlent jamais de lui sans l'appeler *monsieur le tigre*, afin, disent-ils, de ne pas l'irriter s'il venait à les entendre.

pu être embrassé que par cinq hommes. Cet animal causait de grands malheurs, soit en jetant à l'eau, d'un coup de queue, les bateliers dont il faisait sa proie, soit même en brisant complétement une barque pour dévorer son équipage. On le nommait *ông-rong*[1].

Cependant depuis longtemps chacun s'évertuait en vain à s'emparer de ce monstre. Il se présenta un pêcheur à la ligne qui, ayant fabriqué un très-grand hameçon, eut l'idée d'y placer un canard; il attacha alors solidement à son hameçon une corde faite en rotin, et capable d'une grande résistance. Prenant ensuite le canard d'une main, le pêcheur entra dans l'eau, où il plongea entièrement, et agitant le canard au-dessus de l'eau, il excita l'attention du monstre, qui se dirigea sur le pêcheur pour le dévorer. Cependant il ne put le faire, car le caïman, étant dépourvu d'ouïe, n'ose pas ouvrir sa gueule dans l'eau; et, d'un autre côté, l'action de sa queue est nulle sur un objet qui n'est pas à l'air.

Le monstre se mit donc à suivre l'homme, qui reculait, et au moment où celui-ci parvint à la surface de l'eau, le caïman ouvrit ses vastes mâchoires; mais le pêcheur y lança habilement son canard, et puis il se retira avec précaution sur le bord de la rivière en attirant à lui la corde de l'hameçon; une grande quantité de gens se joignirent à lui pour l'aider, et le monstre fut halé à terre et mis à mort.

Ainsi, grâce à la présence d'esprit et à l'habileté de cet homme, le pays fut délivré de cette calamité. Il y a certainement dans le monde peu d'exemples d'un pareil fait.

Dans la province de *Dinh-tuong*, les coutumes sont les mêmes à *Mi-tho* que dans la province de *Phan-yen* (*Gia-dinh*). Quant au huyen de *Kien-dang*, on s'y occupe beaucoup d'agriculture; cependant, bien que dans ce huyen les habitants soient en général de braves et honnêtes gens, il n'y en a pas moins une grande quantité de brigands et de voleurs.

Province
de Dinh-tuong.

---

[1] *Monsieur le dragon*, pour la même raison que nous venons de donner au sujet du tigre. L'éléphant est aussi quelquefois appelé *monsieur*.

8.

Dans le huyen de *Kien-hung*, une moitié du territoire est en rizières, l'autre est plantée de mûriers. Les habitants y sont honnêtes et de très-bonnes mœurs.

Le territoire du huyen de *Kien-hoa* est d'une nature excellente[1]; la terre, très-fertile, y donne un rapport considérable : aussi y voit-on des rizières à perte de vue. Les habitants de ce huyen sont tous agriculteurs. Chaque famille récolte une quantité abondante de riz, et dans chaque maison est un grenier préparé pour le recevoir.

Les habitants de ce huyen, très-attachés depuis longtemps à leurs anciennes coutumes, sont actifs, économes et très-fidèles. Ils ont beaucoup d'amour pour la justice et pratiquent entre eux la plus grande fraternité.

Province de Ha-tien.

Les coutumes de la province de *Ha-tien* sont à peu près les mêmes que celles du reste du pays de *Gia-dinh;* on y voit peu de mandarins retirés; les Cambodgiens y vivent mêlés aux Annamites, qui en général s'occupent tous de commerce. Il y a aussi beaucoup de Chinois et de Malais, qui presque tous sont fixés sur le bord de la mer.

La terre n'a encore rien rapporté, car les hommes ne s'occupent nullement de la cultiver; cela donne aux habitants des coutumes un peu nomades[2].

Cependant on trouve quelques agriculteurs habiles dans leur art sur les territoires de *Long-xuyên* et de *Kieng-giang* (*Rach-gia*). C'est grâce à cela que ces deux territoires, appelés *Dao*, fournissent à la consommation de toute la province, qui achète le riz chez eux. Les habitants de la province de

---

[1] Le territoire de ce huyen, extrêmement vaste, comprenait à cette époque celui de *Tan-hoa*, où se trouve le marché de *Go-cong*, ainsi que le huyen de *Tan-thanh*. Ces deux nouveaux huyens font aujourd'hui partie de la province de *Gia-dinh*. Le sol est d'une fertilité inouïe et de beaucoup le plus riche de la basse Cochinchine. Il est très-peuplé, très-cultivé, et ses habitants sont, en effet, extrêmement attachés à leurs coutumes; ils ne nous sont pas pour cela plus hostiles que le reste des Annamites; seulement ils ressentent plus vivement, à cause de leurs propriétés, dont quelques-unes sont fort considérables, l'absence d'une administration stable et en accord avec leurs habitudes et leurs intérêts.

[2] La culture, quoique peu considérable, a fait beaucoup de progrès depuis l'époque où écrivait l'auteur, notamment sur les bords du *Rach-gia*.

Ha-tien sont très-enclins au luxe, mais ils ont peu de conscience[1].

Les hommes retiennent le chignon de leurs cheveux par un petit peigne et mettent leur turban par-dessus ; ils piquent aussi dans leur chignon une petite épingle de tête, laquelle est ordinairement recourbée et leur sert à se lisser de temps en temps les cheveux et aussi à se gratter la tête.

Ils s'enduisent la barbe avec de la cire parfumée ; ils en mettent aussi sur leurs moustaches, qu'ils allongent et partagent en deux parties tellement horizontales, qu'elles prennent chacune la forme du caractère chinois —[2].

Les femmes portent un habit de dessous ; il est court et les manches en sont très-étroites. Quant à l'habit de dessus, il est plus long et de l'une des couleurs qu'elles affectionnent particulièrement ; ce sont : le bleu de ciel, le ponceau, le bleu indigo, le blanc et le vert.

Lorsqu'elles se coiffent, elles prennent d'abord leurs cheveux, rejetés tous sur le derrière de la tête, dans la main gauche, et les enduisent alors d'huile odoriférante ; ensuite, les retournant sur eux-mêmes avec la même main, elles font un chignon qui retombe assez bas sur la nuque. Des deux côtés de ce chignon, les cheveux tombent en guirlande sur les oreilles, qu'ils recouvrent à moitié [a]. Le sommet du chignon s'échappe du milieu en forme de pointe.

Cette coiffure s'appelle *tan-duong-tran*.

Les femmes portent aussi des bracelets et des boucles d'oreilles ; ces bijoux sont en or ou en perles.

Leur démarche est droite et régulière ; elles ne vont pas se balançant sur leurs hanches ; ou tantôt relevant une épaule, comme les gens de mauvaise éducation. Quand elles

[a] Guirlande semblable à la crête inférieure du coq.

[1] Les Annamites, très-enclins à la corruption, se gâtent rapidement quand ils quittent les travaux des champs, pour lesquels ils sont nés. Le contact avec les commerçants chinois leur est particulièrement funeste.

[2] Ce caractère est indiqué par un trait horizontal (—).

sortent, elles ont constamment un mouchoir assez grand
qu'elles jettent, tantôt sur la tête, tantôt sur une épaule, ou
qu'elles balancent d'une main. Jamais elles n'usent de cha-
peaux; quand elles mâchent du bétel, elles prennent d'abord
une pincée de tabac avec lequel elles frottent leurs dents;
cette sorte de chique est ensuite placée dans le coin de la
bouche. Le tabac a pour but d'augmenter la teinte noire des
dents en leur donnant du brillant[1].

Leurs occupations consistent en broderies et en coutures;
elles font aussi toute espèce de confiseries et de gâteaux.

Ces femmes sont, en général, fort habiles pour ces sortes
de choses.

Au temps de *Mac-cu'u* il y avait à *Ha-tien* une bienheu-
reuse fille, nommée *Tong-suong*[2], âgée d'environ vingt ans.
Elle était si aimable et si bien douée qu'elle était entourée
d'entremetteurs de mariage qui lui proposaient chacun un
époux; mais elle refusait toujours obstinément, disant qu'elle
devait avant tout suivre la doctrine de *Phat*[3], doctrine à
laquelle elle se sentait solidement attachée.

Les parents de cette jeune personne ne comprenaient pas
la répugnance de leur fille pour le mariage; cependant ils
ne la contrariaient point dans sa volonté. Or, il y avait à la
même époque un bonze célèbre nommé *Ngo-chan*. C'était
un religieux d'un ascétisme consommé, suivant exactement
tous les devoirs d'un bouddhiste, et exaltant sans cesse la
gloire de *Phat*[4]. Il ne savait pas d'autres prières, ne voulant
pas s'occuper de livres; jamais il ne mangeait ni viande,
ni poisson, ni riz d'aucunes sortes. Sa nourriture consistait
en un seul repas composé d'herbes, de racines, de melons

---

[1] Cette description très-fidèle du costume et de la démarche des femmes s'applique aujourd'hui à toute la basse Cochinchine. C'est la province de *Ha-tien*
qui seule sur ce point est restée en arrière. Les filles qui ont de nos jours la
plus grande réputation de beauté et d'élégance sont celles de *Sa-dec*.

[2] Rosée.

[3] *Bouddha.*

[4] C'est-à-dire répétant sans cesse les
mots *Nam-o-a-di-da-phat*, qui sont le
Nam-u-o-mi-to-pho des Chinois. Cette
phrase, qui s'adresse à *Amida-Bouddha*,
est presque constamment sur les lèvres
des bonzes.

et de fruits. C'était un homme d'une conduite exemplaire; le peuple l'appelait *le bonze qui ne mange que de l'herbe.*

Passant un jour devant la porte de la jeune *Tong-suong*, il vit un habit de dessous qui appartenait à cette fille et qui était au sec. Il demanda alors la permission d'entrer pour prendre cet habit, afin de s'en servir pour adorer *Phat*. Les parents de la jeune fille s'indignèrent à cette demande et chassèrent le bonze en le maudissant. La jeune fille supplia ses parents de ne pas agir de la sorte; mais le bonze partit alors d'un grand éclat de rire et s'éloigna.

A partir de ce moment, la jeune fille se trouva toute transformée et purifiée; sa bouche ne cessait d'exalter la gloire de *Phat*. Elle renonça définitivement au mariage, se fit raser la tête et devint bonzesse. Elle exprima le désir d'entrer dans le couvent appelé *Maison d'extrême félicité*, lequel était dédié à la grande déesse *Quan-yn*[1]. Ce fut en vain que de toutes parts on voulut s'opposer à cette détermination; toutes les prières furent inutiles, et la jeune fille, inébranlable dans sa volonté, entra dans une maison de bonzesses située sur la montagne *Dai-kim-diu.*

Elle éprouva en ce lieu toutes sortes de biens, et se mit à confectionner une broderie qui représentait la déesse *Quan-yn* de grandeur naturelle; à chaque point qu'elle faisait, elle exaltait la gloire de *Phat*. Elle mit trois mois à accomplir cet ouvrage; la déesse était vraiment vivante sur la broderie : c'était là sa ressemblance exacte, et jamais peintre n'a pu réussir à en faire une semblable.

Il y avait à la même époque dans la province de *Ha-tien* des bonzes qui allèrent à Canton dans la célèbre pagode[2]

---

[1] Très-populaire dans toute la Chine, mais particulièrement à Canton (voir les livres sur la Chine).

[2] Cette magnifique pagode, ou mieux bonzerie, est à Canton dans la partie de la ville appelée *Ho-nan*. Il y a, en effet, dans ce couvent deux ou trois bonzes qui ont des idées assez précises sur le bouddhisme. Le supérieur était, en 1860, un homme très-instruit et très-distingué; mais la plus grande partie de ces religieux ne différaient nullement du reste des bonzes de la Chine, c'est-à-dire que leur ignorance était honteuse.

bouddhique dite *Hoï-tong-tse*, pour y chercher les véritables livres et la véritable doctrine; c'est en effet dans cette pagode que se psalmodient les prières du bouddhisme, qui n'ont reçu aucune altération, et c'est pour cela qu'elle jouit d'une très-grande célébrité.

CHAPITRE V.

Le Sud, qui occupe la place du signe *Li* dans le *Batquaï*[1], est le pays du soleil et de la chaleur. Les habitants de *Gia-dinh*, vivant sur le bord de la mer, assistent constamment au lever du soleil; cet astre leur paraît très-grand : la raison en est due à sa distance peu éloignée des parties méridionales de la terre.

La surface extérieure du soleil est clairement apparente; mais c'est dans l'intérieur du globe que résident la lumière et la splendeur. Lorsque l'on assiste à son lever, l'astre n'est que simplement apparent; il n'est pas encore lumineux, il est semblable encore au principe femelle[2], il n'est pas tout à fait devenu principe mâle (soleil). Cet effet est dû au voile dont le couvrent les vapeurs exhalées par les montagnes, les forêts, les rivières et les sources. Ce sont également ces vapeurs qui augmentent l'apparence de l'astre.

Soleil.

---

[1] Voir la note précédente sur le *Batquaï*.

[2] Nous avons déjà dit que toute la cosmogonie repose sur les deux principes *yin* et *yang*, dont le premier est dit principe femelle et le second principe mâle. Il est inutile d'avertir le lecteur qu'il n'est pas possible de suivre les Chinois dans leur description prétendue scientifique du monde. Il suffit de prévenir qu'ils partent de ce principe que la terre est un cercle plan dont la Chine occupe le centre, et dont la circonférence est une série d'océans. Ainsi les Européens sont nommés par eux : *les hommes de l'océan occidental*.

Climat.
Pluies.

Le climat de *Gia-dinh* est sans cesse brûlant ; les pluies commencent au troisième mois du printemps, elles durent pendant tout l'été et redoublent en automne. Ces pluies tombent le plus fréquemment en averses ; elles ne sont pas constantes et se présentent en général une ou deux fois par jour. Ces pluies sont intermittentes ; il n'arrive jamais qu'il pleuve dix jours de suite sans cesser.

Bien que la pluie se présente dans chacune des quatre saisons[1], il y a cependant un refroidissement sensible pendant l'hiver ; mais ce refroidissement n'est pas stable.

Fleurs.

Les fleurs éclosent et se montrent pendant toute l'année, et leur parfum ne les quitte jamais.

Splendeur
des
pleines lunes.

La splendeur des pleines lunes est constamment semblable dans ce pays aux belles nuits de la fête de la mi-automne[2] ; il n'est donc pas nécessaire d'attendre une pareille époque pour jouir d'un si magnifique spectacle.

Su-che[3] disait : « Les quatre saisons sont un été perpétuel quand il ne pleut pas, et lorsqu'il pleut c'est un automne. » Il disait encore : « Les pays du sud sont un éternel printemps. » Ces paroles peuvent être appliquées à *Gia-dinh*.

L'air est chaud à *Gia-dinh*, le sol humide ; les éléments qui tiennent du feu entrent dans la constitution de ce pays.

Orages.

Les nombreuses vapeurs de la mer donnent, en se combattant, origine aux orages, et c'est de là que proviennent ces violents grains de pluie accompagnée d'éclairs et de tonnerre.

Tonnerre.

Le rivage de la mer est plat et noyé, il ne peut donc apporter aucun obstacle à l'élément du feu ; c'est pour cela

[1] Il est très-rare qu'il pleuve pendant la saison sèche. Le refroidissement dont parle l'auteur a lieu pendant la nuit seulement ; l'absence de pluies rend, au contraire, la chaleur plus difficilement supportable pendant les mois qui correspondent à l'hiver que pendant ceux d'été.

[2] La fête de la *mi-automne* (quinzième jour du huitième mois) se célèbre pendant la nuit, qui, à cette époque de l'année, est généralement fort belle. Mais en basse Cochinchine rien n'est, comme dit l'auteur, si admirable à contempler que la splendeur extraordinaire des clairs de lune.

[3] Poëte chinois.

que le soleil darde de ses rayons embrasés, et lorsque ces rayons viennent à rencontrer l'élément obscur (*yin*), il en résulte ces bouleversements qui donnent lieu à l'éclat de la foudre. Si la foudre, dans sa course, vient à rencontrer un monticule ou un arbre, ou tout autre objet élevé, elle brise ces obstacles. Il arrive même quelquefois qu'un animal et même un homme sont terrassés et tués de la sorte. Le tonnerre est plus commun[1] en hiver qu'en toute autre saison.

Gia-dinh étant placé sous le signe *Li* du *Bat-quaï*, le principe femelle[2] est bien moins représenté que le principe mâle.

La pluie et le vent sont très-communs en ce pays.

Lorsque le soleil passe dans le sud, c'est de ce côté que vient le vent, et cela donne lieu à de violentes bourrasques; cependant les ravages commis par les cyclones sont inconnus dans ce pays.

Le cyclone est une sorte de vent qui souffle successivement des quatre côtés de l'horizon : lorsqu'il commence au nord-est, il passe par le nord en allant vers l'ouest; s'il commence au contraire au nord-ouest, il va vers l'est en passant également par le nord, et dans les deux cas il tombe et se calme quand il est parvenu jusqu'au sud. Or le vent général de *Gia-dinh*[3] étant du sud à l'époque des cyclones, ceux-ci sont entraînés à passer aussi au sud, et c'est pour cela que cette sorte de tourbillon est inconnu dans les provinces du pays de *Gia-dinh*.

Les montagnes et cours d'eau de *Gia-dinh* correspondent et communiquent entre eux; la violence du vent, en frappant sur ces cours d'eau, en disperse les miasmes ou plutôt les empêche de s'accumuler.

---

[1] Nous ne savons si l'auteur entend par là que le tonnerre est plus dangereux pendant les rares grains d'hiver. Ce qu'il y a de certain, c'est qu'il tonne bien plus souvent pendant les mois d'été.

[2] Dans le signe *Li* du *Bat-quaï* sont trois lignes horizontales dont deux représentent l'élément mâle et une seule l'élément femelle.

[3] Pendant la mousson de sud-ouest. Il est très-vrai que les cyclones n'atteignent pas la latitude de Saï-gon (10° 46′ 40″) et ne descendent pas en général au-dessous du 16° degré de latitude nord.

Glace. La glace et la neige sont inconnues en dehors du mont *Ngu-lin.*

Rosée. C'est la rosée qui correspond au plus pur des éléments, qui est l'or ; mais le feu qui domine dans les contrées du sud y rend cet élément *or* très-rare. C'est la chaleur extrême de l'automne qui met obstacle à la génération de l'élément *or*, et c'est là la cause de la rareté de la rosée ; cette rareté, à son tour, empêche la production de toute sorte de gelée blanche ; cependant, lorsque, pendant l'hiver, quelques arbres se dépouillent de leurs feuilles, on aperçoit sur le sol de légères traces de cette gelée.

Ce sont les montagnes et les cours d'eau qui donnent naissance aux vapeurs. Ces vapeurs se condensent en nuages et les nuages se terminent en pluie.

Nuages. Lorsque les nuages se sont formés au sein des montagnes, ils sont sombres et obscurs ; quand leur origine est la mer, ce sont de grandes averses qu'ils produisent.

Les nuages de *Gia-dinh* sont fortement colorés en rouge : cela tient au signe *Li*, signe du feu, sous lequel est placée cette contrée.

Il y a aussi des nuages qui s'élèvent de terre, mais ceŭx-là sont d'un noir foncé et donnent lieu à une obscurité considérable.

Ces nuages et brouillards atteignent quelquefois en largeur la distance d'un ou deux *lis*[1].

Trombes. Tantôt par leurs nuances claires et obscures, ils affectent la forme d'une tête ou d'une queue de dragon : alors la puissance aspirante du vent a sur l'eau des effets tels, que le niveau baisse beaucoup sur les grands fleuves, pendant que les petits cours demeurent à sec ; c'est dans des circonstances pareilles que sont renversés des arbres et même des

---

[1] Le *li* est environ le dixième de notre lieue. Les Annamites le nomment vulgairement *diam*, mais bien peu ont une idée de sa longueur. En général, dans les villages, le *diam* est représenté par la distance suffisante pour qu'un buffle n'ait plus que la grandeur apparente d'une chèvre.

maisons. Des tourbillons impétueux de vent et de pluie vont et viennent en s'élevant dans les airs, l'eau tombe à torrents, et c'est à cette occasion que le peuple a la coutume de dire que *le dragon a rencontré l'eau.* Cependant ce phénomène est rare, et peu d'hommes y ont assisté.

L'eau est à la terre ce que le sang est dans les veines de l'homme; elle a comme des alternatives de respiration et d'aspiration pendant lesquelles elle avance ou se retire. On a donné le nom de *marée du matin* au phénomène qui se produit en ce moment de la journée, et celui de *marée du soir* au même phénomène quand il a lieu de nuit; mais ce sont là deux choses qui ont même origine et sont plus généralement connues sous le nom commun de *marée* (*triu*).

Marées.

Les marées correspondent au mouvement de la lune et sont soumises aux phases de cet astre.

Le principe mâle et le principe femelle de la nature suivent, en cette occasion, des règles tellement déterminées, et dont l'époque est si bien prévue, que le phénomène qui nous occupe est nommé, à cause de cela, *marée certaine.*

L'expérience a prouvé que le vent se lève lorsque la marée marche vers son maximum; le vent tombe en général quand la marée est étale.

Deux ou trois jours après le premier ou le quinzième jour de la lune, lorsque la marée commence à monter, on peut certainement s'attendre à beaucoup de vent.

Deux ou trois jours, au contraire, après le premier ou le deuxième quartier, le vent est certainement faible lorsque la marée commence à descendre.

Ainsi donc le vent est comme la mère de l'eau; on peut dire que l'eau est engendrée par lui.

Les marées de *Gia-dinh* sont différentes de celles des autres pays.

Il y a chaque mois deux ou trois jours pendant lesquels il n'y a de marée ni le matin ni le soir; pendant l'hiver, cela va même jusqu'à trois ou quatre jours par mois.

Les plus hautes marées se montrent pendant le huitième et le neuvième mois.

Pendant l'été, les plus hautes marées sont des marées de jour; c'est le contraire pendant l'hiver, où elles s'élèvent davantage pendant la nuit.

Les marées commencent à augmenter vers le vingt-cinquième ou vingt-sixième jour du mois; elles augmentent ainsi jusqu'au premier jour du mois suivant, et atteignent leur maximum le troisième jour de ce mois, pour aller dès lors en décroissant. Leur mouvement ascensionnel recommence vers le onzième ou le douzième jour, continue jusqu'au quinzième, et atteint son maximum le dix-huitième jour, pour diminuer à partir de cette époque.

En résumé, les marées sont clairement soumises aux phases de la pleine et de la nouvelle lune.

On a l'habitude de dire que l'eau commence lorsque la marée monte (tête de l'eau). C'est pourquoi les expressions annamites suivantes sont en usage : *dâu-con-nuoc* (tête de l'eau qui monte)[1]; *nuoc-rong* (pleine marée).

Lorsque la marée descend, on dit que l'eau finit, ou bien *queue de l'eau;* de là les expressions populaires : *duôi-con-nuoc* (queue de l'eau qui s'en va); *nuoc-kem* (basse marée).

La pêche est également soumise aux mouvements alternatifs des marées, et l'art du pêcheur consiste à savoir profiter de ces diverses époques. Le poisson est nombreux lorsque la mer monte, il devient rare quand la marée descend.

Les marées sont encore soumises à l'influence des saisons de l'été et de l'automne.

Il arrive à ces époques que la marée du matin ne descend pas encore pendant que celle de l'après-midi commence à monter. Il résulte de cette rencontre de mouvements en sens contraire un choc qui doit être attribué à

---

[1] On dit plus vulgairement *nuoc-lo'n* et *nuoc-rong* pour pleine mer, et *nuoc-xuông* pour mer basse, c'est-à-dire *eau grande* et *eau qui descend.*

l'influence des vents régnants. Ces vents, qui sont ordinairement de la partie de l'est, s'opposent au retrait de l'eau, et la marée atteint dans ces circonstances une hauteur excessive et inusitée : c'est ce que l'on nomme vulgairement *nuoc-uong* (eau très-haute). Ces sortes de marées, dites *extraordinaires*, ne doivent pas être confondues avec les régulières que nous avons nommées marées *certaines*.

L'eau ainsi tourmentée par ces marées extraordinaires ne peut plus suivre les lois régulièrement assignées à chaque saison.

Les eaux de *Gia-dinh* sont extrêmement divisées et s'écoulent vers la mer par de nombreuses embouchures ; cela permet à la mer montante de pénétrer avec une grande facilité, et c'est à cela qu'il faut attribuer la rapidité de la marée, comme sa hauteur, qui souvent fait déborder les eaux sur le sol et l'imprègne d'une grande humidité.

Cependant si la marée monte vite, elle ne descend pas avec moins de rapidité, et cela est dû à la conformation des terres, qui s'élèvent dans le nord-ouest pendant qu'elles s'abaissent très-sensiblement dans la direction du sud-est. L'eau suivant en conséquence la déclivité du terrain s'écoule très-rapidement dans l'est, et c'est à cela qu'il faut attribuer les grandes différences de marées. On a reconnu à la suite de plusieurs mesures que dans la rivière de Saï-gon l'eau atteint devant la ville une hauteur de 13 pieds[1].

Le principe mâle fait rayonner et pénétrer partout la chaleur dont il est la source, pendant que les vapeurs produites par l'humidité du principe femelle s'élèvent continuellement dans les airs. Cette diffusion du principe mâle a pour effet de faire pénétrer des éléments amers qui se fixent dans la partie supérieure et parmi les fibres de chair

----

[1] Ce renseignement n'a aucune signification ; il faut le considérer simplement comme la traduction littérale. Nous pensons que l'auteur veut indiquer de la sorte la quantité d'eau qui se trouve à marée haute à l'entrée de l'arroyo chinois. Les observations faites depuis notre occupation ont donné 4ᵐ,o5 de marnage.

du corps des hommes; cela donne lieu à d'abondantes sueurs. Il résulte également de cette chaleur interne que, pendant l'été, les habitants font un grand abus de boissons froides : aussi sont-ils sujets à de fréquentes et graves maladies pendant les saisons d'automne et d'hiver. Ces maladies ont pour origine le refroidissement éprouvé par l'estomac, car l'estomac de l'homme est soumis à l'élément terre[1]. Cet élément est non-seulement en relation avec l'estomac, mais il est aussi le régulateur de la sincérité.

Ce sont là les causes générales de ces maladies communes aux saisons d'automne et d'hiver[2].

Insalubrité du climat. Les effets dont nous venons de parler, effets produits par les émanations des principes mâle et femelle, rendent malsain le climat de *Gia-dinh*. On voit en ce pays, dans le courant de l'année, le vent, la pluie, le chaud et le froid se succéder subitement, et pour ainsi dire sans aucune règle. Cela rend fort dangereux les effets du vent (de l'air), et les miasmes malsains qui s'introduisent dans les fibres du corps humain font naître et facilitent toutes sortes de maux. C'est toujours, en ce pays, le vent (l'air) qui est la cause première des maladies[3].

---

[1] On a vu plus haut qu'il a été question de l'élément or; il s'agit maintenant de l'élément terre. Les Chinois pensent que l'univers est composé de cinq éléments, qui sont : l'or, le bois, l'eau, le feu et la terre. Le corps humain se compose, à son tour, de cinq viscères qui correspondent chacun à un élément; et enfin cinq affections de l'âme ont leur résidence dans l'un de ces viscères et doivent par conséquent leur origine à l'élément qui y correspond. Voici le tableau de ce système : 1° à l'or, les poumons et la droiture; 2° au bois, le foie et l'humanité; 3° à l'eau, les reins et la sagesse; 4° au feu, le cœur et l'intelligence; 5° à la terre, l'estomac et la sincérité.

[2] L'auteur cherche ici une explication aux maladies nombreuses qui se montrent chaque année chez les Annamites pendant les mois de janvier et février. Ces maladies, qui sont presque toutes, à cette époque, cholériformes, doivent être surtout attribuées à l'insuffisance de vêtements capables de résister à la température, qui baisse alors sensiblement pendant la nuit. Les Annamites qui vivent avec nous apprécient très-rapidement l'énorme bienfait d'une simple couverture de laine qui sauve la vie à beaucoup d'entre eux. Le climat de la basse Cochinchine n'est point foncièrement malsain; il réclame uniquement des soins hygiéniques dont les plus simples sont entièrement inconnus de la population indigène.

[3] Les Annamites attribuent avec raison presque toutes leurs maladies à l'air ou au vent, et cela corrobore ce que nous venons de dire. Ils feraient mieux d'en chercher la cause dans la manière dont

Si cette mauvaise influence de l'air pénètre plus profon- Lèpre.
dément dans le corps, elle devient l'origine de la maladie
nommée *lèpre*[1], qui ne peut donc être attribuée uniquement
qu'au climat.

C'est là une horrible maladie, et il est bon d'en connaître
la cause.

Les montagnes sont comme les os de la terre; l'eau en Montagnes
et
cours d'eau.
est le sang. Les entrailles de la terre, pareilles à celles de
l'homme, conçoivent en elles-mêmes, et puis, le jour venu,
elles produisent. Ainsi, de même qu'en certains lieux du
monde se trouvent des héros, des sages, des fidèles sujets
et des femmes vertueuses, de même la terre en certains
endroits nous donne ses pierres précieuses et toutes ses
richesses variées, dont la succession ne s'arrête jamais.

Il y a tel lieu riche en montagnes, tel lieu qui en est
dépourvu; ces montagnes ont pour la plupart changé en
un nom nouveau celui qu'elles avaient autrefois.

Ces noms varient selon les temps et les lieux; ils dépendent soit de l'idée que les hommes attachent à la montagne qu'il s'agit de nommer, soit simplement du génie de
leur langue.

Quân-tu[2] dit qu'il y a dans le monde cinq mille trois cent
soixante et dix montagnes remarquables.

Hoai-nam-tu dit que la montagne précédemment nommée
Nam-co s'appelle maintenant *Tu-môn*.

Le livre *Xu'-ki* dit qu'il y a huit principales montagnes :
trois à l'extérieur et cinq dans l'empire du Milieu.

Le livre *Thap-châu* prétend que le géographe *Thich-thi*
affirme que sur le sommet du mont *Tu-di* il y a quatre pics

---

ils sont vêtus, dans un pays où les changements de température sont quelquefois
subits, surtout dans la saison des grains :
de là pour eux des bronchites aiguës qui
en font périr un grand nombre, des diar-
rhées, des fièvres, etc.

[1] La lèpre n'est pas très-commune en
Cochinchine; mais ce qui abonde, ce sont
d'horribles ulcères très-longs à guérir et
entretenus par la saleté incroyable de
ceux qui en sont atteints.

[2] Tous ces noms propres sont chinois;
ils désignent soit des auteurs, soit des
ouvrages de géographie.

élevés chacun de 700 *nhon*[1], et que chacun de ces pics occupe l'un des points cardinaux. Le pic du sud se nomme *Diem-phu-dê.*

La géographie *Ti-li* dit que le mont *Thai-tho*[2] est le plus élevé de tous les monts et qu'il est habité par un dragon.

Le livre *Nguyen-trang* nous apprend que l'eau est le plus considérable et le principal élément de l'univers. Le ciel flotte au-dessus de l'eau, et la terre est supportée par elle. L'eau se trouve partout, aussi bien sur les terrains élevés que sur les plus bas; l'eau enfin arrose et baigne la nature entière.

Le livre *Viet-lun* prétend que l'eau est l'origine du ciel et de la terre : c'est elle qui les a constitués tous deux ; c'est elle aussi qui est l'origine de tout élément; d'elle ont été formés le soleil et la lune, ainsi que les étoiles. Tout enfin provient de l'eau, et les neuf principaux royaumes lui doivent leur formation.

On voit d'après tout cela, quand on étudie les livres, que les montagnes ainsi que l'eau sont très-répandues dans le monde.

Les hommes de l'antiquité se sont bornés à des divisions très-restreintes, parce qu'ils ont laissé de côté ce qui ne leur a pas paru assez considérable pour être classé. Ils ont seulement donné des noms et des prénoms aux plus hautes montagnes, afin que chacun pût savoir en quel lieu du monde elles se trouvent.

Ainsi l'on ne voit dans leur classification que de grandes montagnes ou d'imposants cours d'eau, qu'ils considéraient comme les ancêtres des montagnes et des rivières plus petites, lesquelles se divisent et se subdivisent en ramifications semblables aux enfants et aux arrière-petits-neveux. Plus tard ces subdivisions reçurent à leur tour des noms donnés par leurs habitants, et il ne faut jamais s'obstiner à chercher

---

[1] Le *nhon* vaut 8 pieds (environ 2ᵐ,50). — [2] Grand ancêtre.

l'origine de tel ou tel nom; nous devons les employer uniquement parce qu'ils ont été adoptés par ceux qui nous ont précédés, sans vouloir en rechercher l'étymologie[1].

[1] Cette règle est très-sage; il serait, du reste, impossible de ne pas l'appliquer aux appellations nombreuses des cours d'eau et des montagnes de la basse Cochinchine.

APPENDICE.

1758. On a vu dans le premier chapitre que l'an *Dinh-su'u*, la couronne du Cambodge passa sur la tête de *Neac-tôn*. *Neac-non* s'enfuit alors à Siam auprès du roi *Phya-tan*[1], qui en-

1770. voya, treize ans après, l'an *Ki-su'u*, une armée siamoise pour aider *Neac-non* dans son entreprise contre le Cambodge. Celui-ci, parvenu au phu de *Lo-go*, se livra à quelques actes de brigandage, et ne pouvant pousser plus avant, il rentra à Siam.

1772. L'an *Tan-mâu*, deux ans après, l'armée siamoise marcha sur *Nam-vang* et s'empara de plus de dix mille personnes; mais une épidémie se mit à sévir d'une si cruelle façon, que l'entreprise de Siam fut nulle.

1776. L'an *At-vi*, quatre ans après, le roi du Cambodge, *Neac-ong-tôn*, abdiqua en faveur de son frère *Neac-ong-van*, qui devint de la sorte premier roi; *Neac-tôn* garda pour lui la place de deuxième roi; le troisième roi fut *Neac-ong-tham*.

1777. L'an *Binh-than*, le premier roi, *Neac-ong-van*, refusa de se reconnaître vassal de l'empereur d'Annam, qui donna l'ordre au gouverneur général *Tuân* de marcher contre le roi rebelle. Cependant l'an *Dinh-diau*, un an après, la guerre civile éclata dans le Cambodge; le troisième roi, *Neac-ong-*

---

[1] Le royaume de Siam entreprenait pour la première fois à cette époque une sérieuse tentative contre le Cambodge, et ce fut l'origine de ses querelles avec le gouvernement de l'empire d'Annam, qui depuis cent ans déjà possédait une notable partie de ce royaume du Cambodge, habitué à se considérer comme vassal de la cour de Hué, qui envoyait l'investiture à ses rois.

tham, fut mis à mort, et quant à *Neac-ong-tôn*, il mourut de maladie.

L'an *Mâu-tuât*, le roi de Siam, *Phya-tan*, donna l'ordre aux généraux *Phya-chat-tri* et *Phya-so-si* de se mettre à la tête de dix mille soldats de Siam et de dix mille auxiliaires du Cambodge, pour s'emparer de ce dernier royaume. 1779.

L'armée d'invasion fut divisée en deux colonnes : celle de terre et celle de mer. Elle s'empara de *Xuong-tinh*, de *Lao-khong*, de *Ba-tac*, et parvint jusqu'à *Vien-chan-lao*. Tout le monde se soumit sur son passage; mais le royaume du Cambodge fut épuisé au point que le peuple, réduit à l'indigence et à la misère, fut contraint de se disperser.

L'an *Ki-ho'i*, le roi *Neac-ong-van* mena si mal les affaires du royaume, que le mandarin cambodgien *Mo* et ses frères, qui demeuraient au phu de *Phong-xui*, d'accord avec le mandarin *Vi-bon-sô*, qui habitait au phu de *La-bit*, demandèrent à l'armée de *Gia-dinh* d'exterminer ce mauvais roi, ce qui fut fait. Le fils de *Neac-tôn*, nommé *Neac-in*, monta sur le trône; mais, comme c'était un enfant âgé seulement de huit ans, le mandarin *Mo* fut nommé régent du royaume. 1780.

L'an *Tan-su'u*, le roi de Siam, *Phya-tan*, mit sur pied une armée composée de trois corps. 1782.

Le fils du roi, nommé *Chiêu-noi*, attaqua le phu de *La-bit* à la tête du premier corps d'armée; le général *Phya-chat-tri*, à la tête du second, marcha sur *Lo-go*, et enfin *Phya-so-si* attaqua la route de *Phong-xui* avec le troisième corps.

Les Cambodgiens implorèrent aussitôt les secours de l'armée annamite.

Le gouvernement d'Annam donna l'ordre au grand mandarin *Toai* de se rendre dans le Cambodge, et l'an *Nham-diân*, au troisième mois, la paix fut conclue entre ce mandarin et le général en chef de Siam. Les frontières de Siam et du Cambodge furent déterminées[1]. 1783.

---

[1] Ces frontières ne tardèrent pas à être violées par Siam, qui entreprit à son tour la conquête des belles provinces du Cambodge situées dans l'ouest du grand lac.

1784.   L'an *Qui-mâu*, l'ancien sujet et serviteur du roi *Neac-ong-van*, le mandarin *Nham-rach-bien*, revint de Siam et donna la mort aux mandarins *Mo* et *Tam-dich-sô*, qui tous deux avaient participé au meurtre de son maître. *Nham-rach-bien* prit alors la dignité de haut mandarin (*chiêu-toa*) à la place dé *Mo*.

Il y eut.la même année une révolte fomentée par le Malais *Toan-liet-chiêu-vi-lut*, et cela mit le roi du Cambodge, *Neac-ong-in*, et son premier ministre, *Bien*, dans la nécessité de se sauver à Siam. Le roi de Siam, considérant que le prince *Neac-ong-in* était encore trop jeune pour régner, le garda à Siam pour l'élever, et donna à son ministre *Bien* le titre d'*Aphi-phobiet*[1], pour gouverner le Cambodge pendant la minorité de son roi.

1785.   L'an *Giap-thin*, le mandarin cambodgien nommé *Luyen* attaqua et mit à mort le rebelle malais *Toan-liet*, tandis que l'armée de ce rebelle était complétement mise en déroute par les soldats de Siam[2].

Le 27ᵉ jour du 5ᵉ mois de la même année (1785), le roi de Siam fit retourner au Cambodge le jeune roi *Neac-ong-in* et lui donna pour régent le mandarin *Thang*. Quant au mandarin ministre *Bien*, il fut placé au gouvernement de *Battam-bong*[3].

1786.   L'an *At-ti*, le général des *Tay-so'n*, nommé *Trân*, marcha avec ses rebelles sur *Nam-vang*[4].

1797.   L'an *Binh-thin*, le roi *Neac-ong-in* mourut, et son fils *Neac-ong-chan* lui succéda.

---

[1] Nous devons prévenir que les mots appartenant aux langues autres que la chinoise et l'annamite sont très-défigurés par l'emploi des caractères, dont les phonétiques diffèrent considérablement des langues malaise, cambodgienne ou siamoise.

[2] Les Malais ont à plusieurs reprises porté beaucoup de troubles dans le Cambodge. On y voit aujourd'hui des villages malais assez considérables, dont les habitants s'occupent de commerce et surtout de pêche.

[3] La province de *Battam-bong*, l'une de celles qui dans le royaume du Cambodge sont devenues la proie de Siam, occupe un riche territoire à l'extrémité occidentale du grand lac.

[4] Voir l'histoire de la révolte des *Tay-so'n*.

Cependant le royaume du Cambodge était depuis long-temps tributaire de l'empire d'Annam, et il était aussi par-faitement soumis lorsqu'éclata la révolte des *Tay-so'n*, pendant laquelle ce royaume eut beaucoup à souffrir, sans qu'il fût possible aux Annamites de lui porter secours[1].

L'an *Tan-diau*, l'empereur *Gia-long* put enfin reprendre la capitale de l'empire. 1801 à 1802.

L'an *Nham-tuât*, la rébellion fut apaisée partout. Cette même année, *Neac-ong-chan* envoya un ambassadeur auprès de l'empereur *Gia-long* pour lui demander l'investiture du royaume du Cambodge. 1802 à 1803.

Il parut un édit au deuxième jour du neuvième mois qui accompagnait les lettres royales accordées à *Neac-ong-chan*. Les deux hauts mandarins annamites nommés *Tinh* et *Huyen*, le premier avec le titre de premier envoyé et le second avec celui de deuxième envoyé, se rendirent au Cambodge avec mission de remettre au nouveau roi son diplôme royal ainsi que son cachet. L'investiture ayant eu lieu, le tribut fut réglé et déterminé. Il commença à être donné l'an *Dinh-mâu* (1807), cinq ans après, et il fut convenu qu'il ne serait apporté qu'une fois en quatre ans[2].

Le tribut fut réglé de la manière suivante : Tribut.

Deux éléphants mâles, hauts chacun de cinq pieds;

Deux cornes de rhinocéros;

Deux défenses d'éléphant;

Cinquante livres de cardamome[a];

[a] Les objets comptés en livres doivent être augmentés de cinq livres en plus, qui sont par-dessus le marché.

[1] C'est-à-dire que Siam profita de cette révolte pour démembrer le Cambodge, sans que le gouvernement de Hué pût y mettre aucun obstacle.

[2] Le bouleversement apporté par les *Tay-so'n* fut tel, que le roi *Gia-long* dut reconquérir entièrement son royaume. Il dut également rétablir très-solennelle-ment son droit de suzeraineté sur le Cambodge. Les dispositions prises à ce sujet par *Gia-long* n'ont pas changé jusqu'à notre arrivée en Cochinchine; elles doi-vent donc être prises pour base des rela-tions qui existent entre les deux pays.

Cinquante livres de *sa–nhon*[1] ;

Cinquante livres de cire jaune ;

Cinquante livres de bois de teinture[2] ;

Cinquante livres de terre jaune (tinctoriale) ;

Vingt caisses, de cinquante livres chacune, de peinture noire faite avec la gomme dite *so'n–den*.

Ce tribut doit être apporté par un premier et un deuxième envoyé et par deux interprètes suivis de six soldats : dix personnes en tout.

A l'époque où le tribut doit être perçu, il faut en donner d'abord avis par une dépêche officielle. Vers le 4ᵉ mois de l'année, l'ambassade cambodgienne arrive à *Saï-gon* avec le tribut, qu'elle remet aux hauts mandarins annamites. Ceux-ci, après l'avoir examiné, déclarent s'il est convenable et conforme à ce qui a été prescrit. On députe alors un envoyé annamite chargé de conduire les Cambodgiens et leur tribut jusqu'à la capitale, où ils vont saluer l'empereur. C'est le tribunal des rites qui est chargé de les recevoir et de les défrayer en réglant les dépenses qu'entraîne cette ambassade.

1808. L'an *Mau-thin*, 7ᵉ année de *Gia-long*[(a)], le 12ᵉ jour du 1ᵉʳ mois, au printemps, l'appellation de *Gia-dinh-trân*[3] fut changée en celle de *Gia-dinh-thanh*, citadelle de *Gia-dinh*.

L'empereur désigna comme vice-roi du *Nam-ki* (basse Cochinchine) le mandarin *Nho'n*, et le président du tribunal des finances, *Trang-hoï-duc*[4], fut nommé lieutenant du vice-roi. Il fut remis à chacun d'eux un cachet officiel, avec le droit de l'apposer en rouge cramoisi[5].

(ª) Dynastie des *Tsing* : *Kia-king*, 13ᵉ année.

[1] *Amomum hirsutum*, graine médicinale très-estimée en Chine et en Cochinchine ; on la récolte au Cambodge, où elle se nomme *Cro-coh*. Elle croît surtout dans les provinces d'*Ancor* et de *Battam-bong*.

[2] Le *cæsalpinia sappan*.

[3] Le mot *trân* était employé autrefois pour désigner une province et plus particulièrement le chef-lieu de la province.

Thanh veut dire uniquement citadelle ou ville fortifiée ; quand il s'agit du territoire entier de la province, on emploie le mot *tinh*.

[4] L'auteur de ce livre.

[5] Il existe une sorte de rouge exclusivement employé pour les caractères tracés par le roi et pour les cachets des hauts mandarins.

La citadelle de *Gia-dinh* fut établie dans le phu de *Tan-binh*, huyen de *Binh-duong*.

L'an *Canh-ngo*, 9ᵉ année de *Gia-long* [a], au 10ᵉ mois, pendant l'hiver, l'empereur envoya le général *Phong*, ainsi que le *quan-an*[1] de la province de *Dinh-tuong*, nommé *Minh*, veiller à la frontière et à la surveillance de la forteresse établie sur l'île de *Tang-châu*[2] (*Cu-lao-gien*).

Peu de temps auparavant, le roi de Siam avait fait conduire au Cambodge les frères du roi *Neac-ong-chan*, nommés *Neac-nguyen*, *Neac-iem* et *Neac-duong*, en prescrivant au roi de diviser le territoire, afin de nommer *Neac-nguyen* deuxième roi et *Neac-iem* troisième roi; mais le roi *Neac-chan* refusa absolument de se soumettre à cet ordre.

La huitième année du règne de *Gia-long*, au 8ᵉ mois, le roi de Siam envoya une dépêche au Cambodge pour faire savoir que le royaume de Siam ayant la guerre avec le pays de *Dien-dien* [b] [3], et les hostilités étant engagées sur le territoire de *Xa-lang*, il demandait un secours de 10,000 auxiliaires cambodgiens.

Une avant-garde de 3,000 hommes devait se rendre par mer, et à la disposition du roi de Siam, dans la ville de *Vong-ca* [c], qui est la résidence de ce prince.

Les troupes cambodgiennes n'étant pas encore parties le 13ᵉ jour de ce 8ᵉ mois, les deux mandarins *Cao-la-ammang* et *Gia-tri-bien*, tous deux placés par le roi de Siam comme grands conseillers du roi du Cambodge, fomentèrent la rébellion et voulurent mettre à mort le roi *Neac-ong-chan*. Un

[a] Dynastie des *Tsing* : *Kia-king*, 15ᵉ année.
[b] Vulgairement nommés *O-tôn* ou bien encore *Phu-ma*.
[c] Vulgairement appelée *Bang-kok*.

[1] Chef de la justice.
[2] Cette île, située dans le fleuve antérieur, était le siége d'un poste servant à surveiller le Cambodge et surtout Siam.

[3] Les Birmans, surnommés *O-tôn*, ventres noirs, à cause qu'ils sont dans l'habitude de se tatouer cette partie du corps.

troisième conjuré, nommé *Dédo-minh*, porta en même temps la révolte dans le phu de *Phong-xui*. Le mandarin cambodgien *Bien* établit de son côté une forteresse à *Battam-bong*, avec l'intention de se révolter aussi contre le roi *Neac-ong-chan*. Ce fut dans ces circonstances que le gouvernement d'Annam envoya au secours de ce roi les deux mandarins *Phong* et *Minh*.

Au 8ᵉ jour du 11ᵉ mois, pendant l'hiver, l'empereur désigna le vice-roi *Nho'n* comme son envoyé impérial dans le Cambodge. Ce haut mandarin chargé de la protection de ce royaume s'y rendit à la tête d'une nombreuse armée.

A la même époque, les trois généraux siamois *Phya-phong-mang*[1], *Phya-natral* et *Phya-balac-an-golac* entrèrent avec un grand nombre de soldats dans la province de *Battam-bong*. Le roi *Neac-ong-chan* implora alors les secours de l'armée annamite. Le général en chef et vice-roi *Nho'n* se rendit donc le 7ᵉ jour du 12ᵉ mois à *La-bit*, où le roi avait fixé sa résidence. Ce général ayant pris ses dispositions pour marcher sur l'armée siamoise, celle-ci n'osa pas quitter ses retranchements.

Le 14ᵉ jour du 1ᵉʳ mois de la 10ᵉ année de *Gia-long*, le général en chef *Nho'n* revint avec ses troupes à la citadelle de *Gia-dinh*.

1811.   L'an *Tan-vi*, 10ᵉ année de *Gia-long* [a], au 12ᵉ mois, pendant l'hiver, et au 16ᵉ jour, le prince *Neac-ong-nguyen* s'enfuit dans le phu de *Vo-sac*[2]. Il fut suivi dans sa fuite par de nombreux mandarins et par beaucoup d'autres personnes qui s'étaient compromises dans les révoltes. Le roi *Neac-ong-chan* envoya alors le mandarin *Rach-i-gia-tien* auprès du prince fugitif pour l'engager à revenir; mais celui-

[a] Dynastie des *Tsing* : *Kia-king*, 16ᵉ année.

[1] Le mot *Phya* est, à Siam, la marque d'une haute dignité

[2] Contigu à la province de *Battam-bong*.

ci ne voulut pas se conformer aux ordres du roi, et, s'étant emparé de la personne de l'envoyé *Gia-tien*, il fit des préparatifs de guerre et exigea du roi *Neac-ong-chan* les trois phus de *Ca-go*, de *Phu-lung* et de *Phu-noi*; le roi, très-effrayé de ces demandes, en informa le vice-roi de *Gia-dinh*, qui donna aussitôt l'ordre au général *Toai*, de la province de *Mi-tho*, de se rendre à *La-bit* à la tête de 500 hommes.

Le général *Toai* annonça ouvertement qu'il allait avec ses hommes simplement chercher du bois dans les forêts; mais son but secret était de venir en aide au Cambodge.

En même temps, de son côté, le roi de Siam envoyait comme généralissime le mandarin *Phya-nham-balac* et comme général en sous-ordre *Phya-thai-nam*; ces généraux et leur armée se rendirent à Battam-bong. La force représentée par ces troupes était extrêmement imposante.

L'an *Nham-tan*, 11ᶜ année de *Gia-long* [a], pendant le printemps, et le 24ᶜ jour du 3ᶜ mois, le général en chef *Phya-nham-balac* divisa ses troupes en deux corps d'armée, celui de terre et celui de mer, et marcha sur *La-bit*. 1812.

Le général annamite *Toai* s'opposa à cette marche de l'armée siamoise et l'empêcha de s'emparer de ce point.

Le 28ᶜ jour du même mois, le roi *Neac-ong-chan* s'embarqua avec toute sa famille dans des jonques; il réunit également auprès de lui tous ses ministres, et avec eux il descendit à la forteresse de *Tang-châu* (*Cu-lao-gien*), se réfugiant ainsi chez les Annamites. Ses deux frères *Neac-iem* et *Neac-duong* allèrent pendant la nuit faire leur soumission à l'armée siamoise.

Le roi *Neac-ong-chan* rencontra dans sa fuite des soldats annamites qui le reçurent et l'escortèrent jusqu'à la citadelle de *Gia-dinh*.

Le général *Toai* fut dès lors préposé à la garde du fort d'*Oai-vien*; le général *Diung* resta en garnison à *Lu'-iem*,

____

[a] Dynastie des *Tsing* : *Kia-king*, 17ᶜ année.

et le gouverneur de la province de *Vinh-thanh* [1], nommé *Tuong*, fut chargé de la défense de *Châu-dôc* [2].

Quant à l'armée siamoise, elle resta à *Oudon* [3], où elle mit sous le séquestre les greniers, approvisionnements et munitions de la citadelle, empêchant que rien ne fût détruit ni pillé, et elle n'entreprit aucune autre opération.

Le 15ᵉ jour du 4ᵉ mois, le roi *Neac-ong-chan* établit sa demeure dans l'est de la citadelle de *Gia-dinh*, sur les bords de la rivière de *Saï-gon*. Sa famille, ainsi que les gens de sa suite, mandarins, soldats, femmes et enfants, reçut du gouvernement annamite un traitement et des rations proportionnées à leur position.

1813.
L'an *Qui-diau*, 12ᵉ année de *Gia-long* [a], au printemps, et le 15ᵉ jour du 1ᵉʳ mois, deux envoyés du roi de Siam, nommés l'un *Phya-maca-amac* et l'autre *Phya-lac-do-la-sa-long-thu'*, arrivèrent à la citadelle de *Gia-dinh*, porteurs d'une lettre de leur roi; ces envoyés continuèrent leur route par la voie des *trams* [4] jusqu'à *Hué*, pour saluer l'empereur et lui remettre cette lettre royale.

Cette lettre exposait que le roi *Neac-ong-chan* était le vrai frère de père et de mère de *Neac-ong-nguyen*, qu'il n'était donc pas possible qu'ils demeurassent ennemis l'un de l'autre. *Neac-ong-nguyen* s'était enfui dans le phu de *Vo-sac* uniquement pour mettre sa personne à l'abri; *Neac-ong-chan* ayant envoyé des soldats pour s'emparer sur-le-

[a] Dynastie des *Tsing* : *Kia-king*, 18ᵉ année.

---

[1] Formant aujourd'hui celles de *Vinh-long* et d'*An-giang*.

[2] *Châu-dôc* est devenue plus tard le chef-lieu de la province d'*An-giang*.

[3] Capitale du Cambodge.

[4] On nomme *tram* des maisons de poste situées de distance en distance sur la route royale qui parcourt le royaume d'un bout à l'autre en passant par *Hué*. Dans ces trams sont des chevaux pour les courriers officiels et des porteurs de hamac pour les mandarins en voyage. Ces hauts personnages y trouvent également des logements et les moyens de s'y nourrir. — Bien que les trams soient exclusivement destinés aux services publics, cependant les personnes du peuple en voyage peuvent s'y procurer des hamacs en filet, ainsi que des porteurs, à des prix assez minimes.

champ de son frère, il en était résulté des attaques de part
et d'autre, et il était à craindre que cela ne se terminât par
un fratricide.

Les deux gouvernements d'Annam et de Siam devaient
donc s'interposer dans cette querelle.

Ce dernier avait déjà envoyé un grand mandarin au Cambodge dans ce but, mais il ne pouvait prévoir que le roi
Neac-ong-chan prendrait ainsi la fuite. L'envoyé siamois avait
dû alors mettre sous le séquestre les magasins et les greniers, ainsi que la citadelle d'Oudon, afin de les préserver
et de les pouvoir restituer au roi lors de son retour.

Le 15ᵉ jour du 2ᵉ mois, l'empereur *Gia-long* désigna le
vice-roi de *Gia-dinh*, généralissime pacificateur des rebelles
Tay-so'n, *Lê-van-duyêt* [1], ainsi que son lieutenant *Ngo-nho'n-
tinh*, pour ramener dans le Cambodge le roi *Neac-ong-chan*,
afin de se conformer à cette lettre du roi de Siam que l'empereur approuvait dans son contenu. On prépara en même
temps des barques convenables, ainsi qu'une escorte, pour
le retour des envoyés siamois.

Le 3ᵉ jour du 4ᵉ mois, les hauts dignitaires *Lê-van-duyêt*
et *Ngo-nho'n-tinh*, ayant seulement avec eux treize hommes
d'armes comme escorte, s'embarquèrent avec les envoyés de
Siam et leur suite; ils accompagnèrent de la sorte le roi *Neac-
ong-chan* jusqu'à ses états du Cambodge.

L'empereur *Gia-long* fit donner à ce roi, afin de le défrayer, une somme de 5,000 ligatures, ainsi que 5,000 piculs de riz; le roi reçut, en outre, en lingots d'argent une

---

[1] Ce *Lê-van-duyêt* était un des hommes
les plus remarquables de l'Annam; c'est
lui qui a terminé la révolte des *Tay-so'n*.
Sa mémoire est extrêmement populaire
en basse Cochinchine. Le roi *Minh-mang*
ayant osé faire profaner sa tombe, cela
donna lieu à des troubles de la plus
grande gravité, qui firent perdre à ce roi
les six provinces de la basse Cochinchine
ainsi que l'immense citadelle construite
par le colonel *Ollivier*. — *Minh-mang*
étant parvenu à étouffer ces troubles et à
reconquérir les six provinces, ainsi que la
citadelle, fit raser cette dernière et construire à sa place celle que nous avons
trouvée à Saï-gon. Son successeur *Thiêu-
tri* fit élever une nouvelle tombe à *Lê-
van-duyêt*, afin de réparer l'injure faite à
sa mémoire. On voit cette tombe auprès
de Saï-gon, non loin de l'arroyo dit *de
l'Avalanche* et dans le village de *Binh-hoa*.
— *Lê-van-duyêt* était eunuque.

valeur de 10,000 ligatures. Ces différents dons formaient pour le roi une provision suffisante.

Le 14ᵉ jour du même mois, on parvint au camp de *La-bit*, et les généraux siamois *Phya-phisai-phu-lien-dap* et *Phya-phi-phat-hotac* s'empressèrent d'aller au-devant des envoyés et du roi pour les féliciter et firent exécuter partout les préparatifs nécessaires pour leur réception.

Le 18ᵉ jour du 7ᵉ mois, les soldats annamites ayant relevé les fortifications de la citadelle de *Nam-vang*, le roi du Cambodge y fixa sa résidence. Le général en chef siamois s'en retourna dans son pays, après avoir restitué les magasins et greniers royaux qu'il tenait sous le séquestre. Ce général fut précédé à Siam par les frères du roi *Neac-ong-chan*, les princes *Neac-nguyen*, *Neac-iem* et *Neac-duong*.

Au 8ᵉ mois, le général annamite *Toai* fut laissé en garnison avec 1,500 hommes, afin de protéger le royaume du Cambodge, et le haut dignitaire *Lé-van-duyêt* et son lieutenant *Tinh* s'en retournèrent à *Gia-dinh* avec l'armée.

Les deux nations d'Annam et de Siam étant désormais en paix, le Cambodge en profita et put dès lors jouir d'une tranquillité profonde.

Le 26ᵉ jour du 8ᵉ mois, le roi du Cambodge fit construire au lieu dit *Ngôi-chan-oa* une tour élevée, nommée *Iên-biên*, ainsi qu'une pagode royale (*Hoang-cung*) dans laquelle le roi et ses mandarins se rendaient régulièrement aux fêtes principales[1] le 1ᵉʳ et le 15 de chaque mois pour saluer la tablette de l'empereur d'Annam.

Le 25ᵉ jour du 9ᵉ mois, le général *Toai* ayant été élevé à la dignité d'assesseur au ministère de la guerre, il fut remplacé dans son poste du Cambodge par le général *Huyen*, qui résida dans la citadelle de *Nam-vang*.

---

[1] Le premier jour de l'an et le 5ᵉ jour du 5ᵉ mois, ainsi que le dernier jour de l'année. Cette cérémonie chinoise du salut de la tablette de l'empereur était de la part du roi du Cambodge, qui pratique le pur bouddhisme et qui est très-attaché à sa religion, la marque de la plus entière vassalité.

Le 5ᵉ jour du 10ᵉ mois, le fort cambodgien nommé *Lu'-iem* étant terminé, on y transporta l'argent et les vivres des magasins royaux.

Le 2ᵉ jour du 2ᵉ mois, l'empereur *Gia-long* envoya au roi *Neac-ong-chan* un costume de cérémonie, composé d'une robe rouge brodée, d'un chapeau en or et d'une ceinture en pierres précieuses.

L'an *Binh–ti*, 15ᵉ année de *Gia-long* [a], au 6ᵉ jour du 7ᵉ mois, pendant l'automne, l'empereur d'Annam accorda aux différents mandarins civils et militaires du Cambodge un costume de cérémonie. A partir de ce moment, les mandarins et le peuple du Cambodge adoptèrent les coutumes annamites, tant pour les vêtements que pour les divers objets en usage. Ainsi disparaissaient chaque jour et peu à peu ces habitudes barbares qui consistent à se couper les cheveux, à porter des habits non fendus sur les côtés, à se ceindre le corps d'un langouti, à manger avec les doigts et à saluer en se tenant accroupi [1].

1816.

NOTE

DU MINISTRE D'ÉTAT PHANG-THANG-GIANG [2].

L'an *Giap-ngo*, 15ᵉ année de *Minh-mang* [b], l'armée de Siam fit invasion dans le Cambodge et ses marins se dirigèrent sur la province d'*An-giang*; mais cette armée fut repoussée par le major général *Truong-*

1834.

[a] Dynastie des *Tsing* : *Kia-king*, 21ᵉ année.
[b] Dynastie des *Tsing* : *Tao-quang*, 14ᵉ année.

[1] Les Cambodgiens ont, de nos jours, repris toutes leurs coutumes nationales. Il n'y a que ceux qui vivent sur le territoire annamite proprement dit dont le costume est quelquefois, quoique rarement, semblable à celui d'Annam. Cependant les femmes ne se coupent les cheveux que dans le royaume du Cambodge; elles les portent longs chez les Annamites, mais leur coiffure est un peu différente de celle des femmes de la Cochinchine.

[2] Ce haut mandarin a été désigné par le roi *Tu-duc* comme son plénipotentiaire,

minh-giang. Les marins de Siam furent contraints de s'enfuir jusqu'à *Truc-bo*, tandis que son infanterie, passant par *Vua-sac*, se réfugia dans la province de *Battam-bong*.

Une citadelle qui prit le nom de *Trân-tay-thanh* fut construite à *Nam-vang* par *Truong-minh-giang*. Celui-ci en prit le commandement et fut dès lors chargé par le gouvernement annamite de la protection et de la surveillance du Cambodge.

1835.
L'an *At-vi*, 16ᵉ année de *Minh-mang*, le roi du Cambodge *Neac-ong-chan* mourut sans enfants. Les mandarins du royaume demandèrent alors que la couronne passât sur la tête de sa fille *Ngoc-van*. Cette demande fut adressée à l'empereur d'Annam par l'entremise de *Truong-minh-giang*, et comme elle fut agréée à la cour de *Hué*, il fut accordé investiture de reine du Cambodge à la princesse *Ngoc-van*. Les trois princesses *Ngoc-bien*, *Ngoc-tu* et *Ngoc-nguyen* furent déclarées princesses royales du Cambodge.

1840.
L'an *Canh-ti*, 21ᵉ année de *Minh-mang*, le mandarin cambodgien *Ki-to-tac* leva des troupes pour se préparer à la révolte, de concert avec le Siamois *Chat-tri*. Celui-ci débuta par des propositions pacifiques; mais il ne tarda pas à jeter le masque et fit invasion dans le pays, qu'il livra au pillage.

La reine *Ngoc-van*, accueillie par le gouvernement d'Annam, fut installée à *An-giang*.

Plus tard, le gouverneur général d'*An-giang* et de *Ha-tien*, *Nguyen-tri-phuong*[1], assisté du gouverneur d'*An-giang*, défit complétement les Cambodgiens rebelles et leur détruisit le fort de *Thiet-thang*. Il bloqua ensuite la capitale *Oudon*[2] en plaçant des troupes des trois côtés de terre, et intercepta ainsi toute espèce de communication pendant plusieurs années.

1847.
Cependant, l'an *Dinh-vi*, 7ᵉ année de l'empereur *Thiêu-tri*, le Siamois *Chat-tri* demanda par lettres à entrer en conférence avec le camp annamite.

On établit donc une maison des conférences pour y discuter sur les affaires du Cambodge, et le jour venu on amena *Neac-ong-duong*[3]

et c'est lui qui a conclu le traité de 1862 entre la France et l'Espagne, d'une part, et l'empire d'Annam, d'autre part. C'est un homme très-intelligent et extrêmement distingué.

[1] Ce mandarin, administrateur et homme de guerre remarquable, a joué un grand rôle dans la basse Cochinchine. Il commandait en chef à *Ki-hoa* et y fut défait en 1861 par l'amiral *Charner*.

[2] *Oudon*, actuellement capitale du royaume du Cambodge, est située sur la rive sud du bras qui va de *Nam-vang* au grand lac. La citadelle d'*Oudon* est à 3 ou 4 kilomètres de la rivière; on s'y rend par une chaussée assez belle qui part du marché appelé *Campong-luông*. C'est là que se trouve le débarcadère royal.

[3] Ce roi *Neac-ong-duong*, mort il y a

(frère de *Neac-ong-chan*), qui vint faire sa soumission et demander pardon de sa faute; le général en chef annamite rendit compte de ces faits à la cour de *Hué*, et l'empereur, daignant pardonner au rebelle, lui fit remettre par un envoyé les signes d'investiture qui le créaient roi du Cambodge.

La reine *Ngoc-van* et la princesse royale *Ngoc-tu* purent dès lors retourner dans leur pays et au sein de leur famille. A partir de cette époque, le tribut ne cessa d'être régulièrement offert par le roi *Neac-duong* jusqu'à la 12ᵉ année du règne de l'empereur *Tu-duc* (1859-60).

Les Cambodgiens, s'étant aperçus alors que l'empire d'Annam se trouvait engagé en de graves circonstances, s'empressèrent de le vouloir mordre traîtreusement [a].

Le ciel a puni cette ingratitude en faisant périr le roi *Neac-ong-duong*, et maintenant ses fils se dévorent mutuellement, eux qui sont pourtant la même chair et les mêmes os : aussi leur misère est-elle extrême.

Le Cambodge est tributaire de notre empire depuis plus de quatre cents ans. L'empire d'Annam s'est toujours efforcé de le délivrer de la misère en lui rendant la paix et la tranquillité. Combien de fois n'avons-nous pas restitué à ce peuple son pays! Combien de ses rois n'avons-nous pas institués, soutenus et protégés! Nous lui avons rendu sous le présent règne les divers territoires suivants, faisant partie de la province de *Ha-tien*; ce sont : *Chan-sum*, *Sai-mat*, *Linh-quinh*, *Can-vot* et *Vung-tho'm*.

En principe, notre intention n'est point du tout de nous emparer de ce pays : nous voulons, à l'exemple du ciel, laisser les hommes vivre et exister en paix; nous ne voulons pas la perte de ce petit royaume, comme le machinent d'autres personnes au cœur plein de fiel (Siam).

Les Cambodgiens sont des sauvages dont la nature est mauvaise et viciée : tantôt ils se soumettent, tantôt ils se révoltent, mais constam-

---

[a] Comme des chiens.

peu d'années, a laissé trois fils, qui depuis cette époque se disputent réciproquement la couronne. Le gouvernement de Siam, pour mettre fin à la guerre civile et aussi pour augmenter son influence, a mis sur le trône du Cambodge l'aîné des trois frères, nommé *Abarach*, et l'y fait surveiller par un commissaire siamois. Cependant une grande partie du peuple cambodgien est engagée dans le parti du plus jeune de ces princes, nommé *Sivata*, et d'un autre côté la cour de Hué, n'ayant donné aucune investiture, refuse de considérer *Abarach* comme roi légitime. Il résulte de tout cela que la question du Cambodge est loin d'être résolue et que le pays est à peu près livré à l'anarchie; il nous importe pourtant beaucoup que les droits de Siam ne prévalent pas complétement et à notre exclusion, car cela constituerait un sérieux danger pour nos frontières.

ment ils oublient la règle et la loi; ils sont comme stupides et privés de raisonnement.

L'empire d'Annam a toujours eu pour le Cambodge la sollicitude d'une mère qui allaite son enfant, et jusqu'à maintenant ses sentiments n'ont pas varié[1].

[1] Les sentiments d'humanité mis en avant par le ministre *Phang-thang-giang* sont un peu hors de saison, quand il compare la sollicitude de son gouvernement à celui d'une tendre mère. La vérité est que si les Annamites ne se sont pas emparés complétement du Cambodge sous le règne du roi *Minh-mang*, c'est qu'ils se sont vus dans l'impossibilité de le gouverner. La reine *Ngoc-van*, dont le commandant annamite de *Nam-vang* fit tout simplement sa maîtresse, servit très-bien les projets de l'ambitieux *Minh-mang* qui, ayant divisé le Cambodge en phus et en huyens, y envoya des mandarins annamites pour les administrer : on peut voir ces divisions sur la carte annamite dressée peu de temps après. Cependant les Cambodgiens ayant massacré partout ces mandarins, le gouvernement d'Annam ne voulut pas poursuivre cette expérience, et il se contenta désormais des six provinces. — Les Siamois, quoique venus bien après les Annamites, ont agi exactement de la même manière qu'eux. Comme eux ils se sont emparés de magnifiques provinces dans l'ouest, et, pour assurer leur domination, ils se sont considérés de leur côté comme suzerains de ce qui reste du royaume du Cambodge. Cette suzeraineté est uniquement la sauvegarde des provinces conquises, car le tribut, qui consiste en quelques dents d'éléphants et cornes de rhinocéros, est de nulle importance comme valeur. Cette suzeraineté, ou mieux cette ingérence dans les affaires du Cambodge, se rapportant entièrement à l'occupation de la basse Cochinchine, il nous en échoit nécessairement notre part. — Il est parfaitement inutile de dis-

cuter ce point avec la cour de Hué; il faut *a priori* le considérer comme établi, car les Annamites comprennent très-bien que trois provinces nous appartenant en basse Cochinchine, nous en devons défendre la parfaite intégrité. Or cela nous sera impossible si nous ne pouvons exercer un droit de surveillance sur le Cambodge, devenu notre voisin. — Notre intérêt est de tenir haut notre influence chez ce malheureux peuple si doux, et qui, nous considérant comme les justes vengeurs de ce qu'il a souffert depuis quatre cents ans, nous est d'un très-utile appui en occupant sans cesse l'attention des trois provinces du sud demeurées en la possession des Annamites. — L'avenir commercial de la basse Cochinchine est tout entier dans ce vaste bassin du Cambodge; c'est dans ses plaines magnifiques, sur ses belles montagnes couvertes des plus belles essences forestières, que se développera le génie européen. On est frappé, lorsqu'on visite ce pays, de l'importance extraordinaire dévolue au port de Saï-gon. Déjà la ville chinoise (*Cho'-lo'n*) était avant la guerre l'entrepôt du Cambodge; mais quand le commerce européen animera ces vastes fleuves, c'est à Saï-gon qu'il aboutira nécessairement, parce que ce port, par son entrée unique, comme par sa rade du cap Saint-Jacques, reste en dehors de toute comparaison. C'est le Cambodge qui est le vrai centre de production de l'avenir; nous sommes maîtres de son cours, nos provinces nous donnent le droit de le protéger : négliger un pareil devoir serait une grande faiblesse aux yeux de Siam, un grand danger pour l'avenir.

DEUXIÈME PARTIE.

CHAPITRE PREMIER.

DESCRIPTION GÉOGRAPHIQUE DE LA BASSE COCHINCHINE.

SECTION I.

LIMITES DE GIA-DINH (BASSE COCHINCHINE).

SOMMAIRE. — Ports et embouchures. — Bancs. — Limites. — Montagnes et forêts. — Moï. — Grands fleuves. — Phus de *Ha-tien.* — Étendue. — Autorité du vice-roi. — Positions militaires.

Le pays de *Gia-dinh*, nommé autrefois *Chan-lap*, est limité à l'est par la mer, et l'on voit sur ses côtes les ports ou embouchures principales dont les noms suivent : *Cua-xich-ram*[1], *Tac-khai, Can-gio', Don-tranh, Cua-loi-rap, Cua-dai, Cua-tiéu, Cua-ba-lai, Cua-bang-cung, Cua-ngao-châu, Cua-có-khien, Cua-ba-tac, Cua-mi-tanh, Cua-hao-bang, Cua-long-xuyén, Cua-kieng-giang'*, et enfin *Ha-tien;* ce sont les dix-sept ports ou embouchures principales.

Le nombre des embouchures de moindre importance est beaucoup plus considérable.

Ports et embouchures.

---

[1] *Cua* signifie, en annamite, tout à la fois port et embouchure. Le plus beau de ces dix-sept ports est *Can-gio'*, situé en face du cap Saint-Jacques et capable de recevoir les plus grands bâtiments du monde; il est donc entièrement hors de comparaison avec les autres. Parmi les embouchures du Cambodge, la plus praticable est celle que l'on nomme *Cua-tiéu*, ou petite passe, qui conduit à *Mi-tho* et dans tous les affluents du Cambodge.

Banes.

Les bancs de vase ou de sable charriés par les eaux aux diverses embouchures forment des barres dont le gisement est variable.

Les cours d'eau, très-nombreux, communiquent de mille façons différentes; c'est pourquoi il est de toute nécessité, lorsqu'on s'engage dans ce dédale, d'avoir un pilote connaissant les lieux, sous peine d'être exposé à faire souvent fausse route.

Le port ou plutôt la baie de *Can-gio'* est abrité au nord par la montagne *Lai-son*, vulgairement *Ganh-rai*. Cette montagne[1] forme une enceinte qui s'étend au large et donne naissance à la baie de *Vung-tau*. Cette baie est large et spacieuse, et elle offre un port vaste et profond où l'on peut séjourner en toute saison sans avoir à craindre des coups de vent; on n'y trouve ni barre de sable, ni écueils, ni roches. C'est là sans contredit le meilleur port de la basse Cochinchine et des pays environnants. Au large de la montagne *Lai-son* (cap Saint-Jacques) on rencontre des bancs et des écueils : c'est ce que l'on nomme vulgairement *Giap-nuoc*. Ces bancs changent de place à chaque mousson : ainsi, pendant celle du sud, ils sont transportés dans le nord, et ils redescendent au sud pendant la mousson du nord. C'est là un phénomène bien connu des jonques qui fréquentent ces parages : aussi prennent-elles leurs précautions, afin d'éviter des dangers très-graves.

Limites.

Le pays de *Gia-dinh* est borné au nord-ouest par celui des Cambodgiens et des *Moï*[2] (montagnes des *Moï*), à l'ouest par les montagnes du royaume de *Laos*[3]. A partir du *Laos* jusqu'au phu cambodgien nommé *So'n-phu*, on ne rencontre que des montagnes plus ou moins élevées et quelques champs cultivés sur les bords du grand fleuve du Cambodge,

---

[1] Système du cap Saint-Jacques, que les Annamites nomment *Mui-vung-tau* (cap de la baie des navires).

[2] Voir, page 13, la note sur les *Moï*, barbares habitants des montagnes.

[3] L'immense pays du *Laos*, réduit de nos jours à quelques tribus seulement, a donné naissance au royaume du Cambodge, ainsi qu'à ceux de Siam et des Birmans.

vulgairement appelé *Song-lo’n*[1]. Du côté de *Tay-nin*[2] il n’existe que la seule montagne de *Dien-ba* ou *Ba-din*.

Il existe au pays de *Gia-dinh* (basse Cochinchine) de nombreuses forêts de palétuviers et une grande quantité de petits cours d’eau[3]. Certaines parties du territoire sont recouvertes de beaucoup d’herbes; d’autres, extrêmement boueuses, ne pourraient être fréquentées si l’on n’établissait de nombreux ponts volants composés simplement d’arbres abattus.

Le pays de *Gia-dinh* est, dans le nord, très-montagneux et couvert d’interminables forêts ; c’est en ces lieux que sont réunies les populations *moï*, vivant dans leurs petits villages. Ces barbares payent un tribut à l’empire d’Annam.

La frontière du nord est marquée par la montagne *Than-mâu* (*Mui-ba-ké*), qui sépare le pays de *Gia-dinh* de la province de *Binh-tuân*. La frontière, à partir de l’est jusqu’au nord, est entièrement couverte de montagnes habitées par des *Moï* soumis et administrés directement comme des Annamites; au nord, au contraire, on trouve des *Moï* habitants des montagnes élevées et non soumis au gouvernement d’Annam.

La frontière cambodgienne, du côté du sud, est surveillée par les forts de *Quang-hoa*, *Tuyen-oai*, *Tang-châu* et *Châu-dôc*.

Les grands fleuves[4] postérieur et antérieur sont placés par le ciel comme des fortifications naturelles.

La province de *Ha-tien*[5] est composée de cinq phus; ce

---

[1] Grand fleuve.

[2] Au siége du phu de *Tay-nin*, qui fait partie de la province de *Gia-dinh*, dans le nord-nord-ouest de Saï-gon et à 100 kilomètres environ de distance.

[3] Ces petits cours d’eau sont nommés *rach* par les Annamites et *arroyos* par les Européens.

[4] Ces deux fleuves sont les deux bras principaux du *grand fleuve* proprement dit, dont le nom vulgaire est, en annamite, *Song-lo’n* et en cambodgien *Toanlé-thom*. Son nom chinois scientifique est *Cu’u-long-giang*. La bifurcation qui marque l’origine de ces deux grands bras est à *Nam-vang*.

[5] Cette province se compose surtout des deux grands territoires, aujourd’hui huyens, de *Kieng-giang* et de *Long-xuyên*. Du reste, cette digression sur *Ha-tien*, qui n’est pas à sa place ici, a été conservée pour ne rien tronquer dans le texte.

sont : *Linh-quinh*, *Chan-sum*, *Sai-mat*, *Can-vot* (*Campot*), *Vung-tho'm*.

L'étendue en largeur, de l'est à l'ouest, est pour tout le pays de *Gia-dinh* de 352 lis[1] et demi; on peut la parcourir en cinq jours. La distance totale du nord au sud est de 742 lis et demi; on la parcourt en dix jours. La distance, depuis la citadelle de *Gia-dinh*[2] jusqu'à la capitale (*Hué*), est de 2344 lis et demi; le voyage dure trente jours. Quant à la distance depuis la même citadelle jusqu'aux frontières du Cambodge, elle est de 447 lis; on la parcourt en sept jours.

Le vice-roi (*kinh-luôc*) de *Gia-dinh*, qui a sous son gouvernement les provinces de *Phan-yen* (*Gia-dinh*), *Bien-hoa*, *Dinh-tuong*, *Vinh-thanh* (*Vinh-long* et *An-giang*) et *Ha-tien*, a en même temps autorité pour tout ce qui est de l'administration militaire, civile, impôts, justice, etc. sur la province de *Binh-tuân*. Cependant il n'y a que les ordres relatifs aux affaires militaires qui soient donnés directement par lui dans cette province de *Binh-tuân;* quant aux affaires civiles, à l'impôt et à la justice, il n'en garde que l'inspection supérieure[3].

En résumé, ce territoire du pays de *Gia-dinh* renferme des montagnes et des cours d'eau capables de donner'lieu à de formidables positions militaires. Les troupes y trouvent

d'abondants moyens de subsistance.

La circulation dans ce pays exige constamment l'emploi de barques.

Différentes races d'hommes vivent en bon accord sur ce

---

[1] Le *li* vaut environ le dixième de notre lieue; soit donc 35 lieues environ de l'est à l'ouest et 74 du nord au sud.

[2] A Saï-gon.

[3] Cela n'existe plus aujourd'hui. Le vice-roi de *Gia-dinh* ou mieux du *Nam-ki* n'a conservé sur le *Binh-tuân* que l'autorité supérieure relative aux affaires militaires. Ce vice-roi a sous ses ordres trois gouverneurs généraux (*tong-dôc*), qui résident à *Saï-gon*, *Vinh-long* et *An-giang;* ces gouverneurs généraux ont eux-mêmes immédiatement au-dessous d'eux trois simples gouverneurs (*tuân-phu*) résidant dans les trois autres provinces, dites petites provinces; ce sont celles de *Bien-hoa*, *Dinh-tuong* et *Ha-tien*. (Voyez la note à la fin du volume.)

vaste territoire de *Gia-dinh* (*Nam-ki* ou basse Cochinchine), qui, par sa nature propre, peut être considéré comme une immense [1] province de l'empire d'Annam.

SECTION II.

LIMITES DES PROVINCES.

Sommaire. — Province de *Phan-yen* (aujourd'hui *Gia-dinh*). — Ses limites. — Son étendue. — Son administration. — Province de *Bien-hoa*. — Limites. — Étendue. — Province de *Dinh-tuong*. — Création des communes. — Impôts. — *Mi-tho*. — Limites. — Étendue. — Province de *Vinh-thanh*. — Citadelle de *Vinh-long*. — Limites. — Étendue. — Province de *Ha-tien*. — Limites. — Étendue.

La province de *Phan-yen* (*Gia-dinh*) est large et peuplée [a] ; on peut également la parcourir par eau ou par terre. Elle est limitée au nord par la province de *Bien-hoa*, limite marquée dans la partie supérieure par le fleuve *Du'c-giang*, vulgairement *Song-tu-du'c ;* ce fleuve change de nom au-dessous et se nomme *Binh-giang*, vulgairement *Song-bén-nghe* [3].

Ce fleuve, après plusieurs détours, parvient au lieu dit *Phu-gia-tam-giang-khâu*, vulgairement *Nga-ba-song-nha-be* (embranchement du bras de *Bien-hoa*). Le fleuve descend de là au port de *Can-gio'*, où il se jette à la mer.

C'est la rive sud de ce fleuve qui marque la limite de la province de *Phan-yen* (*Gia-dinh*).

Cette province est bornée au sud par celle de *Dinh-tuong* (*Mi-tho*). La limite est marquée par la rivière [4], qui passe

PROVINCE DE PHAN-YEN (GIA-DINH).

Limites.

[a] Les affaires y sont nombreuses [2].

[1] L'auteur, comme tous les Annamites, pense avec raison que les six provinces de la basse Cochinchine forment un tout homogène et si naturellement circonscrit qu'il est difficile de le diviser.

[2] On y fait beaucoup de commerce.

[3] La rivière de Saï-gon en face de la ville.

[4] Il s'agit d'un cours d'eau qui, étant d'abord le *Vaï-co* de l'est à *Quang-hoa*,

dans sa partie supérieure à *Quang-hoa* et se dirige à l'ouest vers *Quang-phong*; la rivière va de là à *Vam-diu'a* et au *Rach-co* et parvient au *Bat-kien*, dont elle prend le nom; elle se dirige alors à l'est et prend plus bas le nom de *Vung-ngu;* plus loin, elle passe devant le *Song-tra*[1] pour se jeter dans le *Loi-rap*. La rive nord de cette rivière sert de limite à la province de *Gia-dinh*.

La limite orientale de cette province est la mer, et sa limite occidentale est le Cambodge. En dehors des limites sont des montagnes habitées par les *Moï*.

Étendue. Un très-grand nombre de cours d'eau traversent le sol de cette province, dont la largeur, de l'est à l'ouest, est de 352 lis, tandis qu'elle mesure 107 lis du nord au sud.

Administration. Le premier siége d'administration, nommé *Phan-trân-dinh*, n'avait sous ses ordres qu'un seul huyen et quatre cantons; il était situé au village actuel de *Tan-lan*, canton de *Binh-tri*, huyen de *Binh-duong*.

L'an *Mâu-thin*, 7e année de *Gia-long* (1809), au 12e jour du 1er mois, le système ancien fut changé; le huyen se convertit en phu et le canton devint huyen. On divisa les divers territoires des villages d'après le nombre de leurs habitants; on créa de nouveaux cantons et on détermina exactement les limites de chaque commune.

PROVINCE DE BIEN-HOA. La province de *Bien-hoa* est adossée contre de hautes montagnes et elle fait face au fleuve.

Elle est habitée en partie par des populations de *Moï* qui sont fixés en des lieux difficiles à atteindre. L'ancienne frontière de cette province était déterminée au nord-est par la rivière *Mali*, qui séparait *Bien-hoa* de la province de *Binh-tuân*.

---

devient un arroyo qui va rejoindre dans l'ouest le *Vaï-co* occidental, et qui alors, poursuivant son cours, va passer devant l'arroyo de la Poste, où il se nomme *Vung-ngu*, pour devenir plus loin le *Hu'ng-hoa* ou *grand Vaï-co* et se jeter dans le *Loi-rap*. Ce nom de *Vaï-co* adopté par les Européens est inconnu des Annamites; mais il a néanmoins l'avantage de généraliser des cours d'eau importants, au sujet desquels il serait difficile de fixer les idées à cause de la multiplicité des appellations indigènes.

[1] En face de l'entrée du *Rach-la*.

L'an *Mâu-thin*, 7ᵉ année de *Gia-long*, la frontière de l'est fut portée à la montagne *Than-mâu* (*Mui-ba-kê*); on y établit le *tram* de *Tuân-bien*[1].

La frontière nord est en entier composée de montagnes habitées par les *Moï*. Au sud, la province de *Bien-hoa* est bornée par celle de *Gia-dinh*. C'est, dans la partie supérieure, le ruisseau de *Ban-bot* qui sert de limite; ce ruisseau, ou mieux cette source, donne naissance au fleuve *Du'c-giang*, qui devient plus bas le *Binh-giang*[2], et qui parvient enfin au lieu dit *Phu-gia-tam-giang-khâu*, ou bien *Nga-ba-song-nha-be*[3], après quoi il se rend à *Can-gio'*, dans la baie de *Vung-tau*, pour se jeter à la mer sous le cap Saint-Jacques.

Ce fleuve, dans toute sa longueur, sert de limite aux deux provinces; c'est la rive du nord qui marque la frontière de *Bien-hoa*.

Cette province est bornée à l'est par la mer et à l'ouest par le pays des *Moï*.

La largeur, de l'est à l'ouest, est de 542 lis et demi sur une distance de 287 lis et demi du nord au sud.

La citadelle de *Gia-dinh*[4] est située dans le sud de celle de *Bien-hoa*, à 55 lis et demi.

La province de *Bien-hoa* fut nommée dans le principe *Trân-bien-dinh;* elle comprenait un huyen et quatre cantons. Le chef-lieu d'administration était alors au village actuel de *Phuoc-lu*, dans le huyen de *Phuoc-long*.

La 7ᵉ année de *Gia-long*, le 12ᵉ jour du 1ᵉʳ mois, la province prit le nom de *Bien-hoa*, le huyen fut converti en phu et les cantons en huyens. On divisa le territoire relativement

---

[1] Le mot *Tuân-bien*, formé de deux caractères dont le premier, *Tuân*, appartient au nom de la province *Binh-tuân*, et le second, *bien*, à *Bien-hoa*, marque la limite entre les deux provinces. Ce système, très-utile pour aider la mémoire, est souvent employé par les Annamites pour des divisions moins importantes que celles de deux provinces entre elles.

[2] Rivière de Saï-gon.

[3] Embranchement du bras de *Bien-hoa*.

[4] Cette citadelle sert de point de départ à toutes les distances.

à la population; on ajouta de nouveaux cantons et l'on détermina d'une manière précise les limites de chaque commune.

La province de *Dinh-tuong* a été dès le principe peuplée par le trop-plein d'habitants qui se pressaient dans les deux huyens de *Phuoc-long* (*Bien-hoa*) et de *Tan-binh* (*Gia-dinh*). On jugea que le territoire de *Don-naï* (basse Cochinchine) était suffisamment large pour rassembler une partie des habitants de ces deux huyens et les envoyer sur la nouvelle province.

Cette province est assez éloignée de celle de *Bien-hoa* et de *Gia-dinh*, et comme il était difficile, dans le principe, de contraindre le peuple à suivre exactement les règlements, et qu'il y avait surtout de grandes difficultés pour les rendements de l'impôt, on institua neuf aires publiques, avec greniers, dans les lieux suivants : *Qui-yên*, *Qui-hoa*, *Canh-duong*, *Thien-lao*, *Quan-thao*, *Hoang-lap*, *Tam-lach*, *Ba-canh* et *Tan-thanh*.

Le peuple put alors, d'après sa propre convenance et sa commodité, établir tel bourg à l'endroit qui lui plaisait le plus et cultiver la terre choisie par lui.

Il y avait aussi des personnes qui avaient fixé leurs habitations à des distances fort éloignées, soit sur les montagnes pour exploiter les forêts, soit sur le bord de la mer pour se livrer à la pêche, et ces personnes n'étaient sous la surveillance d'aucune autorité.

Ensuite se formèrent des centres de population très-semblables aux villages actuels et dont quelques-uns avaient uniquement pour but l'exploitation du sol.

La nature de l'impôt était relative à l'occupation ou au métier de celui qui avait à le payer : ainsi les pêcheurs donnaient du poisson, les bûcherons du bois, les cultivateurs du riz, etc.

Lorsqu'un cas litigieux se présentait, c'était au chef du centre de population qu'on s'en rapportait; c'était lui aussi qui surveillait les travaux, de façon qu'on en pût retirer le plus grand profit possible[1]. En résumé, ces chefs de population avaient sous leur juridiction les différentes affaires du village. .

La première fortification qui fut élevée fut celle de *Truong-don-dao*, au lieu dit *Mi-tho*. Ce fort était sous le commandement d'un petit mandarin (*tho'-ki* [a]).

Mi-tho.

L'an *Ki-ho'i*, 2ᶜ année de *Thê-tô* (1780), on dressa les cartes de *Trân-bien* (*Bien-hoa*), *Phan-trân* (*Gia-dinh* et *Dinh-tuong*), *Long-ho* (*Vinh-long* et *An-giang*) et *Ha-tien*. Alors furent abandonnés les neuf greniers publics cités plus haut.

A l'exception des gens attachés aux différents grands tribunaux et aux mandarins, les habitants ainsi que les champs furent enregistrés, et l'on fonda de la sorte le huyen de *Kien-an*, et en même temps le chef-lieu d'administration de *Truong-don*, dans lequel furent placés les mandarins supérieurs des impôts et du peuple ainsi que de la justice. Ce chef-lieu d'administration était placé sur le *giong* [2] actuel de *Kien-dinh*.

Le nouveau huyen avait trois cantons.

L'an *Tan-su'u*, 4ᵉ année de *Thê-tô* (1782), le chef-lieu d'administration changea de nom; il fut nommé *Trân-dinh* et transporté au marché de *Mi-tho*, village de *Mi-chinh*.

L'an *Mâu-thin*, 7ᵉ année de *Gia-long* (1809), au 1ᵉʳ mois de l'année, la province prit le nom de *Dinh-tuong;* elle fut divisée en un phu, trois huyens et six cantons. Cette pro-

---

[a] Sorte de greffier du gouvernement chargé de tenir les divers registres.

---

[1] C'est une chose remarquable qu'il a toujours été dans les coutumes du peuple annamite de placer l'agriculture sous une inspection qui a pour but de la développer, sans jamais recourir pour cela au travail forcé. C'est surtout dans cette institution, qui fait désormais partie des mœurs du peuple, que nous devons trouver les plus certains éléments de succès, tout en améliorant la condition des agriculteurs.

[2] On nomme *giong* une élévation de terrain plus ou moins considérable située dans un pays de plaine. Le mot *go*, peut-être plus vulgaire, a la même signification; exemple : *Go-cong, Go-viap, Go-rua*, etc.

vince possède un sol excellent et capable de rapporter[1] beaucoup à cause de sa nature grasse et humide; on peut la parcourir en tous sens par eau.

À l'est, la province est bornée par la mer; à l'ouest, par le Cambodge.

Limites.

A partir des cours d'eau *Vam-diu'a*, *Rach-co*, *Tuyen-oai* et *Bat-kien* dans le nord, jusqu'au fleuve *Hu'ng-hoa-giang*, vulgairement appelé *Vung-ngu*, qui plus loin passe devant le *Song-tra* pour se jeter à l'est dans le *Loi-rap*, lequel à son tour se jette à la mer par la bouche du même nom, il est formé une ceinture de rivières dont la rive sud[2] marque la limite septentrionale de la province de *Dinh-tuong*.

Les limites[3] du sud sont, à partir de l'île *Tang-châu-dao* (*Cu-lao-gien*), en allant au poste de surveillance dit *Hung-ngu* et descendant le fleuve antérieur, qui, se dirigeant d'abord vers le sud, s'infléchit plus tard vers l'est, parvient au *Ham-long*, et se jette ensuite à la mer par la bouche de *Ba-lai;* la rive nord de ce fleuve, dans tout son parcours, marque la limite sud de la province de *Dinh-tuong*.

Étendue.

La largeur de cette province, de l'est à l'ouest, est de 430 lis et demi sur une distance, du nord au sud-est, de 348 lis. Le chef-lieu d'administration de la province est éloigné de 149 lis et demi de la citadelle de *Gia-dinh*. On voit sur le territoire

---

[1] C'est dans la province de *Mi-tho*, et notamment dans le phu de *Kien-an*, que la terre rapporte le plus. La nature du sol, aussi bien que sa position sur le grand fleuve, donne à cette province une très-grande importance.

[2] Cette délimitation très-naturelle a plus tard été changée pour donner plus d'importance à la province de *Gia-dinh*. On l'a donc augmentée, aux dépens de celle de *Dinh-tuong*, du huyen de *Tan-thanh*, sur la rive est de l'arroyo de la Poste, et de celui de *Tan-hoa*, où se trouve le marché de *Go-cong*. Le huyen de *Kien-hoa*, qui dépend de *Mi-tho*, se trouve de la sorte enclavé dans la province de *Gia-dinh*. Il serait à désirer que nous reprissions les anciennes limites et que, par conséquent, les huyens de *Tan-thanh* et de *Tan-hoa* fissent désormais partie de la province de *Dinh-tuong*. Cela faciliterait beaucoup la surveillance et l'administration.

[3] Cette limite est de nos jours portée plus haut: elle part du petit arroyo nommé *Rach-ta-deu*, qui sépare le Cambodge de l'empire d'Annam. Il est bon cependant de ne pas prendre ces limites trop au pied de la lettre, car l'intérieur du pays étant en cet endroit à peu près inhabité, il en résulte beaucoup de vague dans la séparation des deux royaumes.

de cette province un très-grand nombre de cours d'eau et de nombreuses et presque impénétrables forêts de palétuviers.

L'origine de la province de *Vinh-thanh* (*Vinh-long* et *An-giang*) est le petit huyen de *Dinh-vien;* le chef-lieu d'administration, nommé *Long-ho-dinh*, fut d'abord établi à *Cai-bé*, mais dans la suite on le transporta au village de *Long-ho*. Le territoire était alors divisé en un huyen et quatre cantons.

PROVINCE DE VINH-THANH (Vinh-long et An-giang).

L'an *Ki-ho'i*, 2ᵉ année de *Thê-tô*, le dinh de *Long-ho* changea de nom et de lieu et fut nommé *Oan-trân-dinh* et transporté au lieu dit vulgairement *Bai-ba-côi*.

L'an *Canh-ti*, 3ᵉ année de *Thê-tô*, ce dinh ou chef-lieu d'administration fut replacé de nouveau à *Long-ho*, à cause de la difficulté qu'il y avait à prendre part aux affaires du Cambodge, et le dinh prit enfin le nom de *Vinh-trân-dinh*.

L'an *Mâu-than* (1789), les deux postes fortifiés de *Long-xuyên* et de *Kieng-giang* furent placés sous l'administration de *Vinh-thanh*.

Le phu de *Ba-tac* appartenant dans le principe au Cambodge, les environs de ce phu furent laissés à ce royaume.

L'an *Mâu-thin*, 7ᵉ année de *Gia-long* (1809), le huyen de *Dinh-vien* fut converti en phu et la province prit le nom de *Vinh-thanh-trân*.

La 9ᵉ année de *Gia-long*, les deux territoires de *Long-xuyên* et de *Kieng-giang* furent placés sous l'administration de la province de *Ha-tien*, dont ils firent désormais partie.

Le 22ᵉ jour du 2ᵉ mois de la 12ᵉ année[1] de *Gia-long* (1813), fut commencée la citadelle de *Vinh-long*, sur le territoire des villages actuels de *Binh-ien* et de *Truong-xuân;* on construisit aussi des tribunaux pour les mandarins chefs d'administration. Le grand fleuve fut mis à profit comme fortification

Citadelle de Vinh-long.

---

[1] Il y a donc bien peu de temps que cette partie de la basse Cochinchine est régulièrement administrée, puisque les grands tribunaux n'existaient pas avant 1813. Ce qui explique, du reste, la faible population annamite des six provinces, c'est que nous les avons trouvées loin d'être encore complétement colonisées.

naturelle et défense de la nouvelle citadelle, qui est une des plus belles du pays de *Gia-dinh*.

Limites. — Cette province forme la limite du royaume du Cambodge, qu'elle est chargée de surveiller et de contenir. Elle est placée entre deux grands fleuves, l'antérieur et le postérieur, ce qui lui donne une grande force naturelle. On peut la parcourir en tous sens par eau; les champs et les rizières y sont magnifiques et d'une excellente nature de terrain.

La province [1] de *Vinh-thanh* est bornée à l'est par celle de *Dinh-tuong* et par le territoire du huyen de *Kien-hoa;* c'est le fleuve *Ba-lai*, dans son cours jusqu'à la mer, qui en marque la limite.

A l'ouest, la province est bornée par le royaume du Cambodge et particulièrement par les trois phus de *Nam-vang*, *Linh-quinh* et *Chan-sum;* au sud, c'est la province de *Ha-tien* et en particulier les deux territoires de *Long-xuyén* et de *Kieng-giang*.

Au sud-est sont les embouchures [2] principales, dites *Cua-ba-lai, Ngao-châu, Bang-cung, Ba-tac* et *Mi-thanh*.

Au nord, la province est bornée par le huyen de *Kien-dang*, faisant partie de la province de *Dinh-tuong*. C'est le fleuve antérieur qui marque la limite.

Étendue. — Cette province a une largeur, de l'est à l'ouest, de 200 lis et demi et une étendue de 350 lis et demi du nord au sud. Sa citadelle est à la distance de 240 lis et demi de celle de *Gia-dinh*. Elle se compose d'un phu [3], d'un huyen et de six cantons.

---

[1] La province de *Vinh-thanh*, dont l'étendue est très-considérable, a été de nos jours divisée en deux nouvelles provinces, qui sont *Vinh-long* et *An-giang*, dont le chef-lieu d'administration est placé dans la citadelle de *Châu-dôc*. Les limites dont il s'agit ici ne sont donc plus applicables. C'est la nouvelle province d'*An-giang* qui est plus spécialement chargée de la surveillance du royaume du Cambodge, auquel elle est contiguë. — Comme division administrative, *Vinh-long* avait, avant notre conquête, *Dinh-tuong* sous ses ordres et *An-giang* avait *Ha-tien*.

[2] Ces bouches du grand fleuve Cambodge dépendent toutes de la province de *Vinh-long*. Elles ont beaucoup moins d'importance que les deux bouches placées dans la province de *Mi-tho*, dont l'une surtout, celle dite *Cua-tiéu*, est la plus praticable.

[3] Les divisions actuelles, beaucoup plus considérables, ont eu lieu sous le règne de *Minh-mang*.

La province de *Ha-tien* faisait partie, dans l'origine, du territoire de *Chan-lap* (Cambodge). On la nommait vulgairement *Man-kham* chez les Cambodgiens et *Phuong-thanh* chez les Annamites.

PROVINCE DE HA-TIEN.

Elle est bornée au sud par celle de *Vinh-thanh*, à l'ouest par le royaume de Siam[1], au sud-ouest par la mer; à l'est, elle fait face[2] à la citadelle de *Gia-dinh;* au nord, elle est bornée par le royaume du Cambodge.

Limites.

De jolies îles de dimensions diverses forment au-devant de cette province comme une ceinture de pierres précieuses. La montagne *Ngu-ho* est située derrière (la citadelle), et là elle s'étale, semblable à l'empreinte d'un vaste cachet; à l'est est la montagne *To-châu*, qui protége par son élévation la baie de *Ha-tien;* enfin, à l'ouest, la montagne *Loc-thu'* met le port à l'abri des flots de la mer.

Sur la rive gauche de la rivière de *Ha-tien* est la montagne de *Binh-so'n* et sur la rive droite sont de petites îles disposées sans ordre, dont les unes ont la forme de perles, pendant que d'autres sont semblables à des arcs, ou bien sont carrées, ovales ou sinueuses. Ces îles sont en général basses et petites. La grande île de *Phu-quôc* est au loin, au large, en pleine mer et en vue de la citadelle; cette île est belle et élevée.

Depuis qu'est creusé le canal de *Vinh-tê*[3], qui met *Ha-tien* en communication avec les grands fleuves, des jonques et des barques de toutes sortes se réunissent dans ce port, qui est le rendez-vous de marchands et commerçants venus par eau ou par terre pour y réaliser tous de faciles bénéfices.

Ce pays[4] est en vérité très-beau.

---

[1] A l'époque où écrivait l'auteur, c'est-à-dire lorsque les territoires de *Campot*, etc. confinant à Siam n'avaient pas encore été restitués, comme ils l'ont été depuis par la cour de Hué au royaume du Cambodge.

[2] C'est-à-dire qu'elle est à peu près à la même hauteur en latitude.

[3] Appelé à tort canal de *Cancao* sur quelques cartes européennes.

[4] Les Annamites parlent toujours de *Ha-tien* avec les plus grands éloges, bien que pourtant l'aspect du pays soit inférieur aux autres parties de la basse Cochinchine. La réputation de la province de *Ha-tien* est due surtout à la civilisation chinoise qu'elle a reçue de son conquérant *Mac-cu'u* bien avant les autres provinces.

Étendue.

La largeur de la province est de 419 lis de l'est à l'ouest sur une étendue de 54 lis seulement du nord au sud. La citadelle de *Gia-dinh* est située dans le nord-est, à la distance de 773 lis.

SECTION III.

PROVINCE DE BIEN-HOA.

SOMMAIRE. — Montagnes. — Cours d'eau et îles. — Salines. — Ports. — Palétuviers. — Supplément : appellations diverses du pays de *Gia-dinh* et de ses provinces. — Étymologies.

Montagnes.

LONG-ÂN.

La montagne *Long-ân* est située à 4 lis et demi de la citadelle (chef-lieu de la province).

Elle est remarquable par ses grands rochers, et aussi par de beaux bouquets d'arbres dont l'aspect est très-agréable. Un temple de Confucius est abrité derrière cette montagne et contribue beaucoup à rendre le site fort pittoresque.

On trouve du cristal de roche aux pieds du *Long-ân*.

BAO-PHONG.

La montagne *Bao-phong* [1] est située à 4 lis dans l'ouest de la citadelle. Auprès d'elle, et dans le sud-ouest, coule la rivière qui va rejoindre et entourer le mont *Long-ân;* de nombreuses sources qui jaillissent à la surface se répandent sur le sol et le pénètrent sans cesse de leur humidité, tandis que leurs eaux vont se répandre dans les champs cultivés aux alentours. Au sommet de la montagne se trouve la pagode *bouddhique* dite de *Bao-phong*. A sa gauche se dressent de grandes pierres que l'on a appelées *Tête-de-Dragon* (*Long-dâu*), et à sa droite existent des rangées de pierres planes qui ont reçu le nom de *Tien-san* (lits de bonzes).

Des vapeurs naissent, en s'élevant, des nuages qui couronnent le pic, dont les nombreux arbres forment des bouquets

---

[1] *Pic précieux*, ainsi nommé à cause de la beauté du site.

obscurs et très-ombragés. C'est là que le jeune étudiant s'en va joyeusement faire couler le vin des fêtes dans sa coupe brillante ; c'est là aussi que les jolies filles s'avancent, chaussées de leurs petits souliers, et vont brûler des baguettes odoriférantes.

De toute la province de *Bien-hoa*, ce lieu est certainement le plus délicieux et le plus agréable.

Le *Qui-du*[1] est placé au milieu de la rivière *Phuoc-long*, à une distance de 9 lis dans l'ouest de la citadelle.

Cette rivière est large de 3 lis et les bords en sont habités par des gens qui se livrent à l'agriculture. Son cours, semblable au lien d'un vêtement, est sillonné par des barques à la voile ou à la rame. Ses eaux, frappant sans cesse les contours du *Qui-du*, recouvrent cet îlot d'une vapeur constante qui retombe en pluie sur le rocher, dont l'apparence est semblable à celle de la tortue quand elle se baigne et prend ses ébats.

La montagne *Bach-thach* est située à 10 lis de la citadelle ; elle est entourée de nombreux monticules. Une source répand des eaux qui s'infiltrent sous le sol.

Des rhinocéros, des éléphants, des cerfs et des daims se promènent par troupeaux dans les forêts et dans les nombreux pâturages de la montagne. Près de là est le marché de *Ben-ca*.

Le monticule *Thach-hoa*[2] est situé dans le village de *Binh-tan*, canton de *Phuoc-vinh*. Ce monticule abonde en pierres à feu (silex), et c'est pour cela qu'on le nomme *Gomui-khoi*. La chaleur y est tellement intense qu'un feu brillant s'élève des quatre côtés de ce monticule, semblable, pour celui qui le contemple, à une belle étoile filante.

Le monticule *Dao-kan*, vulgairement appelé *Nui-lo-gom*, est situé à 4 lis dans l'est de la citadelle. Ce monticule est couvert d'arbres et de rochers formant précipices. Les eaux

QUI-DU.

BACH-THACH.

THACH-HOA.

DAO-KAN.

---

[1] *Îlot de la tortue.* Cet îlot eût été mieux placé parmi les îles qu'avec les montagnes.

[2] *Pierre à feu.* Ce monticule doit son nom aux nombreux silex qu'on y trouve.

de la rivière coulent alentour avec rapidité. Il y avait autrefois en ce lieu une fabrique de tuiles [1].

Le site est agréable et pittoresque.

CHIÊU-THO'I. La montagne *Chiêu-tho'i* est située à 11 lis et demi dans le sud de la citadelle [2]. De petits monticules s'élèvent autour d'elle, à des degrés différents de hauteur, et de vieux et magnifiques arbres en ombragent les flancs. Cette montagne est située en face de la citadelle de *Bien-hoa;* elle est très-élevée, et sa crête, en serpentant, se dirige vers l'est jusqu'à la rencontre du cours de la rivière *Phuoc-giang;* elle se termine par le monticule appelé *Cong-tuoc.*

Au milieu de la longueur de cette montagne, et dans la direction du nord, se trouve un terrain exhaussé sur lequel est situé le village de *Long-thanh.* Des rochers s'élèvent en cet endroit et forment comme une muraille naturelle. C'est derrière ces roches élevées que la bonzesse *Luong* avait fixé sa demeure pour cultiver la pureté et la vertu. On a construit en ce lieu une pagode nommée *Vinh-tinh :* c'était un temple de la dernière élégance; le peuple le nommait la pagode *Vai-luong* (de la bonzesse *Luong*). Mais pendant la grande rébellion des *Tay-so'n,* ceux-ci la réduisirent en cendres.

La montagne se termine du côté du nord par quelques petites élévations faisant partie du village de *Long-tui.* L'un de ces monticules est beaucoup plus haut que les autres; il se termine par un plateau bien uni et spacieux; sur l'un de ses flancs est une large crevasse d'où jaillit une source.

Les habitants de la montagne ont fixé leurs demeures sur son pourtour. Au sommet est située la pagode dite de *Hoi-so'n;* le chef de bonzerie nommé *Kai-long* la restaura, afin de pouvoir convenablement y offrir des sacrifices. Lorsqu'on

---

[1] C'est à cause de cela qu'on nomme vulgairement cette montagne *Nui-lo-gom* (montagne du four à tuiles).

[2] Il est convenu que dans chaque province, la citadelle ou chef-lieu de l'administration servant de point de départ, toutes les distances y sont rapportées : aussi dit-on simplement *la citadelle.*

est rendu à la pagode, on voit à ses pieds couler la grande rivière.

Tous ceux qui vont en ce lieu pour y sacrifier s'y lavent de toute impureté, et leurs pensées sont exemptes de taches.

La montagne *Than-qui*[1] est vulgairement appelée *Ba-ba*. THAN-QUI. Une source qui s'écoule des flancs de cette montagne donne naissance à la rivière *Phuoc-long*; on la nomme vulgairement *Ngon-song-Don-naï* (source du *Don-naï*).

Il existe auprès de cette source une énorme pierre ronde qui a toute la ressemblance d'une tortue; l'eau coule constamment par les pieds et la tête de cette tortue. Si la tête de l'animal est tournée vers l'ouest, c'est un signe que la pluie sera peu abondante pendant cette année-là; mais si la tortue, se retournant sur elle-même, regarde du côté de l'est, on peut alors certainement compter pour l'année sur une pluie très-abondante. C'est ainsi que se meut et opère l'esprit de la tortue.

Les hommes seraient bien incapables d'agir de la sorte et avec autant de science. Cependant les habitants des montagnes connaissent chaque année, à l'inspection de ce signe, si la pluie sera rare ou abondante.

On a donné en outre à cette montagne le nom de *Thoso'n* (montagne de l'éternité).

Cette montagne est située à la frontière de la province de *Bien-hoa*; elle gît dans le nord-ouest de la citadelle, à la distance très-éloignée de 445 lis.

On peut la considérer comme la souche et l'ancêtre des montagnes placées dans le nord; elle est entourée d'un grand nombre d'élévations, montagnes ou pics parsemés d'énormes roches noires et obscures.

De nombreux troupeaux de bœufs conduits par des Cambodgiens paissent aux environs. Ces pasteurs établissent de vastes enceintes palissadées où ils se réunissent.

---

[1] *Esprit de la tortue.*

Cette montagne, origine de toute la chaîne, est vraiment immense; sa force productrice est très-grande; de ses flancs sort le mont *Qui-so'n* (mont de la tortue), sur lequel a établi sa résidence le vieil ancêtre des dragons; du sommet de ce mont s'élève le feu d'un volcan. Une multitude de pics montrent leurs sommets dans les environs; à droite et à gauche, au nord et dans l'est, ce ne sont que montagnes, ce ne sont que roches plus ou moins élevées, telles que : *Bao-kin-so'n, Cho'-dien-so'n, Lai-so'n, Nuc-so'n, Lien-so'n, Tiéu-nghéu-so'n, Mai-suy-so'n, Ba-ria-so'n*, et enfin *Thui-van-so'n*[1], qui se termine à la mer par le cap de ce nom; cette chaîne se relie et communique avec celle du *Binh-tuân* au nord.

La chaîne des montagnes habitées par les *Moï* sert de limite aux deux provinces de *Bien-hoa* et de *Binh-tuân;* elle borne la première au nord et la seconde au sud.

La province de *Bien-hoa* est entièrement entourée de montagnes dans toute la partie qui s'étend à la droite de la citadelle (de l'est au sud) : on y voit les montagnes appelées *Ko-so'n, Ba-da-so'n, Tinh-vu-so'n*, et des champs cultivés et traversés par d'autres montagnes qui font partie du même système. Le nombre et les noms de ces différentes élévations sont considérables. Il y a encore les montagnes dites *Ba-din-so'n* et *Lo-dem-so'n*, qui s'étendent jusqu'aux rives du grand fleuve qui limite le royaume du Cambodge.

TIÉT-GO.

La montagne *Tiét-go*[2], vulgairement nommée *Lo-thoi*, est située au nord de la rivière *Phuoc-giang;* c'est de cette rivière que dérive le *Don-chu'ng*, distant de 3 lis et demi du marché *Tiét-lo*[3]. Des hommes habiles dans la métallurgie ont établi de vastes fourneaux auprès de ce marché, situé sur la montagne.

Deux hommes du *Fo-kien* nommés *Li-kinh-tu* et *Lam-matam* arrivèrent en ce lieu l'an *Tan-vi*, et ils y exploitèrent du

---

[1] Le cap *Ti-van*, au nord de Saint-Jacques.

[2] Mines de fer.

[3] Hauts fourneaux.

fer excellent, après toutefois s'être mis en règle[1] au sujet des droits à payer pour cette exploitation. Ils fondaient toutes sortes de vases, et ce fut pour eux un commerce important dans lequel ils réalisèrent de grands bénéfices. Étant donc devenus riches, ils s'en retournèrent dans leur pays.

C'est là une preuve de la libérale bonté du ciel et de la terre dont les trésors naturels nourrissent les pauvres, et dont les éléments eux-mêmes se convertissent en richesses.

La montagne *Ki-so'n*, vulgairement appelée *Ba-ki*, du nom d'une femme nommée *Ki*[a], est située à 91 lis dans l'est de la citadelle. Des sources d'eau douce découlent de ses roches, et on y exploite une grande quantité de bois de construction. Cette montagne est habitée par beaucoup de quadrupèdes et d'oiseaux : aussi les hommes qui y ont fixé de toutes parts leurs demeures, composées de cabanes, se livrent-ils activement à la chasse. Ils exploitent également les forêts, qui sont pour eux une source de revenus.

La montagne *Nu'-tan*, vulgairement appelée *Ba-vaï*[2], est située dans le huyen de *Long-thanh;* elle a reçu son nom à cause d'une jeune fille nommée *Lê*, dont les parents étaient fort riches, mais qui, malgré ces richesses, laissa passer le temps de prendre un époux : cependant, lorsqu'elle eut perdu son père et sa mère, elle se maria; mais, ne tardant pas à être veuve, elle ne voulut plus songer à se remarier de sa vie. Elle persista avec force et héroïsme dans cette détermination, et, comme elle voulait repousser définitivement tous les partis qui se présentaient, elle se rasa la tête et fonda une bonzerie de femmes sur le sommet de la montagne. Elle fut la première supérieure de cette bonzerie, et y reçut beaucoup de jeunes filles qui y entrèrent comme ses

[a] C'est ainsi que plusieurs montagnes ont pris le nom particulier d'une personne.

[1] Les mines appartenant à l'État, il est défendu aux particuliers de les exploiter.

[2] Bonzesse.

disciples. Ainsi se passa sa vie, dans la prière et la mortifi-
cation, accomplissant de la sorte la perfection et la pureté
véritables. C'est à cause d'elle que la montagne a reçu le
nom qu'elle porte aujourd'hui.

Cette montagne est située à 120 lis dans l'est de la citadelle et abonde en rochers et en magnifiques arbres; elle
est visible de la citadelle de *Gia-dinh*, d'où elle paraît
réunir les plus belles couleurs pour celui qui la contemple.
Les habitants de cette montagne exploitent beaucoup de
bois de construction, et font chaque année une grande
quantité d'huile résineuse[1], ainsi que du charbon de bois.
Beaucoup d'oiseaux et de quadrupèdes habitent en ce lieu.

LAN-GIAO.

La montagne *Lan-giao* est située sur le huyen de *Long-
thanh*, à une distance de 132 lis et demi dans le nord-est de
la citadelle. Elle possède une source nommée *Khu'-thu'*; elle
est très-boisée et couverte de forêts très-sombres. Des *Moï*
ont établi là leurs demeures, disputant ainsi le sol à une
grande quantité de tigres, de rhinocéros et d'éléphants.

TRÀN-BIEN.

La montagne *Tràn-bien*, vulgairement appelée *Moï-suy*, est
située à 145 lis dans l'est de la citadelle; elle est très-élevée; les cerfs y sont nombreux, le pin y abonde.

Une source nommée *Vân-truc*, extrêmement agréable,
découle de cette montagne, placée en face de *Gia-dinh*, et
qui atteint une grande élévation.

Il existe à mi-hauteur une grotte rocheuse très-profonde et tellement étroite qu'elle ne permet pas à un homme
de s'y introduire.

Un célèbre bonze nommé *Ngo-chung* habite à l'entrée
de la grotte, et il y a établi une pagode appelée *Duc-van*.
Ce solitaire ne vit que de légumes et de fruits et il passe
sa vie à prier *Phat* (Bouddha); il a su apprivoiser les bêtes

---

[1] Cette huile résineuse s'obtient principalement au moyen de l'arbre nommé
cây-diau. On pratique au pied de son
énorme tronc une sorte de petit foyer
dans lequel on allume du feu, et lorsque
les fibres de l'arbre sont suffisamment
échauffées, il laisse couler son oléorésine,
que l'on recueille dans des jarres.

féroces et se rendre l'ami des tigres de la montagne; il est versé dans la science des talismans qui ont la vertu d'enlever les maladies. Il reçoit de nombreuses offrandes en remercîment du bien qu'il fait, et il se plaît à les distribuer aux pauvres et à tous ceux qui souffrent de la faim. C'est un religieux très-célèbre et très-élevé en vertus.

La montagne *Sa-truc*, vulgairement appelée *Nui-maï*[1], est située dans l'est de la citadelle, à la distance de 180 lis; le rotin y est très-abondant, et c'est à lui que la montagne doit son nom. Au pied de cette montagne coulent des arroyos sur les bords desquels sont établis de nombreux pêcheurs qui vivent du produit de leurs filets. SA-TRUC.

La montagne de *Ba-ria* est également située dans l'est de la citadelle, à une distance de 176 lis et demi. BA-RIA.

Il existe sur cette montagne des roches perpendiculaires et fort élevées. Elle est boisée, et les arbres y sont très-beaux. Au bas de la montagne, on voit le marché de *Long-thanh*, situé sur une belle route qui conduit jusqu'au milieu du sommet de la montagne et sur laquelle peuvent aller les chevaux et les charrettes. Cette route est très-encaissée et protégée des deux côtés par deux grandes parois de roches qui forment comme des murailles.

La montagne de *Thui-van* est située dans l'est, à 194 lis de la citadelle; elle se termine par des roches abruptes, battues par la mer. La dernière de ces roches, formant pic, est si extraordinairement élevée qu'elle perce les nues, de sorte que les nuages paraissent suspendus aux flancs de la montagne, et c'est là ce qui lui a fait donner le nom de *Thui-van* ou *Ti-van*. THUI-VAN.

Il y a au sommet une pagode dédiée à la mer et au soleil, parce que de ce lieu on voit toujours le soleil et la mer. Sur la pente de la montagne, et du côté du nord, sont de nombreux fourrés de grands arbres d'un beau vert, où les

____
[1] Le mont *des Rotins*.

sangliers viennent prendre leurs ébats quand ils quittent leur antre.

Au pied de la montagne se trouve une baie assez bien abritée et formée par la mer; on lui a donné le nom de *baie du Sanglier*, vulgairement *So'n-tru'*. C'est là que pendant les coups de vent et les tempêtes du sud viennent se réfugier et chercher un mouillage les barques et les jonques.

LAÏ-KÊ.   La montagne *Laï-kê*, vulgairement nommée *Ganh-raï*, est située dans l'est de la citadelle, à 143 lis et demi. Au nord de cette montagne s'étend un vaste banc, traversé dans son milieu par un chenal assez large et profond dont les eaux courent comme celles d'une petite rivière; le sable et les roches sont accumulés sur ce banc, qui, d'abord s'étendant vers l'est, revient sur lui-même à l'ouest, en se reployant à la manière des dragons. Seules et isolées, s'élèvent dans les environs trois grandes roches dont les trois sommets rappellent les pieds d'une vaste marmite; ces roches forment une excellente reconnaissance pour la navigation, et les navires de l'empire d'Annam, soit qu'ils se dirigent vers le nord ou reviennent au sud, savent reconnaître de la sorte un abri contre la mer. Les lames rongent incessamment la tête de ces rochers qui lui opposent une barrière, en ne laissant à droite [1] qu'une seule entrée qui conduit au port de *Can-gio'*.

Là se trouve une bonne et vaste baie, où jouiront d'un repos assuré aussi bien les rames que les voiles.

Au sommet de la montagne se voit une source d'eau douce. Au pied sont établies des demeures de pêcheurs, réunies en petits villages; ce lieu est bien véritablement un port de mer.

Sur les bancs qui s'étendent au pied de la montagne, on

---

[1] Pour comprendre ce passage, il est bon de savoir que les Annamites ne nomment pas, comme nous, *Ganh-raï* seulement la partie intérieure formant la baie que l'on traverse pour se rendre de *Can-gio'* à *Ba-ria*, mais encore la partie extérieure de la montagne, baignée par la mer. — L'auteur a l'intention de décrire ici l'atterrissage du cap Saint-Jacques.

voit très-fréquemment une sorte de très-grosses loutres appelées *tigres de mer*, et c'est la présence de ces animaux qui a fait donner à la montagne le nom de *Nui-ganh-raï* (montagne du banc des loutres).

Le pic de *Than-mâu*, vulgairement appelé *Mui-ba-ké*, est situé dans le nord de la frontière, à une distance de 149 lis de la citadelle. Il est composé de grandes roches qui s'élèvent sur le bord de la mer et au pied desquelles sont de nombreux écueils. On voit beaucoup de cavernes de sable au sommet du pic. Lorsque le vent souffle avec force, la mer est très-forte en ce lieu, quoiqu'il n'en soit pas toujours ainsi. Néanmoins les bateliers craignent en général ce passage. Dans l'une des grottes dont il vient d'être question, est établie une pagode où l'on offre des sacrifices à l'esprit d'une femme, esprit qui réside sur le pic.

Au pied du pic passe la route royale, et toute personne qui chemine sur cette route ne manque pas de vénérer la pagode quand elle passe devant. La coutume est de lâcher des poules vivantes et d'offrir des papiers d'argent et d'or, afin de se rendre l'esprit favorable.

La rivière *Phuoc-long*, vulgairement appelée *Don-naï*, a reçu ce nom de *Phuoc-long* à cause du territoire de *Phuoc-long-phu* qu'elle traverse [a]. Cette rivière prend sa source à une distance éloignée de la montagne *Than-qui*. Le bassin de cette source est raviné et profond; il est formé par des myriades de vallées et de sinuosités conduisant en ce lieu les eaux réunies des élévations voisines.

La rivière, une fois formée, coule à l'ouest. Elle est appelée petite rivière et vulgairement *Song-be* jusqu'au *tram* de *Sa-tam*. En ce lieu se trouvent des rapides formés par des roches élevées et à travers lesquels l'eau bouillonne et bondit en présentant beaucoup de dangers; il n'est pas pos-

[a] Beaucoup de cours d'eau prennent de la même manière le nom du territoire.

sible à un bateau de franchir ces rapides, qui marquent la limite de l'influence de la marée. Les barques qui se livrent au commerce mouillent donc en cet endroit et les marchandises continuent leur route par terre jusqu'au lieu dit *Thué-truong*, où elles sont vendues aux *Moï* et Cambodgiens qui habitent les montagnes.

A partir de ces rapides, la rivière devient large et profonde; elle roule des eaux douces d'une très-belle transparence : c'est, des cinq provinces, l'eau qui a la première réputation; il n'en existe pas de meilleure pour se laver la tête et la chevelure. Cette eau égale en limpidité l'eau renommée de la montagne d'Or; elle peut être comparée à la blancheur des cigognes de *Balan*.

La rivière de *Phuoc-long* mêle plus bas ses eaux à celles du *Tan-binh*, et les deux cours réunis forment ainsi le fleuve de *Phuoc-binh*, qui coule à l'est vers *Can-gio'* pour se verser à la mer.

Il arrive d'ordinaire que les pluies abondantes du 8e mois augmentent considérablement le volume des eaux, qu'elles rendent boueuses et qu'elles déversent dans les rizières. Cependant ces sortes d'inondations, quelles que soient les pluies, n'entraînent jamais de dommage pour les hommes ni pour leurs habitations.

Une très-grande quantité d'embranchements et d'arroyos se déversent dans le lit de cette rivière, et tous ces différents cours d'eau finissent aussi par retourner à la mer.

L'île de *Dai-pho*, vulgairement appelée *Cu-lao-pho*, est encore nommée *Dong-pho*, et enfin *Cu-châu* (île du dragon), à cause de ses nombreuses sinuosités, qui lui donnent la ressemblance d'un immense dragon dans l'eau. Cette île est située dans l'est de la citadelle[1], à plus de 3 lis de distance. Elle a une longueur de 7 lis, et sa largeur est égale aux deux tiers de sa longueur. Elle est placée devant la

---

[1] Toutes les fois que l'on ne dit pas le nom de la citadelle, c'est qu'il s'agit du chef-lieu de la province dont on fait la description.

citadelle comme un beau poisson d'or préposé à sa garde. Elle forme dans la rivière une barrière de pierre suffisamment élevée pour la protéger.

La rivière *Phuoc-long* l'entoure de toutes parts, en se dirigeant vers le sud, et le banc de sable *Sa-ha* l'entoure au nord. Autrefois il existait un pont qui reliait cette île au continent. Ce pont était très-grand, très-large et très-solide; il communiquait directement avec la route conduisant à la citadelle.

L'an *Dinh-mau*, 10e année de *Thê-tôn* [a] (1748), un homme du *Fo-kien*, nommé *Lê-van-quang*, passa dans l'empire d'Annam et vint au printemps se fixer sur l'île *Dai-pho* pour y faire du commerce. Le monde jouissait alors de la plus profonde paix, et ce Chinois en profita pour mettre à exécution les projets qu'il nourrissait secrètement. Ayant réuni plus de 300 hommes, il se déclara prince de *Dai-pho*. Un nommé *Ha-cu* devint son général en chef et deux autres individus furent institués généraux de l'aile droite et de l'aile gauche. Ces rebelles avaient l'intention de s'emparer de la citadelle de *Bien-hoa*.

Cependant l'envoyé impérial *Nguyen-cu'-can*, qui commandait à *Bien-hoa*, étant un homme très-habile dans l'art de la guerre, les rebelles le craignaient extrêmement : aussi leur intention était-elle de s'en débarrasser d'abord, afin de rendre la chose faisable. Les conjurés profitèrent donc de la grande solennité du premier jour de l'an pour faire tenir cachés dans les boutiques une trentaine d'hommes courageux et résolus, et pendant que ces conjurés, parés de leurs plus beaux habits de fête, s'introduisaient dans l'habitation du *kham-saï* [1] pour le féliciter et le saluer, les assassins sortirent à l'improviste armés de leurs sabres et en frappèrent le *kham-saï*,

---

[a] Dynastie des *Lê* : *Hiên-tôn*, 8e année; dynastie des *Tsing* : *Kien-long*, 12e année.

[1] On donne le titre de *kham-saï* aux envoyés impériaux.

qui fut gravement blessé. Celui-ci, étant parvenu à saisir un sabre, mit à mort cinq ou six assassins. Mais aussitôt tous les conjurés s'introduisirent dans le campement militaire, où ils s'emparèrent de lances, et enveloppèrent de tous côtés le *kham-sai*, déjà très-affaibli par ses blessures. Malheureusement comme il tenait son sabre à la main, il fut empêché par une barrière dans laquelle s'embarrassa la poignée de son arme : cela le fit chanceler et tomber; les assassins se précipitèrent alors sur lui et le massacrèrent.

Cependant les soldats de la garnison étant accourus en toute hâte, les conjurés prirent la fuite et s'empressèrent de se réunir sur le pont de leur île pour en faire une barricade infranchissable.

Le mandarin annamite *Nguyen-cuong*, ayant rassemblé sous ses ordres les soldats de terre et de mer, se rendit avec eux sur la rive nord (côté de *Bien-hoa*); mais voyant la défense énergique du pont, il n'osa pas le franchir et il y mit le feu. Ce mandarin fit aussitôt connaître la position dans laquelle il se trouvait au commandant de *Môi-xui*, nommé *Tong-phuoc-dai*, qui, s'étant réuni à lui, l'aida à s'emparer du rebelle *Lê-van-quang*, avec cinquante-sept des principaux conjurés. Ces hommes appartenant au Fils du ciel [1], l'empereur d'Annam n'osa pas les faire exécuter sur-le-champ; il les fit donc mettre en prison et rendit compte de ces faits à l'empereur de Chine.

Les principaux coupables furent dans la suite renvoyés en Chine et soumis à la juridiction du vice-roi du *Fo-kien*, qui les fit exécuter.

Quant au pont, il ne fut plus réparé jusqu'à la révolte des *Tay-so'n*, époque à laquelle on l'abandonna entièrement.

On se rend maintenant en barque du continent sur l'île, et du côté du sud (de l'île) est établi un bac pour commu-

---

[1] L'empereur de Chine.

niquer avec le marché de *Binh-trân*, vulgairement appelé *Cho'-lo-chi;* on se rend par terre de ce marché à la province de *Gia-dinh.*

L'écueil *Thach-nghê*, situé à 3 lis et demi dans l'est de la citadelle et dans le sud du cours du *Phuoc-long*, est formé d'une pierre semblable à un lion dont la tête serait ornée de cornes; ces cornes sont apparentes hors de l'eau. La roche a une longueur de 10 brasses. Une grande moitié de cette roche est quelquefois apparente. Le lion regarde la citadelle. A l'époque des basses eaux, la roche paraît presque entièrement.

L'écueil *Cu'-tich*, appelé aussi *Thach-nan*, est placé au milieu du cours du *Phuoc-long* et dans le sud de l'île *Cu-lao-pho*, à une distance de 4 lis de la citadelle. Cet écueil est incliné vers le nord; il se compose d'une grande quantité de roches de toutes dimensions, dont quelques-unes montrent leur tête hors de l'eau. Les eaux s'écoulent rapidement à travers ces roches, et lorsque le vent soulève les flots, il en résulte un grand danger pour les barques, qui doivent les veiller avec le plus grand soin. Au-dessous de cet écueil vit une carpe noire longue de 6 à 7 pieds; ses yeux sont semblables à des éclairs, et ses écailles sont comme autant d'étoiles. Lorsque la nuit est profondément sombre, ce poisson se dirige vers la pagode de *Lê-tanh-hu'u*, et là il prend ses ébats dans l'eau, tantôt bondissant à de grandes hauteurs, tantôt s'élevant à peine comme s'il voulait adorer l'esprit de la pagode.

Dans le nord de l'écueil est un chenal très-profond et qui donne passage aux plus grandes barques de mer. C'est là autrefois que prenaient leur mouillage les grandes jonques de commerce.

Depuis très-longtemps c'était une coutume établie par les navigateurs de la Chine, lorsque les grandes jonques arrivaient en ce lieu avec leur chargement, d'y louer des entrepôts disposés à cet effet et d'y débarquer toutes leurs marchandises. Le propriétaire de l'entrepôt vérifiait alors la composition du chargement, d'après le manifeste qui lui était remis par le capitaine. Le prix étant débattu pour chaque objet, le propriétaire devenait l'acquéreur du chargement complet; il achetait aussi bien les marchandises inférieures que celles d'une grande valeur.

Le capitaine de la jonque n'était pas retenu longtemps par la transaction, parce qu'ayant pris à l'avance la précaution de désigner les produits qu'il désirait charger pour le prix de ses marchandises, il les trouvait réunis et préparés, et il pouvait de la sorte s'en retourner en Chine. Le capitaine et le propriétaire de l'entrepôt étaient donc dans le meilleur accord; il ne s'élevait jamais entre eux aucune contestation. Les Chinois, certains de la facilité de leurs transactions, ne pensaient qu'à se livrer à la joie, et ils se divertissaient soit par des chants, soit au théâtre.

En ce mouillage on trouve également de l'eau excellente, et de plus il n'y a aucun insecte capable de nuire soit aux jonques, soit aux embarcations. Lorsque le temps de la station des jonques était terminé, elles s'en retournaient sans difficultés aucunes.

Cependant, vers l'époque de la révolte des *Tay-so'n*, les principales autorités, ainsi que la plus grande partie des troupes, se transportèrent dans la province de *Phan-yen* (*Gia-dinh*).

Les jonques suivirent ce mouvement et vinrent mouiller dans le fleuve *Tan-binh*, et c'est ainsi que cela se pratique encore de nos jours. Mais là ne se trouvent plus ces riches consignataires qui acquéraient le chargement entier : il faut donc aller vendre en détail par les rues et sur les marchés; il en est de même pour les produits de la terre, que l'on est obligé de chercher péniblement à droite et à gauche. De plus, beaucoup de gens sans aveu, après s'être revêtus de beaux habits pour se faire croire riches, achètent des marchandises et puis se sauvent dans quelque contrée éloignée.

Si la perte éprouvée par le capitaine de la jonque n'est pas considérable, il peut bien malgré cela s'en retourner en Chine; mais si cette perte est importante, il se trouve forcé de passer tout un hiver pour tâcher de retrouver la personne dont il a été la dupe. Cela est fort pénible pour des marchands venus de contrées aussi éloignées.

Les jonques arrivent au printemps, parce qu'elles profitent de la mousson du nord-est; elles s'en retournent en été avec la mousson du sud. Si elles prolongent leur temps de séjour jusqu'à laisser passer l'automne, elles se voient dans la nécessité de séjourner pendant tout l'hiver.

L'île de *Ngo-châu* est située dans le nord de la rivière *Phuoc-long*. Elle a une longueur de plus d'un li et une largeur égale au quart de sa longueur et est à la distance de 19 lis et demi de la citadelle, dans l'ouest. Cette île était jointe, dans le principe, à sa voisine *Tan-triêu-châu;* mais dans la quatrième année de l'empereur *Canh-hu'ng*, il survint un flot énorme qui les sépara en deux: l'une, à l'est, fut nommée *Ngo-châu*, et l'autre, à l'ouest, *Tan-triêu-châu*. Entre elles se trouve un petit arroyo extrêmement étroit, qu'une petite barque parvient néanmoins à franchir, mais en y mettant beaucoup de temps.

L'île de *Tan-triêu-châu* est placée au milieu du cours du *Phuoc-giang*[1]; située dans l'ouest de la citadelle, à la distance de 21 lis, elle est longue de 10 lis et large de 2 lis et demi. Cette île a de la réputation à cause de ses jardins de bétel, dont la feuille est belle, grande et agréablement parfumée.

L'île de *Tan-chanh-châu* est placée dans le sud du *Phuoc-giang*. Elle est voisine des deux précédentes, mais elle est la plus grande des trois. Elle a une longueur de 20 lis, sur

---

[1] Le *Phuoc-giang* est la même chose que le *Phuoc-long* dont il a été déjà question. *Giang* signifie fleuve en chinois; mais les Annamites font beaucoup d'abus de ce mot et l'appliquent souvent à des cours d'eau qui ne méritent nullement l'appellation de fleuve. On dit *Phuoc-giang* par abréviation.

une largeur de 5 lis et demi, et est à la distance de 20 lis à l'ouest de la citadelle. Cette île est plantée de mûriers qui y viennent très-bien; on y fabrique aussi une grande quantité de sucre en poudre.

BONG-GIANG. Le *Bong-giang* coule dans l'ouest de la citadelle, à la distance de 11 lis et demi. Dans la partie supérieure de son cours sont les trois îles *Tan-châu*, *Tan-triêu* et *Ngo-châu*, dont on vient de parler. Ce cours d'eau forme, en s'élargissant, comme une sorte de lac nommé *Canh-ho*, dont les eaux sont de la plus grande limpidité.

Ce lac est situé au-dessus de l'île *Qui-du'*, qui est placée là comme pour le protéger.

Le site est des plus agréables, et le climat excellent à habiter. On lui a donné le nom de *Bong-dao*, parce que c'est ainsi que l'on nomme la demeure des génies. Chacun vient de très-loin pour visiter ce lieu et pour y jouir de sa tranquillité. Là se promène la grue en jouant sur le sable; il y pleut seulement pendant la nuit, ce qui rend les journées fraîches et agréables. C'est enfin un site qui égale celui tant vanté en Chine de *Tiêu-tuong*.

KIEN-GIANG. Le *Kien-giang* coule dans le sud du cours supérieur du *Phuoc-giang* et dans le sud-ouest de la citadelle, à la distance de 21 lis et demi. Il coule du nord au sud; ses bords sont très-boisés; il donne naissance à un petit arroyo qui, à l'époque des grandes pluies, permet de communiquer avec le *Cai-cat-ha*, lequel se jette dans le *Bang-giang* au point de sa division en trois branches, point vulgairement appelé *Nga-ba-cai-côn* [1]. Le *Bang-giang* se jette de là dans le *Ban-bot*.

DONG-GIANG. Le *Dong-giang* est situé dans le nord du cours supérieur du *Phuoc-giang* et dans le nord-est de la citadelle, à la distance de 52 lis et demi. Cette rivière prend directement sa source dans le nord. On arrive, après une distance de

---

[1] Les Annamites nomment *nga-ba* les points de bifurcation des cours d'eau.

3 2 lis et demi, à une source profonde environnée de forêts et dont les bords sont rendus dangereux à cause des rochers placés auprès; il n'est pas possible à une barque de pénétrer jusqu'à ce lieu. On va de là chez les sauvages barbares.

Le *Tiểu-giang*, vulgairement appelé *Song-be*, coule dans le canton de *Phuoc-vinh* et dans le sud du *Phuoc-giang*; il est situé à l'ouest de la citadelle, à 1 o lis et demi. La source de cette rivière sort des deux villages cambodgiens *Vo-tam* et *Vo-viên*. Ces sources sont entourées par des montagnes habitées par les sauvages.

TIỂU-GIANG
ou
SONG-BE.

Après un cours de 1 3 lis dans l'est, la rivière parvient au poste de *Tam-linh*. Là se trouvent des rapides formés par de grandes roches; la rivière s'infléchit alors vers le nord, et, après un cours de 2 4 2 lis, elle parvient à son embouchure dans le *Phuoc-giang*, avec lequel elle mêle ses eaux.

Le *La-nha* est situé dans le cours supérieur et à la source du *Phuoc-giang*. La source du *La-nha* est placée dans la branche sud de la montagne *Bo-chiem* (province de *Binh-tuẩn*).

LA-NHA.

De la branche nord de cette montagne coule une autre source qui donne naissance au *Dia-diuong*. Le *La-nha* traverse la montagne *Hap-hap*, vulgairement appelée *Nui-song-buom*; l'eau, en bondissant sur les rochers, se dirige vers l'est, dans la province de *Phu-yen*, et se mêle aux eaux du *Ban-thach*.

Le *Sa-ha*, vulgairement appelé *Rach-cat*, coule dans le nord du *Phuoc-giang* et dans l'est de la citadelle, à la distance de 3 lis et demi. Il contourne l'île *Cu-lao-pho* et se nomme également *Hậu-giang*; son cours est très-étroit dans la partie de l'ouest, et très-encombré de beaucoup de bancs. On peut cependant passer dessus à mer haute.

SA-HA
ou
RACH-CAT.

L'*An-hoa* coule dans le nord du *Phuoc-giang* et dans l'est de la citadelle, à la distance de 1 9 lis; en face de son embouchure est placé le *Dong-chau*.

AN-HOA.

1 2

Après un cours d'un demi-li dans le nord, on parvient au marché d'*An-hoa*. On y vendait autrefois des bois de construction, et c'est pour cela que l'on nomme vulgairement ce marché *Cho'-ben-go*. A un demi-li dans le nord-est est l'amorce du *Tiet-truong*, vulgairement appelé *Rach-lo-thoi;* le marché de ce nom est situé à trois lis dans le nord-ouest. Cet arroyo se perd dans les terres. A 4 lis au-dessus, l'*An-hoa* parvient au *Boï-diep*, avec lequel il mêle ses eaux.

L'île de *King-châu*, vulgairement appelée *Cu-lao-cai-tac*, est située sur le cours inférieur du *Phuoc-giang* et dans le sud-est de la citadelle, à la distance de 21 lis et demi. Elle a une longueur de 13 lis et une largeur de 7 lis.

Cette île est habitée et cultivée. A sa gauche est le *Dong-giang*, qui est en cet endroit d'une grande largeur. Le vent fait élever des lames sur cette rivière, qui communique à l'est avec les trois arroyos *Boï-diep*, *Tanh-thuy* et *Dong-mon*. A droite de l'île est le *Tay-giang*, qui, malgré son peu de largeur, est une bonne route pour se rendre directement et vite à la citadelle de *Bien-hoa;* cette route est prise ordinairement par les barques grandes ou petites. A l'extrémité de l'île, le *Dong-giang* et le *Tay-giang* se rejoignent et mêlent leurs eaux, ce qui donne naissance au *Lan-vu*, lequel est très-large et très-profond.

Les eaux du *Dong-giang* et du *Tay-giang* sont d'abord fort sales; mais elles se purifient et deviennent limpides quand elles sont mêlées à celles du *Lan-vu*.

L'île de *Dai-châu*, étant placée comme une barrière, est la cause d'une inflexion de vent, ce qui rend des deux côtés de l'île le courant extrêmement violent; il en résulte également ment quelquefois des lames assez fortes dans cette partie de la rivière.

A l'est du cours du *Lan-vu* est située l'île de *Van-trun*, longue de 4 lis et demi et large de 4 lis. Cette île sert de

barrière protectrice à l'amorce du *Mau-thang*, vulgairement
appelé *Rach-choai* [a]. .

Rach-choai.

La végétation est très-belle en ce lieu; mais les moustiques y sont extrêmement communs, et c'est à cause de cela
que l'île se nomme *Van-trun* (île aux moustiques).

Plusieurs arroyos ayant même origine sont réunis en cet
endroit. Là aussi se trouve l'amorce du *Phu-gia-tam*.

Sur les bords du *Boï-diep*, vulgairement appelé *Rach-la-
buồm*, est une population qui a pour industrie la confection
des parois en feuilles de latanier, et c'est pour cela que l'arroyo se nomme *La-buồm* (toile de feuille). Cet arroyo est
situé dans le cours inférieur du *Phuoc-giang* et dans l'est du
Dong-giang, à la distance de 30 lis de la citadelle; il est
étroit et long. Après un cours de 10 lis dans le nord-ouest,
il parvient à l'amorce supérieure du *Ngoat-giang*. A la distance de 10 lis et demi plus loin est située l'amorce supérieure du *Dong-cho'n;* à 23 lis plus loin enfin, il parvient
au pont de la route royale. Si l'on traverse ce pont, on
arrivera, après une nouvelle distance de 10 lis, au poste
de *Boï-diep;* à 27 lis de ce poste, l'arroyo se bifurque en
deux embranchements, dont l'un se dirige vers l'est et
l'autre vers l'ouest. Le bras de l'est, après un cours très-
sinueux vers le nord, parvient à sa source nommée *Tham-
thuyen*, laquelle est située dans la montagne *Lan-giao*. Le
bras de l'ouest s'infléchit vers le nord et coule pendant
plus de 24 lis; il parvient alors à l'arroyo nommé *Xung-
nan*, vulgairement *Han-giat*, à cause des roches nombreuses
qui l'obstruent complétement. Ces lieux sont habités par des
Cambodgiens et des *Moï*, qui y ont établi un marché où
peuvent se rendre les barques, sans pouvoir néanmoins
dépasser cette limite.

La source primitive de cet arroyo est située dans les montagnes du Cambodge.

BOÏ-DIEP
ou
RACH-LA-BUỒM.

---

[a] Ainsi nommé à cause de la corde incorruptible que l'on y fabrique.

DONG-MON. L'arroyo de *Dong-mon* est situé dans le cours inférieur du *Phuoc-giang* et à l'est du cours du *Dong-giang* (continuation du *Phuoc-giang*), à plus de 35 lis de la citadelle.

L'amorce du *Dong-mon* est large de 8 *truongs*[1] (16 *tam*) et profonde de 1 *truong* (2 *tam*); après un cours de 21 lis au nord-est, l'arroyo parvient à l'amorce du *Ton-thuyen*, Xuôi-uong. vulgairement appelé *Xuôi-uong*. Ce petit arroyo est situé sur la rive occidentale du *Dong-mon;* il coule à l'ouest et passe, après un cours de 5 lis et demi, sous le pont *Thanh-thuy*, construit sur la route royale : c'est là que se trouve la source du *Thanh-thuy*.

Le *Dong-mon*, à 3 lis plus haut, parvient à l'amorce du *Quan-thu*. Cette amorce est située sur la rive septentrionale du *Dong-mon*.

Quan-thu. Le *Quan-thu*, après un cours de 6 lis et demi dans le nord-ouest, parvient au pont dit *Câu-quan-thu*. Après une distance de 12 lis au-dessus du pont se trouve la source de l'arroyo, et sur la rive sud de cette source sont construits cinq forts en terre.

Le *Dong-mon*, après une nouvelle distance d'un demi-li, parvient à un pont au nord duquel est une route qui conduit par terre jusqu'au poste de *Dong-mon*, situé sur la route royale à la distance de 1 li et demi du pont. Au sud du pont est une autre route qui conduit par terre au marché de *Mau-dang-giang*, situé à la distance de 13 lis et demi.

Enfin, à 1 li et demi au-dessus, on parvient à la tête de l'arroyo *Dong-mon;* c'est là que se trouve le marché du même nom. Mais avant que l'on soit au marché et à la distance Trao-qua-qui. de 1 li, on rencontre à un demi-li dans l'est l'arroyo *Trao-qua-qui;* après un cours de 2 lis au nord-est, on parvient à l'amorce du *Dong-hu'u*. A 3 lis dans l'est de cette amorce Dong-hu'u. se trouve un pont nommé *Câu-dong-hu'u*, situé sur la route

---

[1] Le *truong*, que l'on traduit quelquefois par brasse, vaut dix pieds; le pied annamite est de 0ᵐ,44 ; le *tam* vaut en Chine huit pieds, mais en Cochinchine il n'est que de cinq pieds, et ne vaut par conséquent que 2ᵐ,20.

royale; enfin, à 31 lis plus loin, on arrive au lieu nommé *Hien-thuyen*, qui est la fin de l'arroyo. A partir de l'amorce du *Dong-hu'u*, l'arroyo *Trao-qua-qui*, après une distance de 13 lis et demi dans l'est, mêle ses eaux avec celles du *Ki-giang*.

Le *Ki-giang* est situé dans l'est de la citadelle, à la distance de 91 lis. Cet arroyo coule du sud vers le nord; après un parcours de 12 lis, il parvient au lieu nommé *Dai-thuyen*, où il se perd dans les terres.

KI-GIANG.

Il traverse la route royale : aussi a-t-on établi un pont pour permettre les communications. Il communique à l'est avec le *Dao-thuy*, vulgairement nommé *Nuoc-lon*, et, le cours de ces deux arroyos devenant commun, se jette dans le grand cours d'eau *Môi-xui*. Une autre branche placée dans l'ouest se mêle aux eaux du *Dong-hu'u* et se dirige alors vers le *Dong-mon*, pour se jeter enfin dans la grande rivière de *Phuoc-long*.

Nuoc-lon.

Le *Phu-gia-tam-giang-khâu* est la réunion de trois cours d'eau, qui sont d'abord le *Phuoc-long* (bras de *Bien-hoa*), lequel, sous le nom de *Cam-thuy*, se dirige vers le nord; puis le *Tan-binh* (bras de Saï-gon), qui sous le nom de *Dam-thuy* se dirige vers le sud.

PHU-GIA-TAM-GIANG-KHÂU.

Ces deux bras mêlent leurs eaux et coulent ensemble vers l'est; ils ne tardent pas à donner naissance au fleuve *Phuoc-binh*. Ainsi est formé un bassin par la réunion de trois grands cours d'eau.

L'eau en ce lieu est extrêmement salée.

Ce bassin est situé dans le sud-est de la citadelle de *Bien-hoa*, à la distance de 73 lis et demi.

A partir du nord jusqu'au cours inférieur du grand fleuve *Phuoc-binh*, il existe un grand nombre d'arroyos (branches) coulant dans le nord ou le sud; quant au fleuve, il se dirige à l'est vers *Can-gio'*, où il se jette dans la mer.

Phuoc-binh.

Dans le principe, après l'établissement des deux citadelles de *Bien-hoa* et de *Phan-yen* (Saï-gon), il n'y avait pas de communication par terre entre les deux provinces, et c'était au moyen de barques qu'il était seulement possible d'aller. La station des barques de passage dans le nord, c'est-à-dire à *Bien-hoa*, était située à *Sa-ha-tan;* celle du sud, c'est-à-dire de *Saï-gon*, était dans le canton de *Tan-long*, au lieu dit *Câu-do*, dans le village de *Tan-hu'ong*.

Lorsque de *Bien-hoa* on veut aller à *Saï-gon*, il faut attendre la marée descendante, et ne partir qu'avec elle : arrivé aux trois bras, on se trouvera peut-être empêché de remonter par la marée qui descend; il faut alors mouiller et attendre le flot qui portera vers *Saï-gon*. On agira de même lorsque de *Saï-gon* on voudra se rendre à *Bien-hoa*. Ce lieu de station forcée aux trois bras étant autrefois très-peu habité et encore par quelques personnes demeurant assez loin, il en résultait de grandes incommodités pour les voyageurs, qui pouvaient à peine faire cuire quelque chose dans leurs petites barques.

Cela donna l'idée à un homme fort riche du canton de *Tan-chanh*, nommé *Vo-tu-oan*, de faire établir une auberge sur un grand radeau de bambous : on trouvait là du riz et tout ce qu'il fallait, tout préparé, sans exiger de l'argent de personne. Cependant quelques marchands voulurent aussi s'y établir, et il en résulta une sorte de marché flottant nommé *Phu-gia*. Ce marché s'éleva jusqu'à vingt radeaux (vingt maisons). Dans la suite, les relations s'établirent par terre et par eau et devinrent très-fréquentes. Les bords des arroyos se peuplèrent considérablement; plusieurs personnes n'usèrent plus que de leurs barques particulières. Lors de la révolte des *Tay-so'n*, le marché flottant de *Phu-gia* fut abandonné, et il n'a pas été rétabli depuis.

BAN-BOT.   Le *Ban-bot* forme la limite nord-ouest de la province de *Bien-hoa*. La source de cet arroyo sort du *Don-giai-trach*. Ce *trach* ou sorte de bassin est large, rond et profond; il est bordé d'une très-grande quantité d'arbres et habité par les *Moï*. L'eau, en sortant de ce bassin, se dirige vers l'est; elle est douce et abondante. Le *Ban-bot*, qui sépare la province de *Bien-hoa* de celle de *Gia-dinh*, se jette dans le fleuve de *Tan-binh*.

Le torrent de *Ngu-cong* coule à l'ouest du *Thuy-nguyen*, qui est alimenté par le *Ban-bot*. Ce torrent est situé dans le sud-ouest de la citadelle, à la limite de la province de *Bien-hoa*. Sa source est située dans le bassin de *Tan-giang*.

La pagode de *Ngu-cong* est placée dans le sud de ce torrent, dont le lit renferme beaucoup de pierres et de roches, qui forment tantôt des trous, tantôt des élévations. L'eau coule avec une extrême rapidité, en bondissant sur les roches. Cependant d'habiles bateliers parviennent à naviguer sur le torrent avec de petites barques, qu'ils conduisent en poussant du fond à l'aide de longues perches; mais pour peu que leur manœuvre soit fausse, ils voient leur barque chavirée et brisée.

Ce torrent, après un cours de 215 lis, parvient à celui de *Ta-mon-thach*, et, après un nouveau cours de 30 lis, à celui de *Cap-tan*. Il rencontre alors successivement les torrents qui suivent : après une courte distance d'un demi-li, le *Dai-tan;* après un nouveau li, le *Ta-ma-thach;* à 17 lis après, le *Ché-hiem;* à 2 lis et demi de là, le *Ta-non-thach;* enfin à 24 lis, le *Song-lam*, où le torrent *Ngu-cong* se divise en deux branches.

L'une, qui se dirige vers le sud-ouest, est vulgairement appelée *Song-lam;* elle parvient, après un cours de 18 lis, au torrent de *Ta-viet-thach*, où l'eau coule sur des roches. Ce lieu est habité par quelques *Moï* et fréquenté par les bêtes sauvages. La source de ce torrent est inconnue.

La deuxième branche, qui coule dans le nord-ouest, est vulgairement appelée *Song-dieu;* elle parvient, après un cours de 13 lis, au torrent de *Ta-cuong-thach*. Les roches en ce lieu atteignent une grande hauteur, et la forêt est très-épaisse et boisée; elle est habitée par des sauvages cruels. La source de ce dernier torrent est inconnue.

LAO-TO-CAN.

La chaîne de collines *Lao-to-can* est située dans le huyen de *Binh-an*, canton d'*An-thuy*.

Elle forme la limite sud de la province de *Bien-hoa*. C'est une élévation de terrain qui va en serpentant. La vie de la terre (force vitale terrestre) est amoncelée en ce lieu, et il en résulte une très-belle végétation.

La chaîne est longue de 7 lis et demi et large de 3 à 4 lis. Quelques petits cours d'eau coulent à partir de cette chaîne, du nord au sud, et en suivant ses contours.

Ces collines sont de niveau avec la montagne *Chiêu-tay*.

CÀM-DAM
OU
VUNG-GÀM.

Le *Càm-dam*, vulgairement appelé *Vung-gàm*, est une rivière qui coule dans le huyen de *Phuoc-an*, canton d'*An-phu*. Elle est large et profonde et formée de beaucoup de petits cours d'eau.

L'eau de cette rivière est très-limpide : aussi est-elle pénétrée jusqu'au fond par les rayons du soleil, et les nuages s'y reflètent en entier. Les bords sont couverts de grands arbres, et l'eau est belle et claire; le coup d'œil dont on jouit en ce lieu est magnifique. Dans la rivière se trouvent un grand nombre de *caïmans*, qui sont redoutables et dévorent les hommes : aussi faut-il faire une grande attention lorsque l'on est étranger en ces lieux.

C'est de là qu'est venu le dicton populaire : *Méchant comme un caïman du Càm-dam.*

TOAI-DAN
OU
DAM-NAT.

Le *Toai-dan*, vulgairement appelé *Dam-nat*, est situé dans le huyen de *Phuoc-an* et formé par la réunion de plusieurs petits cours d'eau; on peut le parcourir dans tous les sens. Il renferme dans son cours plusieurs îles et donne naissance à beaucoup d'arroyos qui se dirigent de tous côtés.

Les bords du *Toai-dan* sont très-boisés; la vue est arrêtée partout par la végétation. Les barques peuvent aller dans tous les sens, et malgré les courants contraires, en profitant des nombreux arroyos; mais il faut pour cela avoir une grande connaissance des lieux, car il est très-facile de s'égarer, et il faut en tout cas porter une grande attention à la navigation. On ne rencontre là aucun village, aucune demeure : aussi n'est-ce pas sans appréhension que même les gens qui en ont l'habitude parcourent ces arroyos.

Ordinairement les barques attendent d'être réunies en un certain nombre, formant ainsi un convoi capable de se porter mutuellement secours. Cela est indispensable à cause du grand nombre de pirates qui parcourent ces lieux, et qui à de fréquentes reprises ont dépouillé les marchands.

La douzième année du roi *Gia-long*, on établit là un *tram*[1] d'eau gardé par des soldats. Ce *tram* avait un double but, la transmission des dépêches et la protection du peuple contre les pirates. Cela fut pour le peuple d'un immense secours.

Le *That-ki*, vulgairement appelé *Nga-bay*[2], est situé à l'est du fleuve *Phuoc-binh*. Dans le sud se trouvent trois bras, et dans le nord une croix (deux branches en croix) nommée *Thap-tu'* : c'est à cause de cela que ce lieu se nomme *Nga-bay*[3]. On a nommé aussi ce lieu *Tam-ki* (les trois bras) et *Thap-tu'* (la croix), parce que la réunion de plusieurs cours d'eau rend difficile une appellation particulière pour chacun d'eux. THAT-KI
ou
NGA-BAY.

Une grande quantité d'arroyos partent de ce lieu et se dirigent dans toutes les directions. On a enfin donné à ce lieu le nom de *Hôn-dong-giang* (fleuves réunis), qui paraît plus convenable que celui de *That-giang* (les sept fleuves).

Le *Vung-duong* forme un territoire voisin de la mer et placé à la limite est de la province. Ce territoire est entièrement composé de salines. Là se sont réunies les personnes qui ont pour industrie l'exploitation du sel. VUNG-DUONG.

Le *Huong-phuoc* est la même chose que le *Môi-xui;* c'est un arroyo qui coule sur le territoire des deux villages HUONG-PHUOC
ou
MÔI-XUI.

---

[1] Il y a des *trams* de terre, où se trouvent des chevaux de poste pour les courriers officiels, comme on l'a dit dans une note précédente (voy. page 126), et des *trams* d'eau, où sont des barques du gouvernement.

[2] Les quatre bras.

[3] C'est-à-dire les sept embranchements.

Long-hu'ong et *Phuoc-lê*, et sur les bords duquel est placé un *tram*.

Cet arroyo, dans son cours supérieur, coule au nord; après quoi il s'infléchit vers l'ouest et se dirige vers le rach *Chau-phê* et puis vers le rach *Giao-câu*. Après avoir traversé le rach *Tham-thuyen*, cet arroyo parvient au *Mong-giang*, vulgairement appelé *Song-soai*. Ce *Song-soai* n'a pas de source : il est long de 15 lis; après un cours de plus de 4 lis au sud, il forme l'amorce du *Huong-phuoc* sur le grand fleuve. Beaucoup d'autres arroyos mêlent également leurs eaux au lieu de cette amorce ou embouchure.

La bouche [1] (estuaire) de *Tac-khai* (sur la mer) est située dans l'est de la citadelle, à la distance de 210 lis. Cet estuaire renferme plusieurs bancs de sable, qui changent souvent de place : il est large de 90 *tams;* à marée haute, on y trouve des fonds de treize à dix-sept pieds. Les bords de cet estuaire sont habités par des pêcheurs, qui se livrent là à leur industrie. Ce lieu forme les principales pêcheries et salines de la province de *Bien-hoa*.

La baie de *Thuyen-uc*, vulgairement appelée *Vung-tau*, est située dans l'est de la citadelle, à la distance de 234 lis et demi.

La terre s'avance là en forme de promontoire, qui devient plus grand à mesure qu'il s'avance davantage. Cela forme un cap qui enveloppe au nord l'estuaire de *Tac-khai*, et au sud il abrite *Lai-son* (la baie de *Ganh-raï*). Ce cap sert enfin de protection au port de *Can-gio'*.

Cette baie n'assèche jamais; elle a son ouverture tournée vers l'est, est large et offre un excellent abri aux grands navires de l'Océan, qui ne manquent pas d'aller y prendre un bon mouillage.

Sidenotes: Chau-phê. Giao-câu. Song-soai. TAC-KHAI. THUYEN-UC ou VUNG-TAU.

---

[1] Cette bouche ou sorte d'estuaire se nomme aujourd'hui le *Cua-lap*. Les Annamites appliquent le mot de *cua* à toute ouverture formant baie, port, embouchure, etc. De sorte qu'il est quelquefois assez difficile de traduire exactement ces différentes nuances, qui sont rendues par le même mot.

Ce territoire, situé dans le huyen de *Phuoc-an* et le canton de *Phuoc-hu'ng*, comprend les sept villages de *Phuoc-hoa, Phuoc-an-trung, Phuoc-loc-tuong, Phu-tanh, Long-tanh, Long-hoa, Tai-thanh;* il est planté de mûriers, de chanvre, de maïs, de haricots, qui y viennent en abondance et d'une excellente qualité. On se rend de là en une demi-journée au *Nuc-giang*, où se trouvent mêlés avec les habitants de *Bien-hoa* ceux de la province de *Binh-tuân*.

Ce territoire, nommé *Terre-Rouge* (*Xich-tho*) à cause de la nature de son sol, occasionne à ses habitants une maladie semblable à l'hydropisie, pendant laquelle le corps devient jaune. Une fine poussière rouge pénètre partout en ce lieu, et l'on a beau renfermer ses habits et ses ustensiles dans les caisses les mieux fermées, ils n'en sont pas moins recouverts de cette poussière. On peut dire vraiment que la terre et l'air sont empreints de cette couleur rouge.

Le *Xich-lam* est situé dans le nord-est de la citadelle, à la distance de 209 lis. Cette rivière passe sous un pont dont la longueur est de 173 tams et qui sert de communication avec la route de terre.

Le *Xich-lam* est profond de cinq pieds; après avoir passé le pont, il s'infléchit vers le sud et parvient, après un cours de 3 lis, au port de *Xich-lam*, dit *Cua-xich-lam*.

A mer haute, il y a dans ce port dix pieds d'eau; il est large de 33 *truongs* et demi. L'ouverture de ce port n'est pas constamment la même, et les sondes y sont variables [a]. A partir du port la rivière court dans l'ouest, et elle parvient, après une distance de 28 lis et demi, au pont de *That-nan*. Ce *That-nan* [1] est un torrent dont le lit est parsemé de roches élevées, ce qui en rend l'accès difficile aux barques, d'autant plus que le cours du torrent, dont le courant est rapide, devient fort sinueux. A 3 lis au-dessus, le *Xich-lam*

[a] Changement de gisement des bancs.

[1] Nouveau nom du *Xich-lam*.

Giap-giang. — change de nom et prend celui de *Giap-giang*, et à partir de là il s'infléchit de nouveau pour couler au sud-ouest. A la distance de 92 lis et demi, le *Xich-lam* n'est plus que le ruisseau *Dia-lao-ha-thuyen*, et enfin, après être revenu de nouveau vers le sud, il change encore de nom, après un cours de 46 lis, pour se nommer *Dia-lao-thuong-thuyen*. C'est là qu'est situé le poste de *Dong-mon*. La route est interceptée par des montagnes et des forêts habitées par des *Moï* soumis et qui payent le tribut.

Dia-lao-ha-thuyen.

Dia-lao-thuong-thuyen.

Haï-don. — Le lac *Haï-don*, vulgairement appelé *Ho-lam*, est situé dans le nord-ouest de la citadelle, à la distance de 22 lis et demi. Ce lac est entouré d'une grande quantité de collines de sable; cependant la végétation y est très-belle.

L'eau est abondante dans ce lac; elle y est claire et limpide, et partout elle est douce et potable. Cette eau, qui ne diminue jamais de volume, est très-appréciée par ceux qui en ont bu, car ils ne peuvent l'oublier.

TAU. — On donne le nom de *tau* à une vaste étendue d'eau couverte d'herbes et d'arbres, tels, par exemple, que les palétuviers. On trouve en ces lieux beaucoup de poissons et de tortues.

Le *tau* (*ru'ng-sac*) de *Bien-hoa* s'étend depuis le *Phu-gia-tam-giang* jusqu'à *Can-gio'* à l'est, à *Tac-khai* au nord et au *Ki-giang* à l'ouest. Ce vaste espace se divise en une infinité d'îles grandes ou petites; partout il est abondamment couvert d'arbres nommés *cây-dia*, *cây-duôc*, *cây-su*, *cây-vêt* (espèces de palétuviers); tous ces arbres, qui ne sont généralement bons à rien, sont extrêmement nombreux, et leurs branches sont tellement entrelacées que l'on ne voit plus le ciel ni le soleil quand on est au-dessous.

Le peuple utilise ces arbres dans la construction des maisons; on en fait également des haies, et surtout du bois à brûler. On peut à chaque instant, et selon son plaisir, aller couper de ces arbres. Les poissons, les crevettes, les crabes et les coquillages de toutes sortes sont là en abondance, et il n'est pas possible d'en faire diminuer le nombre, malgré la très-grande consommation. C'est là un des bienfaits accordés par le ciel aux habitants de *Gia-dinh*, car cette nourriture est libéralement accordée et sans aucune limite.

La province de *Bien-hoa* se nomme aussi *Don-naï*. Le marché de *Don-naï*, situé sur le cours inférieur (sud) de la rivière *Phuoc-giang*, est à la distance d'un peu plus de 8 lis de la citadelle. Ce nom de *Don-naï* (plaine des cerfs) est dû à la grande quantité de cerfs sauvages qui peuplaient ce pays. Ce nom vulgaire de *Don-naï* est exprimé dans les livres par le nom de *Loc-dia* ou bien *Loc-don* [1].

Le pays de *Gia-dinh* se divise en cinq provinces différentes l'une de l'autre; ce sont : *Phan-yen* (*Gia-dinh*), *Bien-hoa*, *Vinh-thanh* (*Vinh-long* et *An-giang*), *Dinh-tuong* et *Ha-tien*. Ces provinces ont encore d'autres appellations assez nombreuses.

Les habitants de ces diverses provinces leur donnent des noms particuliers; ainsi ceux de *Bien-hoa* disent également : *Don-naï, Ba-ria*;

Ceux de *Phan-yen* disent : *Ben-nghe, Saï-gon* [2];

Ceux de *Dinh-tuong* disent : *Vung-ngu, Mi-tho*;

Ceux de *Vinh-thanh* disent : *Long-ho, Sa-dec*;

Ceux enfin de *Ha-tien* disent : *Ca-mâu, Rach-gia*.

Ces mots sont tirés soit du lieu officiel où résident les mandarins de la province, soit du lieu le plus fréquenté et le plus peuplé, soit enfin du lieu où l'on aborde communément pour entrer dans la province.

Si le pays de *Gia-dinh* est aussi appelé *Don-naï*, cela provient de ce que *Don-naï* a été la première conquête et le premier établissement des Annamites dans les six

---

[1] *Loc-don* est une expression chinoise qui signifie également *plaine des cerfs*. On a pu voir dans le chapitre premier de la première partie de cet ouvrage que ce mot de *Don-naï* ou *Non-naï*, comme le prononcent les Chinois, est également appliqué en général à tout le pays de *Gia-dinh*.

[2] Aujourd'hui ils disent surtout *Gia-dinh*.

provinces actuelles; c'est pourquoi *Don-naï* est considéré comme la source ou la tête des cinq provinces (basse Cochinchine). C'est uniquement par habitude que quelques personnes disent aujourd'hui *Don-naï* au lieu de *Gia-dinh*, car les mêmes raisons n'existent plus.

Cette habitude, suivie sans réflexion par les personnes étrangères au pays, est fort nuisible, car il en résulte une grande confusion, soit dans les affaires, soit sur les lieux d'habitation du peuple, lieux difficiles à déterminer, quand on appelle tout un pays du même nom de *Don-naï*[1].

A l'époque de la révolte des *Tay-so'n*, l'empereur *Thé-tô* (*Gia-long*) recruta des soldats dans le *Don-naï*, et c'est à leur tête qu'il reprit sur les rebelles la capitale de *Hué* (*Xunh-king*), ainsi que *Bac-ha* (*Ha-noi*[2] ou *Ke-cho*), dans le Tonkin.

Ce prince eut ensuite à soutenir une guerre contre les pirates de mer, et comme il sortit victorieux de ces deux épreuves, il en résulta dans toute la Chine une haute réputation pour les soldats du *Don-naï*.

L'an *Nham-tuât*, pendant l'automne, première année de *Gia-long* (1802), ce prince envoya[3] offrir le tribut à l'empire de Chine, et les habitants d'Annam s'aperçurent que les Chinois, qui avaient écrit *Don-naï* sur leurs annales, prononçaient *Non-naï*[4] : c'est là l'origine de cette appellation chinoise.

---

[1] Ces noms vulgaires, en général très-élastiques, entraînent de nombreuses et fâcheuses confusions. Il est désirable de ne jamais les employer en administration, parce que, étant très-indéterminés, ils n'ont jamais eu de caractère officiel. La seule appellation officielle adoptée par le gouvernement d'Annam est toujours chinoise.

[2] Ancienne capitale du royaume du Tonkin et résidence de la dynastie des *Lê*.

[3] Les Annamites sont toujours restés tributaires de la Chine, qui donne l'investiture à leurs rois. Cela a eu lieu de nos jours pour *Tu-duc*, qui règne actuellement à *Hué*. Cependant l'empereur de la Chine envoie à ce sujet des ambassadeurs, et il ne peut exiger que le roi d'Annam se rende lui-même à Pékin. Le tribut dont il s'agit ici est plutôt moral qu'effectif; c'est simplement un acte de déférence envers un grand empire que les Annamites considèrent comme étant le centre de la civilisation par excellence.

[4] Les Chinois ne prononcent pas la lettre *d*.

C'est ainsi qu'il faut se rendre compte des diverses appellations des provinces de *Gia-dinh*.

Le territoire de *Ba-ria*, placé à la frontière de la province de *Bien-hoa*, jouit d'une grande réputation. Les habitants du nord de l'empire d'Annam ont la coutume de citer le riz de *Nai-ria* et le poisson de *Li-ran* (dans la province de *Binh-tuân*). On sait donc tout d'abord les noms de *Don-naï* et de *Ba-ria*, et l'on apprend plus tard ceux de *Ben-nghe*, *Saï-gon*, *Mi-tho* et *Long-ho*.

La partie postérieure du territoire de *Ba-ria* est adossée contre les montagnes, tandis que la partie antérieure fait face à la mer. Ce pays est extrêmement boisé; le bambou y est abondant. Dans la partie la plus élevée du territoire est le marché de *Tuân-truong*, où se font les transactions commerciales avec les *Moï*. Au bas est un poste de douane où sont visités les navires qui viennent au mouillage et ceux qui prennent la mer. Des *trams* de terre et d'eau communiquent entre eux. Là se trouvent réunis les produits du sol provenant des montagnes et des forêts. Dans chaque huyen sont des postes de surveillance, afin de se mettre en garde contre les *Moï* ou bien contre les voleurs et les brigands, car ce pays est le premier parmi ceux où l'on court des dangers de cette espèce. Il existe encore les ruines d'une ancienne citadelle qui était sans doute une citadelle royale.

On trouve, en recherchant l'étymologie du mot *Ba-ria*, que ce pays, qui s'est appelé *Co-luc* et *Chan-lap*, a pu faire partie, comme le prétend le livre *Tan-duong*, du royaume de *Ba-lo'i*, qui s'étendait au sud-est depuis le port de *Giao-chi* jusqu'à *Xich-tho* (Terre-Rouge).

Ce royaume était considérable; il comprenait une grande île sur laquelle il y avait beaucoup de chevaux, et qu'à cause de cela on appelait *Ma-lé*. La coutume [1] du peuple qui

Étymologies.

---

[1] Ces habitudes sont entièrement cambodgiennes : le territoire de *Ba-ria* faisait partie du Cambodge avant la conquête annamite. Il est difficile, sur les vagues indications de l'auteur, de distinguer l'île dont il parle.

l'habitait était de se percer les oreilles, de porter des chaînes en or autour du cou ou des seins, et de se draper une épaule au lieu de porter un habit.

Dans le sud est le royaume de *Tu-nai*, qui, après la mort de l'empereur de Chine *Vinh-huï*, fut réuni au *Chan-lap*.

Un autre livre, le *Chan-van*, change le caractère *lo'i* en *ria*, ce qui tendrait à prouver que ce *Ba-lo'i* n'est autre chose que *Ba-ria*.

Quant au royaume de *Tu-nai*, ne peut-on pas supposer que c'est la même chose que *Don-naï* ou *Non-naï*, aujourd'hui appelé *Saï-gon*?

Ce ne sont là que des suppositions; il viendra après nous un homme plus habile et plus capable que nous de résoudre ces questions.

SECTION IV.

PROVINCE DE PHAN-YEN (GIA-DINH).

SOMMAIRE. — Montagnes et collines. — Cours d'eau. — Îles. — Puits. —
Forêts de palétuviers.

Montagnes et collines.

BA-DIN.

La montagne de *Ba-din* est située en vue de la citadelle et dans l'ouest, à la distance de 261 lis et demi. Cette montagne, parsemée de roches de différentes hauteurs et extrêmement boisée, offre un sol excellent et des sources d'eau douce.

Au sommet se trouve la pagode *Vân-so'n* (nuage de la montagne) et au pied un lac dont la vue est extrêmement agréable. La forêt en ce lieu est très-épaisse et habitée par des *Annamites* et des *Moï* qui y ont établi quelques villages. Les essences forestières de cette montagne donnent lieu à de grands profits.

Il existe d'antiques armes et des ustensiles en or, ou en

jade que quelques personnes ont pu trouver au milieu du lac. Dans ce lac est aussi une sorte de *gong* [1] en or, semblable à la pierre musicale qui flotte en Chine sur les eaux du *Tu'-tân* ou bien à la cloche du *Giang-thuy*.

Ce gong disparaît à la vue de ceux qui veulent s'en approcher.

On voit aussi par les belles nuits sans nuages un bateau dragon errer sur le lac; il en sort des chants, des plaintes et des gémissements. Enfin, dans certaines occasions, se montre une tortue d'or, longue de plus de deux tams.

Tout cela n'est pas extraordinaire, car ce lieu est véritablement fréquenté par les esprits [a].

La colline de *Mai-ki* est située dans le sud de la citadelle, à la distance de 13 lis et demi.

Cette colline s'élève comme une sorte de pic; elle est plantée de nombreux pruniers du sud (*cây-mai*), dont les anciens troncs croissent obliquement. Ces arbres sont en fleurs à l'époque [2] des gelées blanches; leurs feuilles répandent une odeur aromatique; leurs fleurs sont en communication avec les esprits de l'air, et ce sont ces esprits qui les font éclore. Il n'est pas possible d'essayer de transplanter ces arbres autre part.

Au sommet de la colline est située la pagode d'*An-tôn;* c'est là qu'au milieu de la nuit se chantent les prières (de *Bouddha*) écrites sur les feuilles d'arbres. La cloche résonne et sa voix s'élève, comme une fumée, jusque parmi les nuages. Telle autrefois était la pagode de *Thu'u-lanh*.

Une eau claire et limpide entoure la colline, et de légères barques vont y cueillir la fleur du nénuphar.

Les jeunes filles préparent le *tu'ong* [b], et le soir elles

(a) Par l'âme de l'air.
(b) Plat de riz pour les bonzes.

[1] Grand timbre en métal.
[2] C'est-à-dire pendant l'hiver, car il n'y a jamais de gelée blanche à *Cây-mai.*

13

vont l'offrir à la pagode. Aux époques de grandes fêtes, on voit les bacheliers et les docteurs gravir les dix marches du temple, la coupe d'une main et la boîte à bétel de l'autre; ils entonnent alors des chants poétiques, et, assis sur le sommet de la colline, ayant ses fleurs à leurs pieds, leur poésie va se perdre comme un encens pendant qu'ils éprouvent une véritable joie à la vue d'un si beau site.

Cette pagode est établie sur les fondations anciennes de la pagode cambodgienne *Ho-tang-trân-thap.*

L'an *Binh-ti*, 15e année de *Gia-long*, les bonzes relevèrent cette pagode de ses ruines et la restaurèrent complétement; ils trouvèrent en creusant une très-grande quantité de briques et de tuiles antiques. Ils découvrirent également deux feuilles d'or, longues de plus d'un pouce et du poids de trois sapèques.

Sur ces feuilles était gravée l'image de *Bouddha* assis sur un éléphant; ces feuilles provenaient sans doute de l'ancienne pagode cambodgienne.

Cours d'eau.
TAN-BINH.
Le fleuve *Tan-binh* coule au-devant de la citadelle de *Gia-dinh* et à travers le territoire de *Tan-binh-phu;* on le nomme communément *Ben-nghe.* Ce fleuve est large de[1] 142 tams et profond de 10.

Aux plus petites marées il y a encore 12 pieds d'eau. Ce fleuve, large et profond, roule des eaux limpides.

Le royaume d'Annam a établi dans ce lieu des relations commerciales avec les autres nations : aussi y trouve-t-on réunis un grand nombre de bâtiments de mer et une multitude de barques.

Au-devant de la citadelle est situé un bac de passage. Le fleuve, à partir de ce bac, s'infléchit fortement vers l'ouest
Song-don-chai. pour rejoindre le *Binh-don*, vulgairement appelé *Song-don-chai.* De *Don-chai*, le fleuve se dirige vers le *Ban-bot*, au confluent duquel est placé le poste de *Tam-phong-tit.*

---

[1] Les appréciations de l'auteur sont en général très-erronées quand il s'agit de la largeur ou de la profondeur des cours d'eau.

Le fleuve parvient alors à *Ban-diem*, où il n'est plus qu'un ruisseau se perdant dans les terres. Il parcourt ainsi, à partir du poste, une distance de 462 lis.

A partir du bac de la citadelle et au-dessous, le fleuve s'infléchit vers le nord et coule ensuite dans l'est jusqu'aux Trois-Fleuves, au lieu nommé *Phu-gia*. Là il se réunit au bras de *Bien-hoa*, devient alors le *Phuoc-binh* et se jette plus bas à la mer, à *Can-gio'*. Cela fait un cours total de 142 lis et demi depuis le bac de la citadelle.

Ce fleuve reçoit dans sa course beaucoup de cours d'eau de toutes sortes qui se mêlent à lui. Il sert de limite, dans le sud-ouest, à la province de *Phan-yen* (*Gia-dinh*) et, dans le nord-est, à celle de *Bien-hoa*.

Le port de *Can-gio'* est large de 5 lis; à mer haute, sa profondeur est de 11 tams, et de 9 tams à mer basse. Ce port est situé dans l'est de la citadelle (*Gia-dinh*), à la distance de 142 lis et demi. CAN-GIO'.

Le poste de douane et de surveillance nommé poste de *Can-gio'* est situé en ce lieu.

Là aussi est un marché très-populeux, et dont les habitants sont en général pêcheurs.

L'intérieur du port est spacieux, profond, et l'on y est parfaitement à l'abri; il existe continuellement un va-et-vient de bateaux de commerce. C'est le point de *Gia-dinh* où se réunissent en plus grand nombre les bâtiments de toute sorte; aucun port ne peut donc être comparé à celui-là.

Le port ou bouche de *Dong-tranh* est large de 14 lis et demi; à mer haute il y a un fond de 5 tams, et 2 tams à mer basse. Ce port est situé dans le sud-est de la citadelle, à 126 lis et demi; on y trouve un poste de douane et de surveillance. Le fond y est extrêmement vaseux. L'intérieur du port est étroit et presque à sec : aussi son entrée est-elle fort difficile pour les grands bâtiments. Cependant il existe à terre des remarques, et il est très-nécessaire de les relever pour suivre le chenal qui conduit dans le port; mais, comme DONG-TRANH.

13.

ce chenal lui-même est sujet à changements à la suite d'un coup de vent ou de grandes pluies, il faut que des gens du pays pilotent les bâtiments pour les diriger dans les passes. Les habitants de ce port se livrent beaucoup à l'industrie de la pêche, soit au filet, soit avec des claies. Dans l'intérieur du port viennent aboutir un grand nombre d'arroyos provenant de toutes les directions.

Ces arroyos donnent naissance, en se réunissant, à deux branches principales : la première part d'*Oc-lên-giang*, coule au nord et sort par la bouche du *Don-dinh-giang* pour se jeter à la mer à *Can-gio'*; la seconde part de *Lu'-luyen-giang*, coule au nord-ouest et sort par la bouche du *Loi-giang-giang*, pour se jeter dans le fleuve de *Phuoc-binh*. Les gens du pays qui connaissent les différents arroyos ne s'astreignent pas, quand ils rentrent chez eux, à suivre l'une des deux branches dont nous venons de parler.

Le port (ou bouche) du *Loi-rap* est large de 4 lis et demi. À mer haute il y a 4 tams de profondeur et 2 tams à mer basse. Ce port est situé dans le sud-est de la citadelle, à 6 2 lis; il est étroit, peu profond et plein de vase. Les habitants se livrent à la pêche au filet.

Trois branches principales conduisent à l'intérieur du port : la première, celle du sud, part de *Thao-giang*, coule au sud-ouest, se dirige vers le *Xa-huong-giang* et parvient à la rivière de *Bao-dinh*; la deuxième branche, celle du milieu, part de *Xa-huong-giang*, coule à l'ouest et parvient au *Tuân-an-giang*; la troisième enfin, celle du nord, part de la bouche du *Phuoc-loc-giang*, coule au nord-ouest vers le cours supérieur du *Sa-giang* et parvient à la rivière d'*An-thong*.

Beaucoup d'autres petits cours se rendent à la bouche de *Loi-rap*, et il est impossible de donner leur nom et leur direction.

Le *Binh-tri*, vulgairement appelé *Ba-nghe* (*Ti-nghe*), coule dans le canton de *Binh-tri* et dans le nord de la citadelle.

Cet arroyo, qui part du fleuve *Tan-binh*, coule derrière la citadelle, qu'il entoure en partie. Il passe d'abord sous un premier pont et puis se dirige vers l'ouest; il passe ensuite, après une distance de 4 lis et demi, sous un nouveau pont, nommé pont de *Cao-men* (*Câu-bong*). L'arroyo, à partir de là, coule au nord-ouest et parvient après plus de 2 lis au pont de *Ba-chiêu*, et enfin, après un nouveau cours de plus de 4 lis au sud, à celui de *Phu-nho'n*, pont vulgairement appelé *Câu-xom-kiêu;* à 5 lis et demi au delà, l'arroyo va se perdre sous le pont de *Câu-hue*.

Cet arroyo se nomme *Ba-nghe* à cause de la fille d'un haut mandarin envoyé royal nommé *Vân*. Cette fille se nommait *Nguyen-ti-canh*, lorsqu'elle se maria; mais les annales défigurèrent son nom et la nommèrent *Ba-nghe*. Comme elle fut la première personne qui s'établit en ce lieu, elle fit construire un pont afin de pouvoir communiquer (avec la citadelle), et ce pont ayant été nommé par le peuple pont de *Ba-nghe*, l'arroyo ne tarda pas à prendre le même nom.

L'embouchure ou entrée du *Tat-kiêu*, arroyo vulgairement appelé *Tac-câu-so'n* [1], est située dans le nord de la citadelle, à la distance de 7 lis et demi. Cet arroyo part du cours nord-ouest du *Binh-giang* et se dirige vers la partie de la route royale nommée *Tat-kiêu;* revenant alors vers le nord, il va se jeter dans le grand fleuve de *Binh-don* (*Don-chai*).

Le *Lao-dong* est situé dans l'ouest de la citadelle, à la distance de 62 lis et demi. Il existe en ce lieu des bacs pour traverser l'eau.

Le *Lao-dong* est une réunion de plusieurs cours d'eau qui atteint une largeur de 8 lis et demi et une profondeur de 4 ou 5 pieds seulement.

L'eau y est claire et limpide en tout temps; son cours est

---

[1] On nomme *tac* un petit arroyo qui assèche ou qui du moins a très-peu d'eau.

très-sinueux; à partir du bac, il va du sud vers l'est et passe sous le pont de *Tam-luong*, placé sur la route royale.

Au nord du bac, ce cours d'eau va traverser un marais plein de vase, vulgairement appelé *Ben-naï*. Le *Lao-dong* se jette de là dans le *Tra-giang*, pour aller enfin mêler ses eaux avec celles du grand fleuve *Tan-binh* en son cours supérieur.

La rive de *Tam-long* [a] forme la limite du huyen de *Tuân-an;* ce lieu est placé dans le sud-ouest de la citadelle, et à la distance de 207 lis, auprès du *phu* cambodgien nommé *Tam-don;* c'est par là que se rendent les envoyés du Cambodge quand ils viennent offrir le tribu d'éléphants. Ce lieu est habité par un grand nombre de Cambodgiens soumis aux Annamites et qui payent l'impôt et font la corvée; ils sont mêlés aux Annamites et vivent avec eux.

Le territoire est couvert d'une belle végétation; les habitants se livrent à l'agriculture et cultivent le mûrier et la canne à sucre.

Le *Binh-diuong*, vulgairement appelé *Vam-ben-nghe* [1], coule dans le territoire du huyen de *Binh-diuong*. Cet arroyo est situé dans le sud de la citadelle. Le courant y est fort rapide. Les barques de toutes dimensions naviguent sur ce cours d'eau en profitant de la marée; le flot les porte dans le sud, et le jusant les ramène dans le nord. La navigation d'aller et de retour est donc également praticable.

Cet arroyo, parvenu à la limite du petit arroyo *Tiêu-phong*, se jette dans la rivière de Saï-gon, avec laquelle il mêle ses eaux.

Le *Daï-phong* coule à l'est du *Binh-diuong* et dans le sud

---

[a] Ancien territoire du Cambodge ainsi nommé par les Cambodgiens pour exprimer la *rivière du Bac;* ce nom a été conservé.

[1] Les Annamites nomment *vam* les larges amorces d'arroyos, très-praticables pour les barques à cause de leur forme un peu en entonnoir. — Le *vam* dont il s'agit ici est l'entrée de l'arroyo qui conduit de Saï-gon à la ville chinoise.

de la citadelle, à la distance de 6 lis. Le cours de cet arroyo est très-sinueux; ses bords sont couverts de saules aquatiques, appelés vulgairement *cây-ban*. Parvenu au lieu nommé *O-lư'-thuy-vi* (vulgairement *Rau-ran*), c'est-à-dire après un cours de 4 lis et demi dans l'est, l'arroyo se divise en deux branches. Celle de droite coule au sud pendant 4 lis et demi et se mêle alors avec les eaux du *Tiêu-phong*; la branche de gauche coule au nord-est pendant 1 li et demi et parvient alors au *Phô-giang*. Après un nouveau cours de 5 lis et demi, elle se jette au nord dans le *Thuy-vi*, vulgairement nommé *Cuc-rang*, et de là va mêler ses eaux avec le grand fleuve de *Phuoc-binh*.

Le *Tiêu-phong* coule entre les deux arroyos *Binh-diuong* et *An-thong*; il est situé dans le sud de la citadelle, à la distance de 7 lis et demi.

Cet arroyo coule au nord pour réjoindre le *Daï-phong*, avec lequel il mêle ses eaux.

La rivière d'*An-thong*, vulgairement appelée rivière de *Saï-gon*[1], est située dans le sud-ouest de la citadelle. C'était un ancien lit de rivière qui s'étendait du pont de *Ti-thong* et se dirigeait sur *Saï-gon* pour aboutir au *Lao-giang*.

Le cours de cette rivière était sinueux, très-étroit et parsemé de bancs qui en rendaient l'accès difficile.

L'an *Ki-mâu*, 18e année de *Gia-long* (1820), l'envoyé royal de *Gia-dinh*, gouverneur général, *Huinh-cung-li*, et l'inspecteur en chef de *Gia-dinh* réunirent 11,460 ouvriers, qu'ils divisèrent en trois brigades, auxquelles ils attribuèrent une solde et une ration. Ces ouvriers furent employés à ouvrir un nouveau canal à la place de l'ancienne rivière. Ce canal commençait au pont de *Ti-thong* et se dirigeait vers l'arroyo *Ma-truong* (*Ruôt-ngư'a*), lequel fut creusé sur une longueur de 2,129 tams et un pied, ce qui équivaut à la dis-

____

[1] Il ne faut pas confondre cette rivière avec ce que les Européens nomment quelquefois la rivière de Saï-gon et qui n'est autre que le *Tan-binh*.

tance de 9 lis et demi [a]. La largeur du nouveau canal fut portée à 15 tams, et sa profondeur à 9 pieds. Il fut établi aux deux bords du canal une berge large de 8 tams. Ces berges communiquaient avec la route royale, large elle-même de 6 tams.

Ce travail fut commencé le 23e jour du 1er mois, et il fut terminé le 23e jour du 4e mois.

L'empereur d'Annam lui donna le nom d'*An-thong-ha*. Ce canal est large et profond et d'un accès facile : aussi est-il constamment rempli de barques qui attendent les marées pour en profiter; nuit et jour on y entend le chant des rameurs. Cette réunion considérable de barques de toutes sortes donne lieu à de très-grands profits.

MA-TRUONG ou RUÔT-NGU'A..

Le *Ma-truong*, vulgairement appelé *Ruôt-ngu'a*, partait autrefois de l'amorce du *Sa-giang* et allait jusqu'à *Ngu'a-phu* (*Lô-gôm*). C'était un arroyo inaccessible aux petites barques; un buffle seul pouvait y trouver son chemin. L'an *Nham-tin*, à l'automne, le *dôc-binh* [1], nommé *Dam*, et le 5e fils de *Van-truong-hâu* s'occupèrent, après la pacification du Cambodge, de faire canaliser cet arroyo semblable à l'intestin d'un cheval [b] (c'est à cela qu'il doit son nom). Bien que l'arroyo fût toujours très-étroit, cependant les barques purent y entrer; seulement elles étaient obligées d'attendre le plein flot pour pouvoir passer.

Aujourd'hui de nouveaux travaux ont rendu cet arroyo plus profond et plus large, et il rend au peuple de grands services en facilitant les transactions commerciales.

SA-GIANG ou RACH-CAT.

Le *Sa-giang* (*Rach-cat*) est situé auprès de la rive sud-est du cours supérieur du *Tan-long* (*Rach-cho'-dem*) et dans le sud-ouest de la citadelle, à la distance de 22 lis; il sert de limite au huyen de *Tan-long*. Cet arroyo coule d'abord

[a] Cela fit abandonner 997 tams de l'ancienne rivière.
[b] Parce qu'il est très-peu sinueux.

[1] *Dôc-binh* est une sorte de général en chef.

vers le sud et s'infléchit ensuite vers l'est. Après un cours de 29 lis et demi il parvient au rach *Phuoc-loc*, et après un nouveau cours de 61 lis il se jette dans le *Loi-rap* (bouche). Les deux rives de cet arroyo sont extrêmement cultivées.

Le *Tan-long* part de l'amorce supérieure du *Sa-giang* et va jusqu'au fleuve de *Tuân-an* (*Song-ben-lu'c*); il est situé dans le sud-ouest de la citadelle, à 22 lis de distance. Après un cours de 5 lis et demi dans le sud-ouest il parvient au marché de *Binh-an*, vulgairement appelé *Cho'-nga-tu'*.

TAN-LONG
ou
RACH-CHO'-DEM.

Marché
de Binh-an.

Les bords de cet arroyo sont très-peuplés, et il y a beaucoup de magasins établis.

On y trouve de petites barques allant vendre du charbon de bois, du bitume, des sacs en paille, des nattes, etc. Après un cours de 12 lis et demi, l'arroyo parvient à *Tam-diung-quan*, que l'on nomme vulgairement l'auberge de *Quan-ba-cum*, à cause de trois arbres (*cây-cum*) plantés dans les environs d'une ancienne pagode.

L'eau de cet arroyo est légèrement saumâtre, et il contient une très-grande quantité d'herbes (*La-he*). Après un cours de 11 lis et demi l'arroyo rencontre l'amorce du *Truc-giang*, et après 8 lis et demi encore il parvient au grand fleuve de *Tuân-an*, au lieu vulgairement appelé *Vam-ben-lu'c*.

A un demi-li avant cela se trouve le marché de *Phuoc-tu*, appelé vulgairement *Cho'*[1]*-ben-lu'c*. Ce marché, situé sur la rive sud de cet arroyo, est très-peuplé et très-fréquenté; le mouvement en barques y est extrêmement considérable, et il y en a constamment un grand nombre au mouillage. Auprès du marché est située la résidence du *quan-huyen*.

Marché
de Ben-lu'c.

Le *Tuân-an*, vulgairement appelé *Song-ben-lu'c*, coule sur le territoire du huyen de *Tuân-an*[2] (*Tan-an*). Il est situé dans le sud-ouest de la citadelle, à la distance de 67 lis; il est large d'un demi-li et profond de 5 tams; l'eau est limpide

TUÂN-AN
ou
SONG-BEN-LU'C.

---

[1] *Cho'*, en annamite, signifie marché. — [2] Aujourd'hui phu de *Tan-an*.

pendant l'hiver et le printemps, mais alors elle est saumâtre; tandis que pendant l'été et l'automne elle est douce, mais boueuse.

A partir de l'amorce du *Tan-long*, le *Tuân-an*[1] court dans le nord-ouest pendant une distance de 93 lis et demi et parvient au poste de *Quang-hoa*. C'est là son cours supérieur; son cours inférieur, toujours à partir de l'amorce du *Tan-long*, se dirige dans le sud-est pendant 42 lis et parvient au *Xa-huong*.

SONG-MA ou DOÏ-MA.

Le *Song-ma* (*Doï-ma*), nommé encoré *Tinh-trinh*, s'amorce sur la rive nord du cours inférieur du *Tuân-an*; il est situé dans le sud de la citadelle, à la distance de 90 lis.

Le peuple raconte qu'il y avait autrefois une fille riche nommée *Pham-ti*, âgée de seize ans, qui désirait se marier avec un jeune écolier qu'elle aimait, mais ne voulait point se donner à lui autrement que dans le mariage.

L'écolier, quoique très-pauvre, osa néanmoins envoyer une personne auprès de la jeune fille pour la demander en mariage.

La jeune fille accepta cette demande avec plaisir, mais elle mourut bientôt subitement. Ses parents, qui la chérissaient, ne pouvant se décider à enterrer son corps, firent construire derrière leur jardin une maison où ils déposèrent son cercueil. Le jeune écolier mourut bientôt également, et son corps fut placé à côté de celui de la jeune fille; leurs deux âmes furent ainsi réunies en ce lieu, habité par leurs ombres. Ces ombres rouges et vertes apparaissaient pendant la nuit, tandis que durant le jour on pouvait les voir errer sous la forme de phénix.

Cependant ces ombres n'étaient nuisibles à personne. Or les parents des deux fiancés étant morts dans la misère, on ne put donner la sépulture aux jeunes amants. De beaux

---

[1] Cette rivière de Tuân-an est le cours d'eau que les Européens ont appelé le *Vaï-co* oriental, qui conduit à l'arroyo de *Tay-nin*.

arbres poussèrent auprès du lieu où l'on avait placé leurs
cercueils, et le souvenir de cette jeune fille devenant très-
populaire, les barques s'arrêtaient auprès; chacun allait
avec tristesse visiter son cercueil. C'est à cause de cela que
ce lieu se nomme *Doï-ma* (les deux ombres).

Lors de l'époque des *Tay-so'n*, ces rebelles, apprenant que
c'était là un lieu habité par des esprits, le détruisirent à
coups de canon; ils brûlèrent les cercueils et ruinèrent les
environs.

Le *Châu-phê* s'amorce sur la rive nord de la rivière *Bao-*   CHÂU-PHÊ.
dinh; il est situé dans le sud-ouest de la citadelle, à la distance de 97 lis et demi.

Cet arroyo coule sur un territoire qui appartenait jadis
au Cambodge.

Le prince cambodgien *Iêm*, revenant de *Gia-dinh* chez
lui, fut élevé sur le trône du Cambodge; mais il ne tarda
pas à entrer en hostilités avec son frère rebelle, nommé *Thâm*,
qui, vaincu, fut obligé de s'enfuir avec son autre frère *Tan*
dans le royaume de Siam, où ils demandèrent des secours
en hommes. *Iêm*, de son côté, revint à *Gia-dinh* implorer
l'assistance de l'empereur d'Annam *Hiên-tôn*. Cela se passait
l'an *Ât-dau*, 15ᵉ année de *Hiên-tôn* [a] (c'est-à-dire en 1706).
Alors le *cam-man* (envoyé royal) *Nguyen-phuoc-vân* marcha,
à la tête d'une armée de terre et de mer, à la rencontre des
soldats siamois, qu'il défit.

Le roi *Iêm* alla régner à *La-bit*, où le replaça ce général *Vân*, qui s'occupa dès lors de faire labourer et cultiver
le territoire de *Vung-ngu* tant par le peuple que par l'armée. Ce général en chef s'en retourna dans la suite à la
capitale pour présenter ses hommages à l'empereur, qui
nomma son fils aîné *Triem* gouverneur de la province de
Bien-hoa.

____

[a] Dynastie des *Lê* (*Diu-tôn*) : *Vinh-tanh*, 1ʳᵉ année; dynastie des *Tsing* :
Khang-hi, 44ᵉ année.

L'an *At-vi*, 25ᵉ année de *Hiên-tôn* [a] (1716), l'empereur accorda par un rescrit impérial une des meilleures parties de cette terre cultivée au général *Vân*, en récompense de ses services. Ces champs prirent alors le nom de *Châu-phê* [1] (rescrit à l'encre rouge), et l'arroyo qui le traverse fut nommé par le peuple rach *Châu-phê*.

C'est maintenant le territoire du canton de *Binh-cach*, où se trouvent les trois villages de *Binh-quê*, de *Binh-trung* et de *Binh-thuyên* (aujourd'hui *Phu-tanh*).

Les successeurs de *Hiên-tôn* conservèrent cette propriété à la famille du général *Nguyen-phuoc-vân*.

XA-HUONG.

Le *Xa-huong* s'amorce sur la rive nord du cours inférieur de la grande rivière de *Hu'ng-hoa* [2]; il est situé à 109 lis, dans le sud, de la citadelle. Lorsque les rachs *Ma-truong* (*Ruôt-ngu'a*) et *Vung-ngu* n'étaient pas encore canalisés, les barques étaient obligées, en partant du *Binh-diuong* (*Rach-cho'-soi* [3]), d'entrer dans le *Daï-phong* (*Rach-ong-lo'n*), de

Rach-ong-lo'n.

descendre à l'amorce inférieure du *Sa-giang* (*Rach-cat*), de se diriger alors vers le cours supérieur du *Phuoc-loc*, pour aller de là dans le *Xa-huong*, de traverser ensuite le *Tra-giang* [4], de se diriger de là vers le *Ka-hon*, pour déboucher enfin dans le grand fleuve de *Mi-tho*.

Lorsque le roi cambodgien *Iêm* vint demander des secours à *Gia-dinh* afin de repousser l'armée siamoise qui s'avançait pour aider son frère *Thâm*, celui-ci offrit le combat dans les environs de *Rach-gam;* or il arriva que les convois de vivres suivant l'armée annamite à une assez grande distance de

---

(a) Dynastie des *Lê : Vinh-tanh* ou *Diu-tôn*, 11ᵉ année; dynastie des *Tsing: Khang-hi*, 54ᵉ année.

[1] Le mot *châu-phê*, qui signifie signature rouge ou subscription rouge, est uniquement employé quand il s'agit du roi, qui seul trace les caractères chinois à l'encre rouge.

[2] Le *Hu'ng-hoa* est ce que l'on nomme le grand *Vaï-co* et *Vaï-co* occidental.

[3] Arroyo chinois, devant la rue dite du Bazar, à *Saï-gon*.

[4] Le *Tra-giang* ou *Song-tra* est la partie d'arroyo qui se trouve comprise entre le grand *Vaï-co* et la bifurcation du *Rach-la* et du *Rach-go-cong*, plus l'arroyo du *Rach-la*.

l'arrière-garde, ces convois, sous la surveillance de l'intendant *Huong* (*Xa-huong*), furent enveloppés par une grande quantité de soldats ennemis, qui rendaient par leur nombre la résistance impossible. *Huong*, ne voulant pas que ses vivres tombassent entre les mains de l'ennemi, se fit couler et périt avec ses barques, sans que l'on pût rien sauver ni lui prendre.

Lorsque plus tard le Cambodge fut pacifié, il fut rendu compte au roi de la belle conduite de *Xa-huong;* l'empereur, le mettant au nombre des esprits tutélaires de la nation, lui fit élever une pagode et ordonna que son nom fût inscrit dans les annales. L'esprit de *Xa-huong* fut honoré et adoré par les habitants du lieu, qui obtenaient de lui tout ce qu'ils demandaient, et jusqu'à ce jour on brûle de l'encens devant son image.

Le *Bat-tan* s'amorce sur la rive sud du *Tuân-an*, à 1 li et demi de l'amorce inférieure du *Tan-long;* son amorce est large de 12 tams. A mer haute on y trouve 16 pieds de profondeur et 9 pieds à mer basse.

Cet arroyo va en devenant de plus en plus étroit; son cours est très-sinueux. Après un cours de 9 lis au sud, il parvient à l'amorce du petit arroyo *Tu'u-hu'n,* qui, après un cours de 4 lis au nord-ouest, passe sous le pont de *Cai-dao* et, après 5 lis et demi encore, arrive à l'amorce du petit arroyo de *Cai-dao* et traverse l'arroyo de *Thu-doan.*

Le *Bat-tan*, après un nouveau cours de 5 lis et demi, se bifurque et donne lieu à un bras qui se dirige au sud-est et qui, ayant coulé pendant 5 lis, passe sous le pont de *Trum-tu;* ce bras, après un nouveau cours de 5 lis, se divise à son tour en deux branches : celle de l'est se joint au *Dang-giang* et mêle ses eaux avec celles du *Tuân-an* dans son cours inférieur; celle du sud, après un cours de 9 lis et demi, passe sous le pont de *Lao-hong* et, après un nouveau cours de 3 lis, se jette dans le grand fleuve *Hu'ng-hoa.*

Marché
de Xa-hu'ng.

Le Bat-tan, poursuivant son cours pendant 7 lis et demi, passe sous le pont de *Xa-hu'ng*, dans l'est duquel est situé un marché très-populeux. Après un nouveau cours de 1 li et demi, il parvient au *Cai-tai*, où se trouvent trois branches.

Ce *Cai-tai* est large de 5 tams; à mer haute on n'y trouve que 5 pieds d'eau, et 1 pied seulement à mer basse. Après un cours de 2 lis et demi au nord-ouest, le *Cai-tai* passe sous le pont de *Binh-nghi*, placé sur la route royale, et après 2 lis et demi encore il parvient à trois nouvelles branches, dont celle du nord se jette dans le *Lao-doan*, après 4 lis et demi de parcours, et finit par mêler ses eaux avec celles du *Thu-doan*.

La branche de l'ouest de ce nouvel embranchement, ayant parcouru une distance de 5 lis, parvient au *Tram-moc* et, se mêlant aux eaux du *Tra-cu*, va se jeter dans le grand fleuve *Hu'ng-hoa*.

Le *Bat-tan*, après un nouveau cours de 2 lis et demi, passe sous le pont de *Cai-tai*. Sur la rive occidentale se trouve le petit marché de *Binh-cang*, marché peu fréquenté. Enfin, après avoir encore parcouru une distance de 7 lis et demi, il parvient au grand fleuve *Hu'ng-hoa*.

Le cours du *Bat-tan* est rendu difficile par un grand nombre d'obstacles; c'est pourquoi on a l'habitude de suivre de préférence le cours du *Tra-cu*.

Le *Tra-cu* s'amorce sur la rive occidentale du *Tuân-an* à l'est de l'amorce du *Tan-long*, à 6 lis et demi de distance. L'amorce du *Tra-cu* se nomme *Thu-doan*. Son cours est extrêmement sinueux; ses bords sont très-boisés. Cet arroyo est cependant suffisamment large et profond pour être navigable; c'est pourquoi il est fréquenté par les grandes barques. Après un cours de 22 lis, l'arroyo parvient au marché de *Phu-phu;* il se jette ensuite dans le fleuve *Hu'ng-hoa*.

Le *Quang-hoa* est situé sur le cours supérieur du *Tuân-an* et dans l'ouest de la citadelle, à la distance de 160 lis

et demi. Un poste de surveillance est établi sur la rive nord
du fleuve (*Quang-hoa*). Ce lieu est habité par des Annamites, des Chinois et des Cambodgiens, dont les maisons sont
mêlées et qui tous vivent de leur industrie; là aussi est une
fortification habitée par le collecteur d'impôts.

Cette fortification sert également pour surveiller la frontière.

Le *Quang-hoa*, après un cours de 24 lis et demi, parvient à l'amorce du *Khê-lang*, et 91 lis et demi plus loin
il arrive au poste de *Quang-phong;* c'est là qu'est réellement la séparation du royaume du Cambodge avec l'empire d'Annam. C'est par ce poste que passent les envoyés
cambodgiens quand ils apportent le tribut. Les deux bords
de cette rivière sont extrêmement boisés, et malgré cela on
les a nouvellement mis en culture. Le cours supérieur du
Quang-hoa, qui se dirige vers l'ouest, se divise en deux
branches : la branche du nord, vulgairement appelée *Caï-*   .Caï-bat.
bat, se perd, après un cours de plus de 100 lis au nord,
dans la forêt de *Quang-hoa;* la branche de l'ouest, vulgairement nommée *Caï-caï*, se perd dans les terres après un   Caï-caï.
cours de plus de 150 lis à l'ouest; elle se rend également
dans la forêt de *Quang-hoa*, qui occupe tout ce vaste espace
de terrain.

Le *Khê-lang* s'amorce sur la rive nord du *Quang-hoa;* il   KHÊ-LANG.
est situé à l'ouest de la citadelle, à la distance de 185 lis
et demi. A partir de son embouchure, cette petite rivière
se dirige vers le nord et parvient, après une distance de
61 lis, au poste de *Tuân-thanh*. La source du *Khê-lang* est
située dans la montagne de *Ba-din*.

Les habitants de la montagne emploient très-utilement
le cours de cette rivière, soit pour l'exploitation du bois,
soit pour tout autre but.

La forêt de *Quang-hoa*, située à la limite ouest de la   Forêt
province de *Gia-dinh*, contient un grand nombre d'éléva-   DE QUANG-HOA.
tions de terrain (*go*) et est partout couverte d'arbres, dont

beaucoup sont de haute futaie : le ciel y est en plusieurs endroits entièrement caché par l'abondance de la végétation. Les essences forestières sont employées à la construction des navires et des barques : aussi des charpentiers habitent-ils en ces lieux pour choisir les arbres et les abattre. Il y a également des personnes qui ont pour industrie de faire du charbon et de recueillir l'huile donnée par l'échauffement des arbres résineux (*cây-diau*, *etc.*). On y trouve les deux espèces de rotin dites *maï-sat* et *maï-nu'o'c*.

On chasse dans cette vaste forêt le rhinocéros, l'éléphant, le cerf, l'axis, le chevreuil, le cheval et le buffle sauvage, ainsi que beaucoup d'autres animaux et oiseaux de toute espèce. Il s'y fait commerce des défenses, des cornes, des plumes, et en général des dépouilles de tous ces animaux. Leur chair et leur peau y sont séchées, et tout cela donne lieu à de nombreuses transactions.

Jardin
DE PHU-LU. Le jardin de *Phu-lu* (lieu planté de bétel) est situé dans le nord-ouest de la citadelle, à la distance de 52 lis et demi.

C'était un lieu assez dangereux à habiter; il était traversé par la route qui se rend dans le Cambodge.

On a fait de l'ancien poste de *Khong-dao* le poste actuel de surveillance nommé *Quang-oaï*. Il y avait là dix-huit villages groupés autour du poste pour l'appuyer; ces villages étaient extrêmement peuplés. Il y avait également un vaste marché. Les habitants vivaient dans l'aisance; ils cultivaient de nombreux jardins de bétel, dont ils trouvaient sans cesse le débit; ils se réunissaient ordinairement au nombre de trente ou quarante, et ils descendaient vendre leur bétel à *Saï-gon*[1] (*Cho'-lo'n*) et à *Ngu'u-tan* (*Ben-nghe*).

Les habitants de ce pays courent des dangers à cause des

[1] Le nom de *Saï-gon* s'applique spécialement à la ville chinoise, que les Chinois appellent *Taï-ngon* ou *Tingan*. Ce que nous nommons *Saï-gon* est désigné par les Annamites sous l'appellation de *Ben-nghe*. C'est uniquement parce que le peuple nous entend dire *Saï-gon* qu'il le répète avec nous afin de se faire comprendre.

nombreux tigres répandus dans les halliers; ces tigres dévorent les hommes. C'est de là qu'est venu le proverbe :
« Cruel comme un tigre de *Phu-viên.* »

L'an *Nham-diân,* 5ᵉ année de *Thê-tô,* le chef des *Tay-so'n,*
nommé *Nguyen-van-nhac,* entra à la tête de soldats de terre
et de mer dans le pays de *Gia-dinh,* dont il s'empara au
3ᵉ mois. Après avoir pris la province de *Bien-hoa,* il passa
au 4ᵉ mois dans celle de *Phan-yen* (*Gia-dinh*), en suivant
les chemins supérieurs (par *Tay-nin*).

Le général impérial *Nguyen-diu,* assisté du général *Thu',*
ainsi que le général en chef *Tran-cong-chu'ong,* allèrent à la
rencontre des rebelles, qu'ils rencontrèrent sur le territoire
de *Phu-viên.*

Ces trois généraux, s'étant cachés avec leurs troupes, fondirent sur les rebelles, et les généraux de l'empereur, *Thu'*
et *Chu'ong,* parvinrent à tuer un général ennemi, nommé
Ngan.

Les *Tay-so'n* s'avancèrent alors en grand nombre et for-
cèrent les troupes impériales à rétrograder; mais lorsque
Nhac, le chef des *Tay-so'n,* apprit la mort de *Ngan,* il fut
comme un homme privé de ses deux bras.

Cependant rempli de fureur contre les soldats chinois
des régiments *Hoa-ngaï,* soldats qui avaient causé la mort
de *Ngan, Nhac* les poursuivit et, se précipitant sur eux,
les mit tous à mort. Les soldats chinois, ainsi que les marchands, furent indistinctement passés au fil de l'épée; il en
périt en cette occasion plus de dix mille. La terre fut couverte de cadavres depuis *Ben-nghe* jusqu'à *Saï-gon,* et comme
on les jetait dans la rivière, elle en fut réellement arrêtée
dans son cours; personne ne voulut manger de poisson pendant un espace de temps qui ne dura pas moins de trois
mois. Les marchandises de toutes sortes appartenant aux
Chinois, telles que thé, étoffes de soie, remèdes, parfums,
papiers, jonchèrent la route pendant longtemps, sans que
personne osât y toucher.

L'année d'après, le prix du thé s'élevait jusqu'à 8 ligatures la livre, une aiguille coûtait jusqu'à 1 *taïen*[1]; toutes les marchandises augmentèrent de prix en proportion.

CON-LON ou POULO-CONDOR.

L'île de *Con-lon* ou *Con-non* est située en pleine mer et à l'est de *Can-gio'*. C'est de ce port que l'on se rend dans cette île; on met pour cela le cap sur le point où se lève le soleil; la traversée dure deux jours et deux nuits.

Cette île a une étendue d'une centaine de lis. Elle renferme des montagnes et des champs cultivés où l'on récolte un peu de riz, du maïs et des arachides. Les habitants, n'ayant pas assez de riz pour subvenir à leur nourriture, sont obligés de venir l'acheter à *Gia-dinh*.

On trouve dans cette île des chevaux et des buffles, et il n'y a pas de tigres.

Ses habitants forment trois compagnies de soldats levés parmi eux, et qui sont les 1ʳᵉ, 2ᵉ et 3ᵉ compagnies de *Con-lon*. Ces compagnies sont armées; elles sont comme un poste avancé de *Can-gio'*. Leur but est surtout de garder le territoire, en surveillant les incursions des pirates *Cha-via*[2].

Les habitants de l'île recueillent des nids d'hirondelles, des écailles de tortue, des tortues de mer, du *nu'o'c-mam*[3] aussi parfumé que de la cannelle et de larges coquillages nommés *oreilles d'éléphants;* ces différentes choses sont par eux offertes à l'empereur.

Leur nourriture habituelle se compose de poissons et de chevrettes. L'aréquier donne sur cette île un fruit plus grand que de coutume et dont l'écorce est rouge; son goût est doux et parfumé. Lorsqu'au commencement du printemps les aréquiers de *Gia-dinh* n'ont pas encore donné de fruits, on en trouve déjà dans l'île : aussi se vendent-ils très-cher à cette époque.

---

[1] La ligature, qui se compose de 600 sapèques, est divisée en 10 *taïens*, de 60 sapèques chacun; la valeur du taïen est d'environ 10 centimes de notre monnaie.

[2] *Java*, les Malais.

[3] Condiment fait avec du poisson, et dont les Annamites ne peuvent pour ainsi dire pas se passer. Il a beaucoup de rapport avec la *soya* du Japon, mais il lui est très-inférieur.

La province de *Phan-yen* possède trois puits très-remarquables. Le premier, situé à *Ngu'u-tan*, auprès de l'arroyo *Tru'oc-ti*, se nomme *Tan-tinh*. C'est une source d'eau douce qui jaillit du milieu d'une mare d'eau saumâtre. Dès le principe, les habitants du lieu ont su s'emparer de ce jet d'eau douce en le conduisant dans des bambous creusés jusqu'au point où chacun va y remplir ses vases. La source ne diminue jamais en intensité. Plus tard l'eau fut conduite dans des canaux en pierre, et l'on en pava le dessus avec soin; cela fut d'une très-grande utilité pour les habitants.

Le deuxième puits est situé sur la rive nord du *Binh-du'o'ng* et dans une sorte de bassin; les habitants du village de *Tan-an*, placé dans l'ouest de ce puits, lui ont donné le nom de *Dianh-tinh* [1] (puits renommé).

Le troisième puits est situé sur la rive occidentale de *Tan-long-cu'a* et sur le territoire du village de *Tan-phu-hoï;* on le nomme *Nhu'n-tinh*. Tout le monde, soit de près ou de loin, vient puiser à ce puits et y chercher de l'eau en barque; on s'y succède sans cesse, et jamais on ne le voit sans personne alentour.

Le *tau* (ou forêt de palétuviers, *ru'ng-sac*) de *Phan-yen* s'étend depuis les Trois-Fleuves, au lieu dit *Phu-gia*, jusqu'à *Can-gio'*, à *Don-tranh* et au *Loi-rap*. On y trouve, comme dans les palétuviers de *Bien-hoa*, une grande quantité de poissons, de chevrettes et de coquillages de toutes sortes, dont le peuple fait usage et retire des profits.

Puits
de la province
de PHAN-YEN
(Gia-dinh).

TAU
ou
RU'NG-SAC.

---

[1] Les Européens lui ont donné le nom de *puits de l'évêque d'Adran*.

SECTION V.

PROVINCE DE DINH-TUONG.

Sommaire. — Élévations de terrain. — Cours d'eau. — Passes de *Mi-tho*. — Îles. — Bouches de *Ba-laï*. — Canaux. — Jardins. — Palétuviers. — Feuilles pour toiture. — Écorce à calfater. — Bambous. — Pêcheries. — Droit de pêche.

GIONG ou GO (élévations de terrain). Le territoire élevé (*giong*) de *Kien-dinh* était autrefois l'emplacement du chef-lieu de la province. On le nomme vulgairement *Giong-trân-dinh*, parce que la terre est partout plus élevée que le reste de la province; c'est une sorte de vaste plateau également uni de tous les côtés, et traversé par une route qui permet de voyager à pied. Au temps de l'empereur *Gia-long*, il existait sur ce plateau une forteresse solide et redoutable; elle avait été construite en ce lieu à cause des nombreux combats dont il avait été le témoin. Cependant, après la pacification du pays, cette forteresse fut abandonnée sans réparation, et il n'en reste plus aujourd'hui que les traces.

Ce territoire forme de nos jours un huyen dépendant du phu de *Kien-an*.

A 18 lis dans l'est se trouve le territoire nommé *Hién-giong*. Dans l'ouest sont les trois *giong*s ou terrains élevés de *Ki-lan*, *Qua-qua* et *Diu'-giong*. Ces terrains, contigus l'un à l'autre, n'ont pas tous la même hauteur.

A 25 lis dans le sud-ouest est situé le terrain nommé *Lu'-giong*; à 4 lis plus loin dans l'ouest se trouve le *giong* de *Tra-luât*; à 28 lis de nouveau, et aussi dans l'ouest, est le *Lao-giong*, et enfin à 6 lis encore on rencontre le *giong* nommé *Triêu-giong*.

Ces terrains diffèrent de grandeur et d'élévation; mais tous produisent du coton, des mûriers, du chanvre, des courges, des melons, des arachides, des patates, des cannes à sucre et des haricots de toutes sortes.

Les habitants se livrent tous à la culture de ces divers produits.

Le territoire de *Tam-giong*, vulgairement appelé *Ba-giong*, n'est pas partout de la même élévation; il est très-boisé et possède de beaux arbres. Ce territoire, composé de trois *giongs* contigus l'un à l'autre, dépend à la fois des deux huyens de *Kien-dang* et de *Kien-hung*.

Ce lieu est naturellement défendu en avant par le grand fleuve, en arrière par un réseau de petits arroyos. C'est là qu'étaient campés les soldats de l'armée *Dong-so'n* (ennemis des *Tay-so'n*).

L'an *Binh-than*, la guerre ayant recommencé, le général *Phuong* se mit à la tête des *Dong-so'n*, et il reprit de nouveau *Gia-dinh* (sur les *Tay-so'n*).

Ce général ne put s'entendre avec *Li*, le général en chef des *Hoa-ngaï* (Chinois); celui-ci, après la mort du général *Kinh*, se trouva sans appui et se retira sur le mont *Chiêu-tho'i* (province de *Bien-hoa*), où il se mit en état de révolte. Les *Dong-so'n*, n'ayant pu parvenir à le vaincre, élevèrent des fortifications sur la rive du fleuve, depuis *Ngu'u-tan* (*Ben-nghe*) jusqu'au poste de *Khoï-tan*.

Le 8ᵉ jour du 1oᵉ mois, le prince *Muc*[1], attaqué dans *Qui-nho'n* (*Binh-ding*) par *Nhac*, le chef des *Tay-so'n*, se sauva par mer et vint à *Gia-dinh*. Il donna alors l'ordre à un de ses mandarins, nommé *Khoang*, de se rendre auprès du général *Li* pour lui dire de revenir. Ce prince connaissait déjà *Li*; car auparavant, l'an *At-vi*, au 4ᵉ mois, étant allé dans le *Quang-nam* pour y combattre les *Tay-so'n*, il essuya une défaite, lorsque le général *Li*, à la tête des *Hoa-ngaï*, et le chef d'une bande nommée *Hoa-trung* se portèrent au-devant de ce prince pour lui offrir leurs services. Mais, à la

---

[1] Ce prince *Muc* était neveu de l'empereur *Diuê-tôn*; mais, quoique désigné par son oncle, ce n'est pas lui qui lui succéda sous le nom de *Thê-tô* ou de *Gia-long*: ce fut son frère, que l'on nommait alors *Nguyen-anh*. Les titres d'empereur ou de roi donnés à cette époque sont abusifs, car le pays ne se retrouva sous l'entière autorité de la dynastie des *Nguyen* qu'en 1802. (V. le chap. III de la Iʳᵉ part.)

TAM-GIONG
ou
BA-GIONG
(les trois
Giongs).

même époque, le chef des *Hoa-trung*, nommé *Thap*, ayant tramé de mauvais desseins contre le prince *Muc*, le général *Li* prit hautement celui-ci sous sa protection, et il put dorénavant demeurer en paix et tranquillité. Ce *Thap* était un homme féroce et cruel; il engagea dans la suite une bataille avec les *Tay-so'n*, fut vaincu, et se sauva à Canton, où le vice-roi le fit mettre à mort.

Quant au général *Li*, ses intentions ne cessèrent d'être toujours de la plus grande probité, et il ne voulut jamais à aucun prix se mettre du parti des *Tay-so'n;* c'est pourquoi il était resté sincèrement attaché au prince *Muc.* Il envoya donc quatre généraux, nommés *Tan*, *Ho*, *Hien* et *Nam*, à la tête de toutes ses troupes à *Ben-nghe*, où il se rendit lui-même pour saluer le prince *Muc* et le conduire au fort de *Diau-môt* (*Thu-diau-môt*). Les *Dong-so'n* ne tentèrent rien contre *Li* et s'en retournèrent à *Ba-giong*.

Sur ces entrefaites, dix hauts mandarins annamites, s'étant mis à la suite de l'empereur *Diué-tôn*, arrivèrent à *Ben-nghe*.

Le 4ᵉ jour du 11ᵉ mois, le général *Li* vint aussi avec le prince *Muc* au-devant de l'empereur, qui désigna ce prince pour être son successeur sur le trône et nomma *Li* haut dignitaire de l'empire.

Cependant le peuple ne pouvait supporter les exactions commises par les soldats *Hoa-ngaï* qui appartenaient à *Li*.

L'empereur *Thé-tô*[1], ayant appris que la rébellion s'établissait à *Ba-giong*, réunit les soldats *Dong-so'n* et en fit des auxiliaires pour aller combattre.

L'an *Dinh-didu*, au 3ᵉ mois, les deux frères *Tay-so'n Nhac* et *Hué* engagèrent les hostilités à la tête de leurs troupes de terre et de mer. Les soldats impériaux, assistés des *Hoa-ngaï*, se disposèrent à les repousser; l'armée de mer des *Tay-so'n* vint présenter le combat à *Ben-nghe*, pendant que l'armée de terre, partie de *Bien-hoa*, se dirigea sur *Hoc-*

---

[1] L'auteur anticipe sur les événements. L'empereur *Thé-tô* succéda, comme on l'a vu dans la première partie, à son oncle *Diué-tôn.*

mon. Le général en chef des *Hoa-ngaï*, nommé *Ho*, tua dans la bataille un général des *Tay-so'n* nommé *Tuyên*, ce qui força les rebelles à se replier sur *Khoï-tan*. Le général *Truong-phuoc-tan*, à la tête de l'armée impériale, passa de *Can-giuôc* à *Saï-gon*, afin de protéger l'empereur.

Cependant les *Hoa-ngaï*, pleins de doutes au sujet des *Dong-so'n* et craignant d'être enveloppés par eux (à cause de leur ancienne querelle), quittèrent *Hoc-mon* pour revenir prendre la garnison de *Ben-nghe*, mais ils rencontrèrent en route les *Tay-so'n*, qui les avaient suivis; forcés de se battre, ils furent vaincus et mis en fuite avec leur général *Li*. Les *Dong-so'n*, ayant appris leur défaite, en profitèrent pour exterminer tous les Chinois.

L'empereur *Diuê-tôn* s'enfuit à *Long-xuyên*, et le prince *Muc* se sauva à *Ba-viêt*. Cependant les *Tay-so'n*, ayant bloqué *Ben-nghe* de toutes parts, y causèrent de grands dommages.

Le 9ᵉ mois, les deux frères de *Nhac*, nommés *Binh* et *Hué*, s'en retournèrent à *Qui-nho'n;* ils laissèrent comme généraux de leurs troupes de terre le gouverneur *Chau* et le général *Han*. Le général *Oai* fut placé à la tête des troupes de mer; il eut pour lieutenant le nommé *Hoa*.

Ces troupes furent préposées à la garde de *Gia-dinh*.

Le 10ᵉ mois, l'empereur *Thê-tô* partit de *Long-xuyên*, après avoir placé à la tête de son avant-garde le général *Nguyen-quan*, et se dirigea sur *Ba-giong*.

Le général *Phuong* était à la tête des *Dong-so'n*. L'armée de *Thê-tô* s'étendait au loin; ses enseignes étaient blanches, ainsi que ses coiffures.

L'an *Mâu-tuât*, au 1ᵉʳ mois, l'empereur *Thê-tô* reconquit *Gia-dinh* sur les *Tay-so'n*. A cette occasion, le général *Phuong* fut élevé à la dignité de généralissime; mais cela l'enorgueillit au point que, oublieux de toute règle, il songea à se révolter.

L'an *Tan-sàu*, au 3ᵉ mois et durant la 23ᵉ nuit, *Phuong*

fut mis à mort par ordre de l'empereur. On nomma à sa place le général *Thang* comme commandant en chef des troupes de terre, et le général *Thiém* eut le commandement des troupes de mer.

Les *Dong-so'n* furent divisés en quatre brigades : le premier général, nommé *Diong*, commanda la première brigade, dite *Tien-quân* (avant-garde); le deuxième général, nommé *Triém*, commanda la seconde, dite *Hu'u-quân* (brigade de droite); le troisième général, nommé *Luong*, fut mis à la tête de la brigade de gauche, dite *Ta-quân*, et enfin, la brigade d'arrière-garde (*Háu-quân*) obéit au général *Bac*.

Précédemment, l'empereur *Thé-tổ* avait envoyé le général *Diu*, commandant de l'armée du centre, dans le *Binh-tuân* pour y prendre l'infanterie, et dans le courant de la même année, au 5e mois, ce général marcha sur *Qui-nho'n*. Cependant les *Dong-so'n*, ne voulant pas obéir aux chefs qu'on leur avait donnés, tournèrent brusquement et s'enfuirent jusqu'à *Ba-giong*, résistant de cette manière aux ordres de l'empereur, qui chargea les généraux *Thuyen* et *Luong* de les faire rentrer dans l'obéissance, et ceux-ci, pour les punir de leur trahison, en mirent un grand nombre à mort.

Les soldats de *Binh-tuân* entrèrent dans la province de *Binh-hoa* (*Khanh-hoa*) avec la division du général *Tiep* et vinrent camper en face des fortifications des *Tay-so'n;* mais l'arrière-garde de *Gia-dinh* n'ayant pu se mettre en marche, le général *Diu* fut obligé de rentrer dans le *Binh-tuân*. Le général *Tiep* resta alors pour former la garnison et la défense du fort *Tra-lang*[1].

Ce lieu, nommé *Ba-giong*, a acquis une certaine réputation à cause des *Dong-so'n*. C'est un territoire qui, tant par sa position que sa production abondante, est d'un grand secours pour faire la guerre et qui paraît y être prédis-

---

[1] Voyez, pour ce récit fort embrouillé, l'histoire des rebelles *Tay-so'n*, dans le troisième chapitre de la première partie de cet ouvrage.

posé[1]. Les deux éléments de la guerre s'y trouvent : le bambou et le riz; ainsi l'a ordonné le ciel. Cependant ce n'est pas lui qui pousse les hommes à désobéir au prince ni à causer des dommages au peuple.

Les deux *giongs* de *Lao-truc* et de *Giao* sont situés sur des îles. On y récolte du coton et des patates; mais ces lieux sont peu habités. LAO-TRUC-GIONG ; GIAO-GIONG.

Les trois *giongs* de *Nhut-bôn*, de *Tong-dao* et de *Diung* occupent l'île de *Nhut-bôn*. On y trouve du coton, des patates et du taro. Les habitations sont placées sous les arbres de l'île et souvent peu apparentes. NHUT-BÔN-GIONG.

Les trois *giongs* de *Tuc-tan*, de *Truc-toan* et de *Tinh*, situés dans le territoire de *Balai-hai*, offrent du coton, des patates, des mûriers et du chanvre, et quelques villages. TUC-TAN-GIONG.

Le *giong* de *Cai-vang*, placé sur les bords du *Cai-vang*, fournit du coton, du taro et une sorte de patates. CAI-VANG-GIONG.

Le *giong* de *Thuy-mai* est couvert de l'espèce de jonc vulgairement nommé *mu-u*, avec le fruit duquel on fait de l'huile. THUY-MAI-GIONG.

Le *giong* de *Bo-tan* est habité; on y trouve du coton et des arachides. BO-TAN-GIONG.

Le *Chiêu-giong* et le *Lao-ngan-giong* sont situés sur l'île de *Balai*. CHIÊU-GIONG.

Les six *giongs* de *Hoa*, *Toan*, *Thanh*, *Chan-biêu*, *Van* et *Kiêt*, sur le territoire de *Ca-hong*, sont habités et cultivés. On y recueille des patates et des melons. HOA-GIONG, etc.

Les quatre *giongs* de *Truc*, *Biêu-miên*, *Trâm* et *Cân*, situés dans le territoire de *Khong-thuoc*, sont couverts d'habitations qui forment plusieurs villages. On y récolte du coton, des patates, des arachides et des melons. TRUC-GIONG, etc.

Les cinq *giongs* de *Thanh*, *Kiuyên*, *Tru'o'ng*, *Nan* et *Xaluân*, placés sur les bords du *Can-loc*, produisent des patates et du taro. THANH-GIONG, etc.

---

[1] Ce *Ba-giong*, dont fait partie le territoire de *Mi-qui*, a conservé cette réputation militaire; aussi les Annamites y élevèrent-ils contre nous une énorme fortification, qui n'a pu tenir devant les troupes franco-espagnoles.

Les trois *giongs* de *Thap, Me* et *Thao* sont situés sur les bords du *Caï-thap;* on y trouve du coton et des patates.

Le fleuve de *Mi-tho* coule devant la citadelle, dont il est le grand fleuve; il prend sa source dans la province de *Vân-nam* (*Yun-nan*, en Chine). C'est d'abord le fleuve *Cu'u-long-giang* [1], qui coule du nord et se dirige vers l'ouest; il traverse d'abord le pays de *Laos*, puis le royaume du Cambodge, et descend enfin à *Nam-van*, où il se divise en deux branches principales, qui sont le *Tien-giang* (fleuve antérieur) et le *Hâu-giang* (fleuve postérieur); ces branches coulent vers l'est.

La branche antérieure traverse la province de *Vinh-thanh*, puis s'infléchit vers le sud et se dirige vers la province de *Dinh-tuong;* là elle passe devant la citadelle et se jette à la mer par la grande et la petite passe.

On ne connaît pas la longueur totale de cet immense cours d'eau; sa source, également, n'a pas été explorée. C'est un fleuve large et profond, et dont l'eau est limpide et douce; il est impossible aux hommes de consómmer les poissons et les tortues qu'il contient.

Bien que ce fleuve ait dans le principe un cours torrentueux [2], cependant, lorsqu'il est divisé en deux bras (antérieur et postérieur), son cours se modère considérablement jusqu'aux embouchures, où le courant devient presque nul.

Le courant est extrêmement rapide pendant le cours du fleuve à travers le royaume du Cambodge; mais à *Vinh-long* et au-dessous il disparaît à l'époque des pluies. Le seul courant observé est dû à l'influence de la marée; on n'a donc jamais à craindre les désastres d'une inondation.

---

[1] Grand fleuve du Cambodge, dont la source est dans le Thibet et non dans le *Yun-nan*, comme le dit l'auteur; ce fleuve sert plus bas de limite entre la Chine et le pays de *Laos*, puis il descend parallèlement au royaume d'Annam jusqu'à *Nam-van*, où il se divise en deux branches principales, dont l'une donne naissance au fleuve de *Mi-tho*.

[2] Son lit renferme de nombreux rapides.

Le *Hu'ng-hoa*[1], vulgairement appelé *Vung-ngu*, est situé à l'est de l'amorce du *Bao-dinh-ha* et dans l'est aussi de la citadelle[2], à 47 lis et demi de distance.

Ce fleuve coule vers le nord; il parvient, après un cours de 32 lis, à l'amorce du *Bat-dong*, et, après un nouveau cours de 118 lis encore, il arrive à l'ancien poste cambodgien nommé *Phong-ca-mên.* Ce poste était situé sur la rive orientale du fleuve et auprès d'un petit arroyo. Après une distance de 3 lis environ dans cet arroyo, on rencontre un village cambodgien habité également par des Chinois et des Annamites. Ce village dépend de la province de *Phan-yen* (*Gia-dinh*), sur la limite de laquelle il est placé. Quant à l'ancien poste, il appartenait à la province de *Dinh-tuong*. Au-dessus de ce poste se trouve l'arroyo de *Bat-kien*. A partir de l'amorce du *Bao-dinh-ha*, le fleuve court dans le sud et se joint au *Loi-rap*, après un cours de 168 lis et demi.

Le *Thuoc-lang* s'amorce sur la rive ouest du cours inférieur du *Hu'ng-hoa;* il est situé dans le sud-est de la citadelle, à la distance de 97 lis. Son amorce est large de 35 tams et profonde de 3. Après un cours de 90 lis dans le nord-ouest, il parvient aux deux arroyos dits *Song-tra* et *Ca-hon*, avec lesquels il forme trois branches dont les eaux se confondent.

Le *Tra-giang* ou *Song-tra* s'amorce sur la rive ouest et dans le cours inférieur du *Hu'ng-hoa.* Son amorce est large de 57 tams et profonde de 31 pieds.

Sur la rive septentrionale de l'amorce fut construit un fort dans une position bien fortifiée, l'an *Mâu-than,* durant le règne de *Gia-long.*

Les vestiges de ce fort se voient encore de nos jours.

Le *Tra-giang* est situé dans le sud-est de la citadelle, à la distance de 125 lis.

HU'NG-HOA.

THUOC-LANG.

TRA-GIANG
ou
SONG-TRA.

---

[1] Voyez la note précédente relative au *Xa-huong*, page 190.

[2] Comme nous l'avons déjà dit, quand la citadelle n'est pas désignée, c'est qu'il s'agit de celle de la province dont on fait la description.

Après un cours de 3 lis et demi au nord-ouest, il parvient à l'embranchement (aux trois bras) de *Khong-thuoc-nguyen*[1]. A partir de ce point de bifurcation, et après un cours de 34 lis à l'ouest, l'un des bras se rend au marché de *Go-cong*.

Le *Song-tra*[2], ayant parcouru une nouvelle distance de 8 lis, arrive aux trois bras de *Diu'a-diep*. A partir de cet embranchement, et après un cours de 4 lis et demi encore dans le sud, l'arroyo se rend au marché de *Diu'a-diep;* il parcourt une nouvelle distance de 14 lis et parvient aux trois bras de *Thuoc-lang* et de *Ca-hon*, avec lesquels il mêle ses eaux.

KHONG-THUOC ou GO-CONG.

Le *Khong-thuoc*, vulgairement appelé *Go-cong*, est situé à 90 lis dans le sud de la citadelle. Le territoire qu'il traverse est composé de terre excellente ; ses rizières, qui sont extrêmement boueuses, produisent une quantité énorme de riz. Là se trouvent beaucoup de petites élévations de terrain (*go*) et une grande quantité d'arroyos.

L'an *Dinh-vi*, l'envoyé impérial *Tanh* s'établit dans ce territoire et y leva des gens du peuple pour en faire des soldats; il créa ainsi des régiments avec lesquels il marcha contre les rebelles *Tay-so'n*. Ce général acquit, au temps de l'empereur *Gia-long*, une haute réputation militaire : aussi le peuple avait-il en lui la plus grande confiance. Du reste, ce territoire de *Go-cong* se prête très-bien aux opérations de la guerre.

CA-HON.

Le rach *Ca-hon*, qui s'amorce sur la rive est du fleuve de *Mi-tho*, est situé à 7 lis dans le sud de la citadelle. Après un cours de 10 lis et demi, il parvient au marché de *Ca-hon*, lequel est très-populeux. Après un nouveau .cours de 2 lis, il arrive au marché de *Lu'o'ng-quân*, et enfin, après 50 lis encore, il se rend aux trois bras de *Song - tra* et de *Thuoc-lang*, avec lesquels il mêle ses eaux.

[1] *Rach-go-cong* et *Rach-la.*
[2] Le *Song-tra*, d'après cette description, serait aussi le *Rach-la*. Ces deux appellations sont très-usitées.

La petite passe du fleuve de *Mi-tho* (*Cua-tiêu*) est large
d'un li et demi. On y trouve 28 pieds d'eau à mer haute
et 23 à mer basse. Au large et à l'est s'étend le banc de sable
dit *Am-sa-phu-dio'n*, vulgairement appelé *Con-mong*.

Sur le rivage de la mer il y a une grande quantité de
vase. L'entrée de la passe est très-sinueuse; elle fait un
grand crochet. Cette passe est située dans le sud de la citadelle, à la distance de 93 lis et demi. A 12 lis de l'entrée
existe un poste de douane et de surveillance.

La grande passe (*Cua-dai*), située dans le sud de la citadelle, à la distance de 87 lis, est large de 7 lis et présente
27 pieds d'eau à mer haute et 22 à mer basse. Le fond est
très-vaseux; la passe, fort sinueuse, s'infléchit beaucoup.
Peu de bâtiments fréquentent cette entrée.

A l'ouest de la passe gît l'île de *Nhu't-bon*, sur laquelle
est placé un poste de douane et de surveillance.

Au-devant de cette île s'étend un banc de sable vulgairement appelé *Con-tau*. A l'est de la passe est située l'île *Dai-
châu* (grande île) ou bien *Cua-tiêu-châu*. Cette île établit la
séparation entre la grande et la petite passe; elle est large
et longue. A son extrémité méridionale, on voit d'un côté
la grande passe et de l'autre la petite. L'extrémité nord
atteint un embranchement de trois bras qui se dirigent
comme il suit : le bras du nord coule vers le rach *Ca-hon*
et dans le fleuve de *Mi-tho;* le bras de l'est, au sud, vers
la petite passe; enfin le bras de l'ouest va également vers le
sud et se jette à la mer par la grande passe.

L'île de *Long-châu*, vulgairement *Cu-lao-rong*, est située
auprès et en face de la citadelle.

Dans le principe, cette île n'existant pas, le fleuve de *Mi-
tho* était en cet endroit large et profond, et il formait un
véritable port, nommé *Dé-van-that-khâu* (*dai-lu'o'i*).

C'était là que se rendaient les bâtiments de commerce, sans
cesse allant ou venant au mouillage. C'était un lieu très-
commode et très-agréable pour les barques et les navires,

CUA-TIÊU
(petite passe
de Mi-tho).

Con-mong.

CUA-DAI
(grande passe
de Mi-tho).

Nhu't-bon.

Con-tau.
Dai-châu.

LONG-CHÂU
ou
CU-LAO-RONG.

qui, profitant de la pleine mer, entraient ou sortaient, selon le cas.

L'an *Mâu-than* (il y a plus de 60 ans), il apparut à la surface de l'eau un banc de sable qui jusqu'à aujourd'hui est allé grandissant et s'élevant de jour en jour. Ce banc affectait la forme d'un dragon [1]; il finit par acquérir la consistance d'une île, et fut nommé par l'empereur *Gia-long* *île du dragon*, (*Long-châu*).

Cette île, longue d'environ 2 lis, est semblable à une étoile placée au milieu des eaux. Elle sert de défense à la citadelle et s'oppose à ce que les eaux du fleuve aillent en détériorer la rive.

Le livre *Tram-giu'-gia* dit que, lorsqu'il surgit une île du milieu de l'eau, la terre de cette île est excellente et d'un très-bon rapport. C'est là une chose qui se vérifie au sujet de l'île de *Long-châu*.

BA-LAÏ-NAM.

Le fleuve de *Ba-laï-nam* (*Ba-laï* du sud), large et profond, est situé dans le sud-ouest de la citadelle, à la distance de 12 lis. L'eau en est partout claire et limpide; mais pendant l'été elle est légèrement salée. Le *Ba-laï* du nord, ainsi que celui du sud, délimite les deux provinces de *Dinh-luong* et de *Vinh-thanh* (*Vinh-long* ou *An-giang*).

BA-LAÏ
(bouche).

La bouche de *Ba-laï*, large d'un li et demi, est située à 84 lis et demi dans le sud de la citadelle (*Mi-tho*). On y trouve 26 pieds d'eau à mer haute et 21 pieds à mer basse. Cependant ce lieu étant inhabité et presque désert, il en résulte que peu de bâtiments et même de barques entrent par cette bouche.

DANG-GIANG
(canal).

Le nouveau canal de *Dang-giang* est dans le nord-ouest de la citadelle. C'était autrefois le petit arroyo de *Dang-giang*.

A l'est de cet arroyo était situé le commencement du rach *Ba-laï*, et à l'ouest s'étendait un terrain tout recouvert de

---

[1] C'est à cela que l'île doit son nom.

boue. Le cours de l'arroyo, qui n'avait pas moins de 57 lis et demi, était embarrassé par une grande quantité de hautes herbes. Vers le sud du territoire où coulait cet arroyo existaient beaucoup de tertres un peu élevés (*go* ou *giong*); là se trouvaient des champs cultivés et des jardins. Vers le nord, c'étaient de profondes forêts sillonnées d'un grand nombre de cours d'eau; ces forêts s'étendaient à 5 ou 600 lis. C'est là que campèrent les *Dong-so'n*, dont le quartier général était à *Ba-giong*, dans une position extrêmement forte. Ils pouvaient à leur gré se mouvoir dans le sud ou dans le nord; toujours protégés par le terrain lui-même, ils étaient là semblables à un tigre au plus profond des bois ou bien au dragon au milieu de l'Océan. L'homme ne pouvait parvenir jusqu'à eux : aussi les *Tay-so'n* échouèrent-ils quand ils voulurent les combattre dans ce lieu inextricable.

L'an *At-ti*, le mandarin *Tay-so'n* nommé *Trân* profita de deux arroyos rapprochés pour en faire un canal navigable en les réunissant; cela lui permit d'aller attaquer les *Dongso'n*.

Ce canal est aujourd'hui très-fréquenté.

Le *Tra-thap* est situé au nord du fleuve de *Mi-tho* et à 2 lis à l'ouest de la citadelle. Autrefois, pendant la mousson du sud, il y avait des vents d'est et du sud qui faisaient lever des lames au point de rendre la navigation difficile pour les barques; mais depuis l'an *Mâu-than*, époque où s'est formée l'île de *Long-châu*, cet inconvénient n'a plus lieu, à cause de la protection que donne l'île contre les vents de sud et d'est.

Le *Sam-giang*, vulgairement *Rach-gam*, s'amorce sur la rive nord du cours inférieur du fleuve antérieur; situé à 28 lis et demi dans l'ouest de la citadelle, il forme la limite à l'est et à l'ouest des deux huyens de *Kien-hu'ng* et de *Kiendang*. Sur la rive occidentale est un petit marché. Après un cours de 7 lis et demi dans le nord-ouest, l'arroyo parvient au marché de *Thu'ng*, placé sur la rive sud : là se trouvent beaucoup de maisons et de boutiques. Après un nouveau cours de 2 lis et demi, on arrive aux trois bras. Le bras de l'ouest coule pendant 17 lis et demi, pour se mêler aux eaux du *Lu-ma*, et se jette ainsi dans le cours inférieur du fleuve antérieur. Le bras du nord, dont le cours est de 24 lis, parvient à *Lu-giong* et se perd dans les terres.

Là se trouve le marché de *Thuc-nhiêu;* les environs en sont cultivés et couverts de beaux jardins. Les habitants, tous agriculteurs, cultivent le riz et le mûrier.

Le *Ba-raï-bac* (*Ba-raï* ou *Ba-laï* du nord) s'amorce sur le cours inférieur du fleuve antérieur; il est situé à 60 lis et demi dans l'ouest de la citadelle. Son amorce est large et profonde.

Sur la rive occidentale est placé un marché populeux. Les habitants de ce territoire s'occupent beaucoup d'agriculture.

Il s'est livré de nombreuses batailles en ce lieu du temps de la guerre des *Tay-so'n*. La terre était alors inculte et abandonnée; mais, depuis la paix, les habitants y sont revenus.

Après un cours de 33 lis à l'est, l'arroyo parvient au marché de *Thanh-so'n*, vulgairement *Caï-laï* (situé sur le territoire des deux villages *Hu'u-hoa* et *Thanh-so'n*) : là se trouvent des barques en grand nombre et l'on y voit une affluence considérable de monde. Après un nouveau cours de 64 lis et demi à l'est, l'arroyo atteint le nouveau canal de *Dang-giang*, et, mêlant ses eaux avec lui, il se jette dans le fleuve de *Hu'ng-hoa*.

Le *Hiep-du'c*, vulgairement appelé rach *Caï-la*, est situé sur le territoire des deux villages de *Tan-hiêp* et de *Tan-du'c;* il s'amorce sur la rive nord du fleuve antérieur, à 32 lis et demi dans l'ouest de la citadelle. Les habitants de ses rives possèdent et cultivent des champs et des jardins. Il y a également beaucoup de métiers à tisser la soie; on y fabrique des étoffes à larges et à petites fleurs (*so-sa* et *lang-*

tra). Ces étoffes sont bien réussies, pour les fleurs surtout, qui leur donnent beaucoup de réputation; cependant leur tissu et leur dessin n'atteignent pas la perfection des étoffes de Chine.

L'*An-binh*, vulgairement nommé *Caï-be*, coule sur le territoire des deux villages d'*An-binh-dong* et d'*An-binh-tay;* il est situé à 67 lis et demi dans l'ouest de la citadelle. A une distance de plus d'un li à partir de son amorce se trouve un marché très-populeux. Beaucoup de gens fort riches habitent cet endroit.

Les aréquiers sont très-nombreux autour des maisons; on porte leurs fruits à *Saï-gon* pour les y vendre. Les marchands se servent d'une sorte de barque particulière que l'on nomme *ghe-giang* : c'est une barque plus grande et plus longue que le *ghe-long*, recouverte entièrement de longs bambous, tant par-dessus que depuis l'avant jusqu'à l'arrière de la barque, qui en est de la sorte enveloppée. On transporte dans ces barques du coton, des écorces d'arbre, du poisson sec, toutes choses venant du Cambodge. Ces barques ne vont pas à l'aviron; on pousse du fond sur le bord du rivage pour les faire avancer. Ce sont les marchands en relation avec le Cambodge qui usent de ce genre de navigation, commun chez les Cambodgiens.

Le *Can-lo* s'amorce sur la rive septentrionale du fleuve antérieur; il est large de 32 tams. On y trouve 21 pieds d'eau à mer haute et 16 pieds à mer basse. Situé à 164 lis dans l'ouest de la citadelle, cet arroyo finit après un cours de 25 lis. Le territoire qu'il traverse, couvert de hautes herbes et d'arbres et limité par la forêt, a peu d'habitants. On y trouve beaucoup d'arbres, nommés *cây-tram*, dont on emploie l'écorce pour couvrir les maisons ou calfater les barques, ainsi que l'herbe appelée *cây-lac*, avec laquelle on tresse des nattes et des voiles pour les bateaux; on y fabrique enfin, à l'aide de poisson, le condiment nommé *nư'o'c-mam*. Ces diverses marchandises sont transportées

AN-BINH
ou
CAÏ-BE.

Marché
de Caï-be.

CAN-LO.

dans les marchés voisins sur des radeaux faits de bambous.

BACH-NGU'U.

Le *Bach-ngu'u,* qui s'amorce sur la rive nord du fleuve antérieur, est situé à 206 lis et demi de la citadelle. Son amorce est large de 23 tams; on y trouve 14 pieds d'eau à mer haute et 9 pieds à mer basse. Après un cours de 40 lis au nord, à partir de l'amorce, l'arroyo parvient à

Pha-trach.

Pha-trach. Le territoire, peu habité, est très-rapproché du grand fleuve; on y rencontre beaucoup d'élévations de terrain (*giong*) sur lesquelles on cultive du coton, des mûriers, du chanvre, des melons de toutes sortes, une espèce de mil nommée *cây-bo-bo,* des patates, du bétel aromatique et des haricots de diverses espèces.

La terre est en général humide et boueuse, à l'exception de ces élévations de terrain.

On recueille à *Pha-trach* une grande quantité de poissons et de tortues; on y voit également beaucoup d'arbres et de bambous : c'est un terrain limité par la forêt et qui pourrait produire énormément s'il était mis en culture.

Après un nouveau cours de 19 lis, le *Bach-ngu'u* se rend au *Doc-van-ha,* et, à 3 lis au delà, il parvient au *Doc-van-thu'o'ng.*

A la petite distance de 20 tams se trouve alors un poste ancien nommé *Hung-ngu'.*

A 68 lis à partir du poste, l'arroyo parvient au *Hiep-an,* où a été transporté nouvellement cet ancien poste de *Hung-ngu'.*

BAO-DINH
ou
KINH-VUNG-NOU
(canal
de Vung-ngu).

Le *Bao-dinh,* vulgairement appelé *Kinh-vung-ngu,* a son amorce sur le *Hu'ng-hoa;* il est situé dans le nord-est de la citadelle, à 47 lis et demi de distance.

Dans le principe, le petit arroyo de *Vung-ngu* coulait jusqu'à l'auberge de *Ti-ho'i,* et là se bornait son cours dans la partie du nord-est; d'autre part, l'arroyo de *Mi-tho,* dans la partie de l'ouest, se dirigeait à l'est jusqu'au marché de *Luong-phu,* vulgairement appelé *Cho'-ben-tranh,* et là il s'ar-

rêtait. Entre ces deux parties d'arroyos étaient des rizières[1]
qui s'étendaient du sud au nord.

L'an *Ât-diâu*, 15ᵉ année de *Hiên-tôn* (1755), l'envoyé
royal *Van*, étant à la tête des troupes dans l'expédition
contre le Cambodge, fut obligé, pour tenir tête à l'ennemi,
d'établir une fortification qui s'étendait depuis l'auberge de
Ti-ho'i jusqu'au marché de *Luong-phu*. Il fit alors réunir et
communiquer entre elles les deux extrémités des arroyos de
Vung-ngu et de *Mi-tho*. Ce nouveau canal lui servit de fossé
pour sa fortification, qui put ainsi résister avec avantage à
l'ennemi. Dans la suite, on creusa plus profondément, afin
de rendre la communication plus complète; ce qui permit
aux barques de naviguer dans ce canal. Il résulte de l'ad-
jonction de ces arroyos que l'eau prend les directions oppo-
sées de l'est et de l'ouest à partir du point de partage.

Ce point de partage[2] se nomme *Vong-thê*, vulgairement
Thang-trong, parce qu'en cet endroit était établi un mira-
dor fort élevé pour surveiller les deux arroyos.

Ces deux arroyos ne se réunissent complétement qu'à
mer haute. Au point de réunion ou de partage, le courant
est peu sensible.

Le point de partage présente un grand nombre de coudes
très-forts; il y a aussi certains passages assez étroits. Là on
trouve beaucoup de boue et de nombreuses herbes, dues à
ce que le courant ne s'oppose pas à la végétation. Chaque
jour ce point de partage est à sec, à cause de son élévation
relative. Les grandes barques s'arrêtent en ce lieu; elles
doivent nécessairement attendre la pleine mer pour franchir ce passage.

L'an *Ki-mau*, 18ᵉ année de *Gia-long* (1820), il fut ordonné de nouveau de le creuser à partir de *Vong-thê* jusqu'à
Hop-dung, sur une longueur de 40 lis et demi.

---

[1] Ces rizières étaient situées au lieu appelé par nous *le Dos d'âne*, dans l'arroyo de la Poste, dont il s'agit ici et qui a été, comme on le voit, canalisé en 1755.

[2] C'est ce que nous nommons *le Dos d'âne*.

Le gouverneur de la province de *Dinh-tuong*, nommé *Phong*, réunit 9,679 travailleurs pris parmi le peuple. Il fut attribué à chacun d'eux une ligature par mois, ainsi qu'un *vuong*[1] de riz.

Ces ouvriers furent divisés en trois brigades, travaillant chacune à son tour.

Le canal fut porté à la largeur de 15 tams et à la profondeur de 9 pieds. On établit sur les deux rives une route militaire large de 6 tams.

Ces travaux furent d'une très-grande utilité. Ils commencèrent le 28ᵉ jour du 1ᵉʳ mois et furent terminés le 4ᵉ jour du 4ᵉ mois. On donna à ce canal le nom de *Bao-dinh-ha*. Les habitants en profitèrent pour leur commerce, qui augmenta dès lors considérablement.

BAT-DONG.

Le *Bat-dong* s'amorce sur la rive occidentale du *Hu'ng-hoa;* son embouchure est large de 9 tams. On y trouve 7 pieds d'eau à mer haute et 2 pieds à mer basse. A un demi-li après l'embouchure existe une petite auberge.

Le pays qu'il traverse est très-peu peuplé; les habitants y sont activement occupés à la fabrication du charbon de bois. Après un cours de 17 lis au sud, on parvient à l'embouchure du *Dang-giang* (*Rach-chanh*); après un nouveau cours de 14 lis et demi, l'arroyo atteint son amorce sur le *Bao-dinh-ha*.

Après un cours de 118 lis dans le nord, le *Bat-dong* arrive au poste de *Phong-ca-men*, et là le *Bat-dong* devient le *Bat-kién*.

BAT-KIÈN.

Le *Bat-kién* est situé sur le cours supérieur du *Hu'ng-hoa;* il forme la limite de la province de *Mi-tho*. Sur sa rive occidentale se trouve le poste de *Tuyên-oai-dao*. A partir de ce poste, et après 37 lis dans le sud, on rencontre celui

---

[1] Demi-picul : 30 kilogrammes environ. Les travaux de l'État n'ont jamais été beaucoup plus rétribués en Cochinchine; seulement ils ne sont entrepris qu'aux époques déterminées par le code, c'est-à-dire quand ils ne nuisent pas aux travaux des champs et que les agriculteurs n'ont plus grand'chose à faire.

de *Phong-ca-men;* c'est là le cours inférieur du *Bat-kiên,* qui finit aux frontières.

Des Annamites, des Chinois et des Cambodgiens demeurent à un demi-li du poste; ils se livrent tous au commerce. Là est placée une perception de l'impôt, qui consiste à prélever le dixième [1] des produits de toutes sortes.

Après un cours de 110 lis, l'arroyo parvient au poste de *Thong-binh;* et enfin, après une nouvelle distance de 74 lis, on rencontre le *Vam-diu'a,* qui termine et limite le cours supérieur du *Bat-kiên.* L'eau de cet arroyo est bonne à boire, mais boueuse et trouble. Il fait un grand nombre de détours et contient beaucoup d'herbes. Les bords en sont très-boisés; on y voit une grande quantité de villages cambodgiens. C'est un pays extrêmement vaseux, et qui, à l'époque des pluies, est entièrement inondé et couvert d'eau, à tel point que l'on y navigue en barques. Cela est très-commode pour les contrebandiers, qui du rach *Bat-kiên* vont dans le *Vam-diu'a,* de là à *Câu-nam,* et enfin à *Nam-van,* route qui fait passer en dehors des postes de douane.

Les chefs des deux postes de *Phong-ca-men* et de *Thong-binh* sont spécialement chargés de la surveillance et de la recherche de ces contrebandiers. Ils doivent également garder les frontières.

Le *Vam-diu'a,* situé dans le cours supérieur du *Bat-kiên*
(le *Bat-kiên* devient le *Vam-diu'a*), forme la limite ouest de la province de *Dinh-tuong.*

Ce territoire est encore fort peu habité; c'est là que se trouve le poste de *Phong-ca-men,* pour marquer la frontière cambodgienne. En ce lieu sont réunis des habitants qui s'occupent d'agriculture. Ce voisinage du poste ayant beaucoup d'inconvénients pour la liberté des habitants, il fut ordonné par édit impérial, l'an 18e de *Gia-long,* de transporter à *Thong-binh* le poste de *Phong-ca-men;* ce poste de *Thong-binh*

---

[1] C'est ainsi que l'on opère dans les douanes cambodgiennes.

fut aussi lui-même transporté plus tard à la frontière, au poste de *Vam-diu'a* : il en résulte que le poste est de la sorte situé non loin du fleuve antérieur et en face de celui de *Tang-châu-dao* [1], placé sur les bords du fleuve. Ces deux postes peuvent ainsi se porter facilement secours l'un à l'autre.

Avant de parvenir au poste de *Vam-diu'a*, l'arroyo se divise en deux branches. Celle de l'ouest se dirige sur *Ba-câu-nam* et se jette de là dans le fleuve antérieur, au-dessus du poste de *Tang-châu-dao;* le fleuve antérieur, à partir de là, va directement à *Nam-van* et conduit à *Oudon* [2]. La branche du sud descend vers le *Hiep-an* et se jette également dans le fleuve antérieur, qui, après un cours de 70 lis (en dessous), parvient au poste de *Hung-ngu'-tan*.

L'île de *Dai-tiêu-hai-châu*, située entre les deux passes de *Mi-tho* (la grande et la petite), qu'elle sépare entre elles, est longue de 35 lis et large de 8 lis; elle se nomme aussi *Tran-hai-châu*. Cette île est boisée; sur son territoire sont établis les cinq villages de *Phu-tanh, Dong-tan, Phong-long, Thai-long* et *Hoa-ti*, tous entourés de cultures; les habitants y demeurent en paix. Au milieu de l'île est une élévation de terrain (*go*) sur laquelle se trouve de l'eau douce. Quand la culture est terminée, les habitants se livrent à la pêche; ils sont donc sans cesse occupés : aussi leur activité est-elle devenue proverbiale.

L'île de *Qui-so'n* est située à l'ouest des trois bras formés par la grande passe; elle a 8 lis de tour, est fort sinueuse et a la forme d'un dragon. L'île de *Tho-châu* gît dans le nord de celle de *Qui-so'n*. L'île de *Bach-sa*, vulgairement nommée *Con-tao* (située dans le nord-ouest de *Tran-hai-châu*), est

---

[1] Ce poste de *Tang-châu-dao* où *Tan-châu-tan-dao* était, dans le principe, situé sur l'île de *Cu-lao-gien*. Il fut plus tard transporté auprès de l'île *Cai-vung*, en face du poste de *Kien-sai-tan*.

Le *Bat-dong*, qui devient successivement le *Bat-kiên* et le *Vam-diu'a* et forme évidemment la frontière du Cambodge, a probablement comme branche le rach *Ta-deu*, porté sur la carte comme dernière limite du royaume d'Annam.

[2] Par le bras qui remonte au Grand Lac, et non par le cours du grand fleuve proprement dit.

placée dans l'est de *Qui-so'n*, qui se trouve ainsi être au milieu. La terre de *Qui-so'n* est excellente; la végétation y est magnifique. Le village de *Qui-so'n* est établi sur cette île.

L'île de *Thai-so'n*, dans l'ouest du grand fleuve de *Mi-tho*, a 5 lis de tour. Celle de *Ton-châu*, vulgairement appelée *Cu-lao-ho*, est au sud de la précédente : sur cette île se trouvent des arbres de toute beauté; la terre est excellente et l'air salubre. Le village de *Thai-so'n* y est établi.

L'île de *Phu-yen-châu*, vulgairement *Cu-lao-bai-dang*, est située dans l'ouest du grand fleuve de *Mi-tho;* elle a 8 lis de tour et est couverte de champs et de jardins parfaitement cultivés. Les deux villages de *Phu-yen-tay* et de *Phu-yen-loc* sont établis sur son territoire. L'eau qui entoure cette île est partout d'une belle transparence; c'est un lieu fort agréable à voir et à habiter, aussi agréable que *Bong-dinh*, la terre des génies.

L'île de *Kien-lo'i*, vulgairement *Cu-lao-tra-luât*, est dans le canton de *Kien-lo'i* et dans le nord du cours inférieur du fleuve antérieur, laquelle partie du fleuve se nomme *Song-tra-luât* et forme un arroyo large de 29 tams et profond de 21 pieds à mer basse. Sur la rive occidentale est situé le marché de *Tra-luât*, placé dans l'ouest de la citadelle, à la distance de 55 lis. Après un cours de 8 lis au nord, le *Tra-luât* forme deux bras :

Le bras du nord-est, après un cours de 4 lis, se jette dans le *Ba-lai*.

Le bras du nord, après 24 lis et demi de cours, parvient à *Tra-luât-giong*, où se trouve un marché fort pauvre, dans les environs duquel est un marais de boue nommé *Vu-trach*.

L'île de *Kien-lo'i* est longue de plus de 5 lis; sur son territoire sont établis les cinq villages de *Long-phu, Phu-hoa-an, Tan-so'n, Giao-long* et *An-thuy-dong*. Ces villages sont entourés de très-belles cultures.

L'île de *Thi-an-châu* est située dans le canton de *Kien-*

phong et dans le nord du fleuve antérieur. Elle est longue de 42 lis.

Le *Thi-giang*, vulgairement *Vam-cai-tho'*, situé à l'est de cette île, est large de 70 tams et profond de 6. A un demi-li et sur la rive nord se trouve un marché vulgairement appelé *Cho'-cai-tho'*, à l'est duquel on rencontre le village de *Mi-du'c-dong*, et dans l'ouest celui de *Mi-du'c-tay*. C'est pour cela que le marché qui se trouve au milieu se nomme aussi *Mi-du'c*. Le quan-huyen réside au village de *Mi-du'c-dong*.

Après une distance de 45 tams, le *Thi-giang* forme deux bras. Le bras de l'ouest, qui est le grand bras, devient le *Dai-hôï*, vulgairement nommé le *Cai-côi*, dont les rives sont occupées par des villages. Plusieurs petits arroyos se jettent dans le *Dai-hôï*, et c'est à cela qu'il doit son nom (grande réunion). Après un cours de 27 lis et demi, le *Dai-hôï* parvient à l'auberge dite *Tam-tho'-tiêu-quan*, puis il se jette dans le *Han-giang*, et de là dans le fleuve antérieur. Le bras du nord, qui se nomme le *Du'c-luong*, a sur sa rive orientale le village de *Mi-du'c-tay*, et à l'ouest, celui de *Mi-luong*. Après un parcours de 11 lis, il se bifurque en un lieu nommé *Huynh-thu'* : le bras du nord (embranchement nouveau), après un cours de 17 lis et demi, se perd dans les terres; celui du sud-ouest, après un cours de 5 lis et demi, parvient au rach *Mi-long*, vulgairement *Rach-miêu* : c'est cet arroyo qui forme la limite du *Dai-hôï*.

On peut naviguer dans le *Rach-miêu* à mer haute.

Le *Han-giang*, vulgairement nommé *Vam-han*, est situé dans l'ouest de l'île de *Thi-han*. Ce *Han-giang* se réunit au *Thi-han*.

Cette île de *Thi-han* forme six caps ou pointes qui avancent dans l'eau; c'est pour cela qu'elle est aussi appelée *Luc-châu-dâu*, île à six têtes. La pointe de l'est est la plus prononcée; elle forme le territoire des deux villages de *Mi-luong* et d'*Hoa-loc;* la deuxième pointe forme le village de

Mi-hu'ng; la troisième pointe constitue une petite île nommée *Tiêu-châu,* entourée de l'arroyo appelé *Co-lich,* lequel est large de 28 tams et profond de 12 pieds. Après un cours de 2 lis et demi au nord, il se divise en deux bras : le bras du nord-est, après avoir parcouru une distance de 7 lis, se jette dans le *Dai-hôï;* celui du nord-ouest se jette également dans le *Dai-hôï,* après un cours de 10 lis.

Cette petite île de *Tiêu-châu* est placée là comme une colonne de pierre pour protéger le rach *Co-lich.*

La quatrième pointe forme le village de *Mi-tuân;* la cinquième constitue le village de *Mi-an-dong;* et enfin sur la sixième est établi le territoire des deux villages de *Thanh-hu'ng* et de *Mi-long.*

La végétation de l'île de *Thi-han* est très-belle; les champs et les jardins y sont fort bien cultivés; les habitants s'y occupent également d'agriculture et de pêche.

L'île de *Long-an* est entourée par le *Long-an,* arroyo LONG-AN. large de 38 tams et profond de 2, situé dans l'ouest de la citadelle, à la distance de 124 lis. Après un cours de 6 lis dans le nord, cet arroyo se divise en deux branches : la branche du nord va se perdre dans l'intérieur des terres; celle du sud-ouest se jette dans le grand fleuve, après un parcours de 9 lis.

L'île de *Long-an* est longue de 3 lis; elle est située dans le nord du cours du fleuve antérieur. Le village de *Mi-xu'ong,* établi sur cette île, est entouré de champs et de jardins. On voit à l'est le *Binh-giang,* arroyo large de 72 tams et profond de 11 pieds, et placé à 118 lis dans l'ouest de la citadelle.

Après un cours de 6 lis au nord dans cet arroyo, on parvient à une bifurcation. Le bras du nord court pendant 3 lis et demi et se perd dans les terres; ses bords sont habités et cultivés. Le bras du sud-ouest, après une distance de 5 lis et demi, se jette dans le *Long-an,* avec lequel il mêle ses eaux.

Can-lo.

A l'ouest de l'île de *Long-an* on voit le *Can-lo*, arroyo large de 32 tams et profond de 21 pieds. Cet arroyo est situé à 140 lis dans l'ouest de la citadelle; il se perd dans les terres, après un parcours de 25 lis au nord. Cette île, assez sinueuse, affecte la forme d'un dragon au milieu des eaux; cependant, le sol ne s'étendant pas assez et les arbres étant peu élevés, la tête et les cornes de l'animal ne sont pas apparentes, et c'est pour cela qu'on lui a donné le nom de *Long-an* (dragon qui se cache).

O-châu.

L'île d'*O-châu*, dans le nord du cours du fleuve antérieur et dans le sud de l'île de *Long-an*, sert, comme celle-ci, de protection au rach *Long-an*. On y voit de magnifiques jardins d'aréquiers; elle est également couverte d'autres beaux arbres. L'eau est profonde autour de l'île, et les bords forment de petites anses pleines de poissons et de chevrettes. Cette île est habitée par un grand nombre de corbeaux : c'est à cela qu'elle doit son nom d'*O-châu* (île du corbeau). Elle est longue de plus de 7 lis. Le village de *Nho'n-hau-dong* est établi sur son territoire.

BA-LANG.

L'île de *Ba-lang*, située dans le nord du cours supérieur du fleuve antérieur, est placée au milieu du fleuve, dans une de ses plus grandes largeurs : c'est à cela qu'elle doit son nom (*au milieu des vagues*). Elle est longue de 5 lis; les arbres et les bambous qui la couvrent sont d'une belle végétation.

Les champs se trouvent sur un terrain élevé; on y récolte du coton, du bétel odorant, des melons, du chanvre et des haricots de diverses espèces. Le village de *Tan-hien* est établi sur cette île.

Jardins.

Les jardins des huyens de *Kien-dang* et de *Kien-hung* sont remarquables par la beauté de leurs aréquiers. On en récolte les fruits pour les faire sécher au soleil, ou bien on attend qu'ils tombent d'eux-mêmes, et alors on les dépouille de leur écorce; on les conserve ainsi dans chaque maison pour les vendre au détail.

La forêt de palétuviers de *Can-loc*, vulgairement *Lan-loc*, est située dans l'ouest du *Loi-rap* (Soi-rap) et s'étend jusqu'à la petite passe de *Mi-tho*. On y trouve les deux espèces de palétuviers *cây-dia* et *cây-diuôc*.

Dans le *Song-tra*, à *Khong-thu'o'c-nguyen* (Go-cong), sur les bords du *Diu'a-diep* et dans le *Cua-ba-lai* pousse le *cây-diu'a-nu'o'c* (palmier d'eau nain et sauvage[1], dont les feuilles servent à recouvrir les maisons).

Dans le *Dang-giang* et le *Bat-kién* se voit le *cây-bach-bi* (arbre dont l'écorce est employée pour le calfatage). On y rencontre aussi le jonc *khong-tam-bo*, vulgairement nommé *co-bang* (ce jonc est employé pour tresser les nattes).

Sur les bords du *Bach-ngu'u*, du *Doc-van* et près du poste de *Hung-ngu'* on remarque des bambous magnifiques. Ces différentes végétations ont chacune leur utilité particulière.

Dans les différents arroyos et étangs ou petits lacs du huyen de *Kien-dang*, qui s'étend de l'est à l'ouest jusqu'aux frontières du Cambodge, on pêche une quantité considérable de poissons et de tortues qu'il est impossible d'épuiser. Au 4e et au 5e mois, à l'époque des plus fortes pluies, l'inondation s'étend partout; les poissons vont dans les rizières et dans les petits cours d'eau, où on les prend aisément. A partir du 10e mois, les pluies ayant cessé, les poissons suivent le mouvement des eaux et rentrent dans le fleuve. Le profit que l'on retire de ces pêches extrêmement abondantes a donné lieu à un impôt nommé *diu-cap-thuê*. Cet impôt consiste à acheter le droit de pêche sur un espace déterminé, qu'on peut dès lors exploiter tout seul pour son propre compte. On place des claies sur les bords de l'arroyo affermé, afin que les poissons ne puissent aller à terre; on en place également en travers, dans le but de diviser l'arroyo ou le lieu d'exploitation en plusieurs lots, que l'acquéreur du droit

---

[1] *Nipa fructicans.*

de pêche sous-louée à son tour en détail à des pêcheurs. Ceux-ci, après avoir pris le poisson, le conservent dans leurs barques, disposées en viviers. Il est nécessaire pour cela d'avoir de l'eau douce et de la changer de temps en temps.

Les poissons que l'on prend de la sorte (*ca-loc, ca-ro, ca-tre, etc.*) ont en général assez de vitalité pour résister longtemps à cette épreuve. Arrivant ainsi tout vivants au marché, ils sont la source d'un profit considérable.

Dans les environs du *Dang-giang* et du *Tan-kinh* se trouvent de nombreuses rizières; cependant les habitants ont aussi pour industrie de creuser des piscines dans lesquelles ils conservent du poisson vivant pour aller le vendre : ils payent pour cela un impôt au gouvernement.

C'est ainsi que les moindres cours d'eau donnent lieu à d'intarissables profits.

SECTION VI.

PROVINCE DE VINH-THANH [1] (VINH-LONG ET AN-GIANG).

Sommaire. — Montagnes. — Cours d'eau. — Canal de *Vinh-té*. — Bouches du Cambodge.

Montagnes.

TOAI-SO'N.

Rach-ba-lich.

La montagne de *Toai-so'n*, vulgairement *Nui-lâp*, est dans le huyen de *Vinh-dinh*, sur la rive orientale de la rivière *Toai-so'n*, vulgairement nommée *Rach-ba-lich*. Cette montagne est à plus de 69 lis dans le nord de l'embouchure de la rivière *Toai-so'n*, embouchure située dans le coude formé par la grande inflexion du grand fleuve, à partir du nord vers l'est. De ce point à la citadelle (*Vinh-long*) il y a une distance de 283 lis.

[1] Ce territoire immense a été plus tard divisé en deux provinces très-étendues elles-mêmes, et dont la seconde, *An-giang*, est de nos jours fort peu peuplée et peu cultivée, sauf dans sa partie voisine de la province de *Vinh-long*.

La montagne, haute de 20 *tru'o'ngs*[1], a 11 lis et demi
de tour. Elle est d'un fort bel aspect à cause de son élévation et est entièrement couverte d'arbres. Elle sert d'abri et
de protection au territoire situé à l'ouest.

Auprès coule un ruisseau nommé *Hu'o'ng-tuyen*, qui,
après un cours de 50 tams à l'ouest, parvient à *Ha-dau;* ce
ruisseau est assez profond pour permettre aux barques d'y
naviguer.

Au sud-ouest de cette montagne se trouve celle de *Bao-
so'n*, vulgairement nommée *Nui-cau*, laquelle a 7 *tru'o'ngs* de
la base au sommet et un li et demi de tour. Les ruisseaux
de cette montagne sont d'eau douce; la terre en est excellente et la végétation magnifique : aussi est-elle habitée sur
toute sa surface. Cette montagne est située auprès du Cambodge.

La navigation est impossible dans le *Ha-dau* à partir du
Kieng-giang, à cause des nombreuses herbes entremêlées
dans la vase; cependant, à l'époque des grandes pluies, il
n'en est pas ainsi, et les barques peuvent profiter de la crue
des eaux.

L'an *Mâu-dian*, 17e année de *Gia-long* (1819), au 4e mois,
l'empereur donna l'ordre au gouverneur général, *Nguyen-
van-toai*, de canaliser le *Ha-dau*. Ce travail terminé, il fut
donné à la montagne, par un décret impérial, le nom du
gouverneur, et on l'appela *Toai-so'n*. Ce nom, ainsi appliqué
pour se rendre favorable l'esprit de la montagne, fut la
récompense des mérites et des travaux du gouverneur général. Il fut interdit aux Annamites et aux barbares de couper
un seul arbre sur cette montagne, afin que son agréable
aspect ne fût point dérangé par des dégradations. C'est
pourquoi les esprits qui l'habitent ne cessent d'accorder leur
protection à ce lieu magnifique et élevé qui marque si bien
la limite de l'empire d'*Annam*.

---

[1] Le *tru'o'ng* vaut 10 pieds, c'est-à-dire 3m,40.

BA-TÊ-SO'N [1].

La montagne de *Ba-tê*, élevée de 30 *tru'o'ngs*, a 13 lis de tour et est située à 18 lis et demi dans l'ouest de la rivière *Toai-so'n* (*Ba-lich*). Il y a trois pics sur cette montagne, qui est couverte d'arbres tous extrêmement anciens, parce qu'il est défendu de les abattre. On voit couler au-

Pha-trach.

devant de la montagne l'arroyo *Pha-trach*, lequel est plein d'arbres et de vase.

Le gouverneur général *Toai* fit également nettoyer le lit de cet arroyo, qu'il rendit large de 20 tams, ce qui permit aux barques d'y naviguer.

Des Cambodgiens habitent cette montagne, soit dans les grottes ou cavernes qu'elle forme à sa base, soit sur la montagne elle-même. Ces gens-là ont la chasse pour industrie; ils prennent aussi des poissons dans les petits arroyos : ce sont là leurs moyens d'existence.

TA-CHIÊU-SO'N.

La montagne de *Ta-chiêu*, haute de 12 *tru'o'ngs*, a 5 lis de tour et est située à plus d'un li dans le nord de celle de *Ba-tê;* elle se termine par un pic très-escarpé. Le *Dai-*

Dai-tam.

tam entoure de ses eaux cette montagne, qui ressemble ainsi à une pierre enchâssée.

Rien de plus beau à considérer que les teintes vertes de cette montagne fondues avec les rouges rayons du soleil et reflétées dans le brillant cristal des eaux du *Dai-tam;* c'est là certainement le digne sujet d'une peinture remarquable.

TRA-NGHIN-SO'N.

La montagne de *Tra-nghin*, élevée de 10 *tru'o'ngs*, a 5 lis de tour et gît à un li et demi dans le nord-est de la montagne de *Ta-chiêu*. Cette montagne est fort sinueuse; elle possède des ruisseaux d'une eau très-pure. On y voit beaucoup d'arbres et de beaux bambous, et elle est habitée par un grand nombre d'oiseaux et d'animaux de toute espèce.

TU'O'NG-SO'N.

La montagne de *Tu'o'ng* est élevée de 8 *tru'o'ngs;* elle a 3 lis de tour et est couverte de nombreuses roches, dont

---

[1] *So'n*, en annamite, signifie montagne.

les plus grandes forment comme la tête et le dos de cette montagne, que l'on nomme *montagne de l'Éléphant.*

Le *Tu'o'ng-so'n* est situé dans le sud du fort *Châu-dôc,* à la distance de plus de 9 lis, et à 2 lis sur la rive sud-est du cours supérieur de la rivière de *Vinh-té*[1].

La végétation de cette montagne est très-belle; on trouve au pied du *cristal de roche.*

La montagne de *Ca-âm,* haute de 10 *tru'o'ngs*[2], a 7 lis CA-ÀM-SO'N. de tour; elle est longue, mais sinueuse, et située à 3 lis dans le sud-est du bassin de *Nau-khâu.* Nau-khâu (bassin).

Le sommet de cette montagne s'élève comme une sorte de parasol; il est souvent environné de nuages. Sur ses flancs serpentent des ruisseaux d'une eau semblable à la perle. On trouve sur cette montagne le *giang-hu'ong* et le *toc-hu'ong* (bois odoriférants). La végétation est partout très-belle. Le *Ca-âm-so'n* est peuplé de nombreux oiseaux et de grands quadrupèdes. Dans l'est sont des champs cultivés, mais dans l'ouest on ne voit qu'étangs et marais.

Cette montagne est habitée par des Annamites et des Cambodgiens, qui se livrent également à la pêche et à l'agriculture.

La montagne de *Nam-su',* haute de 8 *tru'o'ngs,* a 2 lis NAM-SU'-SO'N. de tour et est située dans le sud-est, à 2 lis et demi du bassin de *Nau-khâu* et dans le sud de la montagne de *Ca-âm.*

La forme de cette montagne est arrondie en façon de spirale, ce qui la fait ressembler à des couches d'or superposées et s'élevant au-dessus d'un lac.

La verte végétation de cette montagne est agréable à contempler.

La montagne de *Khê-lap* est haute de 3 *tru'o'ngs;* elle a KHÈ-LAP-SO'N.

---

[1] Canal de *Vinh-té.*

[2] On voit que ces montagnes, en général peu élevées, quoique portant le nom chinois *so'n* (montagne), méritent plutôt l'appellation de colline. Elles sont ordinairement extrêmement boisées et d'une facile exploitation, surtout à cause des ruisseaux qui coulent au pied.

3 lis de tour et se trouve à 5 lis dans le sud-est du bassin de *Nau-khâu*. Cette petite montagne a l'air de s'humilier devant celle de *Ca-âm*, qui est à son nord-ouest. Un pic assez élevé est situé à son sommet, où l'on remarque de beaux bambous et des pins, parmi lesquels se réfugient les cerfs et les chevreuils. On voit sur cette montagne quelques champs cultivés; il y a aussi des cours d'eau dans lesquels on prend du poisson. C'est auprès de ces champs et de ces cours d'eau que se sont fixés les habitants.

TOAI-SO'N. La montagne de *Toai*[1], élevée de 6 *tru'o'ngs*, a un li de tour et est située auprès de la pointe nord de la montagne de *Ta-biêt*, à un li et demi dans le sud-est du bassin de *Nau-khâu*. Sur cette montagne se voient de petites élévations, les unes rondes, les autres sinueuses; la végétation y est belle et abondante.

TA-BIÊT-SO'N. La montagne de *Ta-biêt* est haute de 20 *tru'o'ngs;* elle a 6 lis de tour. Cette montagne a une pente douce d'un côté : elle fait face à l'est; son dos (côté abrupt) regarde l'ouest. Elle forme un tout unique, sans réunion de petites collines; elle est située auprès du bassin de *Nau-khâu*, mais dans une position entièrement distincte : c'est à cela qu'elle doit son nom de *Ta-biêt* (séparée). La constitution de cette montagne est forte et solide.

BA-XUI-SO'N. La montagne de *Ba-xui*, élevée de 40 *tru'o'ngs*, a 12 lis de tour et est aussi belle à contempler que la fleur *phu-diung*. Elle est située dans le nord de la montagne de *Ngat-sum* et à 15 lis dans le sud-est du milieu de la rivière *Vinh-té*. Quelques collines ou monticules s'élèvent séparément sur les flancs de cette montagne, où l'on voit partout serpenter à travers les roches de jolis ruisseaux. La végétation y est belle et verte; les oiseaux et les animaux sauvages paraissent heureux de l'habiter : on les voit sans cesse errer sous

---

[1] Le nom de cette montagne, semblable à celui qu'on a déjà vu page 222 (*Toai-so'n*), ne diffère du premier que par l'intonation.

les beaux arbres. On trouve sur cette montagne le *ma-vi-hu'ong*[1] (bois odoriférant); on y récolte aussi le miel[2] nommé *tuc-sa-mât* : les abeilles le déposent sur les arbres de la forêt.

Quelques chaumières sont bâties au pied et autour de cette montagne.

La montagne de *Ngat-sum*, élevée de 40 *tru'o'ngs*, a 13 lis de tour et est longue mais sinueuse. Elle a deux branches ou chaînes qui lui donnent l'apparence d'un phénix aux ailes étendues.

En face de cette montagne est située celle de *Ba-xui*. La montagne de *Ngat-sum* est à 13 lis, dans le sud-est, de la rivière de *Vinh-té* (canal). L'œil aperçoit de son sommet des lacs et des rizières. On trouve sur cette montagne l'arbre *tram-hu'ong* (bois odoriférant); on remarque également dans ses anfractuosités ou enfoncements le *sha-nho'n*[3] et l'arbre *giang-hu'ong*[4]. Le *tiêu-môc-bay* et le *lo'i-âu-môc*, arbres magnifiques à contempler, croissent aussi sur cette montagne, au bas de laquelle serpente un petit ruisseau dont les bords sont occupés par les demeures des habitants de ces lieux.

Auprès est un marché populeux, nommé vulgairement *Cho'-nui*.

La montagne de *Nam-vi* est élevée de 30 *tru'o'ngs* et a 8 lis de tour; elle est située à 28 lis, dans le sud, de *Nau-khâu* et derrière la montagne de *Ba-xui*.

Elle est comme une protection naturelle pour le bassin de *Nau-khâu*. L'air y est très-pur. Il existe à son sommet un pic assez élevé, souvent couvert de brumes et de nuages.

On trouve sur cette montagne les arbres *tiêu-môc-bay* et *lo'i-âu-môc*, qui y sont magnifiques; il est expressément dé-

[1] Les bois odoriférants sont extrèmement estimés en Chine et en Cochinchine; quelques-uns se vendent à des prix fort élevés.

[2] Le miel recueilli dans ces forêts est de qualité supérieure.

[3] Le *sha-nho'n* (amomum hirsutum), que les Cambodgiens nomment *cor-coh*, donne un petit fruit qui jouit d'une haute réputation dans la pharmacie chinoise.

[4] Le *giang-hu'ong* est un des plus estimés parmi les bois odoriférants.

fendu de les abattre. On y voit également le *sha-nho'n* et le *tram-hu'ong*.

Cette montagne est habitée par le tigre, le léopard, le cerf, le chevreuil et l'axis. Ces derniers animaux y paissent l'herbe grasse et verte sur les bords des ruisseaux.

Les vagabonds et les aventuriers se construisent des maisons sur cette montagne et ils s'y livrent à l'agriculture.

DAI-TÔN-SO'N (volcan).

La montagne de *Dai-tôn*, haute de 50 *tru'o'ngs*, a 20 lis de tour et est située dans le sud-est de *Vinh-té* (canal) et dans le nord-ouest de *Toai-ha*. Elle est très-élevée; et comme elle correspond à la division *thin-thi* du *Bat-quaï*[1], laquelle division est aussi appelée *tôn*, on a nommé *Dai-tôn* cette montagne, qui gît à l'est de celle de *Ngat-sum* et au sommet de laquelle il existe un pic plus élevé que tous ceux d'alentour. Les ruisseaux qui se précipitent du sommet tombent en blanche écume semblable à une étoffe blanche. A la cime est un cratère qui lance de la fumée.

On trouve sur cette montagne le *tram-hu'ong*, le *toc-hu'ong*, le *tuc-sa*, le *tiêu-môc-bay*, le *giang-hu'ong* et le *xam-truc* (arbres); ces différents arbres sont très-beaux. Des sentiers sinueux se voient sur la montagne; ils sont fréquentés par ses habitants. Auprès sont des champs cultivés, au loin sont des arroyos ou cours d'eau; cela permet aux habitants d'être à la fois agriculteurs et pêcheurs.

On entend en ce lieu sauvage, par une nuit de clair de lune, le chant du coq et l'aboiement du chien. En résumé, c'est un séjour extrêmement pittoresque.

CHAN-SUM-SO'N.

La montagne de *Chan-sum*, située sur le territoire cambodgien, dans le phu de *Chan-sum*, est dans le nord-ouest du milieu du canal de *Vinh-té*, à la distance de 10 lis. Cette montagne a l'apparence d'une fleur de nénuphar; elle est composée de plusieurs élévations d'inégales hauteurs. De blancs nuages se promènent sans cesse d'un point à

---

[1] Voyez la première partie au sujet du *Bat-quaï*.

l'autre au-dessus de ces différents pics. L'air y est remarquablement pur. On y remarque le *giang-hu'ong*, le *bach-môc-hu'ong* et le *tiêu-môc-bay* (arbres très-beaux), ainsi que le *sha-nho'n*.

Cette montagne est habitée par des Annamites, des Chinois et des Cambodgiens, dont les maisons sont voisines et forment un village et un marché. Ces habitants exploitent la forêt et se livrent aussi à la pêche.

La montagne de *Thâm-dang* est dans l'est de *Chan-sum* THÀM-DANG. et dans l'ouest de l'extrémité de *Nau-khâu*, à la distance d'un li. Sur cette montagne sont beaucoup de roches, d'arbres et de plantes. Au pied, l'on voit en certains lieux de grandes roches planes et en d'autres des roches de différentes grosseurs.

La montagne de *Dai-ba-dê* est située dans le sud-est de DAI-BA-DÊ. celle de *Chan-sum* et à un li dans le nord-ouest du milieu du cours du canal de *Vinh-tê*. Elle est très-élevée. On y trouve, entre autres arbres, le *xich-sam* et le *thanh-truc*, qui y sont fort beaux.

Cette montagne renferme des habitants qui en exploitent les bois.

La montagne de *Ba-dê* est élevée, mais ce n'est qu'un pic BA-DÊ. pointu; vers le bas elle est longue et sinueuse. Elle est située dans l'ouest de la montagne de *Dai-ba-dê* et à un demi-li dans le sud-ouest du milieu du cours du canal de *Vinh-tê*.

La rivière de *Long-ho* a un cours très-sinueux; elle est *Cours d'eau.*
LONG-HO. large; ses eaux sont limpides et douces pendant les quatre saisons de l'année. De nombreux îlots, tantôt éloignés, tantôt rapprochés, tantôt élevés, tantôt d'un sol très-bas, sont dans les environs de cette rivière. Des villages et des bourgs sont partout établis sur ces îlots, et il arrive souvent que ces demeures sont cachées à la vue, comme si elles étaient masquées par quelque forêt. Des bassins naturels, plus larges et plus profonds que le lit ordinaire de cette rivière, lui ont fait donner le nom qu'elle porte, *Long-ho* (lac du dragon). Après avoir fait le tour de la citadelle, le *Long-ho* se dirige vers le nord, où il se mêle aux eaux du *Tien-giang* (fleuve antérieur). Il forme autour de la citadelle de *Vinh-long* comme un vaste fossé naturel. Sa largeur est de 49 tams et sa profondeur de 11.

Cette rivière va en diminuant et se dirigeant vers le sud-est; elle finit, dans cette direction, par manquer d'eau et se perdre.

À 30 lis et demi au-dessous de son cours est l'arroyo *Ba-ki*, qui se bifurque à partir du lieu où est situé le poste dit *Kien-tan*.

La branche de droite coule vers le sud et rencontre, à la distance de 26 lis dans cette direction, l'arroyo *Tra-ôn*, avec lequel elle mêle ses eaux, pour se jeter ensuite dans le fleuve postérieur.

La branche de gauche coule à l'est et rencontre, à la distance de 85 lis et demi, le *Vô-xe* au poste dit *Tan-thâu*. Les eaux s'infléchissent alors pour retomber dans le lit du fleuve antérieur et aller ensemble se jeter à la mer.

Il est nécessaire et très-utile en même temps de se servir de barques dans cette partie du pays.

Le fleuve *Tien-giang* est situé à l'est de la citadelle; il prend son origine au nord, dans le royaume de *Laos*, et descend vers le sud dans le Cambodge; parvenu à *Nam-van*, il coule à l'est, autour de l'île de *Câu-nam-tan*, et se dirige ensuite vers la citadelle de *Vinh-long*.

En face de la citadelle il s'infléchit et prend successivement les noms de *Dai-tuân*, *Ba-lai* et *Mi-tho*, et se jette enfin à la mer par la grande et la petite passe (de *Mi-tho*[1]).

C'est un grand fleuve, qui donne naissance à de nombreux cours d'eau.

Se nommant d'abord *Dai-tuân*, il forme trois branches.

---

[1] Ainsi que par les bouches de *Ba-lai*, de *Ngao-châu* et de *Cô-khien*.

La première, en se dirigeant vers la citadelle, est ce que nous avons appelé le *Long-ho;* mais son cours principal, courant vers le sud, forme le *Cô-khien* et se jette à la mer par la bouche de ce nom. La deuxième branche est nommée *Ham-long* et se jette à la mer par les deux bouches dites *Ban-côn* et *Ngao-châu*. La troisième branche, nommée successivement *Ba-lai*, plus bas *Giang-lich*, et enfin *Tien-thuy*, se jette à la mer par la bouche de *Ba-lai*.

Ces diverses branches coulent autour de nombreuses îles, qui souvent font revenir les eaux sur elles-mêmes.

Plusieurs de ces branches mettent en communication le fleuve antérieur avec le fleuve postérieur. Ces nombreux cours d'eau rayonnent autour de *Vinh-long* comme les rayons d'une étoile; ils sont eux-mêmes aussi nombreux que les étoiles au ciel. Cela a rendu les habitants très-expérimentés pour tout ce qui touche à la navigation : on ne pourrait, en effet, avoir sans barque de communication d'aucune sorte. Les eaux sont en général belles et douces; elles viennent grandement en aide à l'agriculture et entretiennent dans les champs une très-grande fertilité.

Les jardins situés sur les rives abondent en aréquiers, en bétel, en cocotiers, en mûriers et en chanvre.

Les cours des différentes petites rivières ou arroyos sont très-riches en toutes sortes de poissons, en chevrettes, en tortues et en anguilles; on n'a que la peine de les prendre de chez soi pour en faire sa nourriture, et dans ces endroits il n'est pas nécessaire d'aller au marché. Chaque maison a devant elle un jardin, et derrière, une rizière. Chacun, en cette partie du pays, est propriétaire; les mendiants sont inconnus, le peuple y est véritablement riche et heureux.

Le *Hâu-giang* ou fleuve postérieur coule dans le sud-ouest de la citadelle; il vient du Cambodge et passe à l'est de la citadelle de *Nam-van;* il descend de là vers celle de *Châu-dôc (An-giang)*, et, se rendant ensuite à *Lap-vo*, au poste de *Cu'ng-oai*, il coule vers *Can-tu*, auprès du poste de *Trân-giang*, où se trouve la route qui conduit chez les Cambodgiens. Ce fleuve se jette enfin à la mer par la bouche de *Ba-tac*.

Il arrose dans son cours de nombreuses rizières et des jardins; ses eaux contiennent des îlots nombreux. Il est ainsi une source abondante de commerce. D'excellents et nombreux poissons, des tortues, vivent dans ses eaux, et il est impossible aux hommes d'épuiser ces richesses naturelles, ainsi que le riz, dû à la fertilité de la terre.

Le *Dai-tuân*, vulgairement appelé *Tuân-cai*, avait autrefois sur ses rives le poste d'un mandarin, *tuân-tu* (chef de police pour les pirates et chargé de percevoir les droits); mais ce siége est aujourd'hui abandonné. Ce fleuve coule au nord de la citadelle de *Vinh-long*, à une distance de plus de 20 lis; parvenu au sud, en face de la citadelle, il communique avec *Sa-dec*, et, poursuivant alors son cours vers l'est, il se jette à la mer par les deux bouches de *Ngao-châu* et de *Ba-lai*.

Les deux rives de ce fleuve [1] sont très-boisées et d'un délicieux coup d'œil.

Il est large de 9 lis et profond de 28 tams.

Sa rive septentrionale forme la limite de la province de *Dinh-tuong*.

Sur le *Thi-han*, qui fait partie de ce fleuve, est établi un service de poste pour communiquer entre les deux provinces.

Le *Ham-long* est situé à 83 lis et demi à l'est de la citadelle (*Vinh-long*); il est large de 5 lis et demi et profond de 49 tams.

Semblable par sa profondeur aux vastes habitations des dragons, il donne asile à de très-grands poissons et à d'énormes caïmans, qui apparaissent de temps à autre.

---

[1] Cette rivière de *Dai-tuân* n'est autre chose qu'une partie du fleuve que l'on nomme généralement *Tien-giang* ou fleuve antérieur.

Sa rive orientale sert de limite au huyen de *Tan-an*[1], et celle de l'ouest borne également celui de *Vinh-binh*.

Les eaux de ce fleuve se subdivisent en deux branches : l'une d'elles sort du fleuve antérieur, *Tien-giang*, à l'est et se jette dans la mer, à la distance de 59 lis, par la bouche de *Ba-lai*[2]; l'autre branche, sortant du même grand fleuve *Tien-giang*, au sud, se jette dans la mer, à la distance de 84 lis et demi, par la bouche de *Ngao-châu*. Les eaux de ce fleuve sont constamment douces et limpides. Le vent y fait lever de petites lames; cela offre à l'œil un magnifique spectacle.

Le *Tien-thuy*, vulgairement appelé *Xoc-sai-ha*, coule à l'est du fleuve *Ham-long*, à une distance de 96 lis à l'est de la citadelle (*Vinh-long*); il est large de 4 tams et profond d'un tam. Les bords en sont peuplés de villages et de marchés. Ses eaux, très-fréquentées par les barques, sont divisées en deux parties très-distinctes : celles du sud sont claires et limpides, tandis qu'elles sont boueuses au nord. On dirait que ces eaux ont été séparées à dessein. Elles sont, du reste, également douces et bonnes à boire des deux parts, et remarquables pour faire le thé, dont elles augmentent le parfum. Comme elles purifient parfaitement le corps, il est très-bon de s'y baigner; et c'est pour toutes ces qualités que cette rivière est nommée *Tien-thuy* (eau des génies). A l'embouchure de cette rivière sur le grand fleuve se trouvent de nombreux caïmans; il y en a d'aussi grands que des barques; ils sont très-féroces et très-dangereux et nuisibles, à cause de leur force brutale. Les hommes craignent beaucoup ces animaux; c'est à cause d'eux que les diverses barques chargées de bois à brûler ou de riz naviguent de préférence dans les arroyos. Aux diverses amorces de ces arroyos avec le grand fleuve, on a dû établir des palissades pour se préserver des malheurs causés par ces animaux.

TIEN-THUY
OU
XOC-SAI-HA.

---

[1] Ces divisions administratives ne sont plus les mêmes. Le *Ham-long* limite actuellement les plus de *Hoa-an* et de *Hoan-dao*.

[2] L'auteur applique ici au *Ham-long* ce qu'il a déjà dit plus haut pour le *Dai-tuân*.

MI-LONG.

Le *Mi-long* coule à l'est du fleuve *Ham-long;* il est situé à la distance de 130 lis et demi à l'est de la citadelle (*Vinh-long*), large de 18 tams et profond de 11 pieds.

Lorsque l'on a pénétré dans cette rivière à la distance de 3 lis et demi à l'est, on trouve sur la rive nord le marché de *Tru'o'c-tan*, où sont établies des habitations nombreuses sur une étendue de 2 lis et demi.

Tru'o'c-tan (marché).

Mi-long (marché).

Sur la rive sud est le marché de *Mi-long*, où les maisons particulières sont mêlées aux boutiques. Les marchands se réunissent en grand nombre sur ces marchés.

Les jardins situés sur les bords de la rivière sont plantés de nombreux aréquiers, qui donnent de beaux fruits très-abondants. C'est à cause de ces richesses qu'a été donné à ce cours d'eau le nom de *Mi-long* (joli dragon).

Cai-sai.

A 5 lis dans l'est, le *Mi-long* rencontre l'arroyo *Phu'o'c-tanh*, vulgairement appelé *Cai-sai*. Il est large de 3 tams et profond de 2 tams; il se jette à la mer par la bouche de *Ba-lai*.

BINH-PHUNG OU CAI-MUÏ.

Le *Binh-phung*, vulgairement nommé *Cai-muï-tu'o'ng-phiên* (auprès du village de *Binh-phung*), s'amorce au-dessus du cours du *Long-ho* et à l'ouest de cette rivière.

Cet arroyo est large de 6 tams et profond de 3; il est situé à l'est de la citadelle (*Vinh-long*) et à une distance de 7 lis et demi. Après un cours de 23 lis, il rencontre le *Ki-thuy*. Ce *Ki-thuy* se divise en deux branches: le *Ki-thuy* du sud-ouest, qui, après un li et demi de cours, parvient au *Bo-kinh*, lequel sort du *Long-ho* et va plus bas dans le sud se jeter à la mer par la bouche de *Cô-khien;* le *Ki-thuy* du sud-est, qui, après un cours d'un li et demi, sort du *Binh-phung* et qui plus bas, dans le sud, se jette à la mer par la bouche de *Ngao-châu*.

Ki-thuy.

CAN-THAI-TU'O'NG.

Le *Can-thai-tu'o'ng* sort de la rive orientale du *Long-ho;* il coule à l'est de la citadelle (*Vinh-long*), à une distance de 38 lis, et se jette au sud à la mer par la bouche de *Cô-khien*.

Cet arroyo, après avoir coulé pendant 2 lis à l'est, à partir de son amorce, parvient au *Ki-thuy* et communique au nord avec le *Phu-so'n*, vulgairement nommé *Cai-trach*. Ce *Cai-trach*, après un cours de 25 lis et demi, arrive au marché de *Binh-dinh*, vulgairement appelé marché de *Can-thai*, lequel est très-populeux; les marchands et les marchandises y abondent.

Le *Phu-so'n*, après un cours de 4 lis, sort du *Can-thai*, qui se jette à la mer par la bouche de *Ngao-châu*.

Le *Tu'o'ng-tam*, vulgairement nommé *Cai-dau-tu'o'ng*, s'amorce sur la rive occidentale du *Ham-long*; il est situé à une distance de 38 lis et demi dans l'est de la citadelle (*Vinh-long*).

Son cours est large de 3 tams et profond de 2. Cet arroyo va se perdre dans les terres. Sur ses bords sont des rizières, des jardins et des habitations.

Après avoir suivi le cours du *Ham-long* au sud pendant 4 lis et demi, l'arroyo parvient au *Trung-tam* (*tam du milieu*). Ce *Trung-tam* est large de 3 tams et profond de 2. Après un cours de 5 lis et demi, il parvient au *Ha-tam* (*tam inférieur*), qui est large de 3 tams et profond de 2.

Les cours de ces différents arroyos se perdent dans les terres. Leurs bords sont couverts de jardins, de rizières et de maisons; on y cultive le mûrier.

L'*An-vinh*, vulgairement nommé *Cai-man-lo'n*, s'amorce sur la rive ouest du *Ham-long*; il coule à l'est de la citadelle, à la distance de plus de 86 lis, est large de 25 tams et profond de 14. Après un cours de 10 lis à l'ouest, il parvient au petit arroyo de *Lan-sai*, qui s'amorce sur la rive nord de l'*An-vinh* et qui, après un cours de 14 lis, se partage en deux petits bras. Celui de l'ouest s'en va dans le *Tien-giang*, pour se jeter au sud dans le *Cô-khien*. Le *Nam-ki* (ou branche du sud) atteint, après un cours d'un li et demi, le marché de *Ba-viêt*. Ce marché, placé sur la rive orientale, abonde en boutiques et en maisons particulières et est fréquenté par un grand nombre de barques. Il est situé sur le territoire du huyen de *Tan-an*.

L'*An-vinh*, après un cours de 15 lis et demi, parvient au petit arroyo de *Lê-dau*, vulgairement nommé *Mo-cai*, qui s'amorce sur sa rive ouest. Ce *Lê-dau* est large de 4 tams et profond d'un. Les habitations sont nombreuses sur ses bords. Il coule à une distance de 4 lis du *Thanh-thuy*, lequel se jette à la mer, dans le sud, par la bouche de *Ban-côn*.

Le *Ba-la*, vulgairement appelé *Cai-mat*, s'amorce sur le cours inférieur et à l'est du *Ham-long*; il est large de 26 pieds et profond de 8. Il coule à l'est de la citadelle (*Vinh-long*), à une distance de plus de 128 lis. A son embouchure ou amorce est un îlot nommé *Tiêu-châu*. A partir de cet îlot, et après un peu plus de 9 lis dans le sud, le *Ba-la* parvient au petit arroyo *So'n-dôc*, dont les bords sont très-habités et qui se jette dans la bouche de *Ngao-châu*.

Le *Vinh-du'c*, vulgairement nommé *Ba-tri-trach*, s'amorce à l'est et vers la fin du cours du *Ham-long*; il est large de 8 tams et profond de 2, et coule à l'est de la citadelle (*Vinh-long*), à la distance de 165 lis et demi. Cet arroyo se perd dans les terres. Les bords en sont très-peuplés et les habitants y sont habiles dans la navigation.

Le *Chau-thai*, vulgairement appelé *Ba-tri-ca*, s'amorce dans le cours inférieur et à l'ouest du *Ba-lai*; il est large de 4 tams et profond de 2, et coule à l'est de la citadelle (*Vinh-long*), à la distance de 112 lis et demi. Son cours se dirige d'abord à l'ouest, et puis s'infléchit vers le sud. A la distance de 9 lis et demi, il se divise en deux branches; à la bifurcation se trouve le marché de *Dong-trâm*.

La branche orientale, dite *Dong-ki*, après un cours de 45 lis, sort de l'arroyo *Chau-binh*, vulgairement appelé *Ba-tri-lang*. Ce *Chau-binh* est large de 4 tams et profond de 2. Il se jette plus bas à la mer dans le sud et par la bouche de *Ba-lai*.

La branche sud, dite *Nam-ki*, rejoint, après un cours de 45 lis, le *Mi-an*. Cet arroyo de *Mi-an* est large de 5 tams et profond de 3; il se jette à la mer par la bouche de *Ba-lai*. Les deux bords du *Mi-an* sont très-boisés; la population y est rare.

Le *Vo-tiêt* s'amorce sur le fleuve antérieur et sur le cours inférieur, ainsi que sur la rive ouest du *Long-ho*. Il coule au sud de la citadelle (*Vinh-long*), à la distance de 55 lis et demi. Sur sa rive nord est établi le poste de *Tan-thang*. On y voit aussi un marché très-populeux. Ce lieu dépend du huyen de *Vinh-binh*.

Cet arroyo, à son amorce, est large de 7 tams et profond de 5. Après un cours de 34 lis et demi, il parvient au *Cai-nham*, et là, il se divise en deux branches. La branche du nord, après un parcours de 12 lis et demi, se jette dans la rivière *Song-tôn*, vulgairement nommée *Cai-doi;* on la nomme aussi *Thaï-dien*, à cause des deux villages *Tan-dien* et *Dinh-thaï*, placés sur ses bords. Cette rivière coule parallèlement au *Can-thai-tu'o'ng;* elle est large, à son amorce, de 6 tams et profonde de 5 et est éloignée de la citadelle (*Vinh-long*) de 45 lis au nord.

La branche de l'ouest parvient, après un cours de 5o lis, à l'arroyo *Khien-thang* (aux trois bras).

Le *Khien-thang*, vulgairement nommé *Ba-cai*, doit son nom au poste de *Khien-thang*. Il est large de 12 tams et profond de 6, et coule dans le sud-ouest de la citadelle, à une distance de 3o lis.

Cet arroyo ne tarde pas à se diviser en deux branches.

La branche de l'est, après un cours de 85 lis et demi, parvient au *Vo-tiêt*.

La branche de l'ouest, après un cours de 26 lis et demi, se jette dans le *Tra-ôn*. Des champs et des jardins nouvellement plantés se voient sur ses rives; mais la navigation en barque y est tellement empêchée par la végétation, qu'il faut en ce lieu user de la voie de terre.

AN-PHU
ou
VUNG-LIM.

L'*An-phu*, vulgairement nommé *Vung-lim*, est large de 18 tams et profond de 8; il s'amorce sur la rive ouest du *Long-ho*. A deux lis dans le nord-ouest se trouve un petit marché. Après un cours de 36 lis, cet arroyo parvient à la branche dite *Khu-an*, qui va mêler ses eaux à celles du *Khien-thang*.

Les Annamites et les Cambodgiens habitent là ensemble; ils s'y livrent également à la culture et coupent les grandes herbes pour les remplacer par le riz. Ils creusent aussi de grandes fosses dans lesquelles le poisson vient se faire prendre. Avec fort peu de peine, ils réalisent de grands bénéfices, et leur vie s'écoule tranquillement et sans aucun souci.

LANG-DÉ.

Le *Lang-dé* est large de 30 tams et profond de 27 pieds; il s'amorce sur la rive occidentale du *Long-ho* et coule au sud de la citadelle, à la distance de 85 lis et demi.

Une petite île est située à son amorce supérieure; cette île est entièrement couverte d'herbes et d'arbres.

Après un cours de 20 lis et demi, cet arroyo parvient au

CÂN-CHONG.

Cân-chong, et communique ainsi avec le fleuve postérieur. Le cours du *Cân-chong* est très-étroit et fort difficile pour la navigation des barques; les bords n'en sont pas encore cultivés.

TRA-VAN.

Le *Tra-van* est large de 13 tams et profond de 5; il s'amorce sur la rive ouest du *Cô-khien*. Le poste *Quang-phuc* est placé sur ses bords.

Les Annamites et les Cambodgiens y habitent ensemble. Il y a là de nombreuses boutiques et beaucoup de maisons; c'est un lieu de réunion pour les barques de commerce. Ce lieu, voisin de la mer (*coin de mer*), est très-habité et jouit d'une grande réputation. Il appartenait autrefois au Cambodge.

L'an *Canh-ti*, 3ᵉ année de *Minh-mang* (1822), le mandarin cambodgien (*Tu-truong*) se révolta au sujet du prélèvement de l'impôt, qu'il ne voulait pas livrer. L'empereur d'Annam fut obligé d'envoyer des troupes pour le punir de sa désobéissance.

Or cette partie du pays est très-boisée et coupée de beaucoup d'arroyos; la végétation en plantes et herbes y est abondante et très-fournie. Aussi les Cambodgiens, profitant adroitement des retraites et des défenses naturelles que leur offraient les forêts, se mettaient en embuscade pour lancer leurs flèches, ce dont ils s'acquittaient avec beaucoup d'habileté. Ils employèrent également des bœufs dressés et disposés en bataille. Montés sur ces animaux, doués de grands pieds et de longues jambes, ils se précipitaient sur l'ennemi et renversaient de la sorte les soldats annamites, qui étaient foulés aux pieds de ces bœufs ou percés de leurs cornes. L'armée annamite ne put résister et fut vaincue.

Mais quatre mois après, le général en chef *Phuong-quo'n-cung*, à la tête de soldats braves et intelligents, couverts de boucliers de peaux et armés de longs fusils[1], pénétra dans ces forêts, dont il fit abattre les arbres de façon à faire de vastes vides autour de lui. Enveloppant alors les retraites des Cambodgiens, ceux-ci se trouvèrent sans aucune défense et furent aisément et complétement vaincus.

Les chefs de la révolte furent mis à mort, et l'on pardonna aux autres. Tous désormais se soumirent et acceptèrent les bienfaits de la civilisation.

En souvenir des fréquents services rendus par la garnison cambodgienne du fort d'*Oaï-vien*, services rendus aux Annamites l'an *Dinh-vi*, au milieu du règne de *Gia-long*, l'empereur *Minh-mang*, voulant les récompenser, rendit un édit par lequel les Annamites vivant en ce lieu et dépendant du huyen de *Vinh-binh* devaient être administrés par le *quan-huyen*, tandis que les Cambodgiens l'étaient exclusivement par le chef commandant du fort cambodgien d'*Oaï-vien*. Ces deux populations différentes vécurent de la sorte

---

[1] *Gingoll*, dont les Annamites font un fréquent usage.

en toute tranquillité et chacune séparément sous sa propre administration.

Chacun se livra désormais à ses occupations, et tous ces lieux, précédemment abandonnés ou dévastés, se convertirent en jardins et en belles cultures.

Le *Tan-hồi*, vulgairement nommé *Cai-tau-ha*, s'amorce sur la rive sud du fleuve antérieur; il est large de 20 tams et profond de 3, et coule dans l'ouest de la citadelle (*Vinh-long*), à une distance de plus de 30 lis. Le *Tan-hồi* se jette au sud-est dans le *Cai-ngan*, lequel se divise en deux branches, et dont la branche du nord pénètre dans le *Long-ho*.

Le *Cai-ngan*, après un cours de 60 lis au sud, parvient au *Khien-thang*, qui se divise également, à son tour, en deux branches.

La branche orientale de ce *Khien-thang* sort à l'est du rach *An-phu-lan-dé* et se jette dans le fleuve antérieur. La branche occidentale sort du *Tra-ồn* et se jette dans le fleuve postérieur.

Tous ces cours d'eau communiquent entre eux.

Le *Nha-vo* s'amorce sur la rive sud du fleuve antérieur; il coule à l'ouest de la citadelle, à la distance de 35 lis et est large de 29 tams et profond de 13 pieds. Le cours de cet arroyo s'infléchit du sud vers l'ouest; il parcourt alors une distance de 175 lis, pendant laquelle il donne naissance aux petits arroyos *Tam-miều*, *Tiêu-chang*, *Tra-chiết*, *Chu'-ba* et *Cam-phu-li;* il parvient alors au *Phon-giang*, qui sort du cours du fleuve postérieur.

De nombreux Annamites ont nouvellement cultivé ces lieux et y ont semé des champs et planté des jardins.

Le *Tu'o'ng-can-thu'* ou simplement le *Can-thu'* s'amorce sur la rive méridionale du fleuve antérieur; il coule dans l'ouest de la citadelle, à la distance de 52 lis et demi, et est large de 37 tams et profond de 13 pieds. Son cours s'infléchit de l'est vers le sud.

Après un parcours de 27 lis, pendant lequel son lit va en diminuant et l'eau en augmentant de rapidité, cet arroyo parvient au *So'n-chiét*, lequel se divise en deux branches.

La branche de l'ouest coule en ligne droite et est très-profonde; elle s'amorce plus haut sur le *Bao-hôt* et se jette dans le fleuve postérieur.

La branche du sud coule droit vers le *Du-khê;* elle sort du *Tra-mang* et se jette dans le fleuve postérieur.

Ces deux branches, après avoir traversé le fleuve postérieur, se rendent dans le *Can-thu'*, sur les deux rives duquel se trouve une route qui conduit à la citadelle.

Ce cours d'eau est très-ombragé et traversé par des arbres et des bambous; c'est pourquoi il est difficile aux barques d'y pénétrer. Il y a peu de champs cultivés et peu de jardins. Ce n'est que tout nouvellement que quelques personnes s'occupent, en ce lieu, d'agriculture.

La rivière de *Sa-dec* s'amorce sur la rive sud du fleuve antérieur et est large de 42 tams et profonde de 28 pieds; elle coule à l'ouest de la citadelle, à la distance de 56 lis et demi. A la distance de 4 lis (après l'amorce), et sur la rive sud (de *Sa-dec*), s'amorce l'arroyo *Cai-so'n*, large de 9 tams et profond de 10 pieds. Sur cet arroyo est un pont qui conduit au marché[1] de *Sa-dec*. Après un cours de 7 lis et demi dans le sud-ouest, le *Cai-so'n* parvient au *Nhi-nuong*, qui se divise en deux branches. Le peuple a construit sur l'eau, en ce point de bifurcation, un grand nombre de demeures qui laissent aux barques un étroit et difficile passage.

L'eau de la rivière de *Sa-dec* est pure, limpide et douce; les bords en sont couverts de nombreuses cultures et de beaux jardins.

Les habitants sont riches et heureux.

---

[1] Ce marché de *Sa-dec* est le second en importance dans les six provinces de la basse Cochinchine; il vient après celui de *Cho'-lo'n*, dont il forme escale pour les produits du royaume du Cambodge. Ces deux marchés sont en communication constante et habités par un grand nombre de Chinois et de *Minh-huong* (fils de Chinois et de femmes annamites).

Le fort de *Dong-khâu-dao*[1] est situé dans le sud. Les boutiques du marché sont extrêmement nombreuses et serrées l'une contre l'autre; les barques abondent en ce lieu. C'est, de toute la province, la partie la plus habitée, la plus peuplée.

A gauche de *Sa-dec* est le lieu dit *Tien-pho*, qui dépend du territoire du village de *Tan-qui-dong;* c'est un endroit aussi paisible et aussi bien abrité que l'intérieur de la bouche (abrité par les lèvres). Là on ne trouve pas de vase, elle est remplacée par de beau sable blanc; là le vent est doux et agréable.

Les bateliers ne manquent jamais d'aller mouiller dans cet excellent port, où le cri fatigant de la grenouille n'est jamais entendu. C'est à cause de tant de qualités que ce lieu est nommé *Tien*, c'est-à-dire *Génie*.

A droite de *Sa-dec* est l'îlot de *Phong-nga*, qui l'enveloppe à la manière d'une fortification. Ce territoire de *Sa-dec* est, en somme, bien fermé, bien entouré, solide et d'un accès difficile (pour des ennemis qui voudraient l'attaquer).

La rivière de *Sa-dec*, après un cours de 33 lis au sud-ouest, parvient au *Du-cao*, qui s'amorce sur sa rive ouest. Elle rencontre aussi le *Nhi-nuong*, qui s'amorce sur sa rive est, et, plus bas, le *Sa-nho'n;* ce dernier arroyo s'amorce sur sa rive ouest.

La rivière de *Sa-dec* revient après cela sur elle-même et parvient au *Lu'u-thuy*, qui se divise en deux branches. L'eau court en ce lieu semblable aux mille veines de la terre : c'est pourquoi la végétation y est brillante et la nature magnifique.

Le ruisseau *Hoï-lun*, vulgairement nommé *Nu'o'c-xoaï*, se divise en deux branches. Dans l'ouest est situé un petit arroyo qui se jette dans la rivière *Thu-ô;* cet arroyo est très-étroit et a très-peu d'eau; il est d'un accès difficile.

<hr>

[1] Le fort de *Dong-khâu-dao*, dont il est souvent question dans la partie historique, a précédé l'établissement de la citadelle de *Vinh-long*. Il n'existe plus.

La branche du nord, après une distance de 33 lis, parvient à la rivière de *Sa-dec*. La branche du sud, après un cours direct de 71 lis, arrive au ruisseau nommé *Cu'o'ng-oaï-kinh*, vulgairement appelé *Cai-tac-laï-phong*, lequel traverse le *Ki-can* et le *Tong-diung* pour se jeter dans l'arroyo *Cu'o'ng-oaï*, qui lui-même provient du fleuve postérieur.

La branche de l'ouest, après un cours de 18 lis, se rend au *Cu'o'ng-oaï-kinh*, s'infléchit alors et suit le cours de l'arroyo *Lu'u-thuy*, traverse le *Thu-ô* et se rend à un nouvel embranchement composé de deux bras : le bras du nord, après un parcours de 6 lis, parvient à l'arroyo *Hôï-an*, qui sort du fleuve antérieur; le bras de l'ouest, après un cours de plus de 71 lis, atteint le *Cu'o'ng-oaï*, qui sort du fleuve postérieur. Ces cours d'eau reviennent sur eux-mêmes et mettent ainsi les deux grands fleuves antérieur et postérieur en communication.

L'an *Dinh-vi*, au milieu du règne de *Gia-long*, cet empereur fit construire en ce lieu un fort pour y établir une garnison. Il ordonna également de construire des routes militaires qui aboutissaient à l'ouvrage placé au centre, et dont la position inattaquable était comme la marque de la conquête de ce pays.

Le *Long-phung* s'amorce sur la rive sud du fleuve antérieur et coule à 2 lis et demi à l'ouest de *Dong-khâu-dao* (fort de *Sa-dec*); il est large de 10 pieds et profond de 7. À mer pleine, il parvient jusqu'à *Diu-câu*, qu'il traverse pour se mêler aux eaux de *Sa-dec*. De belles cultures et de magnifiques jardins en bordent les rives.

Le *Tan-dong*, vulgairement nommé *Cai-bo'-can*, s'amorce sur la rive sud du fleuve antérieur; large de 26 tams et profond de 9 pieds, il est situé à plus de 8 lis à l'ouest de *Dong-khâu-dao*. Des champs cultivés et habités sont réunis en ce lieu. Au-devant de l'amorce de cet arroyo est un banc de vase qui lui fait comme une sorte de rempart et d'abri. Le sable s'étend ensuite sur une largeur de 4 lis et

Cu'o'ng-oaï-kihn
ou
Cai-tac-laï-phong.

Hôï-an.

LONG-PHUNG.

TAN-DONG
ou
CAI-BO'-CAN.

demi. Lorsque les eaux des hautes marées viennent à couvrir ces bancs, il arrive à quelques barques de s'imaginer qu'elles pourront passer, et il n'en est rien. Beaucoup se trompent en ce lieu, vulgairement appelé *le Passage barré* ou *le Banc.*

Au sud de son amorce, et à une distance de 25 lis, cet arroyo se divise en deux bras.

Celui du nord, après un parcours de 40 lis et demi, pénètre dans l'arroyo *Tan-khaï*, vulgairement nommé *Man-dao.* Cet arroyo est large de 7 tams et profond de 9 pieds. Il sort du fleuve antérieur.

Le bras de l'est se dirige vers le *Sa-nho'n*, qui va à *Sa-dec* mêler ses eaux avec cette rivière.

Le *Mi-an*, vulgairement appelé *Thu'-sat*, s'amorce sur la rive sud du fleuve antérieur; il est large de 5 tams et profond d'un. En face de son amorce est située l'île *Phu-châu.* Cette île est élevée et le sol en est de sable; elle est plantée de cocotiers.

L'arroyo *Mi-an* coule à l'ouest de *Dong-khâu-dao (Sa-dec)*, à une distance de 56 lis et demi. Quand on y pénètre au sud, on s'aperçoit qu'il va se perdre dans les terres. Le sol en ce lieu est riche et planté de cocotiers, de fèves et d'arachides; il s'en exhale une odeur agréable.

Le *Hôï-an*, vulgairement appelé *Cai-tau-thu'ong*, s'amorce sur la rive sud du fleuve antérieur; il est large d'un li et demi et profond de 19 pieds. Il coule à l'ouest de *Dong-khâu-dao (Sa-dec)*, à une distance de 60 lis. Les trois îles *Tung-so'n*, *Ngo-châu* et *Dinh-châu*, disposées comme les rayons d'une étoile, sont situées en face de son amorce. Ce lieu est ainsi entièrement à l'abri du vent, et il est très-agréable de l'habiter.

Après un parcours de 55 lis et demi, l'arroyo se divise en deux bras : celui du sud coule pendant 24 lis et demi, puis il atteint la rivière *Cu'o'ng-tanh*, qui sort du fleuve postérieur; le bras du nord coule pendant 70 lis et demi et parvient à *Sa-dec*, pour se jeter ainsi dans le fleuve antérieur.

Le poste de *Cu'u–kien–saï* est situé sur les bords du *Tra-ton*. Ce cours d'eau, qui s'amorce sur la rive sud du fleuve antérieur, est large de 4 tams et profond de 3 pieds. Ayant coulé à l'ouest, il pénètre dans le *Lé-cong*.

Sur les bords de ce *Lé-cong* étaient des habitations, ainsi que des champs et des jardins, qui plus tard furent négligés et se convertirent en sorte de forêt. Pendant les saisons de l'automne et de l'hiver, il est possible de pratiquer ces lieux; mais aux époques de pluie, pendant le printemps et l'été, on ne peut s'y livrer qu'à la pêche, d'ailleurs fructueuse, de nombreux poissons et de belles tortues.

Ce poste occupait un espace de 80 tams; il était situé à l'ouest de *Dong-khâu-dao* (*Sa-dec*), à une distance de 80 lis. Il a été aujourd'hui transféré en un autre lieu.

Le *Lé-cong*, vulgairement appelé *Vam-ong-chu'o'ng*, est large, à son embouchure supérieure, de 8 tams et profond de 8 pieds. En face de cette embouchure est située une petite île à laquelle l'arroyo doit son nom. Cet arroyo coule à l'ouest de *Dong-khâu-dao* (*Sa-dec*), à la distance de 90 lis et demi. Après avoir couru au sud pendant une distance de 60 lis et demi, il parvient à son embouchure ou amorce inférieure, amorce prise dans le fleuve postérieur, où le *Lé-cong* vient mêler ses eaux.

Sur la rive occidentale se trouve le poste *Hung-saï*.

Sur le côté ouest de l'amorce supérieure est la pagode dédiée au *kham-saï* (envoyé impérial) *Nguyen-cong*. Ce grand mandarin fut célèbre par ses vertus et par la sagesse avec laquelle il pacifia et sut administrer ce pays, qui appartenait aux Cambodgiens. C'est pour ces causes et en son honneur que fut érigée cette pagode, comme cela avait eu lieu précédemment pour *Ông-tiêu-ba*, ainsi que pour *Phuc-ba*.

L'arroyo qui coule en ce lieu prend le nom de *Cong*, porté par ce mandarin célèbre, et cela afin que, dans les temps futurs, jamais la postérité ne puisse oublier les vertus et les mérites de *Nguyen-cong*.

17.

Son nom fut en même temps gravé sur une tablette que l'on plaça dans la grande pagode de *Bien-hoa,* et il fut alors décrété, dans les règlements de l'État, que des sacrifices publics seraient offerts à sa mémoire au printemps et à l'automne.

Le *Phan-giao,* vulgairement appelé *Vam-nao*[1], a son amorce supérieure placée sur la rive sud du fleuve antérieur. Elle est large de 8 tams et profonde de 2. Après un cours de 75 lis et demi, on parvient à son amorce ou embouchure inférieure, située sur le fleuve postérieur, dans lequel se mêlent les eaux du *Phan-giao.*

Sur la rive ouest est placé un poste de surveillance.

Les bords de cet arroyo sont habités et cultivés par des Annamites; et dans les endroits très-boisés de l'intérieur on voit les cultures et les demeures des Cambodgiens, qui y ont construit des villages (*sop*).

L'*U'u-cu,* vulgairement nommé *Tac-caï-sung,* est large de 7 tams et profond de 2. Cet arroyo, situé au sud du fleuve antérieur, coule à l'ouest de *Dong-khâu-dao* (*Sa-dec*), à la distance de 94 lis. Après un cours au sud de plus de 76 lis, il parvient au *Dam-giang,* et va ainsi se jeter dans le fleuve postérieur. Les bords de cet arroyo, primitivement habités et cultivés par les Annamites, furent dans la suite abandonnés par eux, et les Cambodgiens s'y établirent à leur place.

Le *Tan-giang,* vulgairement appelé *Cai-mo'i,* est large de 12 tams et profond de 2. Il s'amorce sur la rive sud du fleuve antérieur et coule à l'ouest de *Dong-khâu-dao* (*Sa-dec*), à la distance de 143 lis. Sa distance de la citadelle de *Vinh-long* est de 200 lis. Ce cours d'eau sert de limite entre le territoire de la province de *Vinh-long* et celui du phu de *Nam-van,* qui dépend du royaume du Cambodge. Après un

---

[1] Cet arroyo, sorte de vaste canal qui met largement en communication les deux grands fleuves antérieur et postérieur, est bien plus considérable qu'il n'est dit ici.

cours de 2 lis et demi au sud; cet arroyo se divise en deux branches : celle de l'est va se perdre dans de petits cours d'eau, à une distance de 59 tams, et celle de l'ouest se mêle également à des arroyos sans issue, après une distance de 38 tams.

Les bords en sont habités par des Annamites et des Cambodgiens.

Le fleuve antérieur a été mesuré en cet endroit, et l'on a trouvé que sa largeur était de 830 tams et 2 pieds. Ses eaux, venant du haut Cambodge, pour passer plus bas à *Nam-van*, baignent en ce lieu trois îles dites *Co-ca*, *Can-thai* et *Co-can*. Sur la plus élevée se trouve un poste cambodgien, au lieu dit *Cô-diep*.

La rivière de *Châu-dôc* s'amorce dans la partie ouest du cours supérieur du fleuve postérieur. Elle est large de 70 tams et profonde de 9, et coule à l'ouest de la citadelle de *Vinh-long*, à la distance de 327 lis. Le poste de *Châu-giang* est situé sur la rive orientale du fleuve postérieur, et la citadelle de *Châu-dôc*[1] sur la rive ouest de la rivière qui porte le même nom.

Le poste cambodgien du phu de *Mat-luât* est sur la rive orientale de la rivière de *Châu-dôc;* c'est là ce qui marque la limite nord entre la province de *Vinh-thanh* et le royaume du Cambodge.

Après un parcours de 25 lis, et sur le bord ouest de la rivière, se trouve l'arroyo de *Phung-can-tan;* et, après une distance de 68 lis dans un ancien canal cambodgien autrefois creusé en ce lieu, on parvient au bassin de *Ca-am*.

Cette partie du pays n'est praticable qu'à la saison des pluies, car il serait impossible d'y pénétrer pendant la saison sèche, vu que ces lieux se convertissent alors en étangs de boue.

CHÂU-DÔC.

Phung-can-tan.

Bassin
de Ca-am.

---

[1] Cette citadelle est aujourd'hui le chef-lieu d'administration de la province d'*An-giang*, laquelle a sous sa dépendance la province de *Ha-tien*.

A la distance de 10 lis plus loin dans la rivière de *Châu-dôc*, et sur la rive ouest, se trouve l'arroyo *Cam-la-ngu'*, qui va se perdre dans les terres. 3 lis plus loin, et sur la rive orientale de la rivière (*Châu-dôc*), on rencontre l'arroyo *Lan-li-kinh*, vulgairement appelé *Tac-truc*, qui n'est praticable qu'à la saison des pluies. Cet arroyo, après être parvenu dans le *Binh-thien-dang*, se jette dans le fleuve postérieur.

A la distance de 10 lis plus loin se trouve l'arroyo de *Logo-ngu'*, qui se divise en plusieurs petites branches allant toutes se perdre dans les terres.

L'embouchure de la rivière de *Châu-dôc* sur le fleuve postérieur, avec lequel cette rivière va mêler ses eaux, est large de 300 tams et profonde de 10. La marée se fait sentir jusqu'en ce lieu, mais c'est là sa limite.

A une distance de 6 lis et demi, on parvient au *Tam-long*. Cet arroyo, placé sur la rive orientale de la rivière de *Châu-dôc*, est large de 6 tams et profond de 10 pieds; il se perd dans l'intérieur des terres.

Le canal de *Vinh-té* est situé dans l'ouest de la citadelle de *Châu-dôc*.

Dans la 18ᵉ année du règne de *Gia-long* (1820), on mesura, à partir du côté droit du fossé postérieur de la citadelle (*Châu-dôc*) et dans la direction du bassin de *Ca-am*, jusqu'à *Khu-tu*, vulgairement appelé *Cai-cai*, une longueur de 44,412 [1] tams, ce qui équivaut à la distance de 205 lis et demi.

Un décret impérial donna à ce canal le nom de la rivière *Vinh-té*. Le gouverneur général de *Vinh-thanh* (*Vinh-long* et *An-giang*), nommé *Nguyen-van-toai*, assisté du général *Phan-van-tuyen*, leva 5,000 ouvriers, tant parmi le peuple que parmi les soldats; ces ouvriers furent augmentés de 500 hommes pris dans la garnison du fort d'*Oaï-vien*.

[1] 97,706 mètres.

Le mandarin cambodgien *Ton-la-a* leva aussi, de son côté, 5,000 ouvriers, tant parmi le peuple que parmi les soldats.

Le travail commença le 15e jour du 12e mois de l'an *Ki-mau*, 18e année de *Gia-long* (janvier 1820). A l'exception d'une longueur de 4,075 tams, dépendant du bassin de *Ca-am*, et qui ne furent pas creusés, on eut à creuser réellement sur une distance de 26,279 tams [1].

Quelques endroits furent d'un travail plus difficile que d'autres, et jusqu'au bassin de *Ca-am* l'on n'eut pas moins de 7,575 [2] tams de sol dur.

Les Cambodgiens, de leur côté, travaillèrent sur une longueur de 18,704 tams [3], mais sur un sol facile et mou, tandis que les Annamites travaillèrent sur le sol dur.

Ce canal a une largeur totale de 15 tams [4] et une profondeur de 6 pieds.

Chaque travailleur reçut par mois une paye de 6 ligatures et un *vu'o'ng* [5] de riz en ration.

Le travail fut terminé la première année de l'empereur *Minh-mang* [a].

On avait ainsi creusé sur une distance totale de 140 lis et demi, après lesquels on parvint au lit de la rivière de *Vinh-tê*, qui conduit au port de mer de *Ha-tien*. Cela donne, comme distance totale de *Châu-dôc* à *Ha-tien*, 205 lis et demi.

Ce canal est d'une très-grande utilité pour le commerce; il rend faciles les transactions et est pour les marchands une source de nombreux profits.

Le bassin de *Ca-am* est situé au milieu du canal de *Vinh-tê;* il est long de plus de 18 lis et demi, large d'un demi-li

CA-AM
(bassin).

---

[a] 15e jour du 3e mois de l'an *Canh-tin* [6].

[1] 57,813 mètres.
[2] 16,665 mètres.
[3] 41,148 mètres.

[4] Largeur, 33m; profondeur, 2m,64.
[5] 30 kilogrammes environ.
[6] Avril 1820.

et profond de 5 pieds. Ce bassin est rond et semblable à la fleur du nymphéa.

Au sud du bassin s'élève la montagne de *Ca-am*, qui lui a donné son nom.

Les nombreuses collines de *Ngot-sum* sont situées à l'est du bassin, et les pics de *Chan-sum* à l'ouest.

Lorsque la brise souffle sur les eaux limpides de ce bassin, elle emporte au loin le parfum des fleurs qui le recouvrent, et les environs en sont embaumés. Le poisson et la tortue y sont inépuisables.

DAM-GIANG.

Le *Dam-giang*, sur la rive orientale du fleuve postérieur, est large de 6 tams et profond de 8 pieds. Ce cours d'eau pénètre le fleuve antérieur dans son cours supérieur et parvient jusqu'à l'*U'u-cu.*

Il coule dans l'ouest de la citadelle, à la distance de 220 lis, et se dirige vers le nord.

Le *Dam-giang* se divise plus tard en deux branches.

Après un parcours de 9 lis à partir de son embouchure, Diu-giang. on parvient au *Diu-giang*, qui s'amorce sur sa rive ouest. Ce *Diu-giang* est large de 3 tams et profond de 8 pieds; c'est un arroyo qui se perd dans les terres.

Ba-dé.

A une distance de 3 lis plus loin se trouve le *Ba-dé*, qui s'amorce sur la rive est du *Dam-giang;* large de 5 tams et profond de 2, cet arroyo se perd dans les terres.

4 lis et demi plus loin (toujours sur le *Dam-giang*), on Dong-can-tran. atteint le *Dong-can-tran*, qui s'amorce sur la rive ouest du *Dam-giàng*. Ce *Dong-can-tran* est large de 2 tams et profond de 8 pieds; il se perd dans les terres.

Le *Dam-giang* mêle ses eaux avec celles de ces différents arroyos.

Can-tran, Ba-nhung (îles).

On voit au milieu de son lit deux grandes îles nommées *Can-tran* et *Ba-nhung*.

Les deux bords de ce cours d'eau, plantés de beaucoup d'arbres et surtout de bambous en très-grande quantité, sont habités par des Annamites et des Cambodgiens. On commence à y remplacer les herbes par des champs cultivés et l'on prend beaucoup de poissons dans les champs inondés. Il s'y fait un commerce assez important de poissons vivants et de poissons salés; on y vend aussi des pousses[1] de bambou.

Le *Mat-can-dang*, situé sur la rive ouest du fleuve postérieur, est large de 6 tams et profond de 2. A une distance de 17 lis dans le sud-ouest, les eaux de cet arroyo se mêlent à celles du *Toaï-ha*. Ses bords, qui sont très-boisés, sont habités par des Annamites et des Cambodgiens. MAT-CAN-DANG.

Le *Toaï-ha*, vulgairement appelé *Ba-lach*, est large de 8 tams et profond de 14 pieds. TOAÏ-HA
ou
BA-LACH.

Son cours est situé dans l'ouest de la citadelle (*Vinhlong*), à la distance de 214 lis. Après un parcours de 4 lis et demi vers l'ouest, cet arroyo se divise en deux branches et parvient alors au *Can-dang*, avec lequel il mêle ses eaux. Après un cours de 59 lis au sud-ouest, il atteint l'embouchure du *Lac-aiuc*, et, se réunissant à lui, ils coulent ensemble vers le sud. Enfin, après une autre distance de 57 lis et demi, cette rivière parvient au *Song-giang*, petit arroyo rempli de vase et tellement embarrassé d'arbres et d'herbes, qu'il était impraticable, même pour les plus petites barques. Song-giang.

Le 11ᵉ mois de la 16ᵉ année de *Gia-long*, cet empereur donna l'ordre au gouverneur général de la province de *Vinh-thanh* de lever 1,500 travailleurs, tant Annamites que Cambodgiens, afin de rendre cet arroyo praticable.

Ces travailleurs reçurent une solde et des rations, et, au bout d'un mois, le nouveau canal était large de 20 tams et profond de 4 pieds, ce qui rétablissait la communication directe avec le *Kien-giang*. Cela fut pour le peuple d'une très-grande utilité. Ce canal reçut le nom de *Toaï-ha*, à cause du gou-

---

[1] Les Annamites sont très-friands de cette sorte de salade.

verneur qui le fit creuser, et il en fut ainsi afin que personne n'ignorât les mérites de ce haut mandarin.

Le *Tien-tru'o'ng* s'amorce sur la rive orientale du fleuve postérieur; il est large de 3 tams et profond d'un. Il y avait autrefois en ce lieu une fonderie impériale de monnaie nommée *argent de Ba-tac;* c'est à cause de cela que l'arroyo est appelé *Tien-tru'o'ng.*

Après un cours de plus d'un li, l'arroyo se divise en deux branches : celle du sud pénètre dans le *Qua-giang*, dit vul-

gairement *Cai-bi*, et se jette dans le grand fleuve ; la branche de l'est parvient, après un cours de plus d'un li, au *Cu'o'ng-thanh*, avec lequel elle mêle ses eaux.

Le *Cu'o'ng-thanh*, vulgairement nommé *Lap-vo*, s'amorce sur la rive orientale du fleuve postérieur et est large de 12 tams et profond de 18 pieds; il coule à 178 lis dans le sud de la citadelle (*Vinh-long*).

Sur la rive sud de cet arroyo, et à la distance d'un demi-li, est le *Diu-giang*, qui se jette dans le grand fleuve. A un demi-li plus loin, et également sur cette rive sud, on rencontre le poste de *Cu'o'ng-thanh*, ainsi qu'un marché extrêmement populeux.

A la distance de 50 tams de ce marché, l'arroyo se divise en deux branches.

Celle du nord traverse le *Qua-giang* et le *Tien-tru'o'ng*, puis se jette dans le grand fleuve.

La branche de l'est parvient, après un cours de 70 lis, en un point où elle se subdivise à son tour en deux nouvelles branches, dont celle du nord pénètre dans le *Hôï-an*, pour se jeter dans le fleuve antérieur.

Cette précédente branche de l'est, après s'être dirigée vers *Tu-ô* et *Hôï-luân*, débouche dans la rivière de *Sa-dec*, pour aller de là se joindre au fleuve antérieur.

Sur les deux rives de cet arroyo sont de nombreuses habitations, ainsi que beaucoup de jardins et des champs cultivés.

Le *Cu'o'ng-hoai*, vulgairement appelé *Lai-vum*, est large de 15 tams et profond de 18 pieds. CU'O'NG-HOAI ou LAI-VUM.

Le poste de *Cu'o'ng-hoai* est sur la rive septentrionale. Là se trouve également un marché populeux. Cet arroyo est situé dans le sud de la citadelle (*Vinh-long*), à la distance de 160 lis et demi. Après un parcours de 71 lis à l'est, il parvient au *Kinh-thuy*, et entre alors dans le *Hôï-luân*, pour Kinh-thuy. pénétrer dans la rivière de *Sa-dec* et se jeter de là dans le fleuve antérieur.

Le *Bao-hôt*, qui s'amorce sur la rive est du fleuve pos- BAO-HÔT. térieur, est large de 3 tams et profond d'un. Après un parcours d'un li à l'est, il se divise en deux branches. La branche de l'est, après un cours d'un li et demi, parvient à *So'n-kiêt*, et se subdivise à son tour en deux nouvelles So'n-kiêt. branches, dont celle du nord pénètre dans l'amorce supérieure du *Can-thu'*, pour se jeter dans le fleuve antérieur. La branche du sud, après un parcours de plus de 2 lis, se dirige vers le *Diu-khé* et atteint le *Tra-man*, pour entrer ensuite dans le grand fleuve.

Le petit fort de *Tran-giang* est placé en face de l'amorce du *Can-thu'*.

Le *Can-thu'* s'amorce sur la rive ouest du fleuve posté- CAN-THU'. rieur; il est large de 8 tams et profond de 5 et coule dans le sud de la citadelle (*Vinh-long*), à la distance de 200 lis et demi.

Sur la rive ouest est situé le poste de *Tran-giang-dao*, non loin duquel sont de nombreuses boutiques composant un marché fort animé.

Les marchands se réunissent là en foule.

A partir du grand fleuve, et après un cours de 121 lis et demi dans le sud, le *Can-thu'* va se jeter à la mer par la bouche de *Ba-tac*.

A partir de son amorce, et après un cours de 8 lis et demi dans l'ouest, le *Can-thu'* se divise en deux branches.

Celle du nord s'infléchit vers l'est, et, après un parcours

d'un li et demi, elle traverse le *Binh-thuy* pour se jeter dans le fleuve postérieur [1].

La branche de l'ouest, après avoir parcouru une distance de 78 lis et demi, arrive au *Né-trach*, vulgairement appelé *Ba-lang*, qui, après un parcours de 165 lis et demi, se jette dans le *Kien-giang*, en un petit port vulgairement nommé *Cu'a-be*. Ce *Né-trach* est rempli de boue gluante depuis l'hiver jusqu'au printemps; il est à cette époque très-étroit et impraticable. A partir de l'été jusqu'à l'hiver, les pluies abondantes le remplissent tellement, que l'eau se déverse par-dessus les bords. Une barque est alors obligée de passer à travers les herbes et de se frayer une route en écartant les arbres nombreux qui bordent les deux rives. Cela apporte dans cet arroyo une obscurité à ne pas se reconnaître. Les rives en sont inhabitées, et il est difficile et pénible aux hommes d'y pénétrer, tant à cause des sangsues que des millions de moustiques qui l'habitent.

Le *Phôn-giang* s'amorce sur la rive orientale du fleuve postérieur; large de 32 tams et profond de 5, il coule dans le sud de la citadelle (*Vinh-long*), à la distance de 72 lis et demi.

Après un parcours de 3 lis et demi au nord-est, il parvient au *Dong-thanh*, vulgairement appelé *Cai-lam*, lequel se jette dans le grand fleuve. Après un nouveau parcours de 171 lis, le *Phôn-giang* pénètre dans le *Nha-mon*, et va ainsi rejoindre le fleuve antérieur.

Le *Tra-ôn* s'amorce sur le cours inférieur et à l'est du fleuve postérieur; large de 14 tams et profond de 7, il coule dans le sud de la citadelle, à la distance de 57 lis.

Le *Cân-thai* est situé dans le nord.

Le *Tra-ôn* sert de limite, pendant un cours de 26 lis, au huyen de *Vinh-binh*.

----

[1] Auparavant, et après un cours de 72 lis au nord-est, cette branche s'infléchit vers l'est, et c'est alors qu'après le nouveau cours d'un li elle va se joindre à l'*O-môn* pour pénétrer dans le fleuve postérieur.

Le canton de *Vinh-tru'o'ng* est situé sur sa rive ouest, et sur sa rive orientale est celui de *Binh-chanh*.

Le fort cambodgien d'*Oaï-vien*, occupé par des *Don-dien*[1] cambodgiens, est placé sur les bords de ce fleuve. Il y a là également un marché très-populeux, habité simultanément par des Annamites, des Chinois et des Cambodgiens.

Le *Tra-ôn*, après un cours de 26 lis et demi, parvient au marché de *La-bit*, où il se divise en deux branches.

Le *Tra-ôn*, qui donne naissance aux deux arroyos nommés *Tra-ngon* et *Sa-co*, atteint plus loin le *Kien-tang*, et là encore il se divise en deux branches : celle de l'est, après un cours de 85 lis et demi, rejoint l'arroyo *Vo-tiêt*, et se réunit ainsi au grand fleuve *Long-ho;* la branche de l'ouest, après un cours de plus de 3o lis, arrive jusqu'à la citadelle de *Vinh-long*.

Les habitations, les champs et les jardins se pressent en ce lieu; on y entend sans cesse le cri de la poule et l'aboiement du chien. Tout y est cultivé, il n'y a pas un coin de terre en friche.

Le *Ba-tac*, qui s'amorce sur le cours inférieur et dans le sud du fleuve postérieur, coule au sud de la citadelle, à la distance dé 117 lis. Il est large de 3o tams et profond de 7 pieds.

Le poste de *Tran-di-dao* occupe la rive nord. L'île *Ho-châu*, vulgairement appelée *Cu-lao-diung*, est située dans le sud-est.

Après un cours de 36 lis, cette rivière se jette à la mer par la bouche de *Ba-tac*.

A l'ouest de l'amorce du *Ba-tac*, et à la distance de 6o lis, est le port nommé *Tau-truong*, où se trouvent au mouillage une grande quantité de jonques et de barques de mer. Là existe aussi un marché extrêmement populeux et habité par des Annamites, des Chinois et des Cambodgiens.

---

[1] Voyez, au sujet des *Don-dien*, la note qui les concerne dans la première partie.

A une distance de 66 lis à partir de ce port, le *Ba-lac* parvient au *Ngoat-giang*, vulgairement appelé *Soc-tran*.

Là se trouvent deux branches : celle du nord parvient, après un cours de 23 lis, au *Phu-dao*, vulgairement nommé *Bua-tao*.

Cette branche, pendant un parcours de 165 lis et demi au nord-ouest, traverse successivement les arroyos *Ba-dinh*, *Tam-vu*, *Cai-tao*, *Cai-diang* et *Sai-quang*. Cette branche arrive enfin au grand port nommé *Kien-giang*, vulgairement appelé *Cu'a-lo'n* (grand port).

La branche ouest du *Ngoat-giang*, après un cours de 8 lis et demi, parvient au marché de *Baï-ngao*, lequel est très-peuplé et habité par des Annamites et des Cambodgiens.

En ce lieu se trouvent des salines qui sont la source d'un important commerce.

Après un nouveau parcours de 25 lis et demi, cette branche ouest atteint le *Lo-kinh*, où il existe une nouvelle bifurcation. L'arroyo devient en ce lieu très-sinueux : c'est ce qui l'a fait vulgairement appeler *Cô-co* (cou de cigogne).

La branche sud (de la nouvelle bifurcation), après un cours de 17 lis et demi, se jette dans la bouche de *Mi-tanh*. De cette bouche de *Mi-tanh* on se rend directement au nord, au marché de *Baï-ngao*, par le *Né-trach*, dont la rive orientale sert de limite à la province de *Vinh-thanh*.

La branche ouest (de la nouvelle bifurcation), après un cours de 231 lis et demi, parvient aux arroyos *Tra-no* et *Caï-lam*, et enfin au fort de *Long-xuyén-dao*[1].

L'*An-thaï*, vulgairement appelé *Vam-laï*, s'amorce sur la rive est du cours inférieur du fleuve postérieur; il est large de 12 tams et profond de 3. Un poste de douane est placé sur ses bords, qui sont habités également par des Annamites et des Cambodgiens.

La bouche de *Ngao-châu* est située à 168 lis dans le sud

---

[1] Aujourd'hui siége du huyen de *Long-xuyén*.

de la citadelle (*Vinh-long*); elle est large de 2 lis. Il y a 5 tams d'eau à mer haute; la profondeur des basses eaux est de 2 tams.

Sur la rive est, et à plus de 2 lis de la bouche, se jette le *Moc-miêng*, large de 5 tams et profond de 2. Cet arroyo se perd dans les terres. Moc-miêng.

A 3 lis plus loin est le *Tinh-giang*, large de 2 tams et profond d'un. Il se perd également dans les terres. Tinh-giang.

Enfin, à 13 lis plus loin est le *Vinh-duc*, et à 2 lis et demi plus loin encore, le *Ngao-châu*. Vinh-duc. Ngao-châu.

Toutes ces eaux se jettent à la mer.

Un poste est placé auprès du havre formé par le *Long-tan*, large de 5 tams et profond de 3; c'est un arroyo qui se perd dans les terres. A 18 lis et demi plus loin est le *Ngu'-giang*, large de 2 tams et profond de 4 pieds. A 11 lis plus loin on rencontre le *Co-miêu*, large de 3 tams et profond de 2, et à 11 lis ensuite le *Gia-giang*, large de 4 tams et profond de 2. Tous ces arroyos se perdent dans les terres. Long-tan. Ngu'-giang. Co-miêu. Gia-giang.

Les deux bords de la bouche de *Ngao-châu* sont habités et cultivés.

Deux îles de sable sont situées en ce lieu : à l'est, l'île *Tho-châu*, longue de plus de 2 lis; à l'ouest, celle de *Sa-châu*, dont la longueur dépasse 5 lis. Un poste de douane est sur la partie sud de cette dernière île; on y voit aussi deux villages, nommés *Giao-long* et *An-thanh*. Tho-châu (île). Sa-châu (île).

La terre, en cet endroit, est grasse et excellente; elle est plantée d'arbres d'une belle végétation.

Ces deux îles sont comme des défenses naturelles pour mettre à l'abri la bouche de *Ngao-châu;* elles sont là comme deux énormes poissons préposés à la garde de l'entrée de cette embouchure.

Dans l'est est situé le port de *Ngao-châu*, et dans l'ouest celui de *Ban-côn*.

Ce dernier port est large de 50 tams; on y trouve 9 pieds d'eau à mer haute et 2 à basse mer.

En dehors du port et sur sa rive ouest est le *Gia-giang*, et à 22 lis et demi de là le *Giao-tanh*, vulgairement appelé *Rach-ao-xuôï*, qui est large de 3 tams et profond d'un; il se perd dans les terres. Le village de *Giao-tanh* est placé sur ses bords.

Le poste de *Ban-côn* est situé au loin.

Les deux îles *Thuy-liêu* et *Thuy-loc* gisent au-devant de la bouche de *Ngao-châu;* elles sont très-boisées.

La bouche de *Cô-khien* est large de 11 lis et demi; on y trouve 32 pieds d'eau à haute mer, et il y en a 18 à mer basse. Cette bouche est située au sud de la citadelle (*Vinh-long*), à la distance de 143 lis et demi. Sur ses deux rives se montrent une très-grande quantité de petits arroyos couverts de palmiers d'eau, dont la feuille est employée dans la construction des maisons. On coud ces feuilles ensemble pour en faire de larges parois, que l'on réunit ensuite en radeaux pour les aller vendre. C'est la source d'un commerce productif, car ces feuilles sont plus belles et plus larges que partout ailleurs.

Au milieu de la bouche de *Cô-khien* gît l'île de *Cô-khien*. A l'extrémité supérieure de cette île est situé le *Tam-vu*, et à son extrémité inférieure le *Long-tuyen*, vulgairement appelé *Rach-tau-râu*. Là se trouve aussi le village de *Long-tuyen*.

Cette île est longue de 45 lis et large de plus de 10. Sur son territoire sont les trois villages de *Phuoc-hoa*, de *Phu-thâch* et de *Phuoc-long*.

Un poste de douane est dans le sud de l'île.

Au large et à 2 lis et demi au sud du rivage on voit l'île de *Phu-châu*, laquelle est plantée de beaux arbres, et au large également, mais à la distance de 33 lis et demi, l'île *Daï-châu* (grande île), longue de 12 lis et demi et large d'un demi-li. Le côté nord de cette île est appelé *Ngao-chu'*, vulgairement *Con-ngao* (coquillages); le côté sud porte le nom de *Trap-chu'*, vulgairement *Con-tru'ng*.

Un poste de douane et de surveillance est placé en cet endroit pour veiller sur les pirates. On voit sur cette île les deux villages de *Tru'o'ng-loc* et de *Thai-hoa*. La terre y est grasse et excellente pour la culture.

Au sud de l'île *Daï-châu* est située celle de *Tam-don-châu*, longue de 4 lis et habitée par des marins en grand nombre.

Tam-don-châu (île).

Les habitants sèment et plantent une grande quantité de plantes aromatiques, ainsi que des patates. La végétation sur cette île est belle et abondante. On s'y livre beaucoup à la pêche.

La bouche de *Ba-lai* est large de plus de 9 lis; on y trouve 6 tams d'eau à mer haute, et il y en a 10 pieds à mer basse. Cette bouche est située à l'extrémité du fleuve postérieur. A la distance de 60 lis au-dessus de la bouche et dans le nord-ouest est établi le fort de *Tran-di-dao*. Les bords du fleuve sont en cet endroit extrêmement boisés. Le sol est habité par des Chinois et des Cambodgiens, qui cultivent en grande quantité des plantes aromatiques. Il y a aussi beaucoup de courges et de melons. Ces cultures sont très-belles et d'une magnifique venue.

BA-LAI.

Tran-di-dao (fort).

En se dirigeant à l'ouest du côté de la mer, on parvient à la bouche de *Mi-tanh*, qui est contiguë à celle de *Ba-lai*. En dehors du port et au large gisent les îles de *Loi-châu* et de *Tho-châu* et enfin la grande île *Mi-tanh-trap*. Une nombreuse population de pêcheurs habite ces îles; ils pêchent au filet et à l'hameçon.

Mi-tanh-trap (île).

La bouche de *Mi-tanh* est large de 10 lis. On y trouve 12 pieds d'eau à mer haute, et il y en a 6 pieds à mer basse.

MI-TANH.

Un poste est situé sur la rive ouest.

Ce lieu est habité par un grand nombre d'Annamites, de Chinois et de Cambodgiens. On y cultive beaucoup d'herbes aromatiques, de courges et de melons; on y sèche aussi des chevrettes.

Au large se trouve l'île d'*Am-sa* (sable caché). C'est un

Am-sa (banc).

banc dangereux, large de 5 lis et que les barques doivent éviter avec soin.

Iles.

BIT-TRÀN
ou
BAT-TAN.

L'île de *Bit-trân* est située dans le nord de la citadelle (*Vinh-long*); sa circonférence est de 12 lis. La végétation y est très-belle; l'eau qui l'entoure est limpide et fait ressembler l'île à une perle enchâssée.

Cette île, qui se nomme encore *Bat-tan*, parce qu'on peut la traverser en huit endroits (étant coupée de petits arroyos), est comme une défense naturelle pour la rivière de *Long-ho*.

Les contours de cette île sont parsemés de pierres ou de roches. Deux villages sont situés sur son territoire : ce sont ceux de *Binh-lu'o'ng* et d'*An-thanh*. Sur ses bords sont des établissements de pêche. Lorsque les nombreux filets sont au sec, cela donne à l'île l'aspect d'une forêt profonde.

La pêche d'automne se fait au son des chants joyeux du peuple.

On voit sur cette île la fleur blanche du saule. L'eau et le sable y sont également beaux. Où que l'on aille en ce lieu, on rencontre partout d'heureuses maisons de pêcheurs.

VINH-TONG.

L'île de *Vinh-tong* est située à l'ouest de l'île de *Bit-trân;* elle est longue de 4 lis.

Le sol en est planté de beaucoup d'aréquiers et de bétel; il y a aussi une grande quantité d'oranges de différentes qualités. Le village de *Vinh-tong* est placé sur cette île; c'est un lieu d'habitation extrêmement agréable.

TAN-CU.

L'île de *Tan-cu*, située dans le nord du fleuve *Ham-long*, est sinueuse et semblable à un reptile sur l'eau.

Elle est belle comme un miroir placé sur l'eau, elle est magnifique et verte dans toute son étendue.

Les bambous et les aréquiers y sont remarquables.

Les deux villages de *Tan-cu* et de *Binh-yen* sont sur cette île, qui n'est pas éloignée du marché *Cho'-ngao*.

Cho'-ngao
(marché).
TRUO'NG-CHÂU.

L'île de *Tru'o'ng-châu*, située sur le cours inférieur du *Long-ho*, a un circuit de 30 lis. Les cinq villages suivants en occupent le territoire; ce sont : *Phu-tai, Phu'o'c-khanh, Thai-binh, Thanh-lu'o'ng* et *Binh-thanh.*

Cette île est plantée de beaux arbres; l'air et l'eau y sont d'une grande pureté [1], et des arbres aux fleurs odoriférantes embaument sa surface, qui forme ainsi un séjour extrêmement agréable à habiter.

L'île de *Phu-long* se trouve à l'extrémité du cours du *Ham-long*. Elle est couverte de bambous. Le village de *Phu-long* est placé sur ses bords.

L'île de *Tanh-so'n*, vulgairement appelée *Cu-lao-caï-câm*, est située au milieu du *Ham-long*. Les trois villages de *Tanh-so'n*, de *Tanh-xuân* et de *Tanh-thong* sont sur cette île, dont l'aspect est semblable à celui d'un monticule battu par l'écume des eaux.

Elle est comme un lieu habité par des génies.

L'île de *Phong-nga*, située dans le nord de la rivière de *Sa-dec*, a 10 lis de long.

A l'est on voit l'île de *Phong-châu*, vulgairement appelée *Cu-lao-tan-phong*; à l'ouest, celle de *Nga-châu*, vulgairement nommée *Cu-lao-chanh-nga.*

Les quatre villages de *Tan-phong, Xung-van, Tan-lam* et *Yen-tich* sont placés sur cette île, dont le territoire est séparé en deux par un petit arroyo qui la traverse en son milieu. Les jardins et les arbres y sont très-beaux.

Si les habitants de cette île vivent en paysans, ils sont cependant suffisamment rapprochés des grands marchés pour ne pas manquer de distractions. Ainsi, s'ils le désirent, ils peuvent aller à *Bac-pho* et sur le fleuve antérieur pour y chanter des vers; ou bien, s'ils aiment à voir en grand nombre les jolies filles, ils n'ont qu'à se rendre à *Sa-dec* par le *Nan-tan*, et ils s'y réjouiront autant qu'on le fait à *Lac-du'o'ng*, en Chine.

On cultive et on plante beaucoup sur l'île de *Phong-nga.*

[1] C'est ainsi qu'est désigné le climat. — [2] *Cu-lao*, en annamite, signifie *île.*

Les habitants peuvent à leur gré se livrer à l'agriculture ou à la pêche.

C'est en somme une île fort agréable à habiter.

L'île de *Tin-châu*, vulgairement appelée *Cu-lao-gien*, est située sur le cours supérieur du fleuve antérieur, à 117 lis dans l'ouest de la citadelle (*Vinh-long*). Le fort de *Tang-châu-dao* était autrefois situé sur cette île, dont quatre villages occupent le territoire; ce sont ceux de *Toan-du'c, Mi-hu'ng, Toan-du'c-dong* et *Phu-hu'ng*.

L'île de *Tiểu-châu* est située dans le sud-ouest. Sur cette île sont les trois villages de *Tan-phu'o'c*, de *Phu-yen-dong* et de *Tan-tich*.

Une deuxième petite île de *Tiểu-châu* se trouve dans le sud-est. Sur cette île est placé le village de *Tan-tai*.

Ces trois îles sont en face l'une de l'autre.

De magnifiques bambous et de beaux arbres se voient dans le nord de l'île *Gien*, qu'ils entourent de tous côtés. Cette île est coupée d'un grand nombre de petits arroyos très-poissonneux et où le poisson est pris dans la vase par des pêcheurs qui se réunissent pour cela en bandes de quinze personnes. On sale et on sèche du poisson sur cette île; on y exploite aussi des bambous, dont on fait des radeaux que l'on va vendre dans les marchés : ce sont là les sources de profits considérables.

L'île de *Ngu'-châu* est située sur le cours supérieur du fleuve antérieur. Les deux villages de *Tan-hoa* et de *Tan-luân* en occupent le territoire.

On y récolte du coton, du bétel, ainsi que des courges et des melons.

L'île de *Tung-so'n* gît sur le fleuve antérieur et à l'est de la rivière *Mi-long*.

Le village de *Tung-so'n* est situé sur cette île, qui, entourée par l'écume des flots, ressemble à une belle fleur aquatique.

Au lever du soleil, elle a l'aspect d'un cochon, et plus

tard elle ressemble à un corbeau, lorsque le vent commence à souffler.

Cette île est coupée par plusieurs petits arroyos.

L'île de *Té-châu*, vulgairement *Cu-lao-tay*, est sur le cours supérieur du fleuve antérieur. Le village de *Tan-hu'ng* est placé dessus. TÉ-CHÀU
ou
CU-LAO-TAY.

L'île de *Loc-châu* est située dans l'est et celle de *Nghia-châu* dans l'ouest de l'île de *Té-châu*, qui a également au nord celle de *Tru'-châu* et au sud celle de *Hoa-dao*. Ces îles sont comme un bouquet de fleurs. Une grande quantité de bambous et de beaux arbres en couvrent le sol; on y trouve des oiseaux et des quadrupèdes. Loc-châu.
Nghia-châu.

Tru'-châu.
Hoa-dao.

· L'île de *Long-so'n*, vulgairement appelée *Cu-lao-caï-vu'ng*, est située sur le cours supérieur du fleuve antérieur; elle est longue de plus de 47 lis. Cette île a des protubérances semblables aux cornes du dragon. LONG-SO'N
ou
CU-LAO-CAÏ-
VU'NG.

A l'est de cette île, et à 5 lis et demi de distance, on voit le poste de *Tan-châu-tan-dao*.

Cette île est dans l'ouest de la citadelle (*Vinh-long*), à la distance de 174 lis et demi; son territoire est occupé par le village de *Tan-phu-lam*. Dans l'est et à une petite distance est d'abord l'île de *Toan-truc*, et puis celle de *Chiu'-ba*. Ces îles sont placées à la suite l'une de l'autre et la plus grande en tête. Toan-truc.
Chiu'-ba.

La végétation en bambous et en arbres est considérable.

Le poste de *Tan-châu-tan* est sur la côte ouest du fleuve, et sur la côte orientale se trouve celui de *Kien-saï-tan;* enfin sur la rive au nord est le poste de *Hung-ngu'-tan*. Ces trois postes[1], ainsi placés, représentent une grande force en s'appuyant mutuellement l'un sur l'autre.

L'île de *Nang-cu* est située sur le fleuve postérieur et en face de la bouche inférieure de *Vam-nao*. Elle est longue de 9 lis. NANG-CU.

---

[1] Ce sont les frontières des deux royaumes du Cambodge et d'Annam.

Le village de *Binh-lam* est placé sur cette île, qui est plantée de beaucoup de bambous et d'arbres. Il y a aussi un grand nombre de petits arroyos très-poissonneux. Les habitants du cours supérieur du fleuve postérieur trouvent dans cette île, en premier lieu, des bambous, du bois, du poisson et des tortues, ensuite du coton, enfin du riz.

L'île de *Qua-châu*, vulgairement appelée *Cu-lao-bi*, est sur le cours inférieur du fleuve postérieur et à l'ouest du cours du *Cu'o'ng-thanh*. L'île de *Chang-ba*, située au-dessus de celle de *Qua-châu*, présente le village d'*Anhoa*, lequel est entouré de champs cultivés. Au-dessous on rencontre l'île

de *Thuy-liêu*, qui se trouve sur la rive ouest du *Diu-giang*. Ces trois îles, en communication l'une avec l'autre, sont là comme trois étoiles. Le sol produit des courges, des melons et du bétel odoriférant. Les habitants se livrent à l'agriculture uniquement pour leurs besoins personnels.

L'île de *Sa-châu* est sur le fleuve postérieur, au-dessous du cours du *Cu'o'ng-oai*.

Le village de *Tan-loc* en occupe le territoire. Les routes de ce village sont encombrées par une grande quantité de joncs. Il y a sur l'île beaucoup d'oiseaux de toutes sortes; ils en habitent les parties solitaires.

L'île de *Hoang-trân*, vulgairement appelée *Baï-ba-coï*, se nomme encore *Tan-dinh-châu*. Cette île, d'une longueur de 3o lis, est large d'un demi-li et située dans le sud de la citadelle (*Vinh-long*), à 1 3o lis et demi.

Le sol en est élevé et spacieux.

L'empereur *Thé-tô* ayant pris en considération l'étendue des vastes espaces couverts d'arbres et d'herbes arrosés par le fleuve postérieur, considérant aussi que *Ba-tac*, *Can-thu'* et *Tra-van* étaient peuplés d'un grand nombre de Cambodgiens, tandis que le poste militaire de *Long-ho* était fort éloigné, et qu'il était cependant indispensable d'établir une position importante, donna l'ordre, l'an *Ki-ho'i*, 2ᵉ année de son règne (1 7 8 o), de fonder celle-ci dans l'île de *Hoang-*

trân et d'y rassembler beaucoup d'habitants qui fussent en état de se livrer à la culture du sol. L'empereur changea le nom de *Long-ho-dinh* en celui de *Hoang-trân-dinh.*

Auparavant le roi cambodgien *Neac-ong-tôn* avait reçu l'investiture de la cour de *Hué*, comme roi d'un pays tributaire; mais il arriva à la même époque que la révolte des *Tay-so'n* apporta le plus grand trouble dans les deux grands centres militaires de *Trân-bien* (*Bien-hoa*) et de *Phan-trân* (*Gia-dinh*).

Le gouvernement de Siam, s'apercevant alors des embarras créés par les *Tay-so'n* à l'empire d'Annam, se mit à protéger dans ses entreprises le sujet rebelle cambodgien *Neac-ong-non;* cependant le peuple du Cambodge ne voulut pas se soumettre à ce rebelle. Peu de temps après le roi *Neac-ong-tôn* céda la couronne à son frère cadet *Neac-ong-van*, vulgairement appelé *Vua-tri. Neac-ong-tôn* devint simplement deuxième roi, et enfin *Neac-ong-tham*, le plus jeune des frères, fut nommé troisième roi.

Alors *Neac-ong-van* machina la rébellion contre la cour de *Hué*, qui ne se trouvait pas en mesure de la réprimer. *Neac-ong-van* ayant, à la même époque, fait mettre à mort son frère *Neac-ong-tham*, cela émotionna tellement l'aîné, *Neac-ong-tôn*, qu'il en perdit la vie. Ce roi *Neac-ong-van* fut extrêmement barbare et cruel.

L'an *Ki-ho'i*, au printemps, le haut mandarin cambodgien *Mo-dé-do-luyen*, assisté du mandarin *Lien-don-thoa*, qui résidait au *phu* de *Phong-xuy*, se révolta contre l'autorité du roi *Neac-ong-van.*

Le mandarin *Vi-bon-sô*, commandant le poste de *La-bit*, se joignit aux révoltés. *Neac-ong-van* envoya en grande hâte des troupes pour s'opposer à *Vi-bon-sô*, qui se réfugia à *Hoang-trân-dinh*, afin d'y demander des secours aux Annamites.

Étant parti le 4e mois, il ne put arriver que le 6e, à cause des nombreuses difficultés qu'il eut à franchir sur sa route.

L'empereur d'Annam donna l'ordre au général en chef de l'est, nommé *Phu'ong-cun-cung*, de s'emparer de *Neac-ong-van* et de le mettre à mort. Ce fut alors le fils de *Neac-ong-tôn*, nommé *Neac-ong-in*, qui devint roi du Cambodge, et ce pays recouvra ainsi sa tranquillité.

L'an *Canh-ti*, 3e année de *Thê-tô* (1781), la cour de *Hué*, considérant que ce poste de *Hoang-trân* était lui-même à une distance beaucoup trop grande, et que les affaires cambodgiennes étant compliquées, il devenait trop difficile d'y prendre une part suffisante, à cause de l'éloignement où était ce poste de celui de *Tan-dinh*, donna l'ordre de l'évacuer et de le transporter, comme auparavant, à *Long-ho*, et c'est là qu'il est resté jusqu'à aujourd'hui.

L'île de *Hoang-trân* renferme une nombreuse population. Sur ses bords, à l'est, on voit l'arroyo nommé *Tan-dinh-giang*, large de 8 tams et profond de 7; cet arroyo se perd dans les terres. Sur sa rive ouest est le *Cai-sach*.

HOANG-DIUNG ou CU-LAO-DIUNG. L'île de *Hoang-diung*, vulgairement appelée *Cu-lao-diung*, est située dans la partie occidentale du cours inférieur du fleuve postérieur. Au nord coule le *Tam-dang*, au sud le *Dao-do*.

Cette île, longue de 35 lis, sert d'abri à la rivière de *Batac*. On trouve sur son sol une grande quantité de feuilles que les habitants cousent entre elles pour en faire des parois de case; c'est pour eux l'objet d'un commerce.

Beaucoup de tigres habitent cette île, et c'est à cause de cela qu'on la nomme encore *Ho-châu*.

Les trois villages d'*An-tan-nhu't*, d'*An-tan-nhi* et d'*An-tan-tam* en occupent le territoire.

SECTION VII.

PROVINCE DE HA-TIEN.

Sommaire. — Montagnes. — Îles. — Côte maritime de *Ha-tien*. — Cours d'eau.

La montagne de *Binh*, située à un li environ dans l'ouest *Montagnes.* de la citadelle (*Ha-tien*), est longue de 2 lis et haute de *BINH-SO'N.* 5 *tru'o'ngs*, surmontée d'élévations inégales et rapprochée de la mer, dont elle suit les contours. Cette montagne est placée derrière la citadelle. Dans ses environs serpentent un grand nombre de ruisseaux qui au sud se jettent à la mer et au nord dans le *Tuân-câu*, auprès du *Thap-tuyên*, lesquels se jettent à leur tour dans le *Dong-ho* (lac de l'est).

Cette montagne est élevée en quelques-unes de ses parties et possède plusieurs pics; elle est un des dix [1] sites remarquables que l'on voit dans la province de *Ha-tien*.

La montagne de *Ngu-ho* est située à un demi-li dans *NGU-HO-SO'N.* le nord de la citadelle de *Ha-tien* et a l'aspect d'un animal accroupi baissant la tête. Elle est là comme une protection pour la citadelle. Malgré sa proximité, on ne peut y aller.

La montagne de *Phu-diung* est à un li environ dans *PHU-DIUNG-SO'N.* le nord-ouest de la citadelle. On y voit des enfoncements ou sortes de grottes d'une belle verdure. La pagode de *Phu-diung* se trouve au bas de la montagne, dans le sud-ouest.

Là on entend la cloche et les prières mêlées au bruit répété du timbre [2], dans un bourdonnement pareil à celui d'un marché.

Les habitants de ce lieu vivent mêlés aux bonzes.

---

[1] Les Annamites comptent dans la province de *Ha-tien* dix sites plus particulièrement dignes d'être remarqués à cause de leur aspect pittoresque.

[2] Timbre qui est partout employé dans les pagodes et sur lequel ordinairement s'accompagnent les bonzes quand ils récitent les prières.

LOC-THO'.

La montagne de *Loc-tho'* est située à 13 lis dans l'ouest de la citadelle. On y trouve l'arbre *giai-tho* (*vo-cua*).

Le sommet en est aussi pointu qu'un pinceau à écrire. Une partie de cette montagne est baignée par la mer. Elle possède une bonne terre, bien grasse, et des ruisseaux d'eau douce.

Ses habitants ont établi leur demeure au bas et autour de sa base. Elle compte parmi les dix sites remarquables de la province.

CAO-SO'N.

La montagne de *Cao-so'n* est dans l'ouest de la citadelle, à la distance de 4 lis et demi, et suit dans son contour la forme du rivage de la mer. A son sommet s'élèvent trois pics. Elle ne possède pas beaucoup d'arbres. Ses habitants sont des pêcheurs qui demeurent auprès du rivage et des Cambodgiens dont les maisons existent du côté de la forêt. Chacun ainsi y est fixé selon ses goûts.

DIA-TANG.

La montagne de *Dia-tang* est située dans le nord de la citadelle, à 5 lis de la montagne de *Phu-diung*. La pagode de *Dia-tang* est bâtie au sommet de cette montagne et lui donne son nom.

Cette pagode a une grande réputation de mérites et de vertus : les soucis de ce monde disparaissent quand on en franchit le seuil, comme cela avait lieu jadis dans le territoire de *Tu'u-lanh* (Chine), lorsque, au lever du soleil, résonnait la cloche de la pagode de *Thiêu*.

Cette montagne est un des dix sites ou aspects remarquables de la province de *Ha-tien*.

VAN-SO'N
(volcan).

La montagne de *Van* est au nord et à un li et demi de la montagne de *Dia-tang*.

La pagode *Bach-van* est bâtie à mi-côte de la montagne. Les environs sont inhabités.

Le chemin qui conduit à la pagode est bordé de bambous très-épais et formant berceau. Auprès de la pagode se voit une magnifique végétation en arbres et en fleurs. Au sommet est un cratère qui lance une fumée blanche sem-

blable à un nuage; cette fumée sort sans cesse, du matin
jusqu'au soir.

Parmi les dix sites ou aspects remarquables, cette montagne est la seule qui avale ainsi les nuages pour les rendre
(qui donne de la fumée).

La montagne de *Bach-thap* est située à 5 lis dans le nord   BACH-THAP.
de celle de *Van*. Le sommet de cette montagne est incliné.
La végétation en arbres et en plantes y est très-belle. Un
bonze célèbre de *Qui-nho'n*, nommé le grand bonze *Huynh-
long*, fut porté sur les nuages jusqu'en ce lieu, où il mourut, l'an *Dinh-ti*, 13ᵉ année de *Thuc-tôn* [a].

Les disciples de ce saint personnage lui élevèrent un monument à sept gradins superposés (*that-côp-phu-thu*), qu'ils
embellirent de *trân-tang* et de *xa-lo'i*, sortes de perles en
verroterie particulières au bouddhisme.

Aux trois grandes époques de pleine lune (1ᵉʳ mois,
7ᵉ mois, 10ᵉ mois), un oiseau merveilleux, nommé *nguyen-
ac*, venait, accompagné d'une sorte de singe appelé *thanh-
viên*, adorer le monument de ce saint bonze. Ces animaux
faisaient là une station assez longue, pendant laquelle ils
paraissaient accomplir les préceptes du bouddhisme. On
peut dire de ce lieu qu'il réalise la beauté du jardin *Ki-viên*
(jardin de Bouddha).

La montagne de *Tô-châu* est située dans les environs de   TÔ-CHÂU.
la citadelle comme une étoile en contemplation devant elle.
C'est une montagne d'un magnifique aspect; les arbres qui
la couvrent se répandent en tous sens.

La colline de *Chu'-ba-don-lâc* se trouve dans le nord
de cette montagne, et celle de *Lao-khu'-to-phi* est dans le
sud.

Au bas est établi un bac pour conduire à la citadelle.

Lorsque le soleil n'est pas encore très-haut sur l'horizon,

____

[a] Dynastie des *Lê* : *Hi-tôn*, 3ᵉ année; dynastie des *Tsing* : *Kien-long*,
2ᵉ année (1738).

on voit de ce bac se refléter dans l'eau les montagnes des alentours.

La végétation de *Tô-châu* est remarquable; elle exhale des vapeurs qui s'élèvent au-dessus de la cime des arbres.

LINH-QUINH. La montagne de *Linh-quinh* est à 120 lis dans le nord de la citadelle.

Elle est élevée et d'un bel aspect; la végétation y est très-abondante; des sources coulent du sommet en nappes blanches. Une forêt occupe le nord-ouest de cette montagne, et dans le sud-est ce sont des champs cultivés et des cours d'eau dont les bords sont habités par des Annamites, des Chinois et des Cambodgiens qui se livrent à l'agriculture. Ce territoire est très-agréable à habiter; il en a la réputation.

SAI-MAT. La montagne de *Sai-mat*, située dans le nord de la citadelle, présente plusieurs pointes d'inégale hauteur. La végétation y est belle, les ruisseaux limpides. Les habitants sont des Annamites et des Cambodgiens en grand nombre. Dans le principe, il y eut entre les Cambodgiens et le Chinois *Mac-cu'u*, qui s'était emparé de la province de *Ha-tien*, de très-vives contestations. L'an *Ki-vi*, 2ᵉ année de *Thê-tôn* [a], le roi cambodgien *Neac-phôn* marcha à la tête de ses troupes pour reprendre *Ha-tien;* mais il fut repoussé par *Mac-tôn* [1] du côté du nord jusqu'à *Sai-mat-phu.* Nuit et jour ils combattirent; les hommes n'avaient plus rien à manger. La femme de *Mac-tôn* leva une armée de femmes pour apprêter la nourriture des soldats, ce qui leur donna la force nécessaire pour repousser les Cambodgiens. Ce fait fut rapporté à l'empereur d'Annam, qui en fut très-satisfait, et nomma, par un décret, *Mac-tôn* général en chef; il lui fit

---

[a] Dynastie des *Lê : Hi-tôn*, 5ᵉ année; dynastie des *Tsing : Kien-long*, 4ᵉ année (1740).

[1] Fils de *Mac-cu'u*.

envoyer en même temps une robe d'honneur (rouge) et un chapeau de cérémonie.

Sa femme, *Nguyen*, fut créée *phu-nho'n* [1]. Depuis cette époque, les Cambodgiens n'osèrent plus tenter de reprendre *Ha-tien*.

La colline de *Châu-nham*, vulgairement appelée *Nui-trat*, est à 22 lis et demi dans l'est de la citadelle et terminée par un plateau sur lequel sont des jardins. A sa base se trouvent une grande quantité de grottes ou anfractuosités battues sans cesse par la mer, sur le rivage de laquelle est située la colline. Cette partie du littoral est semée d'une foule de roches formant brisants et environnées de sable et de vase dans lesquels on voit des pierres extrêmement brillantes. Au-dessous de ces roches on remarque également ment en grand nombre une sorte de coquillage veiné de rouge.

On rapporte que *Mac-cu'u*, n'étant pas encore revêtu du mandarinat, arriva en ce lieu et découvrit une perle d'une valeur inestimable qu'il offrit respectueusement à l'empereur d'Annam [a]. Au pied de cette colline sont quelques grottes dans lesquelles l'eau atteint une grande profondeur; ces grottes sont habitées par une grande quantité de poissons qui y attirent beaucoup de pélicans et autres oiseaux pêcheurs.

Cette colline de *Châu-nham* compte parmi les dix sites remarquables de la province de *Ha-tien*.

La montagne de *Hô-lô* est à 48 lis dans l'est de la citadelle; elle a 2 lis de tour et est surmontée d'un pic élevé et fort mince; au bas sont des cavernes profondes. Cette montagne est presque inaccessible; elle est complétement dénudée et ne possède ni herbes ni arbres. Elle est située au

[a] C'est de là que la colline tire son nom de *Châu-nham* (colline de la Perle).

[1] Personne noble.

bord de la mer, qui en cet endroit est parsemée de roches et s'oppose ainsi à toute approche des barques.

Au large de cette montagne gisent un grand nombre de roches élevées, semblables à de petits pics. Ces roches sont constamment battues par les flots; on y entend sans cesse le bruit de la mer, semblable au tonnerre.

KHICH-SO'N ou HON-CHÒNG.

La montagne de *Khich*, vulgairement nommée *Hon-chòng*, est extrêmement grande et élevée. Elle est surmontée d'une telle quantité de pics, qu'ils ont l'apparence d'une forêt. Cette montagne a 2 lis de tour et est à 9 lis dans l'est de celle de *Hô-lô;* elle est entièrement environnée par les eaux de la mer. Dans la partie orientale on remarque le lieu nommé *Phòn-cho' :* ce lieu, couvert de végétation, est habité par des bûcherons et des pêcheurs. A l'extrémité nord de cette montagne se récolte une abondante quantité de poivre[1]; là aussi se trouvent des jardins pleins de fleurs et de fruits.

DONG-THO.

La montagne de *Dong-tho* (terre de l'Est) est dans l'est et à 77 lis de celle de *Khich*, à laquelle elle est réunie par une suite d'élévations plus ou moins grandes. Cette montagne a 5 lis de tour. Ce système de montagne est très-rocailleux et d'un accès difficile; il est situé sur le

Van-thanh (ruisseau).

bord de la mer. Le ruisseau nommé *Van-thanh* coule dans l'est, et dans l'ouest un autre ruisseau que l'on appelle

Diu'a-tuyên (ruisseau).

Diu'a-tuyên. Il existe cependant sur ces montagnes des arbres en grande quantité; la partie du nord est fréquentée par de nombreux chasseurs, dont l'industrie consiste à recueillir du miel ainsi que les dépouilles des bêtes féroces.

TAY-THO.

Tru'-cao (ruisseau).
Phuong-thao (rivière).

La montagne de *Tay-tho* (terre de l'Ouest) est située à 28 lis dans l'ouest de celle de *Cao-so'n*. Elle a le ruisseau de *Tru'-cao* dans l'est, la rivière *Phuong-thao* dans l'ouest et est couverte d'arbres dans toute son étendue. Les Cam-

---

[1] Le poivre rouge est un des principaux produits de la province de *Ha-tien*.

bodgiens ont établi une sorte de poste fortifié au plus épais de la forêt, parmi les arbres et les bambous.

Les environs du poste sont, du reste, absolument inhabités.

Le pic incliné ou bec de *Tien-cu'-chuy*, vulgairement appelé *Ganh-ba*, est situé à 3o lis dans l'ouest de la montagne de *Tay-tho*. On y voit une infinité de pierres de toutes dimensions, parmi lesquelles il est impossible de pénétrer. Ce pic est sur le bord de la mer, et il est constamment battu par ses flots. TIEN-CU'-CHUY
ou
GANH-BA.

Le vent souffle en tourbillon autour de ce pic; les barques, en s'en approchant, doivent porter la plus grande attention à leur route.

En résumé, depuis le nord jusqu'à l'ouest, ce ne sont partout que montagnes séparées par des ravins et des ruisseaux et couvertes d'arbres nombreux. Ce territoire est uniquement habité par les oiseaux et les animaux sauvages.

La colline ou petite montagne de *Bach-thach* est assez élevée et d'un aspect pittoresque et se compose d'un pic unique placé sur le bord de la mer. Elle a 2 lis de tour et est située à 2o lis dans l'ouest de *Long-xuyên-dao*. Au-devant se voit le lieu dit *Cô-hai* (banc de mer), sur lequel se pêchent une grande quantité de crabes, de poissons et de coquillages de toutes sortes. BACH-THACH.

La montagne de *Bach-ma* est dans l'ouest de la citadelle (à la limite ouest). Elle forme la limite de la province au lieu dit *Xiem-lap*. Le système de cette montagne s'étend au loin et compose un territoire complétement inhabité. BACH-MA.

Autrefois il servait de refuge à une bande de brigands dont le chef se nommait *Trân-thai;* on en raconte l'histoire dans le livre *Cuong-vu'c-chi*.

L'île de *Dai-kim* est située dans le sud de la citadelle et sur le bord de la mer. Elle a 1 9 3 *tru'o'ng*[1] et 5 pieds de tour, Iles.
DAI-KIM.

---

[1] Le *tru'o'ng* vaut 1o pieds, soit 4^m,4o.

et sert de protection à la citadelle, qu'elle met à l'abri des lames. Il existe un pont qui met cette île en communication avec la citadelle.

Derrière est bâti un temple à la déesse *Quan-âm*. Cette pagode était habitée par la bonzesse *Tong-ti*, qui y pratiquait les cérémonies du bouddhisme.

A gauche se trouve un lieu recouvert (sorte de hangar) nommé *Diêu-dinh* et fréquenté, quand il fait clair de lune, par de nombreux pêcheurs à la ligne. Au-devant se voit un poste de surveillance, et enfin dans le sud-ouest est la fortification en pierre, espèce de rempart opposé aux attaques des pirates.

Cette île est comptée au nombre des dix sites remarquables de la province.

TIÊU-KIM. L'île de *Tiêu-kim* gît au large du port de *Ha-tien;* elle a 74 *tru'o'ngs* de tour.

Une roche remarquable située sur cette île forme une très-bonne reconnaissance pour les bâtiments et les barques qui fréquentent le port de *Ha-tien*, soit à leur entrée, soit à leur sortie.

NÔI-TRUC. L'île de *Nôi-truc* a 5 lis de tour; elle est placée dans le sud de la citadelle. Les élévations de cette île sont parfaitement verticales; elle est couverte de bambous et d'une sorte de pin.

NGOAÏ-TRUC. L'île de *Ngoaï-truc* a 7 lis de tour; située en face de la citadelle comme une sorte d'écran, elle est surmontée de deux pics égaux et parallèles et couverte de bambous. De nombreux ruisseaux descendent en cascade tout le long de ses pentes. On entend pendant le calme de la nuit le bruit de ces cascades pareil aux cris du dragon des mers.

CHÂU. L'île de *Châu* gît dans le sud-est de la citadelle; elle a 10 lis de tour et est couverte de roches; au bas se remarquent des grottes profondes et sinueuses.

On trouve dans ces grottes des nids d'hirondelles (salanganes[1]) et de l'écaille magnifique; cette écaille est de diverses sortes.

L'île de *Manh-hoa* a 5o lis de tour; elle est située dans le sud-est de la citadelle, d'où l'on peut s'y rendre en une demi-journée. On y voit des grottes profondes. Cette île, extrêmement boisée, donne des nids d'hirondelles, de l'huile de *manh-hoa* (bitume) et du bois *môc-khoi* (charbon). Les habitants sont établis dans les endroits boisés. MANH-HOA.

L'île d'*Ut-kim* a 2o lis de tour; elle est située dans le sud et est plantée d'arbres et de bambous. On y voit des grottes dans lesquelles se trouvent des nids d'hirondelles; elle fournit de l'huile de *manh-hoa* (bitume) et du bois *môc-khoi* (charbon). Les habitants ont construit leurs petites chaumières auprès des ruisseaux. UT-KIM.

L'île de *Thach-hoa* est située dans l'est de la citadelle. Cette île, surmontée de trois pics égaux, fait face à la montagne de *Hô-lô*. Elle a 4 lis de tour. La végétation y est misérable. THACH-HOA.

La pierre silex est très-commune sur cette île. On y voit des cavernes très-dangereuses à visiter, dans lesquelles les hirondelles (salanganes) vont bâtir leurs nids. Autrefois il y avait un petit bourg habité par des *Chu'-ba* (Javanais, Malais), mais il y a longtemps qu'il est complétement abandonné.

L'île de *Truc* est située dans le sud-est de la citadelle et a 2o lis de tour. Elle est située en face du port de mer nommé *Kien-giang*. On voit sur cette île des grottes profondes dans lesquelles se trouvent des nids d'hirondelles. Cette île, autrefois habitée, est abandonnée aujourd'hui. TRUC.

On y remarque une grotte dont l'ouverture a 2 pieds seulement, mais qui est large à l'intérieur de plus de 1o *tru'o'ngs*. La lumière du soleil pénétrant dans cette grotte l'illumine

---

[1] Les nids d'hirondelle et l'écaille, ainsi qu'une sorte d'ambre noir, sont les plus riches produits de la province de *Ha-tiên*.

tellement que l'on peut y apercevoir les plus petits objets.
On peut voir dans cette grotte une très-ancienne jarre qui
n'a pas moins de 3 pieds de largeur. On ignore à quelle
époque cet ustensile a été déposé là, ni d'où il provient, ni
comment il se peut faire qu'ayant 3 pieds de large, il ait
pu entrer par l'ouverture de la grotte, qui n'en a que 2.

PHU-QUÒC. L'île de *Phu-quóc* est située en pleine mer, dans le sud-
ouest de la citadelle; on y arrive en un jour et une nuit.
Elle est surmontée d'un pic qui va jusqu'aux nuages; une
grande quantité de pics secondaires sont tournés vers le
nord. Cette île mesure, de l'est à l'ouest, une distance de
200 lis, et 100 lis du nord au sud. On n'y voit ni tigres ni
léopards; on y trouve beaucoup de sangliers, de buffles sauvages, de daims, de nids d'hirondelles, de rotin, de bois
excellent, de l'écaille, des holothuries et de la cannelle. On
récolte dans le sud de l'île de très-bon riz de montagne,
toutes sortes de fèves ou haricots, du blé rouge, des melons, courges et fruits. Quant au riz ordinaire (des rizières),
il y en a fort peu.

On trouve dans les hauteurs une sorte d'ambre noir produit par une exsudation de la pierre dite *ho - thach*. Cet
ambre est brillant et semblable à la laque; on peut le réduire en morceaux pareils à de belles perles. On en trouve
quelquefois des morceaux atteignant 3 pouces de longueur,
avec lesquels on fabrique des boîtes à bétel, ou bien des
tasses, ou bien de petites soucoupes. Tous ces objets-là se
vendent un prix extrêmement élevé.

Le parfum nommé *long-dien* (salive du dragon) est très-
rare sur cette île; mais on y recueille fréquemment celui que
l'on appelle *mac-ban-hu'o'ng* (strié de noir), ainsi nommé
parce qu'il est piqueté de noir; ce parfum est semblable à
celui qui porte le nom de *tram-hu'o'ng;* l'odeur n'en est pas
extrêmement forte; c'est une sorte de bois dont l'intérieur
est vide, de sorte que l'on peut en faire des porte-pinceaux
fort estimés.

Dans le sud-ouest de l'île est un port nommé *Diuong-hang*, où les bâtiments peuvent trouver un mouillage. C'est là que les populations maritimes ont établi leurs demeures, et formé de la sorte quelques petits villages.

C'est un beau spectacle, quand le soleil est dans le nord, de regarder du côté du sud l'immensité du ciel et de la mer.

La petite île de *Long-kinh* est située dans le sud, et celle de *Diu'a* dans le sud-est.

L'empereur *Gia-long*, pendant la malheureuse époque de la révolte (*Tay-so'n*), se réfugia sur l'île de *Phu-quôc*. Il y trouva chez les habitants la plus grande fidélité et un appui efficace. Par eux furent préparés les moyens de marcher contre les rebelles. Lorsque plus tard la tranquillité fut rétablie dans l'empire d'Annam, l'empereur, en reconnaissance. des secours qu'il avait reçus des habitants de cette île, les exempta des corvées, du service militaire et de tout impôt., même sur les barques de commerce appartenant à l'île de *Phu-quôc*. L'empereur fit en outre établir un poste pour protéger les habitants contre les incursions et les pillages fréquents des pirates de mer. Il fut permis au peuple d'avoir des armes, afin de veiller à la sécurité de son territoire.

L'île de *Thô-châu* (*Poulo-panjang*), située dans l'est de la citadelle, a plus de 100 lis de tour. Elle est placée en face de *Long-xuyên* et de *Kien-giang* et couverte d'arbres non anciens, mais d'une belle végétation. Au bas de cette île sont des grottes dans lesquelles les hirondelles (salanganes) vont construire leurs nids. On y trouve aussi de l'écaille de différentes sortes et des holothuries; toutes choses qui ne se trouvent que dans l'eau; c'est pourquoi les habitants se livrent tous à la pêche.

L'île de *Cô-lon*, située dans le sud-est, a 30 lis de tour et est couverte de bambous et de beaux arbres. On y pêche une grande quantité de poissons et beaucoup d'écaille.

CÔ-CÔNG.   L'île de *Cô-công* est située dans l'ouest de la citadelle et à l'est du port nommé *Huong-u'c*. Elle a 60 lis de tour. Cette île est couverte de roches de différentes dimensions, ce qui n'empêche point une végétation (en arbres) des plus abondantes. L'eau atteint une très-grande profondeur au pied de l'île, qui offre, malgré cela, un excellent abri. Les bâtiments et les barques qui font le commerce dans ces parages ont l'habitude d'y relâcher ou d'y chercher un refuge.

On y trouve des poissons énormes, de l'écaille et des holothuries.

Cette île était autrefois le lieu de réunion d'une bande célèbre de pirates nommée *Hoac-nhiên*.

CÔ-CÔT.   L'île de *Cô-côt* est située dans l'ouest de celle de *Cô-công*, à une demi-journée de distance de celle nommée *Diu'o'ng-kiem*, laquelle est dans les eaux de *Dai-don*, formant le commencement du royaume de *Siam*.

L'île de *Cô-côt* a 50 lis de tour. On y voit beaucoup d'arbres fort élevés et l'on y recueille de l'huile de bitume, du charbon de bois, de l'écaille, des holothuries et toutes sortes de coquillages. Un grand nombre de pêcheurs fréquentent cette île pour y récolter ces différents produits, qui sont pour eux la source d'un bénéfice considérable.

Côte maritime   La mer qui baigne le rivage de *Ha-tien* est à l'ouest
DE HA-TIEN.   de *Gia-dinh*. Les terres qui forment le territoire de *Long-xuyên*, et dont la pointe s'avance dans la mer, sont situées dans le sud de *Ha-tien*. On voit là l'île de *Tiêu-tu'* (*Hon-khoaï*[1]), qui est au large du cap, auquel elle sert d'abri.

Cette île appartient au même système que toutes celles dont il a été question, lesquelles s'étendent sur la côte occidentale et remontent au nord jusqu'au royaume de *Siam*.

Les ports (les baies) sont vastes; mais ce littoral de *Ha-tien*, nommé *Du'o'ng-tri*, est semé de roches et de bancs de sable de hauteurs extrêmement inégales.

---

[1] *Poulo-ubi.*

On y trouve une grande quantité de gros poissons, des holothuries, de l'écaille, des coquillages de toutes sortes; on y sèche aussi des chevrettes et du poisson, toutes choses qui donnent lieu à un assez grand commerce. Les vents de nord et de sud sont des vents[1] contraires sur cette côte. Les pêcheurs s'y livrent à leur industrie pendant trois mois de l'année.

On voit sans cesse au mouillage, sous les îles de ce parage, des jonques de *Canton* et de *Kin-chao* qui entretiennent de constantes relations commerciales avec les Annamites et viennent chercher des holothuries et du poisson sec.

Ces îles servent de repaire à un grand nombre de pirates, qui dévalisent les barques et enlèvent leurs équipages. On doit donc, dans ces parages, avoir sans cesse les armes prêtes et sous la main pour se défendre.

Les bateaux de surveillance montés par des soldats de la province doivent redoubler d'attention quand il vente du sud; car si la surveillance n'est pas très-active, on peut s'attendre à des pillages fréquents.

La baie de *Ha-tien*, nommée *Nam-phô*, a été désignée par *Mac-tón* comme l'un des dix sites remarquables de la province; la mer y est, en effet, d'une admirable limpidité et d'un calme presque constant.

Le lac *Dong-ho* est situé en face de la citadelle de *Ha-tien*.

Dans le sud de ce lac se trouve le port de mer de *Ha-tien*, qui est entouré par des terres solides et sèches sur lesquelles l'air est très-pur. Ce port a 5 *tru'o'ngs* de large et 10 pieds de profondeur. Il reçoit du côté du nord les eaux de la rivière de *Vinh-té*.

Ce lac est très-vaste, il atteint la largeur de 71 *tru'o'ngs;* on le nomme *Ha-tien-ho* ou bien *Dong-ho*. Au milieu existe un banc de sable, tandis que dans l'est et dans l'ouest il

NAM-PHÒ
(baie
DE HA-TIEN).

Lac.
DONG-HO.

---

[1] C'est une façon de dire que la côte courant *nord* et *sud*, aucun de ces vents n'est traversier, et que l'on est exposé au vent debout.

y a environ 5 pieds de profondeur. C'est en ce lieu que se réunissent les diverses barques de mer, ainsi que les bateaux de rivière. Il se fait là un grand commerce. C'est un beau spectacle de voir ce lac par un beau clair de lune, quand cet astre, arrivé au zénith, se reflète dans ses eaux.

Ce lac est compté au nombre des dix sites remarquables de la province.

Cours d'eau.
LU'-KÉ.

Le ruisseau *Lu'-ké* est situé à 7 lis et demi dans l'est de la citadelle et à 4 lis et demi dans l'est de la montagne de *Tô-châu.*

Dans le sud est la mer (*Minh-haï*), et dans l'ouest un hangar disposé pour la pêche à la ligne. C'est là qu'allait autrefois pêcher le gouverneur *Mac-tôn.*

Ce ruisseau est large de 2 *tru'o'ngs* et demi et profond de 5 pieds; il a une longueur de 5 lis et demi; mais c'est après beaucoup de coudes et de sinuosités qu'il va se jeter au nord dans le lac *Dong-ho.* Sur la rive orientale se trouve le village nommé *Tiên-tân,* dont les habitants se donnent fréquemment le plaisir d'aller dans leurs barques boire du vin sous les frais ombrages.

Ce lieu agréable a une grande réputation, et la salle de pêche à la ligne de *Lu'-ké* est comptée parmi les dix sites remarquables de la province.

CAN-VOT.

La rivière de *Can-vot* est située dans l'ouest de la citadelle, à la distance de 165 lis et demi; elle est large de 49 *tru'o'ngs* et profonde de 5 pieds. On y voit un poste de surveillance de douane nommé *Chu'-ba.* Constamment s'écoulent vers son embouchure les différents ruisseaux qui viennent des montagnes. Les arbres y sont verts et très-beaux à voir. C'était autrefois un lieu sauvage et désert; il a été plus tard habité par des Annamites qui peu à peu ont fini par y fonder un village. Il s'y trouve aujourd'hui beaucoup de Chinois, de Cambodgiens et de Malais. Il y a été établi par eux quelques boutiques, et ils y ont fondé un marché.

Les Cambodgiens avaient élevé là autrefois une hôtellerie du gouvernement pour y recevoir les Siamois quand ils voyageaient dans le Cambodge.

La rivière *Long-ki*, située dans l'ouest de la citadelle, est abritée par une longue montagne. Lorsque *Mac-cu'u* vint, dans le principe, s'installer comme mandarin du Cambodge, il trouva ce lieu désert; mais il ne tarda pas à prendre des dispositions telles qu'il s'y éleva un marché autour duquel vinrent se grouper des Annamites, des Chinois, des Cambodgiens et des Malais.

LONG-KI.

L'an *At-vi*, 25ᵉ année de *Hiên-tôn* [a], au 2ᵉ mois du printemps, le roi du Cambodge, *Neac-ong-tham*, alla demander des soldats à *Siam* pour reconquérir son royaume. Le général siamois marcha sur *Ha-tien* et défit *Mac-cu'u*, qui fut obligé de s'enfuir à *Long-ki*.

Le roi *Neac-ong-tham* entra alors à *Ha-tien*, qu'il livra au pillage. Au 4ᵉ mois, pendant l'été, l'armée de *Mac-cu'u* rentra à *Ha-tien*. C'est parce qu'aucun préparatif n'était fait dans la citadelle que les Siamois avaient pu ainsi s'en emparer et que *Mac-cu'u* s'était vu contraint de fuir avec son armée. La femme de *Mac-cu'u*, nommée *Lam* (née à *Dong-mon*, province de *Bien-hoa*), était enceinte; et, pendant la 7ᵉ nuit du 3ᵉ mois, elle mit au monde le petit *Tôn*. Pendant cette nuit, étant dans sa barque, au milieu de la rivière *Long-ki*, comme elle regardait autour d'elle à la clarté des étoiles, elle aperçut un *poussah* [1] en or, long de 7 pieds. Cette idole resplendissait au fond de l'eau, où elle était couchée. Le lendemain, on voulut faire repêcher l'idole; mais mille soldats des plus forts ne purent la porter qu'à une très-petite distance. On bâtit alors une pagode sur le bord du fleuve pour l'y placer.

---

[a] Dynastie des *Lê* : *Diu-tôn*, 11ᵉ année; dynastie des *Tsing* : *Khang-hi*, 54ᵉ année (1716).

[1] Idole de la Chine.

Un mois après, *Mac-cu'u*, étant rentré à *Ha-tien* avec son fils, s'occupa d'élever des fortifications solides pour défendre la citadelle, qu'il mit entièrement en état. Il établit aussi différents postes sur les ports et rivières.

Cependant le petit *Tôn*, étant encore fort jeune, donnait chaque jour les preuves d'une intelligence extraordinaire; il lui suffisait de prendre un livre pour le lire et le comprendre. Cette intelligence lui fut évidemment accordée par l'intercession du *poussah*.

Les annales du Cambodge disent que, l'an *Ki-su'u*, le roi cambodgien *Thâm* remonta sur le trône et qu'il y tyrannisa grandement le peuple. Mais les habitants de *Ba-di-sac-lao*, ne voulant pas se soumettre à son autorité, se réunirent au commandant de *Rach-tra-xili* et retournèrent se mettre sous l'obéissance du frère aîné de *Thâm*, nommé *Yêm*. De son côté, le grand mandarin *Con-but* se retira dans les forêts. Les Cambodgiens en grand nombre se réfugièrent du côté de *Gia-dinh*.

L'an *Giap-ngo*, le roi *Thâm* marcha à la rencontre de son rival *Yêm*, et celui-ci alla implorer des secours à *Gia-dinh*. Les soldats d'Annam se réunirent alors à ceux de *Con-but* et allèrent combattre ensemble le roi *Thâm* à *La-bit;* ils l'y bloquèrent pendant trois mois, au bout desquels le roi *Thâm*, suivi de son jeune frère, *Tan*, s'enfuit à *Siam;* et le prince *Yêm* lui succéda sur le trône du Cambodge.

L'an *At-vi*, le roi de *Siam* envoya le général *Phya-bo-tuyêt* à la tête de 1,500 hommes, afin de protéger le roi *Thâm* et d'établir la paix dans le Cambodge.

Le nouveau roi *Yêm* ne voulant se prêter à aucun arrangement, la guerre éclata dans le phu de *Tan-bon (Bat-tan-bon)*.

L'an *Binh-than* (l'année suivante), au printemps, le général *Phya-bo-tuyêt* s'en retourna à *Siam*.

Le roi détrôné, *Thâm*, demanda au roi de *Siam* à envoyer dans le Cambodge son jeune frère *Tan* pour y lever des troupes dans les deux phus de *Tan-bon* et *Vô-sac (Bat-tan-bon)*.

Cependant le roi *Yêm,* ayant eu connaissance de ces faits, marcha, aidé par des troupes annamites, contre son frère *Tan,* qu'il attaqua à *Vô-sac.* Le roi *Yêm,* ayant tiré une flèche contre son frère *Tan,* lui perça l'épaule, et celui-ci se réfugia sur la montagne de *Su'-sanh* pour y guérir sa blessure.

L'année suivante (l'an *Dinh-diêu*), le mandarin siamois *Phya-chat-tri* entra, à la tête de 10,000 hommes d'infanterie, dans le fort de *Tan-bon.* L'année d'après (l'an *Mâu-tuât*), l'amiral siamois *Phya-cu-sa,* à la tête de 5,000 marins, se rendit à *Ha-tien* avec le roi détrôné, *Thâm;* il mit ce pays au pillage, et les soldats de *Mac-cu'u,* incapables de s'y opposer, durent se réfugier sur les bords de la rivière *Long-ki.*

Bientôt une tempête épouvantable engloutit les bâtiments siamois et fit périr une très-grande quantité de marins de *Siam.* L'amiral *Phya-cu-sa,* ayant recueilli le peu de monde qui lui restait, s'en retourna à *Siam.*

Les soldats de *Thâm* et de *Tan* restèrent dans le phu de *Phu-phu.* Le roi *Yêm* combattit alors son frère *Thâm* et en même temps envoya le tribut au roi de *Siam.*

Cependant *Phya-chat-tri,* voyant que son armée était devenue inutile, s'en retourna à *Siam* en même temps que les deux frères *Thâm* et *Tan.* La tranquillité revint alors un peu dans le Cambodge.

Tous ces événements se rapportent à ce qui a été dit plus haut au sujet de *Long-ki,* mais les dates ne sont pas très-certaines.

La baie, ou mieux, le bassin de *Hu'o'ng-u'c* est situé à la limite occidentale de la province. Il est formé par les sources qui coulent de la montagne cambodgienne *Ca-ba-so'n.* Ces eaux, après avoir serpenté dans la campagne, se jettent à la mer par une bouche qui donne lieu à un petit port ou havre.

Les bords de ce bassin sont habités par des Annamites et des Cambodgiens qui y ont établi un village et un marché.

L'arroyo de *Kien-giang* est situé dans l'est de la citadelle, à 193 lis. Le fort de *Kien-giang-dao* est sur la rive occidentale et dans l'intérieur du port. On y voit une grande quantité de boutiques et un grand marché. C'est là que se réunissent les nombreux bâtiments de commerce. Le poste de *Trân-giang*, placé sur le fleuve postérieur, est à 303 lis et demi dans l'est.

On voit dans cet arroyo un poteau[1] portant l'indication de la division des territoires (*Vinh-thanh* et *Ha-tien*).

L'arroyo est encombré par beaucoup de vase et par des herbes en immense quantité. L'eau diminue tellement au printemps, que le port assèche et devient impénétrable aux barques.

Il est infesté par les moustiques et les sangsues.

L'an 16e de *Gia-long*, il fut ordonné de creuser la rivière *Tuy-ha*, ce qui procura une route courte et commode pour se rendre dans l'arroyo.

L'arroyo de *Daï-món* est situé à l'est et à 26 lis de la fortification de *Kien-giang-dao;* il est en communication avec le *Kien-giang*. Plusieurs petits cours d'eau viennent se jeter dans cet arroyo, qui se réunit, dans l'est, avec le *Ba-tac*.

Les habitants ont pour industrie les chevrettes séchées, le poisson sec de différentes espèces et le condiment appelé. *nu'o'c-mam*.

Les dix ruisseaux de *Thap-cu'u* sont situés dans le sud-ouest de *Long-xuyên*. Ces dix ruisseaux sont divisés entre eux par un intervalle égal de terrain, depuis le premier jusqu'au dernier; cependant leurs eaux se déversent souvent dans les champs environnants, et se rendent ainsi toutes à la mer. On y trouve une grande quantité de poissons et de tortues.

---

[1] C'est au moyen de pareils poteaux, sur lesquels sont gravés les noms des provinces, que leurs limites officielles sont indiquées.

L'arroyo de *Doc–hoang* est large de 4 *tru'o'ngs* et profond DOC-HOANG.
de 10 pieds. Il est situé dans l'ouest de la fortification *Long-xuyén-dao*, à la distance de 107 lis et demi.

On voit dans cette fortification un grand nombre d'auberges de toutes sortes, autour desquelles se groupent des jonques de mer et des barques.

Après un cours de 84 lis dans l'intérieur de l'arroyo, on parvient au *Khoa-giang;* là se trouvent deux branches qui Khoa-giang. toutes les deux se rendent à la mer.

L'an *Dinh-diau*, pendant la révolte des *Tay-so'n*, *Gia-dinh* (la basse Cochinchine) étant au pouvoir des rebelles, l'empereur *Gia-long*, n'étant encore que l'héritier présomptif, construisit une barque nommée *Thu-quyen* (creux de la main) et suivit dans sa fuite l'empereur *Toan-tón*, son grand-père. Ils se réfugièrent dans ce lieu.

Cependant les rebelles vinrent y cerner les fugitifs. L'empereur *Toan-tón* se fixa provisoirement dans le poste fortifié de *Long-xuyén;* mais il y fut pris par les rebelles et ramené dans le nord (à *Saï-gon*). Les mandarins et les soldats qui avaient accompagné l'empereur dans sa fuite eurent le même sort. La barque de *Gia-long* put seule se sauver dans le *Khoa-giang*, et le fugitif n'éprouva aucun mal. Son intention était de sortir de là pour se rendre en pleine mer et se réfugier au loin. Mais sa barque fut arrêtée par un caïman, qui, s'étant mis en travers, l'empêcha de passer outre; il lui fut impossible d'avancer d'un seul pouce. La terreur fut alors très-grande dans la barque; mais le lendemain les habitants apprirent au fugitif que, pendant toute la nuit précédente, les rebelles avaient veillé avec la plus stricte attention sur tout le littoral de la mer, et que, n'ayant vu aucune apparence de barque portant des dignitaires ou des soldats fugitifs, ils s'en étaient retournés dans la matinée. La barque *Thu-quyen* put donc alors sortir et se sauver dans l'île de *Thô-châu*, et les fugitifs y demeurèrent en paix.

C'est par la protection évidente du ciel que toutes ces

choses eurent lieu, et c'est pour cela que l'empereur *Gia-long* put reconquérir son trône. Ainsi le ciel lui suscita le danger de cet énorme caïman pour le faire tourner au salut de sa fuite. Cet événement influença son esprit, qui devint depuis très-profond et méditatif.

Ce prince fut toujours visiblement protégé parmi les dangers qu'il courut, tant sur les montagnes que dans les fleuves. Le dragon impérial veilla constamment sur lui du haut des nuages, pendant que les esprits terrestres écartaient les dangers à son approche.

Ainsi l'empereur *Cao-tsu*, de la dynastie des *Han* (Chine), échappa au typhon de *Tsui-shuy;* ainsi son descendant *Quang-wu*, environné d'eau qui l'empêchait de fuir, la vit se geler en une seule nuit et lui offrir une route solide.

HAO-CU'.

L'arroyo de *Hao-cu'* est situé à la limite orientale de la province; il forme cette limite à l'est de *Long-xuyên-dao*, à une distance de 120 lis et demi. Au sud-ouest, il se réunit avec le cours supérieur du *Bo-dé;* au nord-ouest, il se jette dans le *Doc-hoang;* au sud-est, il coule avec un cours fort sinueux, sur une longueur de 109 lis et demi, jusqu'au *Ba-tac.*

Cet arroyo communique, pendant son trajet, avec un grand nombre de petits cours d'eau. Ses bords, comme son lit, sont l'objet d'industries incessantes (forêts de palétuviers, pêche, etc.).

CHAPITRE II.

Sommaire. — Productions générales. — Riz. — Maïs. — Plantes légumineuses. — Chanvres. — Plantes à tubercules. — Cucurbitacées. — Champs des terrains élevés. — Rizières. — Culture dans les provinces. — *Phan-yen* (*Gia-dinh*). — *Bien-hoa*. — *Vinh-thanh* (*Vinh-long* et *An-giang*). — *Dinh-tuong*. — *Ha-tien*. — Cannes à sucre. — Mines d'argent. — Mines de fer. — Carrières de pierre. — Salines. — Disette en basse Cochinchine. — Étoffes, soieries. — Produits divers. — Vins de riz. — Arbres forestiers — Bambous. — Palmiers. — Rotins. — Fruits. — Fleurs. — Poissons de mer, de rivières, d'arroyos, venimeux. — Coquilles. — Crustacés. — Caïmans. — Tortues. — Oiseaux. — Quadrupèdes.

Le livre *I-king* dit : Le ciel et la terre existent réellement séparés l'un de l'autre ; les montagnes et les cours d'eau sont en communication dans le même éther. Ces cours d'eau et ces montagnes sont comme les veines et les artères du monde.

Ce fut au temps de l'empereur *Yu*, de la dynastie des *Hia*, que les hautes montagnes furent séparées des grands cours d'eau (par des travaux de canalisation). Le peuple vit dès lors un terme à sa misère et dès lors aussi il put jouir des biens de la terre ainsi que des richesses des eaux. Ces biens et ces richesses furent la source de profits considérables et sans fin.

Le livre *I-king* dit encore : Quelle cause peut amener une réunion d'hommes ? la richesse et les biens ; or biens et richesses viennent de la terre où ils sont enfouis, et il faut de toute nécessité que l'homme les acquière par son travail.

L'empereur *Yu*, dans son livre *Yu-cong*, dit que les six sortes de biens sont donnés par la terre (or, bois, eau, feu, terre, céréales [1]). Mais l'homme qui en jouit doit savoir économiser; il doit aussi donner une petite partie (de son revenu) au royaume, afin que celui-ci ait les moyens de protéger le peuple et d'assurer sa tranquillité.

L'illustre souverain qui nous gouverne aujourd'hui, ayant reçu du ciel la sagesse et de la terre la richesse, est animé envers son peuple de l'affection la plus vive, et il lui a procuré les nombreux biens dont le détail va suivre :

Productions générales. Le territoire de *Gia-dinh* est vaste et en général boueux. Il produit du riz, du poisson, du sel, des bois de construction, des oiseaux et des quadrupèdes.

Riz. Le riz de *Gia-dinh* est de l'espèce appelée *dao* ou riz cultivé dans les plaines noyées.

Ce riz *dao* est extrêmement abondant. En général, les riz sont compris sous deux grandes divisions : le riz nommé *kang* (*lua-khong-diêu*), qui est très-peu glutineux, et le riz *hu'u* (*lua-diêu*), dont le grain est gros et qui est considérablement glutineux.

Le riz nommé *kang* est, comme on l'a dit, peu ou point glutineux; le grain est petit, d'une nature molle, et contient beaucoup d'arome.

L'enveloppe de ce riz est surmontée de petites épines (barbue).

Le riz nommé *hu'u* est d'un grain rond et gros; il est très-glutineux.

Il y en a de plusieurs espèces, dites :

1° *Lua-tao;*

2° *Lua-tu;*

3° *Lua-mong-tay,* dont le grain est long et a beaucoup d'arome [2];

4° *Lua-ô-qua* ou bien *lua-mong-chim,* dont le grain est long, a beaucoup d'arome et met six mois à mûrir, tandis

---

[1] L'or, le feu, l'eau, le bois et la terre sont aussi les cinq éléments principaux.

[2] On le récolte principalement dans la province de *Vinh-long.*

que le *mong-tay* met trois mois seulement; mais ce riz *mong-tay* est d'un rapport inférieur au *mong-chim*[1];

5° *Lua-mo-cai*, dont le grain est long et plus gros que le précédent et a beaucoup d'arome : c'est un riz de six mois, c'est-à-dire qui met six mois à mûrir;

6° *Lua-ca-dung*, dont le grain est rond, sans arome; il y en a de deux sortes : le *ca-dung-trang*, riz de six mois, et le *ca-dung-do*, riz de trois mois, et qui rapporte moins que le précédent[2];

7° *Lua-ca-nheng*, dont le grain est petit, a peu d'arome, mais est très-glutineux : c'est un riz de trois mois;

8° *Lua-trang-nhu't*, dont le grain est beau et rond et n'a pas d'arome : c'est un riz de trois mois[3];

9° *Lua-kang-khô*, dont le grain est plus petit que le précédent et n'a pas d'arome; ce grain est rouge : c'est un riz de trois mois.

Toutes ces espèces diffèrent entre elles; elles sont généralement désignées sous les noms de *lua-so'm* (riz précoce) et *lua-muôn* (riz tardif), ainsi que *lua-diêu* (riz glutineux) et *lua-khô* (riz sec, non glutineux). L'espèce la plus recherchée est celle dite *lua-tao*, tant à cause de la beauté de son grain que de son arome. Après le *lua-tao*, c'est le *lua-ca-nheng* qui vient en première ligne.

Les riz dont on vient de parler sont désignés vulgairement sous la dénomination de *gao-lon*. Une deuxième grande division comprend les riz dits *gao-nép*. Ces riz sont extrêmement glutineux; parmi eux se distinguent :

1° Le *hu'o'ng-biêu-lap* (*nép-tho'm*);

2° Le *hac-nhu* (*nép-qua*);

3° Le *khoi-nhu* (*nép-thang*);

Il y a le *nép-thang* noir et le *nép-thang* rouge, qui est

---

[1] Le *mong-chim* se récolte dans les provinces de *Vinh-long* et de *Dinh-tuong*.

[2] Cette sixième espèce est très-commune dans les provinces de *Gia-dinh* et de *Dinh-tuong*, notamment dans les huyens de *Tan-hoa* et de *Tan-thanh*.

[3] On le récolte dans les provinces de *Gia-dinh* et de *Dinh-tuong*.

assez coloré pour fournir de la teinture (rouge). Il est inutile, lorsqu'on veut manger cette espèce de riz, de le piler pour l'écosser; il suffit de le mettre, quand il est mûr, dans une marmite, où on le fait cuire avec de la graisse, du sel et des légumes : on obtient ainsi un plat très-savoureux et fort agréable.

Maïs.

Le maïs de la basse Cochinchine se divise en *maïs jaune*, nommé aussi *graines rouges* ou bien *ngoc-thuc; maïs blanc; maïs rouge et blanc.*

L'espèce blanche est la plus grande; elle fournit une très-grande quantité de grains qui ont beaucoup d'arome et sont très-glutineux. Ces espèces changent de nature hors des provinces de *Gia-dinh.*

Plantes légumineuses.

Les principales plantes légumineuses sont :

Fèves, haricots, arachides.

Les fèves ou haricots, qui se divisent en *haricots jaunes, haricots noirs, haricots verts, haricots blancs;* les *bien-dau,* parmi lesquels se distinguent le *bien rouge (bien-do)*, le *bien blanc (bien-trang)* et le *bien vert (bien-xanh)* ;

Le *dau-dua*, le *dau-diao*, le *dau-nanh-heo*, le *dau-phung*, qui sont des arachides, parmi lesquelles on remarque encore le *thô-dau* et le *lac-hoa-sinh;*

Le *hu'o'ng-dai-dau*, sorte de fève semblable au dos du cochon, à cause de sa courbure, et aussi longue qu'un doigt de la main. Cette fève est bigarrée et comme couverte de dessins.

L'arachide est employée, soit comme nourriture quand elle est fraîche, soit pour composer des gâteaux ou sucreries, soit enfin et surtout pour faire de l'huile. Cette huile est recueillie en de si grandes quantités qu'on n'en peut user une récolte dans l'espace d'un an[1].

On fait avec le résidu de l'arachide, lorsqu'elle a déjà

---

[1] C'est une preuve des restrictions commerciales presque absolues imposées au peuple par le gouvernement d'Annam. L'huile d'arachide deviendra en Cochinchine un important article de commerce. Rien de plus facile et de plus productif à la fois que cette culture, notamment dans les vastes plaines qui avoisinent Saï-gon.

été pressée pour donner de l'huile, une sorte de grands tourteaux qui servent d'engrais. Il se fait par an un commerce de plus de 400,000 de ces tourteaux, appelés vulgairement *banh-dàu*.

Le chanvre se divise en trois espèces : le *chi-ma*, le *hac-ma* (*me-hac*) et le *ti-ma*. Il y a aussi le *hoang-lu'o'ng* (*cây-kê*) et l'*i-di* (*hot-bo-bo*); mais ces deux dernières espèces, qui diffèrent du chanvre proprement dit, sont assez rares. *Chanvre.*

Les plantes à tubercules se divisent en plantes poussant sur les lieux secs et élevés et en plantes poussant dans les lieux bas et humides : parmi les premières on distingue le *cam-vu* (*khoaï-ngot*, tubercule doux), le *lap-vu* (*khoaï-sap*), le *hong-vu* (*khoaï-do*, tubercule rouge, ou bien *khoaï-mau*, tubercule de sang), dont le principe colorant est tel, qu'il peut être employé pour teindre en rouge, et le *tu'-vu* (*khoaï-tu'*). Parmi les secondes plantes à tubercules, on remarque le *thuy-vu* (*khoaï-nu'o'c*), le *ho-vu* (*khoaï-cop*), le *bach-vu* (*khoaï-tro*) et le *tu'-vu* (*khoaï-môn-tia*). Les plants de ce dernier croissent entrelacés, les plus grands soutenant les plus petits, comme cela arrive en Chine pour le *phu-tu'* (qui entre dans la composition de la médecine chinoise). Ce tubercule est bon à manger en soupe; on le relève avec un peu d'ail. *Plantes à tubercules.*

Il y a encore les espèces patates, telles que le *tu'-diu'* (*khoaï-mai*); le *so'n-tu'* (*khoaï-mai*), qui pousse entre les pierres et dont le tubercule atteint un poids supérieur à 10 livres; le *nha-tu'* (*khoaï-nga*); le *phiên-tu'* (*khoaï-lang*, patate douce commune). On connaît trois sortes de *phiên-tu'* : le rouge, le jaune et le blanc; c'est le tubercule le plus doux et qui renferme à la fois le plus d'arome. Vient ensuite le *cat-tu'* (*khoaï-san-co'm*): ce tubercule pousse en serpentant le long de terre ou contre les arbres; sa feuille est semblable à celle de la fève *bien-dau* et sa fleur verte; son fruit, gros comme le poing, est enfoui dans la terre. Lorsqu'on veut faire donner beaucoup de fruits à la plante, il faut la priver de ses nombreuses et longues vrilles et lui laisser seulement sept feuilles : la plante gagne alors beaucoup en force, et sa production est considérable. Si, au contraire, on a l'intention de se procurer de la graine, il faut laisser à la plante ses vrilles; on obtient de la sorte autant de grains qu'on en désire.

Cucurbitacées. Les cucurbitacées se divisent en plusieurs espèces, savoir :

Courges, melons, etc. etc. le *dong-diu'a* (*bi-dau*); le *tay-diu'a* (*diu'a-hâu*), qui mûrit pendant l'hiver, diffère de ceux de son espèce que l'on récolte hors des provinces de *Gia-dinh* et est surtout recueilli à *Ba-ria* et dans le *Don-trang* (*Bien-hoa*), et dont le fruit est petit, rouge et sucré; le *kim-diu'a* (*bi-ro'*); le *huynh-diu'a* (*diu'a-gang*), nommé aussi *kiem-qua; le thu'-diu'a* (*diu'a-chuôt*); le *hong-diu'a* (*diu'a-hu'o'ng*); le *tu'-diu'a* (*diu'a-muóp*); le *kho-diu'a* (*diu'a-dang*); le *ho-diu'a* (*diu'a-côp*), qui peut seul se manger cru. Ce dernier fruit est bigarré de vert et de blanc; mais, quand il est mûr, il devient rouge ou jaune.

Il serait difficile de décrire toutes les espèces de plantes légumineuses, farineuses, à tubercules, melons, courges, etc. du pays de *Gia-dinh,* car le nombre en est considérable.

En général, ces différents produits potagers ne peuvent se conserver; ils sont employés à l'alimentation journalière, vu qu'il est impossible de les faire sécher. Ils ne font pas non plus la base de la nourriture et ne sont que des assaisonnements.

Les habitants des six provinces font par jour trois repas, composés de riz tous les trois; ils font peu usage de bouillie de riz (*châu*); à plus forte raison ne pourraient-ils se contenter de légumes.

C'est à cause de la grande abondance de riz récolté dans le pays de *Gia-dinh* que ses habitants en font une pareille consommation.

Rizières. Les champs des terrains élevés, *so'n-dien,* vulgairement

Champs des terrains élevés. nommés *ruông-cao,* étant en général couverts de broussailles ou d'herbes, nécessitent, avant toute culture, d'être parfaitement dépouillés; cela se fait en coupant les arbustes et en mettant le feu aux herbes, que l'on abandonne sur le sol. A l'époque des pluies, ces herbes séchées ou brûlées deviennent pour la terre un engrais excellent. On laisse le champ se bien détremper par les pluies, et l'on n'a plus alors qu'à semer le riz. Comme il n'est pas nécessaire de labourer ces terres, il en résulte que pour fort peu de peine on obtient beaucoup de produits.

On doit, tous les trois ou cinq ans, laisser reposer ces terres et mettre en culture un champ nouveau; c'est le procédé indiqué par le Chinois *Triêu-qua*, agronome célèbre de la dynastie des *Han*. Ainsi, pour ces sortes de terres, c'est la serpe qui sert de charrue et le feu qui sert de herse.

Quant aux champs qui, bien que sur des terrains élevés, sont cependant d'une nature humide et boueuse, on doit, si on veut les cultiver sans interruption, les labourer comme les champs bas et humides.

Les champs situés dans les terrains bas et humides se nomment *thao-dien*, vulgairement *ruông-thap*.

Champs des terrains bas et humides.

(Rizières proprement dites.)

Ces champs se distinguent par l'abondance de petites herbes et de vase dont ils sont en général remplis. Leur sol se durcit à l'époque de la saison sèche; la terre alors se couvre de fentes semblables aux lignes d'une carapace de tortue, et l'on trouve parmi ces fentes des crevasses grandes et profondes.

Il est indispensable que la pluie tombe avec abondance sur une pareille terre, en remplisse les fentes et couvre même l'étendue du champ tout entier. C'est après que les grandes pluies sont tombées qu'on laboure le champ; il faut alors, pour être employés à la charrue, des buffles doués d'une grande force et hauts sur leurs pieds; c'est seulement avec de pareils animaux qu'il est possible de labourer une rizière au milieu d'une boue très-épaisse. Des buffles de petite taille ne pourraient point se retirer du milieu de la vase, et sont par conséquent inutiles.

Dans les provinces de *Phan-yen* (*Gia-dinh*) et de *Bien-hoa*, les terrains rizières labourés rapportent dans la proportion suivante : pour un *hoc* (picul)[1] de semence, on en récolte cent.

Les champs rizières de *Vinh-thanh* (*Vinh-long* et *An-giang*), nommés *trach-dien*, vulgairement *ruông-rach*, c'est-à-dire coupés d'arroyos, n'ont pas besoin d'être labourés.

A l'époque des pluies abondantes et continues d'été et d'automne, on sarcle les herbes et on en débarrasse le champ en les réunissant toutes sur les bords de la rizière. La terre étant alors suffisamment détrempée, on repique le riz. Le rapport, dans cette province, est de trois cents pour un; un *hoc* de semence rapporte trois cents *hocs* de paddy. C'est là une terre vraiment excellente.

La province de *Dinh-tuong* renferme le huyen de *Kien-dang*, où se trouvent, comme à *Vinh-long*, des champs *trach-dien* dont le rapport est également de trois cents pour un. Quant aux autres champs de cette province, ils sont cultivés à la charrue, comme ceux de *Phan-yen* (*Gia-dinh*) et de *Bien-hoa*, mais ils leur sont supérieurs.

Dans la province de *Ha-tien* sont les deux territoires de *Long-xuyên* (*Ca-mâu*) et de *Kien-giang* (*Rach-gia*), qui renferment des rizières semblables en tout à celles de *Vinh-long;* mais la terre est loin de rapporter tout ce qu'elle pourrait, vu qu'une grande partie n'est point cultivée[2].

La culture, dans les provinces du pays de *Gia-dinh*, va être exposée en détail ci-après et province par province.

Les terres sont généralement divisées en rizières (*tho-dien* ou *ruông*) et terres de diverses cultures.

---

[1] Le *hoc* (picul) vaut environ 60 kilog. Dans le commerce on compte 18 piculs au tonneau. Lorsque les Annamites parlent de récolte, il s'agit toujours de paddy (riz non décortiqué). La proportion du riz au paddy est de un à deux; il faut donc deux piculs de paddy pour en faire un de riz.

[2] Il en est exactement de même aujourd'hui, non-seulement pour la province de *Ha-tien*, mais pour une considérable partie de celle d'*An-giang*. On ne se figure pas ce que produirait la basse Cochinchine si elle était complétement mise en culture.

Les rizières sont elles-mêmes divisées en rizières précoces (*ruông-so'm*) et rizières tardives (*ruông-muôn*).

Le huyen de *Binh-diu'o'ng* comprend les cantons de *Binh-tri* et de *Diu'o'ng-hoa*, qui tous les deux possèdent des rizières précoces [1] et des rizières tardives [a].

Il y a également dans ces deux cantons des champs de plantes à tubercules (*convolvulus, taro, etc.*), fèves, haricots, etc. des champs de maïs, de patates douces, d'arachides, de melons, de citrouilles, et enfin des champs de cannes à sucre.

Les rizières précoces se sèment [2] au quatrième mois, se repiquent au sixième et se récoltent au dixième [3].

Les rizières tardives se sèment dans le cinquième mois, se repiquent au septième et se récoltent au onzième.

Les plantes à tubercules se plantent au quatrième mois et se récoltent au dixième.

Les fèves et les haricots se sèment au sixième mois et se récoltent au septième.

Le maïs se sème dans le quatrième mois et se récolte au septième.

Les patates douces se sèment au quatrième mois et se récoltent au sixième.

Les arachides se sèment au quatrième mois et se récoltent au onzième.

Les citrouilles, courges, etc. se plantent au quatrième mois et se récoltent au cinquième.

[a] Tout champ situé dans un lieu bas et humide, et qui est abondamment arrosé par les eaux de pluie ou par les arroyos, donne une rizière précoce, tandis que la rizière est dite tardive si elle est située sur un lieu sec et élevé.

[1] Rizière où la récolte se fait de bonne heure.

[2] Le riz en basse Cochinchine se sème préalablement dans de petits espaces réservés appelés *lua-ma*. Lorsque la plante a atteint une certaine hauteur, on l'arrache avec précaution et on en fait alors de petites gerbes qui sont replantées ou repiquées dans la boue des rizières, mais en laissant entre chaque gerbe un espace suffisant pour lui permettre de se développer.

[3] Il n'y a en basse Cochinchine qu'une récolte par an ; il y en a deux dans les environs de Hué. Le premier mois annamite est environ notre mois de février.

La canne à sucre se plante au premier mois et se récolte au douzième.

Le huyen de *Tan-long* comprend les cantons de *Tan-phong* et de *Long-hu'ng*, qui renferment également des rizières précoces et des rizières tardives.

Les rizières précoces se sèment dans le quatrième mois, se repiquent au sixième et se récoltent au dixième.

Les rizières tardives se sèment au cinquième mois, se repiquent au septième et se récoltent au onzième.

Le huyen de *Phu'o'c-loc* renferme les cantons de *Phu'o'c-dien* et de *Loc-thanh*, qui possèdent tous deux des rizières précoces et des rizières tardives.

Les rizières précoces se sèment dans le quatrième mois, se repiquent au sixième et se récoltent au dixième.

Les rizières tardives se sèment au cinquième mois, se repiquent au septième et se récoltent au onzième.

Le huyen de *Cu'u-an* renferme les cantons d'*An-ninh* et de *Cu'u-cu'*, qui tous les deux possèdent des rizières précoces et des rizières tardives. En outre, le canton de *Cu'u-cu'* produit aussi des plantes à tubercules et des courges, citrouilles, etc.

Les rizières précoces se sèment au quatrième mois, se repiquent au sixième et se récoltent au dixième.

Les rizières tardives se sèment dans le cinquième mois, se repiquent au septième et se récoltent au onzième.

Les plantes à tubercules se plantent au quatrième mois et se récoltent au dixième.

Les *tay-diu'a* (*diu'a-hâu*, cucurbitacées) se plantent au dixième mois et se récoltent au douzième.

Le huyen de *Phu'o'c-chanh*, dans la province de *Bien-hoa*, renferme les cantons de *Phu'o'c-vinh* et de *Chanh-mi*, qui tous les deux contiennent des rizières précoces ainsi que des rizières tardives.

Ils possèdent également des champs de fèves, haricots, maïs et cannes à sucre.

Les rizières précoces se sèment au cinquième mois, se repiquent au sixième et se récoltent au neuvième.

Les rizières tardives se sèment au sixième mois, se repiquent au septième et se récoltent au onzième.

Les fèves et haricots se sèment au quatrième mois et se récoltent au sixième.

Le maïs se sème dans le quatrième mois et se récolte au septième.

La canne à sucre se plante au premier mois et est récoltée au douzième.

Le huyen de *Binh-an* renferme les deux cantons de *Binh-chanh* et d'*An-thuy*, dont le premier ne contient que des rizières précoces, tandis qu'il y a dans le second des rizières précoces et des rizières tardives, ainsi que des plantes à tubercules, des fèves et haricots, du *phien-lé* (sorte de tubercule) et des arachides.

Les rizières précoces se sèment au cinquième mois, se repiquent au sixième et se récoltent au neuvième.

Les rizières tardives se sèment dans le sixième mois, se repiquent au septième et se récoltent au onzième.

Les plantes à tubercules se plantent au dixième mois et se récoltent l'année suivante, au dixième mois.

Les fèves et haricots se sèment au quatrième mois et se récoltent au sixième.

Les arachides se sèment au quatrième mois et se récoltent au douzième.

Le *phien-lé* (tubercule) se plante au troisième mois et se récolte l'année suivante, au quatrième mois.

Le huyen de *Long-thanh* renferme le canton de *Long-vinh* et celui de *Thanh-tuy*, qui tous les deux contiennent des rizières précoces et des rizières tardives, ainsi que des citrouilles, des melons, des arachides, des patates, etc.

Les rizières précoces se sèment au cinquième mois, se repiquent au sixième et se récoltent au neuvième.

Les rizières tardives se sèment dans le sixième mois, se repiquent au septième et se récoltent au onzième.

Les citrouilles, melons, etc. se plantent au premier mois et se récoltent au huitième.

Les arachides se sèment dans le quatrième mois et se récoltent au douzième.

Les patates se sèment au septième mois et se récoltent au dixième.

Phu'o'c-an
(huyen).

Le huyen de *Phu'o'c-an* renferme les cantons d'*An-phu* et de *Phu'o'c-hu'ng*, qui contiennent tous deux des rizières précoces et des rizières tardives, ainsi que du maïs, des arachides et des citrouilles dites *diu'a-hâu*.

Les rizières précoces se sèment au cinquième mois, se repiquent au sixième et se récoltent au neuvième.

Les rizières tardives se sèment dans le sixième mois, se repiquent au septième et se récoltent au onzième.

Le maïs se sème au cinquième mois et se récolte au huitième.

Les arachides se sèment au quatrième mois et se récoltent au douzième.

Le *diu'a-hâu* se plante au dixième mois et se récolte au douzième.

PROVINCE
DE VINH-THANH
(VINH-LONG
ET AN-GIANG).
Ðinh-tiên-phu.

Vinh-an
(huyen).
Vinh-trinh
(huyen).

Le huyen de *Vinh-an*, dans la province de *Vinh-thanh*, renferme les cantons de *Vinh-trinh* et d'*An-trung*, qui tous deux contiennent des rizières dites *trach-dien* (terres arrosées), ainsi que des plantes à tubercules, des fèves et haricots, du maïs et des cannes à sucre.

Les rizières arrosées se sèment dans le sixième mois, se repiquent au huitième et se récoltent au douzième.

Les plantes à tubercules se plantent au quatrième mois et se récoltent au dixième.

Les fèves, les haricots, le maïs et les patates se sèment au quatrième mois et se récoltent au septième.

La canne à sucre se plante au premier mois et se récolte au neuvième.

Le huyen de *Vinh-binh* renferme les cantons de *Vinh-tru'o'ng* et de *Binh-chinh*, qui tous les deux contiennent des rizières arrosées, ainsi que des plantes à tubercules, des fèves, des haricots, du maïs et des patates.

Les terres arrosées (rizières) se sèment au sixième mois, se repiquent au huitième et se récoltent au premier.

Les plantes à tubercules se plantent au quatrième mois et se récoltent au dixième.

Les fèves, etc. se sèment au quatrième mois et se récoltent au sixième.

Le maïs et les patates se sèment au quatrième mois et se récoltent au septième.

Les choses se passent dans le huyen de *Vinh-dinh* exactement comme dans le précédent.

Le huyen de *Tan-an* renferme le canton de *Tan-minh*, qui contient des plantes à tubercules et des patates, et celui d'*An-bao* [1], qui contient des plantes à tubercules, des fèves, des haricots et du maïs; ces deux cantons possèdent également des rizières arrosées.

Les rizières arrosées se sèment dans le sixième mois, se repiquent au huitième et se récoltent au premier.

Les plantes à tubercules se plantent au quatrième mois et se récoltent au dixième.

Les fèves, etc. se sèment au quatrième mois et se récoltent au sixième.

Le maïs se sème dans le quatrième mois et se récolte au septième.

Les patates se sèment au quatrième mois et se récoltent au huitième.

Le huyen de *Kien-dang*, situé dans la province de *Dinh-tuong*, renferme les cantons de *Kien-lo'i* et de *Kien-phong*, qui tous les deux contiennent des rizières arrosées et fournissent des plantes à tubercules, des fèves et des haricots,

Vinh-binh (huyen).

Vinh-dinh (huyen).

Tan-an (huyen). Tan-minh (huyen).

PROVINCE DE DINH-TUONG.

Kien-an-phu.

Kien-dang (huyen).

____

[1] Aujourd'hui *Bao-an-huyen*.

ainsi que du maïs, des patates, des citrouilles et melons et de la canne à sucre.

Les rizières arrosées se sèment aux sixième et septième mois, se repiquent aux huitième et neuvième et se récoltent aux premier et deuxième de l'année suivante.

Les plantes à tubercules se plantent au quatrième mois et se récoltent au onzième.

Les fèves et les haricots se sèment au sixième mois et se récoltent au septième.

Le maïs se sème dans le quatrième mois et se récolte au septième.

Les citrouilles et melons se plantent au quatrième mois et se récoltent au septième.

Les patates se sèment au quatrième mois et se récoltent au sixième.

La canne à sucre se plante au douzième mois et se récolte au neuvième mois de l'année suivante.

Kien-hu'ng
(huyen).

Le huyen de *Kien-hu'ng* renferme les cantons de *Kien-tuân*[1] et de *Hu'ng-xu'o'ng*, qui tous les deux contiennent des rizières précoces et des rizières tardives et donnent des plantes à tubercules, des citrouilles et melons, ainsi que des patates et du maïs.

Les rizières précoces se sèment aux quatrième et cinquième mois, se repiquent aux sixième et septième et se récoltent aux huitième et neuvième.

Les rizières tardives se sèment aux cinquième et sixième mois, se repiquent aux huitième et neuvième et se récoltent au douzième et au premier mois de l'année suivante.

Les plantes à tubercules se plantent au quatrième mois et se récoltent au onzième.

Les citrouilles et melons se plantent au dixième mois et se récoltent au douzième.

---

[1] Quelques-uns des cantons dont il est ici question ont aujourd'hui changé de nom; plusieurs d'entre eux se sont subdivisés en canton du haut, canton du milieu et canton du bas; d'autres enfin sont devenus des huyens.

Les patates se sèment au quatrième mois et se récoltent au sixième.

Le maïs se sème dans le quatrième mois et se récolte au septième.

Le huyen de *Kien-hoa* renferme les cantons de *Kien-tanh* et de *Hoa-binh*, qui tous les deux possèdent des rizières précoces et des rizières tardives, ainsi que des plantes à tubercules et des patates.

Les rizières précoces se sèment aux quatrième et cinquième mois, se repiquent aux sixième et septième et se récoltent aux dixième et onzième.

Les rizières tardives se sèment aux cinquième et sixième mois, se repiquent aux septième et huitième et se récoltent au douzième et au premier mois de l'année suivante.

Les plantes à tubercules se plantent au quatrième mois et se récoltent au onzième.

Les patates se sèment au quatrième mois et se récoltent au sixième.

Le huyen de *Kien-giang*, dans la province de *Ha-tien*, renferme le canton de *Kien-dinh* et celui de *Tanh-giang*, qui tous les deux présentent seulement des rizières précoces.

Le canton de *Kien-dinh* produit en outre des plantes à tubercules, du maïs et de la canne à sucre.

Les rizières précoces se sèment au quatrième mois, se repiquent au sixième et se récoltent au neuvième.

Les plantes à tubercules se plantent au troisième mois et se récoltent au septième.

Le maïs se sème au cinquième mois et se récolte au huitième.

La canne à sucre se plante au troisième mois et se récolte au septième.

Le huyen de *Long-xuyên* renferme les cantons de *Long-thuy* et de *Quan-xuyên*, qui tous les deux offrent des rizières tardives.

Kien-hoa
(huyen).

PROVINCE
DE HA-TIEN.

Kien-giang
(huyen).

Long-xuyên
(huyen).

Les rizières tardives se sèment dans le cinquième mois, se repiquent au huitième et se récoltent au onzième.

Canne à sucre
(*mia*).

On distingue quatre variétés de cannes à sucre : la canne rouge, la canne blanche, la canne verte et la canne rouge et blanche. Il y a en outre une variété, nommée *mia-voi* (canne éléphant), qui atteint le diamètre de 6 à 7 pouces et une longueur de plus de 10 pieds et dont le suc est extrêmement doux.

C'est seulement avec la canne blanche que l'on peut faire du sucre; cela tient à la blancheur particulière de son tissu.

Le sucre dit *du'o'ng-cât* (sucre de sable, cassonade blanche) se fabrique dans le huyen de *Phu'o'c-chanh*, province de *Bien-hoa*.

Il se fait chaque année, et par jonques et barques, un commerce de plus de 600,000 livres (*cân*) [1] de cette cassonade. On ne comprend dans ce commerce ni le sucre dit *du'o'ng-lang* [2] ni le sucre dit *du'o'ng-phôï* (sucre poumon) [3]. La livre dont on fait usage dans le commerce de ce sucre (cassonade) est d'un poids tel, que chaque quintal de 100 livres est représenté par le poids de 55 ligatures.

La canne blanche que l'on récolte dans les autres huyens donne fort peu de cassonade blanche; cependant, comme elle est très-riche en suc, elle produit une grande quantité de sucre noir.

Mine d'argent.

Il existe dans la province de *Ha-tien*, sur la montagne *Kian-sum*, une mine d'argent dont le minerai est très-beau et très-riche. Cette mine [4] est inexploitée, le gouvernement n'ayant pas donné l'ordre de l'ouvrir.

Mine de fer.

Il existe une mine de fer dans le huyen de *Long-thanh*, province de *Bien-hoa*. Un établissement d'élaboration est

---

[1] Le *cân*, ou livre annamite, est de 624 grammes.

[2] Sorte de mélasse concrète ayant la forme d'une écuelle.

[3] Ainsi nommé à cause qu'il est rendu très-poreux par un mélange de blanc d'œufs.

[4] Les mines appartiennent à l'État, qui seul a le droit de les exploiter. Quelquefois il les afferme, mais cela est rare.

situé dans les environs. Les personnes du peuple qui exploitent[1] cette mine payent pour cela un impôt à l'État.

La province de *Bien–hoa* renferme plusieurs carrières de
pierres dites *da-ong*[2]. L'exploitation de ces pierres est facile,
car elles sont dans la carrière à l'état de terre glaise; le
carrier n'a donc qu'à couper dans cette terre le nombre de
pieds et de pouces qui lui convient, et, exposant alors ce
morceau de terre au vent et à l'air, il se durcit et prend la
consistance de pierre. Cette pierre est employée à divers
usages, tels que murailles, soubassements de maisons, digues,
tombeaux, etc. On peut l'employer dans tous ces cas à l'égal
des pierres dures prises dans les montagnes. Cette pierre est
nommée *da-ong* (pierre d'abeille) parce qu'elle est criblée
de trous qui lui donnent assez de ressemblance avec une
ruche d'abeilles.

L'exploitation des salines se fait sur le territoire de *Vinh-
diu'o'ng*, dans le huyen de *Phu'o'c-an*, province de *Bien-hoa*.
Le sel se vend à raison d'un *taïen*[3] les 100 livres, ce qui est
extrêmement bon marché.

Le pays de *Gia-dinh* (basse Cochinchine) est en outre
constamment approvisionné en sel par la province de *Binh-
tuân*. Il y a aussi dans la province de *Vinh-long*, sur le
territoire de *Ba-tac*, une quantité abondante de sel rouge;
cette couleur est due à ce que l'eau et le sol sont jaunes.
On peut ramener ce sel à la couleur blanche en le faisant
passer dans de l'eau bouillante. Ce sel est relativement plus
doux, car il provient d'eaux moins amères que partout ailleurs; il est, à cause de cela, plus estimé.

L'exploitation des salines est faite par des Chinois, qui
ont l'habitude, lorsque le sel est confectionné, de le mettre

Carrières
de pierre.

Salines.

---

[1] Cette exploitation a eu lieu alors que
la basse Cochinchine était une colonie
encore fort peu habitée par les Annamites.

[2] Ce que l'on nomme pierre de *Bien-
hoa* est une sorte d'argile contenant des
oxydes de fer. Elle se durcit rapidement à
l'air, mais n'est pas de longue durée.

[3] Nous avons déjà dit que le *taïen* est
le dixième de la ligature et vaut par conséquent environ dix centimes de notre
monnaie.

en sacs, chaque sac pesant de 5 à 6 livres. D'après l'habitude des Cambodgiens, quarante de ces sacs représentent le
chargement d'une charrette.

On vend une grande quantité de ce sel dans le Cambodge
et l'on en retire un très-grand profit.

On emploie le sel rouge pour la préparation du poisson
salé nommé *mam*.

Ce poisson doit subir deux saumures, qui toutes les deux
exigent du sel rouge, si c'est avec ce sel qu'a eu lieu la première; il en est de même si l'on a fait usage de sel blanc.

En un mot, ces deux espèces de sel ne supportent aucun
mélange, et il ne faut jamais saler avec l'un, puis avec
l'autre, sous peine de voir se gâter le poisson que l'on se
propose de conserver.

Le pays de *Gia-dinh* est, on le voit, très-riche en riz, en
poisson et en sel; il eut cependant à éprouver une grande
disette dans les circonstances suivantes :

L'an *Mâu-tuât*, 1re année de *Gia-long* (1802), l'armée
impériale s'avança afin de reconquérir le pays de *Gia-dinh*
sur les rebelles *Tay-so'n*. Le *tong-dôc*[1] *Tay-so'n*, nommé *Châu*,
assisté de ses généraux, *Han* et *Oaï*, se mit à la tête d'une
armée de matelots qui se répandirent alors sur les différents
rivages des provinces de *Phan-yen* (*Gia-dinh*), *Bien-hoa* et
Dinh - tuong, qu'ils ravagèrent. Au 3e mois de la même
année, les rebelles reçurent les secours du général *Pham-
nghan*, qui de la province de *Qui-nho'n* était venu à *Ba-ria*..
Ce général commandait plusieurs bateaux de guerre avec
lesquels il se rendit dans les eaux du *Phu'o'c-loc*, et il entra
de là dans le huyen de *Tan-long*, jusqu'à la pagode de
Nguyen-tuyên.

La milice chinoise, commandée par *Tran-phung*, ne put
résister à cette attaque. Le *tong-dôc* annamite *Nguyen-quân*
dut se rendre lui-même.à la tête d'une armée nombreuse

_Disette
au pays
de Gia-dinh._

---

[1] Gouverneur général.

pour battre ces rebelles, qu'il repoussa jusqu'au grand fleuve (fleuve de Saï-gon).

Cependant il n'y avait pas de lieu si petit qu'il fût où les rebelles n'eussent porté leurs ravages, quand ces lieux n'étaient pas protégés par les troupes impériales. C'est pourquoi les soldats de l'empereur *Gia-long* élevèrent des retranchements sur la rive occidentale du fleuve *Ngu'u-tan* - (fleuve de Saï-gon).

La ligne de défense s'étendait depuis *Saï-gon* jusqu'à l'arroyo d'*An-thong* (*Go-viap*). Tous les arroyos furent barrés pour s'opposer aux invasions de l'ennemi.

Le gouverneur *Nguyen-quân* fit construire en secret cinquante barques de guerre dans les arroyos d'*An-thong* et de *Thi-tinh*. Construites sur le modèle des barques de mer nommées *ghe-bâu*, elles portaient à l'avant une sorte de guibre très-saillante et défendue par un pavois composé de trois planches derrière lesquelles on pouvait s'abriter; en outre, elles étaient entièrement environnées de voiles et de filets d'abordage. Ces barques se nommaient *ghe-long-lan*. Le gouverneur *Nguyen-quân* fit également construire des radeaux couverts de matières inflammables, nommés *hoa-cong*.

Ces préparatifs étant terminés, *Nguyen-quân* sortit le 19ᵉ jour du 6ᵉ mois au matin et parut dans le grand fleuve de Saï-gon afin de présenter la bataille aux rebelles. Il leur brûla leurs barques de guerre et s'empara du général *Oaï*, qu'il fit décapiter; il enleva aussi presque toutes ses armes à l'armée navale des rebelles.

La nuit suivante, le général *Tay-so'n*, nommé *Han*, parvint à s'enfuir avec vingt barques de guerre jusqu'au port de *Can-gio'*; il se réunit là à deux chefs rebelles, dont l'un, *Châu-tuân*, venait de se sauver de la province de *Dinh-tuong*, et dont l'autre, *Ngan*, revenait de *Châu-dôc* (*An-giang*). Ces trois chefs étant réunis se réfugièrent dans la province de *Qui-nho'n*. L'armée impériale ne put les poursuivre.

La guerre dura ainsi sans cesse depuis le 1o^e mois de l'année précédente jusqu'au 6e mois de la présente année.

Pendant ces neuf mois, il fut absolument impossible de se livrer à aucune transaction commerciale. Cependant les ressources du pays se trouvaient épuisées et le peuple n'avait plus qu'une nourriture très-insuffisante; on ne vendait plus sur les marchés que des chevrettes, du poisson conservé à l'eau saumâtre, des gâteaux de fèves, des légumes conservés aussi à l'eau saumâtre. Le thé était remplacé par des feuilles de mûrier et de carambole, ou bien par des fleurs de tournesol; l'arec, par des racines. Enfin une grande quantité de produits étaient simulés de la sorte par des substances fausses et mauvaises qu'il serait trop long d'énumérer.

Un petit sac de sel ne pesant que trois onces se vendait jusqu'à 5 *taïens*, et encore était-il fort rare. C'est pourquoi chacun portait à la ceinture, et très-soigneusement, sa provision de sel, comme s'il se fût agi des bijoux les plus précieux.

Le *vu'o'ng* [1] de riz se vendait jusqu'à deux ligatures. Le peuple et les soldats souffraient cruellement de cette grande disette.

Cependant, après la cessation des hostilités, le sel diminua beaucoup de prix et avec lui les différentes denrées.

Étoffes, soieries.

On fabrique dans le pays de *Gia-dinh* des étoffes de soie et de coton, ainsi qu'une sorte d'étamine de soie nommée *lu'o'ng*. Cependant nulle part ces étoffes n'atteignent la perfection des tissus fabriqués dans le huyen de *Phu'o'c-an*, de la province de *Bien-hoa*.

C'est surtout dans la fabrication de l'étamine de soie noire (*lu'o'ng-den*) que les tisserands de *Bien-hoa* sont le plus habiles.

Produits divers.

Parmi les produits divers du pays de *Gia-dinh* (basse Cochinchine), on distingue : la corne de rhinocéros; l'ivoire

---

[1] Le *vu'o'ng* ou demi-picul vaut environ 3o kilogrammes.

(dent d'éléphant); la muscade, dont il se vend par an
20,000 livres (*cân*); le *sa-nhon* (*amomum hirsutum*[1]), dont il
se vend 80,000 livres par an; de la corne d'axis; du poivre[2],
dont il se vend 100,000 livres par an; du bois de teinture
(rouge) nommé *cây-vang* (bois de *sappan*); de la cire, dont
il y a deux sortes, la blanche et la jaune, et dont on vend
30,000 livres par an; du coton[3], dont une espèce à grande
gousse nommée *kiet-bôi* (il s'en vend 4,000,000 de livres
par an); une sorte d'arbuste nommé *cây-tia-tô*, avec lequel
on fabrique des remèdes; une terre employée à la peinture et qui se nomme *tran-huynh* (on en peint les maisons
en jaune); de la graine de *nymphæa* (comestible); du
bambou nommé *tre-bong*, employé à plusieurs usages; du
parfum appelé *long-diên* (salive de dragon), qu'on ne trouve
que dans la province de *Ha-tien;* des nids d'hirondelles (salanganes); des holothuries (elles viennent de *Ha-tien*, où il
y en a de deux espèces, blanche et noire, et il s'en vend par
an plus de 50,000 livres); de l'écaille; une sorte d'ambre
noir, dit *huyen-phach;* des nageoires de poisson, dont il se
vend 50,000 livres par an; des entrailles de poisson (il s'en
vend aussi 50,000 livres par an): de la viande séchée d'éléphant; des tendons de cerfs; de la peau de rhinocéros; de la
peau de cheval sauvage; de la peau de loutre; de la peau
d'axis; de la peau de buffle; de la peau de serpent jaune (*ran-
hô*); des plumes d'un oiseau bleu nommé *chim-sa*, et dont il se
vend 2 ou 3,000 paires d'ailes par an; des plumes d'oie de
mer; des éventails en plumes; du nitre et du salpêtre; du *china-
root;* une sorte d'*arrow-root* fait avec des tubercules; du *genseng* dit *genseng* du sud; une racine nommée *du'o'ng-qui;* une

<hr>

[1] Il a déjà été question du *sa-nhon* au sujet du tribut du Cambodge (appendice de la première partie).

[2] Le poivre rouge vient principalement de la province de *Ha-tien.*

[3] Le coton vient surtout des bords du grand fleuve dans le Cambodge; on le récolte aussi, mais en petite quantité, sur les terrains élevés (*giong*) de la province de *Dinh-tuong.* En général, le coton de la basse Cochinchine est de l'espèce dite *courte soie;* mais il serait facile de l'améliorer.

drogue appelée *bach-truât;* une herbe médicinale nommée *ngu'u-tat;* un bois odoriférant nommé *tram-hu'o'ng;* un bois servant à faire des remèdes et qui porte le nom de *phong-phong;* des écorces d'oranges; des citrons coupés et séchés; du pin sauvage avec lequel se fait une drogue diurétique; du *laurier,* remède emménagogue; du *cây-lit,* avec lequel on compose un remède pour les femmes en couche; de l'écorce du bois dit *mau-dang;* du bois dit *thiên-môn;* le tubercule dit *mach-môn;* le tubercule dit *ban-ha;* le tubercule dit *cat-cân;* l'arbre appelé *nho'n-tran;* le tubercule dit *hu'o'ng-phu;* la racine dite *xu'o'ng-bô;* l'arbre nommé *dia-phu-tu';* le fruit du *ki-tu';* le *xa-cân;* la feuille *tu'-to;* la feuille du *bac-ha;* le *kinh-diay;* le *hoac-hu'o'ng;* la fleur *kim-ngan-hoa;* l'*uât-kim;* le *cao-lu'o'ng-khu'o'ng;* le tubercule *thiên-hoa-phân;* l'herbe *thao-quyêt-minh;* le fruit *dai-phong-tu';* le fruit du *ma-tien;* celui du *xa-tien;* la terre dite *lu'-hôi;* l'herbe *tat-le;* la farine *huynh-tinh;* le fruit du *su'-quân;* l'herbe *coc-tinh;* la feuille du *trac-ba;* l'arbre *ich-mâu;* le *hi-khiêm;* le *hac-khien-ngu'a;* le *tan-ki-sinh;* le fruit du *xuyên-luyên;* l'arbre *thuy-tam-that;* le *thu'o'ng-so'n;* le *tam-lang;* le *nga-truât;* l'herbe *thuy-tu'-co;* l'arbre *thu'o'ng-nhi;* le *moc-biet;* le *thach-hoc;* le fruit *nha-tao;* l'os de chien jaune nommé *kim-mau-cu'u;* l'arbre *hau-phac;* l'herbe *bo-hoang;* la farine *thiêt-tuyen;* l'herbe *hu'o'ng-baï;* l'arbre *kam-thao;* la corne de chèvre sauvage; l'écaille d'un quadrupède squammeux nommé *con-trut;* les os du serpent *ô-tiêu;* la coquille *hung-tiêt;* celle appelée *mau-lê;* celle nommée *cu'u-khong;* le poisson *hai-noa-tiêu;* la pierre dite *da-cua;* le *thich-lich-tham* ou pierre de tonnerre; le sable dit *dia-ming;* l'insecte *ngo-cong* (le cent-pieds); le ver nommé *toan-hiêt;* l'insecte *con-ve* (cigale); la gomme dite *lam-tât;* la carapace de tortue, ainsi que sa carapace inférieure; l'arbre *nam-meo* ou *môc-nhi;* les bourgeons de bambous (*mang-tre*); la pierre dite *hoa-da* ou *bach-hai-tao;* l'écorce dite *dai-bi;* celle dite *ma-bi;* le cocon de ver à soie; l'arbre *cam-cuc;* le *nam-tinh;* le *xa-sang.*

La plus grande partie[1] des noms qui précèdent appartiennent à la droguerie chinoise. Les arbres nommés *ki-nam*, *tram-hu'o'ng*, *nhuc-quê*, *ô-môc*, ainsi que l'insecte dit *hu'o'ng-noa* et le poisson *mac-ngu'*, n'existent pas dans le pays de *Gia-dinh*. Quant à toutes les drogues dont la nomenclature est ci-dessus, on les trouve également dans les autres parties de l'empire d'Annam, d'où on les transporte à *Gia-dinh*. Là se réunissent une grande quantité de bateaux de commerce et de jonques qui viennent alimenter les marchés de ce territoire.

Les vins[2] de riz qui ont le plus de réputation sont ceux de *Bien-hoa* nommés *thach-nan;* ceux de *Gia-dinh* fabriqués à *Tan-nho'n;* ceux de *Dinh-tuong* faits à *Go-cat*, et enfin ceux de *Vinh-long* venant de *Long-ho*. Ces vins sont supérieurs à tous ceux de l'empire; on en importe par barque une très-grande quantité à *Hué*. Cela est une preuve de l'excellence de ces vins, connus sous le nom générique de vins de *Donnaï* (*Non-naï*).

Parmi les arbres nombreux que l'on voit dans les forêts se distingue :

Le *tiêu-moc* ou *cây-sao.* La feuille de cet arbre, verte et pointue, a deux pouces dans sa plus grande largeur; sa fleur est belle et d'un vert pâle de jade. Le fruit, petit comme le bout du doigt, renferme beaucoup de graines; il porte à sa base deux sortes de barbelures semblables aux ailes du taon. Il y a quatre espèces de *tiêu-moc*, qui sont : le *thanh-tiêu* (le *tiêu* vert); le *hoang-tiêu* (le *tiêu* jaune); le *ha-thuc-tiêu* (le *tiêu* pied de chevrette) et le *thach-tiêu* (le *tiêu* de pierre). Ces quatre espèces sont supérieures en qualité.

Vins de riz.

Arbres forestiers.

Tiêu-moc. ou cây-sao.

---

[1] Une partie des produits que l'on vient d'énumérer est comestible; l'autre, qui est la plus considérable, est uniquement employée dans la préparation des remèdes.

[2] Les Chinois ainsi que les habitants du royaume d'Annam appellent vin la liqueur que l'on obtient par la distillation du riz. Le plus réputé et le meilleur de ces vins est celui qui se fabriquait dans la province de *Dinh-tuong* avant l'occupation française.

Le bois du *tiêu-moc* constitue une essence forestière interdite au peuple et réservée pour le service de l'État. Le tronc de cet arbre ne peut être embrassé que par quatre ou cinq hommes réunis; il atteint en élévation une hauteur de 1 o o pieds. C'est une essence solide, dure et résistante; elle est excellente et supérieure pour la construction des navires et des maisons : c'est pourquoi le gouvernement se l'est réservée pour lui seul, sans qu'il soit permis au peuple de s'en servir pour son usage particulier.

Faux tiêu-moc. Il existe une espèce particulière dite *thu'-tiêu*, qui est fort inférieure et dépourvue de qualités. Il y a également une essence qui a toute l'apparence du *tiêu*, mais qui, en réalité, n'appartient nullement à cette espèce; on la nomme *thach-lang*. Une autre espèce dont la feuille, bien que semblable à celle du *tiêu*, est plus étroite et plus longue, et qui, étant loin d'atteindre la hauteur du *tiêu*, ne peut servir à aucun usage, est appelée *cây-bô-bô*. On trouve encore l'essence dite *cây-ven-ven*, dont la feuille est semblable à celle du *tiêu*, mais sans avoir sa souplesse.

Il y a enfin le *cây-sang*, dont la feuille est semblable à celle du *tiêu* pour la forme, mais non pour la couleur, qui est blanche au lieu d'être verte.

Ces essences, qui ressemblent au *tiêu* par la fleur et par le fruit, en diffèrent en ce que leurs feuilles sont couvertes de poils. On ne peut employer ces essences avec profit, à cause de leur peu de solidité et de résistance.

L'an *Canh-ti*, 3ᵉ année de *Gia-long*, au 7ᵉ mois, pendant l'automne, il fut ordonné à des soldats d'aller abattre des arbres pour la construction de navires.

Il y avait alors dans le territoire de *Quang-hou* un arbre *cây-tiêu* extrêmement ancien et que l'on ne pouvait voir que pendant le jour; pendant la nuit, les bûcherons effrayés apercevaient à sa place une lueur brillante, semblable à deux immenses lanternes. Or, personne n'osait tenter d'abattre cet arbre, à cause de ses proportions extraordinaires.

Cependant les soldats envoyés dans la forêt, ayant aperçu ce bel arbre, se mirent en devoir de le frapper de coups de hache pour l'abattre; mais, dès les premiers coups, ils furent pris de vomissements de sang et tombèrent morts.

Dès lors personne n'osait plus s'aventurer dans la forêt, car les soldats furent très-effrayés par les récits qu'ils se firent les uns aux autres.

Le premier ministre, président des tribunaux des rites et de la justice, nommé *Tanh-nho'n*, ayant eu connaissance de ce fait, donna l'ordre aux soldats d'aller abattre cet arbre gigantesque, et cela sous peine de mort.

Les soldats, n'osant pas désobéir, portèrent la hache sur l'arbre, et, après quelques coups, il en sortit un gémissement suivi d'une flamme qui s'envola à travers la forêt; en même temps une grande quantité de sang très-rouge coula de l'arbre. A partir de ce moment, les coupes eurent lieu régulièrement et les constructions s'exécutèrent.

Ce fut à cette époque que le premier ministre, *Tanh-nho'n*, fit construire un bâtiment de guerre ayant deux gouvernails, l'un de forme longue pour prendre la haute mer, l'autre rond pour la navigation des fleuves. Les flancs de ce bâtiment étaient défendus par des murailles de bambous. Au-dessous du pont, où se tenait l'infanterie prête à attaquer, étaient les matelots à leurs bancs de nage.

Ce genre de navire a rendu beaucoup de services, tant à cause de ses formes que par sa solidité, et c'est pour cela qu'il a été imité jusqu'à maintenant.

L'arbre *vang-cô*, vulgairement *cây-go*, a une feuille ronde et couverte de poils et une écorce épaisse. Son bois est rouge et d'une grande durée et solidité; on en fait des colonnes de maisons et des fermes de construction; on en fait aussi ces belles planches épaisses qui ornent les maisons et sur lesquelles on s'asseoit.

L'arbre *thiet-tu* a une feuille semblable à celle du *cây-go;* son écorce et sa fleur sont striées comme la peau de la grenouille. Le bois en est très-solide et très-dur; on en fait des poutres pour les maisons, ainsi que des colonnes et des tables ou planches pour s'asseoir.

Ban-làn. L'arbre *ban-làn* a sa feuille et sa fleur couleur de pourpre; le bois, veiné de blanc, constitue une essence employée aux mêmes usages que le *thiet-tu;* seulement il faut se servir du tronc coupé à une certaine hauteur, car au ras du sol il est recourbé. Ce tronc affecte des formes assez extraordinaires : tantôt il a la ressemblance d'un homme, tantôt celle d'un quadrupède ou d'un oiseau; il en est de même pour la fleur. On fait avec cet arbre des cylindres creux, semblables à de grands pots à tabac et que l'on emploie pour ramasser les pinceaux à écrire. On en fabrique encore des plateaux à compartiments pour placer les fruits. Ce sont des meubles d'une grande élégance.

Hong-diu ou cày-xoaï. L'arbre *hong-diu*, vulgairement *cây-xoaï*, a une feuille ronde et petite; la fleur est rose, le fruit rouge et noir et pas plus grand que le bout du doigt. Quand on a plongé ce fruit dans de l'eau, on enlève facilement son écorce, et l'on voit alors sa chair, qui est rouge et d'une saveur douce. Le bois est rouge. On fait avec les petites branches de l'arbre des charrues, des herses, des pioches et autres instruments d'agriculture; on en fait aussi des roues pour écraser la canne à sucre et des ancres pour les jonques. Toutes ces choses sont d'une grande solidité.

Huynh-dang. L'arbre *huynh-dang* a la feuille semblable à la fleur dite *kim-phong*. Le bois est blanc et parfumé. On peut enfouir ce bois dans la terre sans qu'il se pourrisse : c'est pour cela qu'il est très-fréquemment employé pour la construction des cercueils. Ce bois est même, pour cet usage, de beaucoup le meilleur; l'arbre dit *giang-hu'o'ng*, dont la feuille est petite et mince, ne vient qu'après.

Enfin l'arbre *ba-khê*, dont la feuille est grande et ronde comme celle du *cây-diang*, ne vient qu'au troisième rang pour la construction des cercueils.

L'arbre *hong* a la feuille semblable à celle du *cây-lao* et la fleur blanche. Cet arbre est très-commun; on en fait des bancs pour s'asseoir, des armoires ou cabinets. Les barques de commerce achètent une grande quantité de ce bois. Il y a deux variétés de cet arbre dites *hoa-lé* et *câm-lai*, dont le prix est fort inférieur.

L'arbre *traï* a la feuille petite et longue; le tronc et les branches poussent droits et sans aucune courbure. On fait avec le bois de très-beaux ouvrages et d'une durée telle que le bois n'est pas entamé même après cent ans. C'est à cause de cette grande solidité et durée que ce bois est employé dans la construction des cercueils et aussi pour servir de bornes aux frontières.

L'arbre *giap*, vulgairement appelé *cây-vap*, a la feuille semblable au *diu'o'ng-dao*. Cet arbre, qui est très-dur, atteint une grande hauteur; son bois, rouge et noir, est employé à toutes sortes d'usages; seulement il faut avoir la précaution, quand on veut le travailler, de l'employer aussitôt qu'il vient d'être abattu : car, si l'on attend trop longtemps, le bois se durcit et devient très-difficile pour les ouvriers. Ni la pluie ni l'eau des rivières ne le pourrissent[1]. On en fait aussi un charbon excellent pour la forge, charbon employé par les fondeurs en cuivre et par les forgerons : c'est là un usage réservé par le gouvernement, à cause de la très-grande utilité qu'il en retire.

L'arbre *cay-diâu* a la feuille recouverte de poils et grande comme celle de l'arbre *ti-ba*. Le peuple emploie le *cay-diâu* pour faire des barques et autres objets à son usage. Cet arbre contient dans ses fibres une grande quantité d'oléorésine, que l'on obtient en pratiquant deux ou trois ouvertures sur son tronc; on fait alors du feu dans ces ouvertures, et lorsque les fibres de l'arbre sont suffisamment

Hong.
Traï.
Giap ou cây-vap.
Cây-diâu.

---

[1] Le *cây-vap* et le *cây-sao* constituent deux essences hors ligne réservées pour le service seul de l'État et interdites au peuple.

échauffées, l'oléo-résine[1] coule tout le long du tronc, et on la recueille dans l'ouverture, d'où l'on a préalablement retiré le feu.

Le livre *Vo-bi* dit que l'oléo-résine *manh-hoa* est vulgairement appelée *didu-raï*. Cette oléo-résine se recueille au pied de l'arbre avec des seaux ou des jarres; elle provient d'une source inépuisable. On en recueille par an deux millions de livres (*cân*). On l'emploie pour confectionner le mastic des barques et aussi pour l'éclairage : c'est là une source de profits considérables.

So'n-cam-lam.

L'arbre *so'n-cam-lam* a le tronc fort recourbé; ses fibres s'entre-croisent et ne sont point du tout régulières : il en résulte que cet arbre n'est bon à aucun usage; cependant il se forme sur lui une sorte de gomme résineuse qui finit par se concréter en un bloc assez volumineux : on la nomme vulgairement *chiaï*. Une partie de cette gomme se détache d'elle-même et tombe par terre; elle est d'une qualité supérieure et de couleur rouge. On recueille par an deux millions de livres de cette gomme résineuse.

Cette gomme, étant mélangée avec l'oléo-résine de l'arbre *cây-didu*, donne un excellent mastic employé pour le calfatage des barques et aussi pour l'éclairage. C'est encore là une source d'importants bénéfices.

Boï-loï.

L'arbre *bo'ï-lo'ï* a la feuille longue, arrondie et recouverte de poils. Il y en a de deux espèces, la jaune et la blanche, qui sont également employées. L'écorce du *bo'ï-lo'ï*, ainsi que sa feuille, contient un suc visqueux. On fabrique une sorte de plâtre en mélangeant et en pétrissant de la terre avec l'écorce et la feuille du *bo'ï-lo'ï;* ce plâtre sert à construire des tombes dont la durée et la résistance sont considérables.

Hoang-tru'o'ng
ou
cao-vang.

L'arbre *hoang-tru'o'ng*, vulgairement appelé *cây-cao-vang*,

---

[1] Cette oléo-résine s'identifie par l'aspect, par l'odeur et par le goût avec celle du *copahu*. Elle est surtout employée dans la composition du mastic.

se nomme aussi *hoang-tam*. Son bois est jaune, ses fibres sont nombreuses et serrées. On l'emploie pour la confection de beaux meubles et principalement pour de petites armoires ou cabinets.

L'arbre *thiet-tuyên*, vulgairement appelé *cây-mong*, a la feuille petite et verte; son bois est rouge et constitue une essence assez résistante pour être employée à la construction des maisons. Au centre de l'arbre se trouve une sorte de petit canal rempli d'une substance farineuse et jaunâtre; les Cambodgiens usent de cette substance comme remède dans les maladies de peau.

L'arbre *âu*, vulgairement nommé *cây-huynh*, a ses feuilles réunies trois par trois, comme celles du cotonnier; il y a deux espèces de *cây-huynh*, qui sont la rouge et la blanche; on les emploie toutes les deux à différents usages.

L'arbre *ca-duôi* a la feuille semblable à celle de l'arbre *vinh - vinh;* c'est une essence commune, comme la précédente.

L'arbre *cây-sam* se divise en deux espèces, la rouge et la blanche : l'espèce rouge porte de nombreux cercles (comme l'aréquier). Les fibres du bois sont recourbées[1]. Les planches faites avec cet arbre ont assez souvent des fentes; cet inconvénient, ajouté à la disposition des fibres, qui ne sont pas régulières, et aussi à la pourriture qui atteint ce bois quand il est dans l'eau, le rend d'une qualité très-inférieure. L'espèce blanche, nommée *truc-sam*, est supérieure à la rouge et peut être employée à différents usages.

L'arbre *nam-cho'*, vulgairement *cây-dio*, a la feuille semblable à celle du mûrier sauvage (*so'n-giao*). L'écorce de cet arbre est employée pour faire du papier très-souple et fort blanc. La plus grande partie de ce papier, comme la meilleure qualité, est fabriquée dans la province de *Bien-hoa*.

Thiet-tuyên
ou
cây-mong.

Âu
ou cây-huynh.

Ca-duôi.

Cây-sam.

Nam-cho'
ou cây-dio.

---

[1] En zigzag.

Miên
ou cây-bông.

L'arbre *miên* (cotonnier), vulgairement appelé *cây-bông*, se divise en trois espèces : le *so'n-miên*, ou *cây-gao; le môc-miên*, ou *cây-gon;* enfin le *miên-hoa*, qui est le coton proprement dit et qui se nomme aussi *kiet-bôi*, ou bien encore *co-bôi;* on l'emploie pour tisser des étoffes. Le *kiet-bôi* est de beaucoup supérieur aux espèces précédentes.

Cây-giong.

L'arbre *giong* (*cây-giong*) a la feuille longue et pointue; le tronc de cet arbre pousse droit; les fibres de son bois sont solides et résistantes. On fait avec cet arbre des mâts de jonques, ainsi que des couples de construction pour les jonques et les grandes barques.

Nha-dong
ou
cây-long-mu'c.

L'arbre *nha-dong*, vulgairement *cây-long-mu'c*, a la feuille petite et la fleur rose; le tronc de cet arbre pousse droit. Le bois, d'un blanc aussi brillant que l'ivoire, est remarquablement bon pour les graveurs de cachets et pour l'impression [1] des livres.

Thuy-maï
ou
cây-mu-u.

L'arbre *thuy-maï*, vulgairement *cây-mu-u*, a la feuille et la fleur semblables à celles du *maï;* seulement il n'a pas d'épines comme en a le *cây-maï*.

Le fruit est rond et de la grosseur de l'orteil du pied; la peau de ce fruit est très-mince, mais elle recouvre une coque résistante. Sa chair est d'un blanc verdâtre: on en fait de l'huile verte employée comme baume dans les blessures d'instruments tranchants; cette huile, qui sert aussi pour l'éclairage, a la propriété d'être inattaquable par les fourmis et par les termites. Cet arbre, quoique recourbé, est d'une grande solidité et le gouvernement en a fait planter un très-grand nombre. Le bois est employé soit pour des barres de gouvernails, soit pour des couples de jonques ou toutes autres pièces recourbées employées dans la construction navale.

Les différentes espèces d'arbres sont extrêmement nom-

---

[1] Ce bois est excellent et très-recherché pour les travaux de typographie chinoise, ainsi que pour la fabrication des cachets.

breuses : nous n'avons nommé ici que les principales et qui
sont d'un usage général; quant aux autres espèces, beaucoup moins utiles, nous ne les décrirons pas.

Les espèces de bambous sont très-variées et très-nombreuses : il serait impossible de les décrire toutes. Le livre
Taï-thou dit : « Le bambou ne donne son fruit et sa graine que
tous les soixante ans, après quoi il meurt. Lorsque cette
graine est tombée à terre, il s'élève, à la place des vieux
bambous, une touffe épaisse de bambous nouveaux. » On
voit des forêts de bambous à *Dong-mon*, dans la province
de *Bien-hoa*, et aussi sur l'île de *Tan-châu*, dans le *Truc-
giang* (fleuve des bambous), dans la province de *Vinh-thanh*.

L'an 10ᵉ de *Gia-long*, les bambous de ces deux endroits
périrent, mais les graines ne tardèrent pas à remplacer ces
forêts perdues, et aujourd'hui les choses sont comme par
le passé.

Le bambou vient très-bien quand les hommes prennent
la peine de le semer.

Il y a dans les provinces de *Vinh-thanh* et de *Dinh-tuong*
une espèce de bambou nommée *tre-tram-vong*, dont la circonférence atteint trois ou quatre pouces. Ce bambou est
droit, solide et léger; on en fait des hampes de lances. On
ne trouve pas cette espèce dans les autres provinces.

Il y a aussi une espèce de bambou dite *tre-bong* que l'on
plante dans les jardins, où ils donnent beaucoup d'ombre.
Ce bambou est couvert de sortes de dessins et de bigarrures
très-agréables à la vue.

Parmi les palmiers on distingue les cocotiers, qui peuvent
être également plantés dans les terrains arrosés par l'eau
douce ou par l'eau salée. Leur fruit est bon à manger, soit
quand il est frais, soit aussi quand il est déjà ancien. Lorsque
le fruit est ancien, on en fait une huile destinée à oindre la
chevelure; on emploie également cette huile comme comestible et pour l'éclairage.

On fait avec l'écorce du fruit des cordages, surtout employés pour les amarres des ancres de jonques. La coque ou enveloppe dure de la noix du coco sert à faire des ustensiles tels que cuillers, écuelles de tous genres, gourdes, ou bien encore de petits seaux pour puiser de l'eau. Il existe une sorte de cocotiers dont le fruit n'est pas plus gros qu'un œuf de canard; on en fait d'élégantes poires à poudre et de jolies tasses à boire.

Palmier d'eau. Il y a une autre espèce de palmier dite *palmier d'eau*[1]. Cet arbre n'a pas de tronc. Le premier jet qui pousse est droit et pointu comme un couteau; peu à peu se groupent autour de cet axe des feuilles vertes qui vont s'agrandissant en formant un vaste bouquet; ces feuilles ressemblent à la queue du phénix. Cette espèce de palmier, en se multipliant, forme de véritables forêts; ses feuilles atteignent une hauteur de plus de 5 pieds. La jeune feuille, étant fendue et divisée en deux, est exposée au soleil pour être séchée; elle est alors employée pour recouvrir les maisons.

Les vieilles feuilles sont coupées en morceaux d'un pied de longueur à peu près et servent à faire, soit des murailles (parois de case), soit des compartiments de toute sorte; on les emploie surtout dans les greniers à riz.

On fabrique enfin avec l'écorce des pétioles de ce palmier les petites cordes qui servent à enfiler les sapèques pour former les ligatures.

Il existe dans la feuille un mastic semblable à du lait concrété; on met ce mastic sur le feu pour en obtenir les cendres et guérir avec celles-ci les maladies de bouche des petits enfants.

A la racine de ce palmier se trouvent une grande quantité de jeunes bourgeons qui sont très-bons à manger, surtout quand on veut se disposer à boire un verre de vin.

Ce palmier d'eau est d'un usage extrêmement répandu

---

[1] Ce palmier, ainsi nommé parce qu'il vient dans des lieux baignés par la marée, est le *nipa fructicans*. C'est un des arbres les plus utiles de ce pays.

dans le pays de *Gia-dinh* (basse Cochinchine), tant pour les travaux publics que dans les constructions particulières.

L'arbre *thiet-tôn*, vulgairement *cây-nhum*, est semblable au cocotier, mais il est recouvert de nombreuses épines; son bois, dur et noir, sert à faire des colonnes de maisons (couvertes de chaume), ainsi que des montants de moustiquaire. Fendu en planches, on en fait de très-jolies sentences parallèles [1]. On l'emploie aussi en chevaux de frise dans les fortifications, à cause de sa solidité quand il est taillé en pointe.

Thiết-tôn
ou
cây-nhum.

L'arbre *ton-truc*, vulgairement *cây-sui*, est employé à faire des lames d'éventail et des montants de moustiquaire; on en fait également des sarbacanes pour tuer les oiseaux. Cette façon de tuer les oiseaux n'est pas employée ailleurs. On se sert pour cela, hors du pays de *Gia-dinh*, de petites balles de terre lancées à l'aide d'un arc, et, quant au poisson, on le tue souvent à coups de flèches.

Ton-truc
ou cây-sui.

L'arbre *qui-tôn*, vulgairement *cây-cai*, a la feuille [2] semblable à celle du tournesol, mais il est recouvert d'épines. Cet arbre appartient à la famille des palmiers et est extrêmement élevé; on l'emploie comme piliers de pont; on en fait aussi des pieux pour les pêcheurs.

Qui-tôn
ou cây-cai.

L'arbuste nommé *boï-da*, vulgairement *cây-la-buôn*, est plus grand que le tournesol; il pousse droit, mais n'a pas de branches. Les feuilles s'enroulent autour du tronc à la façon d'un parasol; le tronc présente trois arêtes, sur l'une desquelles s'élève une sorte de tronc secondaire qui donne naissance à une grande quantité de feuilles. Cet arbuste est couvert de feuilles pendant les quatre saisons. On fabrique avec le tronc principal de cet arbuste des arcs et des flèches, pendant que le petit tronc supplémentaire sert à faire la corde de l'arc. Lorsque les feuilles sont anciennes, on en peut former des parois de maisons ou bien en recouvrir les

Boï-da
ou
cây-la-buôn.

---

[1] Voir la note relative aux sentences parallèles (1re partie, chapitre iv).

[2] L'auteur, en parlant de feuilles, a sans doute voulu désigner les folioles.

toitures, comme avec la feuille du palmier d'eau. La feuille fraîche est employée à faire des nattes.

Les Annamites se servent très-souvent de cet arbuste[1], qui leur est extrêmement utile.

Les Cambodgiens et les *Moï* emploient la feuille ancienne pour faire du papier à écrire d'une grande solidité et qui dure fort longtemps.

Rotins. Une espèce de rotin nommé *long-dang*, vulgairement *maï-rông*, vient de l'île *Phu-quôc*, province de *Ha-tien*.

Ce rotin atteint une épaisseur de 3 pouces. On en fabrique des cordages de navires et des câbles pour les ancres.

On trouve aussi des rotins sur les montagnes élevées de *Phan-yen (Gia-dinh)*, et surtout de *Bien-hoa;* il y en a de trois espèces, nommées : *thiet-dang (maï-sat*, rotin de fer); *thuy-dang (maï-nu'o'c*, rotin d'eau); *mau-dang (chioaï*, rotin de cheveux). On fait avec ces rotins des câbles et des cordes de toutes sortes.

C'est un produit que l'on emploie fréquemment et à diffé-rents usages. Les rotins dont on vient de parler sont solides, résistants et supérieurs à tous les autres.

Fruits. Le fruit nommé *ba-la-mat*, vulgairement *traï-mit* (jacquier), se divise en deux espèces : l'espèce sèche et l'espèce humide. L'arbre atteint dans son tronc une grosseur qui ne peut être embrassée que par deux hommes. On fait avec son bois des tambours de pagode, des instruments pour marquer les veilles, des planches, des mortiers à riz, etc.

Fruits divers. Parmi les fruits se distinguent encore : le *traï-cam*[2] (orange); le *traï-quit* (mandarine); le *traï-dio;* le *traï-dang;* le *traï-long-nhan;* le *traï-le-chi* (letchi), vulgairement *traï-vaï;* le *traï-thi*, vulgairement *hong;* le *traï-tiên-tham;* le *traï-phat-tham*, vulgairement *long-bông* (fruits cultivés à *Mi-long*, dans la province de *Vinh-long*); le *traï-phat-dao-lé,* qui se nomme

----

[1] Cet arbuste est une sorte de lata-nier.

[2] *Traï*, en langue annamite, veut dire fruit.

aussi *tu-caû-tu'*, vulgairement *traï-mang-câu* (pomme cannelle); le *traï-cam-lam*; le *traï-but-tu'*; le *traï-du'o'ng-dao*, vulgairement *traï-khê*; le *traï-vo-hoa*, nommé aussi *u'u-cu-hoa*, vulgairement *traï-sung*; le *traï-hiep-hoang-dâu*, que l'on appelle aussi *toan-dâu*, vulgairement *traï-me*; le *traï-tien-li*, vulgairement *traï-mang* (mangoustan); le *traï-so'n-lu'u*, vulgairement *traï-ôi*; le *traï-toan-cam*, vulgairement *traï-cam-hu'o'ng*.

Le *traï-soai* (mangue) se nomme aussi *traï-hiêm-la* et *traï-hu'o'ng-tien*. Il y a en outre une espèce de grosse mangue dont la chair est jaune, douce et très-parfumée, et que l'on nomme *soaï-voi* (mangue éléphant); une autre espèce plus petite, dont la chair est blanche et la tête du fruit recourbée et pointue, et qui porte le nom de *soaï-anh-ca*; une autre espèce longue à chair blanche, que l'on appelle *soaï-ngu'a* (mangue cheval); une autre espèce en forme d'œuf, qui se nomme *soaï-chua*; d'autres espèces enfin, plus petites que la précédente, appelées *soaï-co'm*, *soaï-nep*, *soaï-mut*: la peau de ces trois dernières espèces, qui sont d'une saveur très-sucrée et très-parfumée, est tachetée de noir.

Le fruit *traï-lu'u*, bien que récolté à *Can-gio'* au milieu de l'eau salée, est cependant excellent à manger et très-doux; il est meilleur là que partout ailleurs. On y recueille encore le fruit *môc-qua*, vulgairement *traï-du-du*, et le *traï-xu-lê*, vulgairement *traï-binh-bât*.

Le *traï-cam-dao* provient d'un arbre dont la feuille amère est longue comme celle du manguier, la fleur rouge et couverte de beaucoup de duvet; ce fruit, de la grosseur du poignet, a une écorce rouge et la chair blanche; il renferme un noyau rond et de la grosseur de l'orteil du pied. Ce fruit vient de la montagne *Ba-ki*, dans la province de *Bien-hoa*; il se nomme vulgairement *traï-lu'o'i-u'o'i* et ressemble au *traï-cam-lam*. Les habitants des montagnes le font sécher au soleil et puis vont le vendre. On le met dans l'eau, et, quand il est suffisamment imbibé, il s'épanouit et devient de la grandeur d'une main ouverte; on enlève alors son écorce, ainsi que ses filaments, et on le mange avec du sucre. Ce fruit est très-rafraîchissant: aussi est-il très-agréable de le manger pendant les chaleurs de l'été.

Bananes. Les différentes espèces de bananes sont : le *tiêu-chim*, vulgairement *chuôi-tiêu;* le *tiêu-ba*, vulgairement *chuôi-va;* le *hu'o'ng-tiêu*, vulgairement *chuôi-va-hu'o'ng;* le *hong-tiêu*, vulgairement *chuôi-do* (banane dont l'écorce est rouge et la chair blanche); le *lang-tiêu*, vulgairement *chuôi-câu*, dont le fruit est aussi petit que la noix d'arec; le *mât-tiêu*, vulgairement *chuôi-mât;* le *hach-tiêu*, vulgairement *chuôi-hôt*, banane qui contient une grande quantité de pepins et que l'on mange mélangée aux herbes potagères.

Il y a encore de nombreuses variétés de bananes. Ainsi il existe des bananiers qui ont seulement trois pieds de haut et dont les régimes descendent jusqu'à terre. On peut sécher les bananes et les conserver de la sorte pour les manger. On fait avec l'axe de la feuille du bananier une sorte de fil qui sert à tisser les étoffes.

Ananas. Le fruit *phien-lê*, vulgairement *traï-tho'm* (ananas), se nomme aussi *ba-nhan-lê*, et encore *phung-lê;* il est surtout planté et cultivé dans les pays de montagnes. Ce fruit se vend, selon la coutume annamite, en ajoutant un onzième fruit par-dessus le marché quand on en achète dix, et lorsque la vente a lieu avant le 5e jour du 5e mois ; mais si c'est après cette époque que l'on achète dix ananas, le marchand doit en donner 3 par-dessus le marché. On emploie la feuille de l'ananas pour fabriquer un fil avec lequel on tisse des étoffes.

Fleurs. La plus belle fleur du pays de *Gia-dinh*, et même de l'empire d'Annam, est le *vi-lo'i*. Cette fleur est surtout cultivée dans les jardins impériaux; elle vient sur une tige haute seulement d'un pied.

La fleur *huynh-môc-but*, vulgairement *hoa-su'*, vient sur une tige ronde et haute de deux à cinq pieds ; sa feuille est pointue et longue; la fleur est jaune, et quand elle est sur le point de s'épanouir, elle ressemble à un pinceau à écrire : c'est ce qui lui a fait donner le nom qu'elle porte.

La fleur *thanh-môc-but* est très-odoriférante; on fait avec elle, en la laissant dans l'huile, un cosmétique très-parfumé, employé pour la chevelure.

On distingue encore la fleur *nam-mai*, la fleur *dia-mau-do'n* et la fleur *nguyet-qui*, dont la feuille est pointue; il y a deux variétés de *nguyet-qui*, la blanche et la verte : ces fleurs viennent deux par deux sur la même tige.

La fleur *moc-lan* a la feuille pointue comme celle du *nguyet-qui*, mais un peu plus renflée; cette fleur est jaune et de la couleur des entrailles de poisson.

La fleur *giao-hoa* vient sur une tige annelée comme celle du *bong-qui* (tournesol); sa feuille est longue et grande comme celle de l'ananas; c'est une fleur blanche, avec des étamines jaunes et semblables à des écailles de poisson; la feuille de la plante et la fleur sont également parfumées. Le parfum de cette fleur se conserve sur un habit pendant des mois entiers et suffit pour éloigner les insectes. On appelle vulgairement cette fleur *hoa-diu'*.

Les fleurs qui précèdent sont comptées parmi les plus belles; viennent ensuite : la fleur *hong-bach-liên* (*bong-sen*); la fleur *bach-diep-liên*; la fleur *cuc-môc* (*bong-cuc*); la fleur *tê-tra*; la fleur *giay-qua*; la fleur *lê-xúan*; la fleur *quê-hôa*; la fleur *tu'-kinh*; la fleur *ngu'-tu'*; la fleur *lan-to*; la fleur *hinh-thuy-tien*; la fleur *ti-mui*; la fleur *moc-can-giap*; la fleur *truc-dao*; la fleur *kim-phung*; la fleur *hô-diep*; la fleur *tu'-ngo-nam-sac*; la fleur *kê-quang*; la fleur *bong-qui*; la fleur *bong-phu-diung*; la fleur *ngoc-phu-diung*, qui est rouge et dont la feuille de la plante est blanche; la fleur *hong-hoang-bach-lu'u*; la fleur *tiên-nhung*; la fleur *cam-trac*; la fleur *man-li*, sorte de liane bleue; enfin la fleur *thiên-nhu't-hong*. Toutes ces fleurs se trouvent dans les différentes provinces du pays de *Gia-dinh*.

Le poisson dit *ca-voï* (poisson éléphant) a la tête ronde   *Poissons.*

POISSONS
DE MER.

Ca-voï
(souffleur).

et sur le front un trou par lequel jaillit de l'eau; il a une sorte de museau semblable à la trompe de l'éléphant; son corps est luisant et sans écailles, et sa queue de la même forme que celle du homard. Ce poisson, d'un naturel très-doux, aime à venir au secours des hommes; les pêcheurs ont l'habitude de l'appeler à eux pour qu'il force les autres à entrer dans leurs filets.

Si quelque jonque ou barque vient à chavirer en pleine mer, il arrive souvent que ce poisson, venant au secours des naufragés, les transporte sur le rivage : c'est pourquoi les pêcheurs professent un culte pour cet animal. Lorsqu'un pareil poisson vient à mourir et que son cadavre, flottant sur l'eau, est poussé au rivage, les pêcheurs le recueillent comme si c'était celui d'un homme : ils se cotisent alors et achètent des étoffes pour l'ensevelir; ils achètent aussi un vaste cercueil où ils placent la tête du poisson.

Le plus ancien d'entre les pêcheurs porte le deuil de l'animal, auquel on élève un petit autel votif sur le lieu où il est enterré. Ce poisson a reçu de l'empereur lui-même (*Gia-long*) le titre officiel de général en chef des mers du sud; il doit ce titre à ce qu'il est véritablement l'âme de nos mers du sud, seules dotées d'un animal aussi remarquable. Le *ca-voï* fournit une huile qui constitue un bon remède contre la petite vérole, ou bien contre les chaleurs internes, ou bien enfin dans les ophthalmies aiguës.

Ca-diau.

Le poisson *ca-diau* a sur la tête un os long et saillant, semblable à une scie armée de ses dents; il n'a pas d'écailles; son corps est vert et noir. C'est par le nombril qu'il met ses petits au monde.

Giao-sa
ou ca-xa
(requin).

Le poisson *giao-sa* se nomme aussi *ca-xa;* il a la peau rugueuse comme si elle était incrustée de sable. Il atteint une grosseur telle qu'il faut trois ou quatre hommes pour l'embrasser; sa longueur dépasse 5 pieds. Ses yeux sont rouges, sa bouche grande. Ce poisson ne manque pas de se mettre à la suite des barques quand le vent tourne à la tempête, car son instinct cruel le porte à dévorer les hommes. Les bateliers ont l'habitude de lui jeter des pierres et des sacs pleins de riz que cet animal avale avec avidité, et quand il est repu, il abandonne la barque.

Le poisson *hô-sa* fait ses petits par le nombril; il est plus petit que le précédent, et est bon à manger frais ou sec. La meilleure chose qui se mange dans ce poisson, ce sont ses deux nageoires, après qu'on les a fait sécher au soleil : c'est là un vrai morceau de gastronome (de première qualité).

Le poisson *bach-diêu-ngu'*, dit vulgairement *con-ca-chuôn*, est semblable à un oiseau : il est très-mince et aplati, est blanc et n'a pas d'écailles; il vole au-dessus de l'eau. Ce poisson a plus d'un pied de largeur; sa chair est douce et bonne à manger; on ne le trouve que dans les environs du port de *Don-tranh*[1]. Il y a une espèce de ce poisson, nommée *thach-diêu-ngu'*, dont le corps est noir et la peau couverte de rides; il y a aussi l'espèce appelée *diêu-ngu'* et celle dite *phân-diêu-ngu'*, qui sont plus petites que la précédente et sont également bonnes à manger. On trouve ces différentes espèces dans les mêmes parages.

Le poisson *biét-ngu'*, vulgairement *con-sanh*, a le dos noir et le ventre blanc. Ce poisson a sa chair cachée sous une carapace ronde semblable à celle de la tortue; ses yeux sont placés au-dessus de sa tête, sa bouche est au-dessous de son ventre. Il a sur le dos une sorte de crête épineuse et rugueuse qui est capable de faire l'office de lime. Parmi ces poissons, on en trouve qui mesurent une longueur totale de 2 à 3 pieds.

La queue du *con-sanh* est semblable à une petite canne (badine); il y en a qui ont jusqu'à 4 ou 5 pieds de long. La chair de ce poisson, quand elle a été séchée, est bonne à manger.

Le poisson *hong-ngu'*, vulgairement *ca-hong*, est sem-

____
[1] Environs du cap Saint-Jacques.

blable au poisson nommé *ca-li* (carpe). Son corps est de
couleur rouge ; il vit en pleine mer et dans les grands fonds
où se trouvent des roches. Les pêcheurs, quand ils veulent
prendre ce poisson, font pendant les saisons du printemps
et de l'été des provisions pour quinze jours, et ils dirigent
ensuite leur barque au large et à l'est jusqu'à ce qu'ils aient
perdu toute terre de vue. Lorsqu'ils supposent qu'ils se
trouvent par des fonds de suffisante profondeur et garnis
de roches, ils jettent l'ancre. Ils prennent pour cela la précaution de frapper l'orin de leur ancre sur le diamant, et
allongeant cet orin tout le long de la verge, ils font une
genope auprès de l'organeau. Cette précaution est indispensable pour mouiller au milieu des roches, car elle a pour
but, en cassant la genope, de lever l'ancre par les pattes
et de ne pas s'exposer à la perdre ; il serait en effet impossible sans cela de lever une ancre mouillée au milieu des
roches.

La barque étant mouillée, les pêcheurs jettent leurs ha-
meçons à la mer ; mais il faut nécessairement qu'ils aient
d'abord fait choix d'une position très-favorable, car le poisson *ca-hong* aime par-dessus tout la tranquillité et le repos
parmi les roches qu'il habite, sans jamais les quitter, ni
même s'élever au-dessus d'elles.

A mesure que le poisson est pris, on le coupe par tranches pour le faire sécher. Les pêcheurs ne reviennent que
lorsque leur barque est pleine ; cette pêche est pour eux la
source d'un grand profit.

Il arrive quelquefois cependant que les pêcheurs sont
pris en pleine mer par quelque coup de vent qui entraîne
leur barque dans un pays étranger ; c'est pourquoi il y a
beaucoup de danger à exercer ce genre de pêche. Ce métier
pénible est exercé de père en fils.

Il y a une espèce particulière de *ca-hong* dont les écailles
sont noires et une autre dont le corps est parsemé de taches
semblables à des étoiles ; ces taches sont de couleurs très-

variées. Ces dernières espèces ne sont pas bonnes à manger; la chair en est dure et sans goût.

Le poisson *tu-ngu'*, vulgairement *ca-tu*[1], a le dos vert et sans écailles; il est long de 5 ou 6 pieds. C'est un poisson très-bon à manger quand il est frais et coupé en tranches minces. On peut aussi le saler, et alors il se conserve fort longtemps.

Le poisson *liên-ngu'*, vulgairement *ca-son*, a la chair composée de tranches superposées et concentriques comme cela arrive pour la fleur du nymphæa. Ce poisson n'a pas d'écailles.

Le poisson *mai-ngu'*, vulgairement *ca-maï*, est petit et renferme un grand nombre d'arêtes; sa chair est très-grasse et donne une huile blanchâtre. Il y a deux espèces de *ca-maï*, qui toutes deux produisent de l'huile pour l'éclairage.

Le poisson *thach-dâu-ngu'*, vulgairement *ca-uôp*, a une pierre dans la tête; ses écailles sont petites; il a beaucoup de chair. Ce poisson, ainsi que le poisson *ca-maï*, est employé dans la fabrication du condiment nommé *nu'o'c-mam*, condiment qui donne lieu à une branche active de commerce.

Le poisson *mac-ngu'*, vulgairement *con-mu'c*, est de forme ronde et a sur le corps huit pinceaux pareils à des poils de barbe; sa peau est rouge et sa chair blanche. Il renferme un os très-mince et extrêmement brillant (blanc).

Le poisson *mé-chi-mac-tru'o'ng*, vulgairement *con-mu'c-co'm*, est long de 5 ou 6 pouces. On fait sécher sa chair pour la manger. Cette espèce est plus petite que la précédente et n'a pas plus d'un pouce de diamètre; elle est semblable à une grosse araignée et bonne à manger.

Il y a une espèce de sèche ronde, mais plus grande que les précédentes, nommée *ô-tac*, vulgairement *mu'c-nang*, et nommée aussi *phiêu-tiêu*, dont la chair est dure et sans goût.

[1] *Ca*, en annamite, signifie poisson.

Diuyên-ngu'. Le poisson *diuyên-ngu'* a la chair molle et sans écailles; il possède une longue arête dorsale. Sa bouche est garnie de dents aiguës semblables à celles d'une scie. On le mange, soit frais et apprêté avec du riz ou de la farine, soit après l'avoir fait sécher.

Bi-huyen-ngu'. Le poisson *bi–huyen–ngu'* a la chair disposée par tranches, comme cela arrive pour le bois de sandal. Ce poisson est entouré de petites écailles rouges.

Ca-ru'a. · Le poisson *diu'–ngu'*, vulgairement *ca–ru'a*, est mince et aplati et a la tête entièrement plate; il atteint une largeur de 4 à 5 pouces et une longueur de plus de 2 pieds. Ce poisson n'a pas d'écailles, mais il renferme un nombre considérable d'arêtes.

Ca-lanh. Le poisson *vi–ngu'*, vulgairement *ca – lanh*, est aplati et contient beaucoup d'arêtes; il est long et couvert de grandes écailles blanches, comme le jade. C'est un poisson très-gras et donnant beaucoup d'huile.

Diêu-ngu'. Le poisson *diêu–ngu'* est semblable au *diu'–ngu'*, mais il est plus petit que lui. Sa tête est pointue, ses dents sont semblables à celles d'une scie; il est long et a la forme des rubans qui servent à attacher les vêtements.

Ca-diaï-ao. Ca-maï-gà. Ca-co'm-biên. Les poissons *dai-ngu'* (*ca-diaï-ao*), *kê-ti-ngu'* (*ca-maï-gà*), *haï–phan-ngu'* (*ca–co'm–biên*), sont employés, le premier comme poisson séché, le second comme poisson salé, et le troisième sert à faire le condiment appelé *nu'o'c-mam*.

Ngan-sòn. Le poisson *ngan-són* est très-bon à manger.

Ca-chuôt. Le poisson *thu'-ngu'* (*ca–chuôt*) a la tête semblable à celle d'un rat; cette tête est surmontée de cornes.

Ca-diuï. Le poisson *tuy-ngu'* (*ca–diuï*) est semblable au *ca-hong*, mais plus petit que lui; il a une sorte de poils de barbe pointus comme des épines.

Ca-heo. Le poisson *hai-dôn-lap-ngu'* (*ca-heo*) ressemble au *ca-maï*, mais il est plus mince. Il y en a de deux espèces, la rouge et la blanche.

Song-ngu'. Le poisson *song – ngu'* a le corps recouvert de longues écailles pointues et tranchantes comme des lames de couteau.

Le poisson *lao-ông-ngu'* (*ca-ông-gia*) a le dos recourbé et la mâchoire supérieure avancée, tandis que la mâchoire inférieure semble rentrer dans la bouche, comme cela a lieu chez les vieillards. C'est à cela que ce poisson doit son nom.

Le poisson *haï-ma* (cheval de mer) a le corps en forme de quadrilatère; ses écailles sont verticales. Ce poisson ne peut se manger.

Le poisson *thuy-mâu* (*con-su'a*), nommé aussi *tat-ngu'*, est fait tout d'une pièce; il a l'apparence d'un estomac de chèvre; il n'a ni tête ni yeux. De son ventre pendent de longs appendices qui sont comme autant de pieds. Ces animaux sont accompagnés de chevrettes qui leur servent de pilotes. Il y en a de deux espèces, la blanche et la rouge. Ces poissons en général ne peuvent pas se manger. Il y a cependant une espèce ronde, et aussi petite que le fond d'une tasse, que l'on met macérer dans un mélange d'alun et de sel : on peut alors la manger sans la faire cuire, et c'est en même temps un bon remède contre la fièvre.

Les principaux poissons de rivière sont ceux nommés *tu-ngu'* (*ca-tu*), *phan-ô-ngu'* et *maï-ngu'*, qui sont plus petits que les poissons de mer, mais meilleurs à manger.

Les poissons *dao-ngu'* (*ca-dao*) et *ho-sa-ngu'* sont des meilleurs que l'on puisse manger.

Le poisson *giang-phan-ngu'* (*ca-co'm-song*) n'est bon qu'à sécher.

Le poisson *giang-kê-ti* (*ca-maï-ga-song*) a meilleur goût que les poissons de mer.

Les poissons *li-ngu'* et *lu'-ngu'* et enfin le *bao-ngu'* (*ca-soac*) ont le corps rouge, la bouche grande et les écailles petites.

Le poisson *bach-lu'* (*ca-kiêc*) est bon à manger.

Le poisson *thiêu-ngu'* (*ca-chiaï*) a les arêtes nombreuses et les écailles longues. Ce poisson est gras et bon à manger quand il est cuit. Il naît pendant l'automme et il a des œufs pendant l'hiver. Lorsqu'on le mange pendant qu'il porte ses œufs, cela fait l'effet d'un léger purgatif. Ce poisson est très-commun dans les provinces de *Vinh-thanh* et de *Dinh-tuong*; il est inconnu dans le nord de l'empire.

Dap-ngu'.

Le poisson *dap-ngu'* n'a pas d'écailles; il a deux nageoires semblables à des ailes et beaucoup d'arêtes pointues comme des épines; son ventre est blanc, et le reste de son corps vert; il atteint en longueur de 5 à 6 pieds et est très-gras; sa chair est bonne à faire sécher. On fait avec la graisse extraite de son corps de l'huile bonne à brûler et employée aussi dans le calfatage des barques (pour frotter les barques). Une espèce jaune et plus petite que la précédente se nomme

Ca-lang.

ca-lang.

Il y a enfin une autre espèce qui n'est verte que sur le dos et que l'on nomme *ca-lu'-hoa*.

Ca-uc.

Le poisson nommé *ca-uc* est semblable au *ca-lang*, mais il a des cornes.

Il en existe une espèce, nommée *ca-uoc*, qui a la tête très-dure.

Ca-dap.

Le poisson *niêt-ngu'* est semblable au *ca-dap*, mais il est plus petit que lui; son dos est vert; il est excellent à manger. Ce poisson est vulgairement appelé *thuy-so'm*. On en trouve une espèce plus petite que l'on nomme *gioc-ngu'* ou bien *xui-sa-ngu'* : c'est un poisson rond et de couleur jaune, dont les écailles sont petites; il atteint la grosseur de l'avant-bras, mais on en voit d'aussi minces que des baguettes pour manger.

Les espèces qui sont de couleur noire, ou bien dont la peau est sillonnée de dessins, ne sont nullement bonnes à manger.

Ca-buôi.

Le poisson *giang-dôn-buôi-ngu'*, vulgairement *ca-buôi*, est de forme longue et a de grandes écailles. Sa chair est bonne lorsqu'elle est cuite; ses œufs sont également bons quand on les a fait sécher.

Il existe une espèce plus petite que la précédente, nommée *ngo-ngu'* (*ca-ngo*).

Il y a aussi l'espèce plus petite encore nommée *ca-doï*.

Il y en a encore une qui a des sortes d'ailes semblables à celles de la cigale et à l'aide desquelles elle s'envole au-dessus des eaux; on la nomme *ca-giang-thanh-dinh* (*ca-chuôn-song*).

Il y a enfin les espèces dites *hanh-ngu'* et *phân-ngu'*, qui sont barbues; l'une est jaune et l'autre blanche.

Le poisson *ngu'u-thiet-ngu'* (*ca-lu'o'i-trâu*) a le corps aplati, semblable à une tranche (à une langue); il est noir par-dessus et blanc par-dessous.

Les poissons *ban-ti-ngu'*, *van-ngu'* (*ca-hong-vien*), *ma-ngu'*, *phuong-ngu'*, *linh-ngu'*, *giang-le-ngu'*, *song-man-ngu'*, *kiem-dao-ngu'*, *suyen-ngu'*, sont minces et aplatis, mais gras et bons à manger; ils n'ont pas d'écailles et sont blancs comme le jade.

Le poisson *phu'o'ng-ngu'* a la tête carrée et aplatie, des yeux semblables à ceux du homard et une sorte de barbe rouge ou verte; ses écailles sont parsemées comme des étoiles. Il vole au-dessus des eaux et atteint la grosseur de l'avant-bras.

Les principaux poissons d'arroyos sont : le *hoa-le-ngu'* (*ca-bong*), le *lé-ngu'* (*ca-loc*), le *qua-so'n-ngu'* (*ca-rô*), qui ont la peau recouverte d'une sorte de suintement. Ces poissons, lorsque la mer est basse, peuvent marcher sur la terre ferme à l'aide de leurs nageoires.

Il en est de même pour le *gioc-ngu'* (*ca-tre*), qui est barbu, sans écailles et muni de deux nageoires semblables à des cornes.

Les poissons *ca-diep* et *ca-di-thu* sont bons à manger frais ou salés; ces poissons sont très-abondants dans les six provinces et beaucoup plus là que dans le reste de l'empire.

On sèche par année et l'on transporte en barque, pour le vendre, plus d'un million de livres (*cân*) de poisson dit *ca-bong;* quant au *ca-loc,* la quantité séchée pendant l’année est tout entière employée à la consommation. On trouve le *ca-loc* même jusque dans les rizières, quoique cependant en quantité assez restreinte ; ce poisson est excellent à manger quand il est sec. Il en existe une espèce, dite *ca-hoa-man,* dont la tête est plate et le corps rond et recouvert de stries semblables à des dessins. Ce poisson n’a pas d’écailles ; il n’est pas plus grand que le pouce ; sa chair est grasse et d’un goût délicieux. Ce *ca-hoa-man,* à l’époque des pluies, abandonne les rizières. Les pêcheurs fabriquent, pour le prendre, des claies en osier qu’ils placent à l’entrée des arroyos, afin de l’empêcher de sortir, et alors ils s’en emparent facilement. Cette pêche paye un impôt selon les règles et les coutumes (impôt de pêche).

Le *con-lu’o’n* (anguille) se trouve aussi dans les rizières et dans les arroyos.

Il existe un poisson de mer venimeux que l’on nomme *co-ngu’* (*ca-nôc*) ; il est rond et de la grosseur du bras ; son corps, rugueux et comme recouvert d’épines, est couvert de dessins jaunes et noirs ; son ventre est gros, sa queue petite ; il donne la mort aux hommes qui en mangent. On dit que la substance venimeuse réside dans le foie et dans les entrailles ; en effet, ce poisson, quand il est vidé et nettoyé, cesse d’être dangereux. Cependant il vaut beaucoup mieux s’abstenir de manger la chair de cet animal.

On trouve dans les rivières un poisson nommé *man-xa-ngu’* (*ca-ngat*). Ce poisson a toute l’apparence d’un serpent, mais il est barbu ; il n’a pas d’écailles. Lorsqu’un homme est piqué par cet animal, il tombe dans un engourdissement qui dure vingt-quatre heures ; il s’éveille, après cela, de ce long sommeil sans aucune maladie. La fumée produite par la combustion des os de cette espèce de poisson fait fuir les *cent-pieds* [1].

---

[1] Le *cent-pieds,* en Cochinchine, fait des piqûres dangereuses.

Le poisson nommé *qui-dien-ngu'* (*ca-mat-qui*) n'a pas plus Ca-mat-qui.
d'un pouce de long; il est rond et couvert d'écailles et de
stries. Ses morsures sont très-douloureuses et produisent
des enflures qui disparaissent au bout d'un jour.

On trouve dans le *Kieng-dang-giang* un coquillage uni- Coquillages.
valve, nommé *mé-noa* (*ôc-gao*), dont la coquille est blanche, Ôc-gao.
ronde et de la grosseur du pouce. Lorsque ce coquillage est
cuit, l'opercule s'enlève et il découle de l'intérieur une sorte
de graisse blanche, semblable à du riz, dont le goût est
excellent. Ce coquillage habite d'abord au fond des eaux;
mais vers le quatrième ou le cinquième mois il commence à
gagner les petits fonds, et c'est alors que les pêcheurs vont
le prendre dans de petits bateaux.

On vend cet animal dans les marchés voisins ou éloignés.
Il pond au septième mois et il regagne au huitième les eaux
profondes. On fait de la chaux avec sa coquille.

Il existe dans les cours d'eau de *Bien-hoa* une coquille
bivalve qui est le meilleur des coquillages.

On trouve dans les forêts de palétuviers une coquille univalve nommée *ôc-linh*, qui a plus d'un pouce de long, est Ôc-linh.
de la grosseur du doigt de la main et se termine en pointe.
La chair de cet animal contient des tendons verdâtres et est
très-bonne à manger.

La coquille *thuy-diu'a-noa* (*ôc-diu'a*) est univalve, et de Ôc-diu'a.
la grosseur d'un ongle de la main; elle renferme un animal
bon à manger.

La coquille *huyêt-só* (*ngao-huyêt*) est bivalve et vit dans Ngao-huyêt.
la vase; elle est ronde, semblable à une tasse à boire du
vin, ridée, rugueuse et couverte de petites pointes comme
des clous : ces rides forment des sillons symétriques. Sa
chair est excellente à manger. On ne trouve cette coquille
que dans les provinces de *Gia-dinh;* du moins elle est partout ailleurs très-rare, et ne renferme pas, comme celles de
Gia-dinh, une liqueur rouge semblable à du sang : aussi
n'est-elle pas bonne à manger.

Haï-diep.

La coquille *haï-kinh* (*haï-diep*) renferme un animal qui peut se conserver dans de la saumure; il y en a de jaunes et de rouges, également comestibles.

Dap-dap.

La coquille *qui-tru'o'ng-thanh* (*dap-dap*), qui se nomme aussi *van-cap*, est bivalve; il y en a de deux espèces, la noire et la blanche.

Ngao-bang.

La coquille *ngao-bang* est bivalve et se trouve, comme les trois précédentes, dans le voisinage de la mer.

Xa-cu' (nacre).
Ôc-taï-voï.

La coquille *xa-cu'* (nacre) est univalve. La coquille *tu'o'ng-nhi* (*ôc-taï-voï*) est également univalve et, comme la précédente, renferme un animal bon à manger. Ces deux sortes de coquilles sont employées dans les ouvrages d'incrustations, à cause du brillant et de la beauté de leur nacre.

Crustacés.
Tôm-do.

Les grosses chevrettes de mer, nommées *tôm-do*, sont séchées et chargées sur les jonques de commerce. Cette industrie est très-développée dans les provinces de *Vinh-thanh* et de *Ha-tien;* on en vend par année environ 100,000 livres (*cân*). Il existe une espèce, nommée *ngân-ha* (*tôm-bâc*), qui n'est pas plus grosse que des baguettes à manger; on les broie avec du sel de façon à en faire une sorte de farine rouge comestible et d'une odeur assez forte.

Tôm-hum.

Le homard *ho-ha* (*tôm-hum*) a une carapace couverte de stries et de piquants; il atteint la grosseur du bras; sa chair est bonne à manger. On conserve sa carapace, que l'on suspend comme ornement ou amusement.

Tôm-cang.

On trouve dans les rivières l'espèce dite *thanh-ha* (*tôm-cang*); c'est une sorte de chevrette verte et ronde et de la grosseur de quatre ou cinq pouces, qui a deux défenses de la longueur du doigt. Cet animal a beaucoup de goût; il est gras et très-bon à manger. On ne trouve pas cette espèce dans le nord de l'empire.

Tôm-bâc.
Tôm-sât.
Tôm-dât.

Il y a encore trois sortes de petites chevrettes, nommées *bach-ha* (*tôm-bâc*), *thiet-ha* (*tôm-sât*) et *tho-ha* (*tôm-dât*), qui sont bonnes à manger.

Cua (crabes).

Les crabes, *diai* (*cua*), sont ronds et de la grandeur de

la main; ils renferment une substance jaune (*gach*) qui est très-bonne à manger. On les prend pendant la nuit au moyen de nasses installées avec des bambous, de telle sorte que l'animal peut entrer, mais ne peut plus sortir; une amorce est placée au centre de la nasse. On ne lève ces nasses que le lendemain au jour, et les crabes pris sont alors portés au marché. Les crabes pêchés de la sorte dans la nuit sont très-beaux, et leur nombre est considérable.

On trouve dans les champs une espèce de crabe appelée *con-cua-ruông* (crabes de champs), que l'on nomme aussi vulgairement *nha-dio;* ils sont aussi petits qu'une tasse à boire du vin et bons à manger. Nha-dio.

Il existe enfin un crabe de mer, nommé *banh-ki (con-ghe)*, dont la chair est maigre et sans goût. Con-ghe.

Le crustacé nommé *ngu' (con-cup)* est bon à manger; les œufs de cet animal ont le goût un peu acide *(tu'o'ng)*. Con-cup.

Le *ngat-ngu' (con-sâu)*, caïman, a la tête carrée, le museau pointu et les sourcils proéminents; sa queue est séparée en deux par une sorte d'aplatissement; ses dents sont aiguës; il n'a ni ouïes ni oreilles; il a quatre pieds dépourvus d'écailles. Sa force réside surtout dans sa queue. Il y en a de deux espèces, la noire et la jaune. Caïmans.
Con-sâu.

Cet animal atteint la longueur d'une barque; il est féroce et fort à craindre. Il jette d'un coup de queue les hommes dans l'eau, et là il les dévore. Il a aussi la coutume de se cacher sur les bords des rivières, dans les touffes épaisses, afin de saisir les personnes qui ignorent sa présence. Si la personne mordue n'est que légèrement blessée, elle peut trouver son salut en se réfugiant sur un arbre élevé, car le caïman ne saurait l'y suivre.

Cet animal a la méchanceté d'un démon: c'est pour cela qu'il lui est possible de se transformer en esprit malfaisant afin de mieux dévorer les hommes. On trouve quelquefois dans son ventre des bracelets ou des épingles de tête en or, ou tout autre objet ayant appartenu à ses victimes.

On prend de petits caïmans dans le but de les élever et de les nourrir; les personnes qui font ce commerce les transportent attachés à des bambous placés de distance en distance, en travers de leur barque. A terre, on les élève dans des sortes d'étables faites exprès pour eux. Le but est de les manger quand ils sont gras. On conserve leur peau, que l'on fait sécher; on fabrique avec leurs dents des manches de couteaux.

Tortues. Les tortues dites *so'n-rua, trach-rua* (*can-du'o'c*) et *thuy-rua*
Can-du'o'c. (*can-thaï*) sont de grande taille.
Can-thaï.

Il en existe une espèce qui n'a pas plus d'un pouce de
Tran-bong. longueur: on la nomme *chuy-thu* (*tran-bong*); sa carapace est mince et ressemble à de l'écaille.

Biet. La tortue nommée *biet* ou *cu-dinh* quand elle est de grande espèce, et *con-hôn* quand elle est petite, a la tête pointue. Cette tortue a l'habitude de mordre. La partie de son corps située sur le contour de sa carapace est un excellent comestible. La petite espèce est aussi très-bonne à manger, et c'est pour cela que l'on a l'habitude de dire qu'une once de *biet* vaut une livre de chair de tortue.

Ba-ba. La tortue *phong-biet* (*ba-ba*) a la carapace tendre et sans dessins. Elle est très-convexe et a même une proéminence semblable à une montagne,

Con-vit. La tortue *dai-mai-haï* (*con-vit*) atteint une longueur de 4 à 5 pieds.

Oiseaux. Les oiseaux remarquables sont : le *cam-kê*, dont le corps est comme recouvert de dessins; le *diam-tri* (*con-song*), dont le cou est rouge et le corps vert; le *khong-thuôc* (*con-se*); le *nguyen-ac* (*con-ac*, corbeau); l'*anh-vo*; le *phi-thuy*; le *thân-cat*; le *liêu-ïen* (*con-ïen*, hirondelle); le *nhan-bach* (*con-nhan*); le *nhan-hu'ng* (*bo-cat*); le *dien* (*con-diêu*); le *hoang-oanh*; le *thu'-cô*; le *hi-thu'o'c* (*con-chim-khat*); le *thich-linh* (*con-chuy-chuy*); l'*iem-thuân* (*chim-cut*); l'*e-lo*; le *so'n-kê* (*ga-ru'ng*, faisan commun); le *thuy-kê* (*ga-nu'o'c*, poule d'eau); le *thuy-ao* (*vit-nu'o'c*); le *lu'-tu'* (*con-than-ngoc*); le *gia-linh*; le *thô-*

linh; le *thanh-linh;* le *thu'o'c-thu';* le *thu'o'c-bao;* le *triêu-diêu* (*con-bip-bip*) : cet oiseau chante quand il voit monter la marée.

Le *lao-ong-diêu* (*con-gia-dai*) est un très-grand oiseau; il a sous le bec une poche qui se balance, quand il marche, comme un battant de cloche. Il remplit cette poche de poissons et de chevrettes.

Le *phu-nong-só* est de la grosseur d'une oie; il est blanc. On emploie ses plumes pour fabriquer des éventails.

Le *haï-nga* et le *hac-linh* ont des plumes qui servent à la fabrication des flèches.

Le *co'-thu* est vulgairement nommé *thang-be.*

Le *trach-môc,* le *truc-kê,* vulgairement *ga-xuôc,* et le *hoa-kê* sont des espèces qui viennent de l'Europe.

Le *xiemp-ap,* vulgairement *vit-xiém* (canard de Siam), a une crête rouge mêlée de vert et de blanc; son plumage est vert.

L'*anh-vo* est vulgairement appelé *chim-cat.*

Le *miên-diêu* (*chim-vac*) chante pendant la nuit; c'est alors aussi qu'il va chercher sa nourriture.

On distingue aussi le *ki-thu'o'c,* le *ngu'u-thu'o'c* (*con-sau*), le *luyên-thu'o'c* (*con-cu'o'ng*) et le *linh-thu'o'c* (*con-nhong*) : ce dernier a une crête rouge et le bec jaune ainsi que les pieds (il existe une variété dont les pieds sont rouges); son plumage est noir. Cet oiseau peut parler aussi bien que l'homme, et bien mieux que tous les oiseaux de la même famille que lui.

Le *ban-diêu* (*chim-cu*) est très-joli quand il est jeune, et s'enlaidit en grandissant; il a l'aspect de la poule, mais son corps est couvert de dessins; il a les yeux et la voix du chat. Le *nhiêt* a la voix du cochon : on le nomme à cause de cela *chim-heo.* Ces deux derniers oiseaux ne sont considérés ni comme beaux ni comme agréables.

Les quadrupèdes principaux sont : le *con-tay* (rhinocé- ros); le *con-tu'o'ng* ou *con-voi* (éléphant); le *hung* (*con-gâu,* ours); le *hum-côp* (tigre); le *con-beo* (guépard); le *con-trâu*

Quadrupèdes.

(buffle); le *con-ngu'a* (cheval); le *con-diê* (chèvre); le *con-bo* (bœuf); le *con-naï* (cerf commun); le *con-hu'u* (axis); le *con-vu'o'n;* le *con-trâu-nui* (buffle sauvage); le cheval sauvage; la chèvre sauvage; le sanglier; le *con-chôn* (de la famille du putois); le *con-tho* (lièvre); le *con-raï* (loutre); le *con-viên* (espèce de singe); le *con-khi* (singe); le singe à sourcils blancs; le singe noir; le *tinh-tinh*, etc. etc.

FIN

DE LA DESCRIPTION DE LA BASSE COCHINCHINE.

DIVISIONS TERRITORIALES ET ADMINISTRATIVES DES TROIS PROVINCES DE LA COCHINCHINE FRANÇAISE.

PROVINCE DE BIEN-HOA; CHEF-LIEU : BIEN-HOA (CITADELLE).

ARRONDISSEMENTS ou PHỦ

PHUOC-LONG		PHUOC-TUY	
SOUS-ARRONDISSEMENTS ou HUYỆN		**SOUS-ARRONDISSEMENTS ou HUYỆN**	
PHUOC-CHANH (Comprenant PHUOC-CHANH, anc. / PHUOC-BINH, anc.)	BINH-AN (Comprenant BINH-AN, anc. / NGAI-AN, anc.)	PHUOC-AN	LONG-THANH
6 cantons.	**9 cantons.**	**4 cantons.**	**4 cantons.**
Phuoc-vinh-thuong-tong .... 24 Phuoc-vinh-trung-tong .... 16 Phuoc-vinh-ha-tong .... 18 Chanh-mi-thuong-tong .... 10 Chanh-mi-trung-tong .... 18 Chanh-mi-ha-tong 14	Binh-chanh-tong .... 10 Binh-tho-tong .... 9 Binh-dien-tong .... 11 Binh-lam-tong .... 13 Binh-thien-tong .... 8 An-tho-tong .... 8 An-thuy-tong .... 14 An-dien-tong .... 7 An-binh-tong 7	An-phu-thuong-tong .... 12 An-phu-ha-tong .... 8 Phuoc-hung-thuong-tong .... 8 Phuoc-hung-ha-tong 8	Long-vinh-thuong-tong .... 16 Long-vinh-ha-tong .... 14 Thanh-tuy-thuong-tong .... 10 Thanh-tuy-ha-tong 24
MARCHÉS (chợ) ET POSTES MILITAIRES. Thou-dau-mot .... Marché. Dong-cuau .... Idem. Ben-cau .... Idem. Dao (Ben-luc) .... Idem.	**MARCHÉS (chợ) ET POSTES MILITAIRES.** Thou-dien-mot .... Poste et marché. Bieng .... Marché. Lai-thieu .... Idem. Thou-duc .... Idem. Cay-me .... Idem. Go-dau .... Idem. Thi-linh .... Fort.	**MARCHÉS (chợ) ET POSTES MILITAIRES.** Tiriu (Bi-ria) .... Poste et marché. Vam-hong .... Marché. Thenh .... Idem. Ben .... Idem. Dinh .... Idem. Long .... Idem. Cay-song .... Idem. Thom .... Idem. Ba-hon .... Idem. Loc-an .... Poste. Cap-Saint-Jacques, phare et poste militaire.	**MARCHÉS (chợ) ET POSTE MILITAIRE.** Long-thanh .... Poste et marché. Dong-mon .... Idem. Hoc-mon .... Marché. Cai-vang .... Idem. Sioi-di .... Idem. Long-kien .... Idem.
MAISON DE POSTE (TRẠM). "	**MAISON DE POSTE (TRẠM).** "	**MAISON DE POSTE (TRẠM).** Geoa-phu'o'c / Bien-thanh Bien-hong / Tuba-bien	**MAISON DE POSTE (TRẠM).** Bien-ler / Ba-u-hoia Bien-tan / Boza-ki

PROVINCE DE GIA-DINH; CHEF-LIEU : SAI-GON (CITADELLE).

ARRONDISSEMENTS ou PHỦ

TAY-NINH		TAN-BINH			TAN-AN		
SOUS-ARRONDISSEMENTS ou HUYỆN		**SOUS-ARRONDISSEMENTS ou HUYỆN**			**SOUS-ARRONDISSEMENTS ou HUYỆN**		
TAN-NINH (Comprenant QUAN-HOA, anc.)	BINH-LONG	BINH-DUONG	TAN-LONG	PHUOC-LOC	CUU-AN	TAN-THANH	TAN-HOA
5 cantons.	**5 cantons.**	**6 cantons.**	**6 cantons.**	**6 cantons.**	**4 cantons.**	**5 cantons.**	**4 cantons.**
Hoa-ninh-tong .... 13 Ham-ninh-tong .... 9 Gia-ninh-tong .... 5 Quan-hoa { Trieu-hoa-tong .... 6 { Gia-hoa-tong 10	Binh-thanh-thuong-tong .... 16 Binh-thanh-trung-tong .... 11 Binh-thanh-ha-tong .... 14 Long-tuy-thuong-tong .... 20 Cau-an-ha-tong 16	Binh-tri-thuong-tong .... 11 Binh-tri-trung-tong .... 8 Binh-tri-ha-tong .... 11 Duong-hoa-thuong-tong .... 11 Duong-hoa-trung-tong .... 13 Duong-hoa-ha-tong .... 13 Tuong-tong (supplémen-taire) 3	Tan-phong-thuong-tong .... 11 Tan-phong-trung-tong .... 19 Tan-phong-ha-tong .... 16 Long-hung-thuong-tong .... 19 Long-hung-trung-tong .... 21 Long-hung-ha-tong 17	Phuoc-dien-thuong-tong .... 19 Phuoc-dien-trung-tong .... 21 Phuoc-dien-ha-tong .... 19 Loc-thanh-thuong-tong .... 10 Loc-thanh-trung-tong .... 11 Loc-thanh-ha-tong 13	An-nin-thuong-tong .... 19 An-nin-ha-tong .... 21 Ca'n-cu-thuong-tong .... 9 Cu'u-cu-ha-tong 12	Thanh-tri-thuong-tong .... 7 Thanh-hoi-ha-tong .... 7 Than-minh-thuong-tong .... 7 Than-minh-ha-tong 7	Hoa-dong-thuong-tong .... 7 Hoa-dong-ha-tong .... 10 Hoa-lac-thuong-tong .... 8 Hoa-lac-ha-tong 8
MARCHÉS (chợ) ET POSTES MILITAIRES. Trang-bom .... Marché et poste milit. Toy-nin .... Idem. Go-gion .... Marché. Cat-vang .... Idem. Sioi-di .... Idem. Gia-loc .... Idem.	**MARCHÉS (chợ) ET POSTES MILITAIRES.** Trinh-luou .... Poste militaire. Tri-thu'on Rach-luc .... Idem. Hoc-mon .... Marché. Dur-luou .... Idem. Ba-diem .... Idem. Ben-bich .... Idem.	**MARCHÉS (chợ) ET POSTES MILITAIRES.** Ben-thanh (Sai-gon) .... Marché. Choi-quan .... Idem. Go-vap .... Idem. Long-kien .... Idem.	**MARCHÉS (chợ) ET POSTES MILITAIRES.** Cho'-lo'n (ville chinoise), grand marché. Rach-kien, poste milit. et marché. Vinh-phuoc .... Marché. Can-duoc .... Idem. Cho'-dem .... Idem. Ben-lut .... Idem. Ba-hom, marché et poste militaire. Charbonier .... Poste militaire. Col-mai .... Idem.	**MARCHÉS (chợ) ET POSTE MILITAIRE.** Gong-ciou .... Marché. Rach-kieu, poste milit. et marché. Vinh-plauot .... Marché. Long-hinh .... Idem. Can-duoc .... Idem. Ben-lut .... Idem. Can-gio' .... Idem.	**MARCHÉS (chợ).** Vinh-tin .... Marché. Binh-phu .... Idem. Tho-thu'a .... Idem.	**MARCHÉS (chợ).** Gia-thanh .... Marché. Ki-son .... Idem. Vang-nga .... Idem.	**MARCHÉS (chợ).** Lo-cong .... Marché. Rach-lo .... Idem. Goang-hau .... Idem. Ong-vinh .... Idem. Co'a-thin .... Idem.
MAISON DE POSTE (TRẠM). Cou-hoi / Trang-bang Cou-lac / Hot-mon	**MAISON DE POSTE (TRẠM).** Cho'-lo'n.	**MAISON DE POSTE (TRẠM).** Binh-quoi / Tan-nua-ochi Tou-khoa (Sai-gon) / Bo-de-Poste-Coulor	**MAISON DE POSTE (TRẠM).** Cho'-lo'n.	**MAISON DE POSTE (TRẠM).** "	**MAISON DE POSTE (TRẠM).** "	**MAISON DE POSTE (TRẠM).** Vang-nga.	**MAISON DE POSTE (TRẠM).** "

PROVINCE DE DINH-TUONG; CHEF-LIEU : MI-THO (CITADELLE).

ARRONDISSEMENTS ou PHỦ

KIEN-AN		KIEN-TUONG	
SOUS-ARRONDISSEMENTS ou HUYỆN		**SOUS-ARRONDISSEMENTS ou HUYỆN**	
KIEN-HUNG	KIEN-HOA	KIEN-PHONG	KIEN-DANG
5 cantons.	**5 cantons.**	**4 cantons.**	**6 cantons.**
Hung-long-tong .... 16 Hung-nhu'o'ng-tong .... 14 Hung-nhan-tong .... 13 Hung-binh-tong .... 16 Hung-tri-tong 19	Hoa-quon-tong .... 20 Hoa-thinh-tong .... 19 Hoa-hao-tong .... 13 Thanh-phong-tong .... 17 Thanh-quang-tong 15	Phong-thanh-tong .... 19 Phong-phu-tong .... 9 Phong-nam-tong .... 8 Phong-hoa-tong 9	Loi-trinh-tong .... 11 Loi-tuan-tong .... 13 Loi-mi-tong .... 11 Loi-tru'o'ng-tong .... 13 Loi-thanh-tong .... [illegible]
MARCHÉS (chợ) ET POSTE MILITAIRE. Mi-tho, Binh-tao et Bien-luc .... Marché. Trung-lu'o'ng .... Idem. Vinh-kim-dong .... Idem. Thang-nhika .... Idem. Tan-dinh .... Idem. Phu-ph .... Idem. Ban-giem .... Idem. Kieu-uh .... Poste militaire.	**MARCHÉS (chợ).** Cho'-gao .... Marché. Ben-tronh .... Idem. Phu-kiet .... Idem. Mi-tho à Phu-lam et Mi-chanh .... Idem. Soang-thanh .... Idem. Binh-thang .... Idem. Rach-lai ou Rach-rohin .... Idem.	**MARCHÉS (chợ).** Cai-thia .... Marché. Ba-ta .... Idem. Cai-lay .... Idem. Col-bé .... Idem. Cai-be .... Idem. Nga-ba-cai-in .... Fort. Ta-loat .... Idem.	**MARCHÉS (chợ).** Cao-hi .... Marché. Hoi-son .... Idem. Ca-cong .... Idem. Hou-thanh .... Idem. Cai-bé .... Idem. Cai-be .... Idem. Nga-ba-cai-in .... Idem. Ta-loat .... Idem.
MAISON DE POSTE (TRẠM). "	**MAISON DE POSTE (TRẠM).** "	**MAISON DE POSTE (TRẠM).** "	**MAISON DE POSTE (TRẠM).** "

NOTA.

—

La carte générale de la basse Cochinchine et du Cambodge, publiée par le Dépôt de la marine, que nous joignons ici à cet ouvrage pour en faciliter l'intelligence, ne doit être considérée que comme provisoire, bien qu'elle présente toute l'exactitude possible.

Nous croyons pouvoir faire espérer que pendant le courant de l'hiver il en paraîtra une plus complète et plus claire.

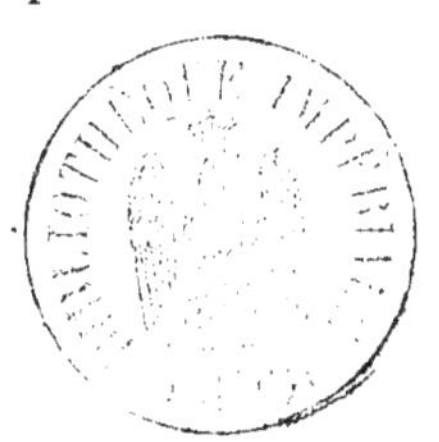

APPENDICE[1].

NOTE I.

GOUVERNEMENT ET MANDARINAT DU ROYAUME D'ANNAM.

GOUVERNEMENT.

Le royaume d'Annam est divisé en provinces, administrées chacune comme on le verra dans la note II. Les chefs supérieurs d'administration dans les provinces relèvent des six grands tribunaux ou ministères institués dans la capitale. Ces six ministères (*luc-bo*) sont la base fondamentale du gouvernement au point de vue administratif; c'est d'eux que nous nous occuperons d'abord, notre intention étant de ne pas compliquer cette note par les très-nombreuses charges de la cour de Hué. Nous pensons, en effet, que ce serait inutilement fatiguer le lecteur par des mots incompréhensibles et sans beaucoup d'intérêt. Nous préférons, à ce sujet, le renvoyer au livre des lois rituelles, qui fait partie du Code de législation.

Les six grands tribunaux ou ministères sont : *Ministères.*

1° Le ministère ou grand tribunal des mandarins ou de l'intérieur (*bo-laï*);

2° Celui des finances et de l'impôt (*bo-ho*);

3° Celui des rites et cérémonies (*bo-le*);

4° Celui de la guerre et des armes (*bo-binh*);

5° Celui de la justice et des peines (*bo-hinh*);

6° Celui des travaux publics (*bo-cong*).

Chaque grand tribunal ou ministère comporte :

Un président ou ministre (*thu'o'ng-thu'*);

Deux vice-présidents ou assesseurs du président (*tam-tri*);

Deux sous-assesseurs ou conseillers (*thi-lang*);

Un vice-conseiller (*bien-li*).

---

[1] Nous croyons utile de donner ici, sous forme d'appendice, deux notes de nous où l'on trouvera, premièrement, l'ensemble du système gouvernemental dans le royaume d'Annam, avec la hiérarchie du mandarinat, et, en deuxième lieu, l'exposé succinct de l'administration d'une province, suivi des divisions terri

23

Tous ces dignitaires ont le titre d'excellence (*ong-lo'n*); ils sont ce que l'on nomme vulgairement de hauts mandarins (*quan-lo'n*).

Sous leurs ordres sont placés les différents employés ayant un rang dans le mandarinat, tels que :

Les délégués à l'intérieur, au nombre de trois à cinq (*lang-trung*);

Les délégués à l'extérieur, selon les besoins du service (*viên-ngoaï-lang*);

Les sous-délégués, selon les besoins du service (*chu'-su'*);

Les employés, selon les besoins du service (*thu'-bo*);

Et enfin les écrivains ou greffiers, dont le nombre est indéterminé, et qui n'ont aucun rang dans le mandarinat (*tho'-laï*).

Grand censeur et maréchaux.

Au-dessus de ces six grands tribunaux ou ministères sont placés auprès de la personne royale : d'une part, ce que l'on a quelquefois traduit par l'expression de grand censeur ou grand chancelier du royaume, littéralement *grand lettré* (*daï-hoc-tri*), assisté de deux ou trois vice-grands censeurs ou chanceliers (*hiêp-bien-daï-hoc-tri*), pour le civil; et, d'autre part, pour le militaire, du grand maréchal du centre (*trung-quân*), assisté de quatre maréchaux, qui sont ceux de l'avant-garde (*tiên-quân*), de l'aile gauche (*ta-quân*), de l'aile droite (*hu'u-quân*) et enfin de l'arrière-garde (*hâu-quân*).

Le grand censeur actuel, qui est en même temps un conseiller intime du roi et le suprême président du *luc-bo*, est un vieillard extrêmement habile et très-attaché à son pays, qu'il sert avec beaucoup de zèle, dans les positions les plus élevées, depuis trois règnes consécutifs; ses dignités le placent même au-dessus de la première classe du premier degré, et par conséquent il a le pas sur le grand maréchal du centre, qui est le seul mandarin militaire de ce degré et de cette classe. Du reste, l'usage veut que, à grade égal, les mandarins civils (*quan-van*) aient la prééminence sur les mandarins militaires (*quan-vo*).

Le grand censeur actuel se nomme *Truong-dang-quê*; il porte le titre de *cân-chanh* (diligent et sincère); il est duc de l'empire (*cong*).

Le grand maréchal du centre a nom *Doan-tho*.

Conseillers royaux.

Auprès du roi, et conséquemment dans le palais, sont les membres du *noï-khac*, sorte de conseillers royaux dont l'importance est loin d'égaler les membres du *nuï-kho* de la Chine, que pourtant ils représentent.

---

toriales administratives pour la basse Cochinchine, et principalement pour les trois provinces devenues françaises par le traité du 5 juin 1862. — La première de ces notes, ou appendice I, que nous avons pu nous procurer directement nous-même à Hué, indique l'état actuel du gouvernement d'Annam.

On a vu que le grand maréchal du centre est le chef suprême de
l'armée : c'est lui qui est chargé de la défense de la citadelle intérieure
de Hué (*thanh-noï*), sorte de territoire sacré qui sert de résidence au
roi.

Sous ses ordres est placée l'armée royale permanente, qui se divise
en infanterie et marine.

L'infanterie se compose de 80 régiments de 5oo hommes chacun,
ce qui donne un effectif total de 4o,ooo hommes.

Huit généraux en chef, nommés *thong-ché*, se partagent le commandement de cette force militaire; chacun de ces *thong-ché* est à la tête
de 1o régiments ou bien de 5,ooo hommes.

Les *thong-ché* sont désignés par des appellations particulières propres
aux régiments qu'ils commandent; ce sont :

2 *thong-ché* pour les *viô-lam*	20 régiments,	1 0,000 hommes.
1 ———— pour les *tien-phong*	10	5,000
1 ———— pour les *long-vo*	10	5,000
1 ———— pour les *than-co'*	10	5,000
1 ———— pour les *ho-oaï*	1 0	5,000
1 ———— pour les *hung-diné*	1 0	5,000
1 ———— pour les *ki-vo*	10	5,000
Total	8o	4o,ooo

Telle est, en infanterie proprement dite, la force *régulière* et *permanente* du royaume d'Annam; le reste de l'armée est composé, hors
de la capitale, par les milices des provinces, milices levées selon les
besoins et l'état de guerre ou de paix.

Au-dessous des *thong-ché* sont de simples généraux nommés *dé-doc*.
L'un d'eux est le gouverneur militaire du territoire de Hué (territoire
royal); il doit veiller à la défense de la citadelle extérieure (*thanh-
ngoaï*).

Chacun des 8o régiments a à sa tête un colonel (*chanh-vé* [1]) et un
lieutenant-colonel (*pho-vé*). C'est parmi ces officiers supérieurs que
sont pris les chefs militaires des provinces, que l'on nomme *lanh-binh*
et *pho-lanh-binh*, grades qu'il est plus convenable de traduire par
l'expression de *directeur* et *sous-directeur des troupes*, parce qu'ils ne
comportent pas l'idée que nous nous faisons du titre de général, titre
très-bien rendu par les mots *dé-doc* et *thong-ché*.

---

[1] Ordinairement, dans les provinces, le titre de colonel se rend par l'expression *chanh-quan-cœu*, c'est-à-dire qui commande véritablement un régiment, appelé *cœu*; lieutenant-colonel, *pho-quan-cœu*, etc.

Marine.

La marine se compose d'un effectif total de 30 régiments, et par conséquent de 15,000 hommes, placés sous le commandement d'un amiral en chef qui a pour titre *do-thong-thuy-su'*, et dont le rang est celui de maréchal.

Cet amiral en chef a sous ses ordres un *thong-chế* de la marine ou vice-amiral, auquel obéissent les 10 premiers régiments de marins.

Enfin, deux contre-amiraux ou *chuong-vế* se partagent les 20 autres régiments qui constituent l'effectif total de 30 régiments.

Territoire royal ou de Hué.

Le territoire de Hué forme dans le royaume une province particulière, qui ne porte pas, comme les autres, l'appellation de *tinh*, et qui est administrée d'une façon toute différente.

Ce territoire est considéré comme un simple *phu* (voir la note II) et se nomme *Thu'a-thien-phu*; il est divisé en six *huyens*. Il est placé sous le commandement militaire et la surveillance spéciale d'un général (*dế-doc*); cependant l'administration civile y fonctionne dans chaque commune et dans chaque *huyen* comme dans le reste du royaume. Les chefs civils, placés sous les ordres du *dế-doc*, sont une sorte de gouverneur nommé *phu-dioan*, assisté d'un autre *quan-phu* appelé *phu-thu'a*. Ces deux mandarins, quoique ne portant que le titre de *quan-phu*, n'en sont pas moins des excellences, et le second a même un rang plus élevé que les chefs de la justice dans une province (*quan-an*). Ils résident tous deux dans Hué.

Nous allons donner maintenant le tableau des différentes classes et des différents degrés du mandarinat dans le royaume d'Annam. Nous donnons de préférence les fonctions qui se rapportent à l'administration civile, parce que, au-dessous du rang de colonel, les Annamites n'ont que très-peu de considération pour les mandarins militaires.

MANDARINAT.

Les mandarins dans le royaume d'Annam forment, comme en Chine, deux catégories bien distinctes, savoir : les mandarins civils (*quan-van*) et les mandarins militaires (*quan-vo*); c'est aux premiers que sont exclusivement confiées les fonctions administratives; ils ne peuvent être pris que dans la classe des lettrés ayant satisfait aux examens; eux seuls connaissent les lois et les règlements du royaume, ainsi que son histoire; seuls, enfin, ils méritent dans la société le titre d'hommes instruits, car leurs connaissances dans les lettres sont souvent poussées très-loin. C'est pourquoi ils ont constamment la prééminence sur les mandarins militaires, dont l'ignorance est prover-

biale et dont les examens consistent à tirer plus ou moins bien de
l'arc ou autres exercices de ce genre. Cependant les très-grands dignitaires de cette deuxième catégorie de mandarins ne sont point sans
considération à la cour de Hué; mais, dans les provinces, l'autorité
appartient entièrement, on peut le dire, aux mandarins civils. Le
peuple annamite a pour eux le plus profond respect, parce qu'il les
considère comme des lettrés éminents. Cela ne doit pas surprendre
dans une société entièrement basée sur les idées de la Chine, où le
culte des lettres est, on le sait, porté au plus haut point.

HIÉRARCHIE DU MANDARINAT.

Il y a neuf degrés (*pham*) dans le mandarinat; chaque degré comporte deux classes : la première, ou vraie classe, *chanh;* la deuxième,
ou suivante, *tong*.

Degrés.	Classes.	
1. (Nhu't.)	1. (Chanh.)	Le nombre des hauts dignitaires de cette classe n'est pas dé-terminé; il y en a présentement deux : un civil, *van*, et un militaire, *vo*. Le civil, qui a la prééminence, est le grand cen-seur ou grand chancelier du royaume, qui a pour titre *daï-hoc-tri;* le second est le grand maréchal du centre, *trung-quân*, chef des maréchaux, comme on l'a déjà dit. (Ces cinq maré-chaux sont aussi appelés *ngu-tru*, c'est-à-dire les cinq colonnes du royaume.)
1. (Nhu't.)	2. (Tong.)	Les vice-grands censeurs ou vice-grands chanceliers, dont le nombre n'est pas déterminé : il y en a actuellement deux; leur titre est *hiép-bien-daï-hoc-tri.* Pour le militaire, les quatre maréchaux : *tiên-quân, ta-quân, hu'u-quân* et *hâu-quân.* Le commandant en chef de l'aile droite des *viô-lam* (sorte de garde royale), *viô-lam-hu'u-diu'c-do-thong.* L'amiral en chef, *thuy-su'-do-thong.* (Ces *do-thong* sont d'une classe au-dessus des généraux appe-lés *thong-ché*.)
2. (Nhi.)	1. (Chanh.)	Les six présidents des grands tribunaux ou ministères, que l'on nomme *thu'o'ng-thu'.* Les gouverneurs généraux des provinces, c'est-à-dire les *tong-dôc*, parce qu'ils prennent, en devenant tels, le titre de président du tribunal de la guerre, *binh-bo-thu'o'ng-thu'.* Pour le militaire, les généraux en chef commandant dix régiments, c'est-à-dire les *thong-ché.* Le vice-amiral, *thuy-su'-thong-ché.* Le commandant militaire du territoire de Hué, *Thu'a-thien-dê-doc.*
2. (Nhi.)	2. (Tong.)	Les vice-présidents ou premiers assesseurs du président d'un grand tribunal ou ministère, c'est-à-dire les *tam-tri.* Les gouverneurs des provinces, *tuân-phu*, qui prennent, en

Degrés.	Classes.	

devenant tels, le titre de *tam-tri* au tribunal de la guerre, *binh-bo-tam-tri.*

Pour le militaire, il peut y avoir des *thong-ché* de cette classe.

Les contre-amiraux au nombre de deux : *chuong-vé.*

3. (Tam.)   1. (Chanh.) — Les sous-assesseurs ou conseillers des grands tribunaux ou ministères : *thi-lang.*

Le gouverneur civil du territoire de Hué, c'est-à-dire le *phu-dioan.*

Les directeurs de l'impôt, etc. deuxièmes grands mandarins des provinces, nommés *bo-chanh* et vulgairement *quan-bo.* Il y a cette restriction que ces *quan-bo* sont dits : mandarins de province, *quan-tinh.*

Pour le militaire : les colonels des régiments royaux sur le territoire de Hué, *chanh-vé.* C'est parmi eux que sont pris les commandants des troupes dans les provinces, c'est-à-dire les *lanh-binh.*

3. (Tam.)   2. (Tong.) — Les vice-conseillers des grands tribunaux ou ministères : *bien-li.*

Le sous-gouverneur civil du territoire de Hué : *phu-thu'a.*

Pour le militaire : les lieutenants-colonels des régiments royaux sur le territoire de Hué, *pho-vé.* C'est parmi eux que sont pris les commandants en sous-ordre dans les provinces, *pho-lanh-binh.*

4. (Tu'.)   1. (Chanh.) — Les *bien-li* peuvent être de ce degré, dont sont tous les chefs de justice en province, *quan-an-sat.* Il faut remarquer ici que les trois premiers degrés du mandarinat seulement comportent le titre d'excellence, *ong-lo'n.*

Les *quan-an*, quoique du quatrième degré, sont, par exception, appelés *ong-lo'n;* mais il n'en est pas de même pour les autres mandarins du même rang.

Les délégués des ministères à l'intérieur, *lang-trung.*

4. (Tu'.)   2. (Tong.) — Les rapporteurs auprès des ministères, ou lecteurs du roi, *thi-giang-hoc-tri.*

5. (Ngu.)   1. (Chanh.) — Les délégués des ministères à l'extérieur, *vien-ngoaï-lang.*

Les rapporteurs et lecteurs du roi, nommés *thi-doc.*

Les directeurs des études dans une province, c'est-à-dire les *doc-hoc.*

5. (Ngu.)   2. (Tong.) — Les sous-délégués des ministères, *chu'-su'.*

Dans les provinces, les administrateurs d'un arrondissement nommé *phu*, c'est-à-dire les *quan-phu.*

6. (Luc.)   1. (Chanh.) — Les assesseurs du quan-phu, *dong-tri-phu.*

6. (Luc.)   2. (Tong.) — Dans les provinces : les administrateurs d'un sous-arrondissement nommé *huyen*, c'est-à-dire les *quan-tri-huyen* ou *quan-huyen.* Il y a aussi, quoique rarement, en Cochinchine des sous-arrondissements nommés *chdu.* Les *quan-tri-chdu* sont de la même classe.

Les assesseurs des administrations supérieures d'une province, c'est-à-dire les *tong-pham.*

7. (That.)   1. (Chanh.) — Les assesseurs de deuxième classe dans les administrations supérieures des provinces, c'est-à-dire les *kinh-lich.*

Degrés.	Classes.	
		Les directeurs des études dans l'étendue d'un *phu*, *giao-to*.
7.	2.	Les mêmes, dans l'étendue d'un *huyen*, *huân-dao*.
(That.)	(Tong.)	Les huitième et neuvième degrés ne font pas, à proprement parler, partie du mandarinat. Les titulaires de ces degrés ne portent pas le titre de *ong-quan* (monsieur le mandarin)[1].

NOTE II.

ADMINISTRATION ET DIVISIONS TERRITORIALES ADMINISTRATIVES DE LA BASSE COCHINCHINE.

Le pays de *Gia-dinh* ou basse Cochinchine est divisé aujourd'hui en six provinces, qui sont, en partant de la frontière au nord et allant jusqu'au golfe de Siam, les provinces de *Bien-hoa*, *Gia-dinh*, *Dinh-tuong*, *Vinh-long*, *An-giang* et *Ha-tien*.

Division en provinces.

Les trois premières sont devenues françaises à la suite du traité conclu à Saï-gon le 5 juin 1862, et les trois dernières, séparées par le grand fleuve *antérieur*, demeurent sous le gouvernement d'Annam.

Ces six provinces, sous le régime annamite, formaient un tout homogène, sorte de vice-royauté placée entre les mains d'un envoyé impérial ayant le titre de *kinh-luôc* et résidant à la citadelle de Saï-gon.

Vice-roi.

En outre, trois d'entre elles, nommées *grandes provinces*, avaient chacune sous sa haute administration une deuxième province appelée *petite province* : cela donnait lieu à trois gouverneurs généraux, nommés *tong-dôc*, et à trois gouverneurs ordinaires, nommés *tuân-phu*. Ainsi le *tong-dôc* de *Gia-dinh* avait sous ses ordres le *tuân-phu* de *Bien-hoa*; celui de *Vinh-long* avait le *tuân-phu* de *Dinh-tuong*, et enfin le *tuân-phu* de *Ha-tien* était placé sous les ordres du *tong-dôc* d'*An-giang*.

Gouverneurs généraux et gouverneurs (tong-dôc, tuân-phu).

Pourtant cette administration supérieure n'empêchait nullement chaque province d'avoir son administration propre et parfaitement distincte et déterminée. C'est, en effet, une des règles les plus remarquables du système annamite de laisser chaque fonctionnaire placé à

---

[1] On est loin d'avoir eu la prétention de donner ici une liste complète de la hiérarchie du royaume d'Annam; on a voulu simplement montrer des exemples suffi-sants pour que l'on puisse se former une idée de cette hiérarchie et avoir des points de comparaison capables de servir à classer les fonctionnaires selon leur rang.

la tête d'un service libre autant que possible, et surtout responsable de ses actes, sans cependant que la hiérarchie, très-forte et très-respectée dans ce royaume, ait jamais à en souffrir.

Chaque province avait donc, comme on vient de le dire, son gouverneur général ou gouverneur, au-dessous duquel vient en première ligne le mandarin appelé *quan-bo*, et qui a la haute direction des impôts, des registres de population, des levées de troupes, de la surveillance[1] de l'agriculture, etc. Après le *quan-bo* (dont les fonctions sont quelquefois, dans les petites provinces, entre les mains du *tuân-phu*), vient le troisième grand mandarin, que l'on nomme *quan-an*, et qui, en sa qualité de chef de la justice, collationne, revise, approuve, légalise, etc. toutes les plaintes judiciaires de la province; le tribunal de ce fonctionnaire est une cour d'appel; c'est par-devant lui que sont jugés les cas très-graves et qui sont l'objet de rapports au roi. Le *quan-an* a aussi sous ses attributions le service de la poste, qui en Cochinchine est uniquement officiel. Après ces trois grands mandarins, qui sont au royaume d'Annam la base de toute administration[2], vient l'autorité militaire, placée sous un officier général, qui a le titre de *lanh-binh*.

Ce *lanh-binh*, dont le lieutenant est nommé *pho-lanh-binh*, commande directement les troupes de la province; mais il est entièrement placé sous les ordres du gouverneur.

Les *lanh-binh* sont pris parmi les colonels des régiments royaux, c'est-à-dire parmi les *chanh-vê*, et les *pho-lanh-binh* sont pris parmi les *pho-vê*, ou lieutenants-colonels de ces mêmes régiments.

Ce qui élève surtout les gouverneurs (*tong-dôc* ou *tuân-phu*) au-dessus des autres grands mandarins d'une province, c'est que les premiers sont dits mandarins de la capitale, *kinh-quan*, tandis que les *quan-bo* et les *quan-an* sont simplement mandarins de province, *quan-tinh*, n'ayant pas rang à la cour.

Lorsqu'un mandarin est envoyé comme gouverneur général dans une province, il prend le titre honorifique de président du tribunal de la guerre (*binh-bo-thu'o'ng-thu'*). Cela lui donne la première classe du deuxième degré de mandarinat[3].

---

[1] Les fonctions du *quan-bo* sont plus particulièrement développées dans le code annamite, livre des *Lois fiscales et civiles*.

[2] Afin de laisser plus de clarté à cette note, en ne parlant que des fonctionnaires chefs d'administration, nous ne mentionnons pas les nombreux employés des grands tribunaux. Les principaux de ces employés sont les *tong-phâm* et les *kinh-lich*, que, par exemple, le *quan-bo* envoie pour inspecter les champs à sa place, etc. Tous les autres sont, en général, des *tho'-laï* ou greffiers.

[3] Le mandarinat se compose, comme on l'a vu, de neuf degrés, et chaque degré se divise en deux classes.

S'il s'agit d'un simple gouverneur ou *tuân-phu*, son titre honorifique est : vice-président du tribunal de la guerre (*binh-bo-tam-tri*). Son rang est la deuxième classe du deuxième degré.

Le *quan-bo* ou *bo-chanh* est de la première classe du troisième degré, et le *quan-an*, de la première classe du quatrième degré. Ces divers mandarins ont tous droit au titre d'excellence (*ong-lo'n*). Ce titre est exceptionnellement accordé au *quan-an*, car son rang ne le comporte pas.

Une province annamite est divisée en un certain nombre d'arrondissements, nommés *phus*, à la tête desquels est un mandarin appelé *quan-phu*, dont le rang est la deuxième classe du cinquième degré. Ce magistrat est chargé, en réalité, de tout le détail de l'administration de son arrondissement, en tant que surveillance générale, impôts, agriculture, justice, etc. Il doit rendre compte à l'administration supérieure, dont le siége est la citadelle formant chef-lieu de la province.

Le *phu* est lui-même subdivisé en sous-arrondissements, nommés *huyens*, à la tête desquels sont placés des mandarins dits *quan-huyen*, et qui, selon la règle fondamentale, sont les aides du *quan-phu*, sous les ordres duquel ils sont hiérarchiquement placés.

Cependant il est d'usage que le *quan-phu* ne conserve que la haute surveillance de son arrondissement, et que le courant des affaires du *huyen*, telles qu'impôts, levées de troupes, justice ordinaire, etc. soit transmis directement au *quan-huyen* par les chefs de la haute administration, sans passer par le *quan-phu*, et réciproquement. Cela a lieu dans le but d'alléger la charge de ce *quan-phu*, et aussi de simplifier la marche des affaires.

Le *phu* étant, comme on vient de le dire, divisé en *huyens* (en général de trois à cinq), le *huyen* sur le territoire duquel réside le *quan-phu* est directement administré par lui, sous le nom de *kiem-li*. Cela a pour objet l'économie d'un *quan-huyen*, et il est bon de remarquer à ce propos que le but constant de l'administration annamite est de réduire autant qu'il est possible le nombre des mandarins. On dit donc, par exemple, *Tan-binh-phu kiem-li Binh-diuong-huyen*, ce qui signifie que le *quan-phu* de *Tan-binh*, tout en ayant la surveillance générale de ce *phu*, administre directement le *huyen* de *Binh-diuong*. C'est donc uniquement pour alléger le *quan-phu* que les *quan-huyen* administrent directement leur sous-arrondissement et ont la correspondance avec le chef-lieu de la province.

Cependant la plupart des personnes qui en appellent d'une sentence au chef-lieu de la province sont le plus souvent renvoyées par-devant le tribunal du *quan-phu*, qui examine la cause de l'appel.

Quant aux affaires graves et importantes, lorsqu'elles ont été examinées par le *quan-huyen*, elles sont soumises au contrôle du *quan-phu*, qui y appose son cachet, et c'est alors seulement que le *quan-huyen* soumet l'affaire au chef-lieu de la province.

Les *quan-phu* et les *quan-huyen* ont auprès d'eux un premier secrétaire, appelé *dé-laï*, lequel a sous ses ordres les greffiers, nommés *tong-laï*. Ces divers employés n'ont pas rang de mandarin.

Les *quan-huyen*, qui sont pris exclusivement parmi les lettrés ayant primitivement satisfait aux examens et puis acquis une connaissance suffisante des affaires dans l'un des grands tribunaux du chef-lieu de la province, reçoivent d'abord le titre de *quan-huyen* provisoire (*kuyen-huyen*). Ils conservent ce titre pendant trois années, après lesquelles ils sont confirmés dans leur fonction sous le titre de *chanh-huyen*. Si, après trois nouvelles années, il n'y a aucun reproche grave à leur adresser durant leur gestion, ils sont aptes à être nommés *quan-phu* provisoire (*kuyen-phu*), et enfin, après trois ans encore, *chanh-phu*.

Ce temps écoulé pour les *quan-phu*, ils doivent (comme les *quan-huyen*), en tout cas, changer d'arrondissement, ou bien s'ils reçoivent de l'avancement, c'est pour remplir soit quelque fonction auprès de l'administration supérieure de la province, soit la charge de *doc-hôc* (chef des études), soit, le plus souvent, un emploi à la capitale dans l'un des six grands tribunaux ou ministères (*luc-bo*).

Quant aux mandarins supérieurs de la province, il n'y a pour eux aucune limite déterminée, soit comme avancement, soit comme temps de résidence; c'est la volonté royale qui les nomme et qui les maintient ou les avance, sans aucune règle précise.

Les hautes études dans une province, c'est-à-dire l'étude des livres de la Chine, qui ont pour but de satisfaire aux examens, en dehors desquels il n'est pas possible de s'élever dans le mandarinat, sont dirigées, dans toute l'étendue de la province, par un mandarin civil de la 1re classe du 5e degré, nommé *doc-hoc*. Cette direction est plutôt une surveillance générale, car il n'y a pas d'écoles proprement dites, l'enseignement étant entièrement libre; cependant, les mandarins du rang de *doc-hoc* étant, en général, fort instruits, et ayant une certaine influence dans les examens, les élèves vont de préférence étudier chez eux, de sorte que leurs fonctions véritables sont, en définitive, celles de préparateurs pour les examens, et comme leur solde est extrêmement minime, ils ne sont pas fâchés d'avoir le plus grand nombre d'élèves possible. Il en est exactement de même pour les directeurs d'études placés sous leurs ordres, qui sont nommés *giao-to* pour l'étendue d'un *phu* et *huân-dao* pour un *huyen*. Les premiers sont de la 1re classe du 7e degré, et les seconds, de la 2e. C'est souvent chez ces directeurs, ou mieux professeurs, que sont pris les *quan-huyen*, qui sont, lorsqu'ils sont en titre, de la 2ᵉ classe du 6ᵉ degré.

Nous avons dit que les *doc-hoc* ont une certaine influence dans les examens; cependant ils ne font qu'assister les examinateurs, et encore hors de leur province, ce qui les empêche d'examiner leurs propres élèves, vu qu'il est interdit de se présenter autre part que dans sa province. Néanmoins beaucoup d'abus se commettent, parce que les *doc-hoç*, en général très-pauvres, se font de mutuelles concessions. Il résulte de ces abus que les bacheliers annamites sont, pour la plupart, très-inférieurs à leurs collègues de Chine.

Quant aux vrais examinateurs, ils viennent de *Hué*, et sont désignés par le roi lui-même : le premier prend le titre de *chành-chu-khao*, et le second, celui de *pho-chu-khao*. Ce sont toujours de hauts mandarins, quelquefois des gouverneurs de province; mais, dans ce cas, ils président les examens dans une autre province que la leur. Ils sont assistés par plusieurs mandarins inférieurs à eux; ceux-ci les aident à corriger les épreuves écrites dont se compose l'examen, qui n'a pas de partie orale.

Les grades littéraires sont les mêmes qu'en Chine. Le moins élevé est celui de *tu-taï*, que nous avons traduit par bachelier; puis vient celui de *khu'-nho'n*, que nous désignons par le mot de licencié, et enfin les docteurs, *tin-tri*. Ceux-ci ont leur nom inscrit dans la capitale. Les époques d'examen sont basées sur ce qui se fait en Chine.

Tout ce qui précède représente l'administration officielle placée entre les mains des mandarins, auxquels le roi délègue une partie de son autorité. Ainsi cette délégation de l'autorité royale s'arrête, dans une province, au *quan-huyen*, qui est le dernier des chefs d'administration. Au-dessous se trouve la commune, qui part de l'homme du peuple pour s'élever jusqu'au chef de canton. Ce sont là de véritables franchises communales, qui établissent une pondération des pouvoirs extrêmement remarquable. Le *huyen* est donc divisé en cantons, et le canton se subdivise en villages. Le village est l'unité dans le royaume d'Annam, où il n'y a pas, à proprement parler, de centre de population portant le nom de ville, mais uniquement des agglomérations de villages dans les centres importants, tels que Hué, Saï-gon, etc. Le village ou la commune est administré directement par son maire, officiellement appelé *thôn-tru'o'ng*, et vulgairement *ông-xa*. Ce maire est l'élu de ses concitoyens; il est naturellement choisi parmi les personnes qui ont quelque connaissance des affaires administratives. Les notables du village, *ông-huong*, qui le plus souvent ont déjà exercé les fonctions municipales, lui composent une sorte de conseil qui le dirige dans les circonstances difficiles.

Maire. Le maire a, en outre, sous ses ordres des officiers municipaux, *ly-tru'o'ng* et *pho-ly*, en nombre relatif à l'importance du village. C'est par les soins du maire et sous sa responsabilité qu'est directement administrée la commune: c'est lui qui prélève les impôts d'après les cahiers de contribution de l'année courante, cahiers qui lui sont remis par ordre du *quan-bo*; c'est lui qui accompagne les impôts au chef-lieu de la province, et qui en reçoit récépissé. C'est également le maire qui doit fournir le nombre de soldats que comporte la population de sa commune; il veille à l'entretien de ces soldats: la loi le rend jusqu'à un certain point responsable de leur désertion. C'est encore lui qui, aux époques de corvées ou prestations en nature, lève le nombre voulu de travailleurs, etc. On voit, par ces exemples, que l'autorité du maire est considérable, et qu'elle pourrait facilement dégénérer en abus, s'il n'était contrôlé d'abord par le conseil des notables, comme l'a voulu la coutume, et, en deuxième lieu, surveillé par le chef de canton d'abord, puis par le *quan-huyen*, comme l'a établi la loi. Il résulte de ces divers contrôles que le peuple proprement dit est loin d'être malheureux, comme on l'a prétendu, et qu'il jouit, au contraire, d'une très-grande somme de liberté, surtout dans un pays où le respect de l'autorité est un véritable culte.

Chefs de canton. Au-dessus du maire est le chef de canton, *caï-tong*, et son second, *pho-tong*, choisis directement par l'autorité parmi les maires les plus intelligents, tandis que le maire élu par ses égaux est simplement confirmé par l'autorité des mandarins.

Les chefs de canton sont chargés de la surveillance et des affaires dans toute l'étendue de leur canton, qui contient, en général, de huit à quinze villages (quelquefois plus). Ils n'ont aucun rang dans le mandarinat. Ils sont appelés à juger les différentes affaires litigieuses qui sont exposées de vive voix, mais jamais les plaintes écrites, qui sont au-dessus de leur compétence. Ils n'ont pas le droit de rendre une sentence écrite; ce sont des juges de paix en conciliation. Si la plainte est rédigée en mémoire, elle doit être soumise au tribunal du *quan-huyen*, et il est interdit au chef de canton ou à son sous-chef de s'en mêler.

Si cependant l'affaire est de très-grande importance, on doit d'abord l'exposer au chef de canton, uniquement comme preuve à l'appui, et afin, par exemple, qu'il soit bien établi que l'on n'a pas caché au chef de canton un fait qui peut intéresser la sécurité de l'État ou le repos des citoyens, et, après cela, la plainte devra être soumise au tribunal du *quan huyen* ou du *quan-phu*, selon le cas.

Cette inaptitude où se trouvent les chefs de canton à rendre une sentence est due à leur peu de connaissance des lettres et à leur ignorance du code.

Lorsqu'un chef de canton a six ans d'exercice, et qu'il n'a été lè sujet d'aucune plainte, on peut lui donner la dignité de *tong-cu'u-pham-am* (2ᵉ classe du 9ᵉ degré). Enfin, après six ans de nouveaux services, ce chef de canton est apte à recevoir le titre de *ba-ho* ou *tien-ho* (anciens titres de petite noblesse militaire en Chine, auxquels les gens du peuple, dans le royaume d'Annam, attachent un grand prix).

Nous allons, après cet exposé succinct, bien suffisant pour se faire une idée précise de l'administration d'une province annamite, donner le tableau des divisions territoriales administratives pour ce qui concerne la basse Cochinchine. Les trois provinces françaises étant pour nous de beaucoup les plus importantes, on trouvera dans ce tableau leurs subdivisions en cantons, avec indication du nombre de communes; quant aux provinces restées annamites, on s'est borné à en donner les *phus* et les *huyens*. Les personnes qui désireront connaître plus particulièrement les rouages de l'administration du pays d'Annam trouveront suffisamment de détails dans le Code de législation où est exposé l'ensemble des lois et des règlements de ce royaume.

FIN DE L'APPENDICE.

TABLE DES MATIÈRES.

CHAPITRE II.

CHAPITRE III.

CHAPITRE IV.

CHAPITRE V.

APPENDICE.

DEUXIÈME PARTIE.

CHAPITRE PREMIER.

CHAPITRE II.

APPENDICE.

FIN DE LA TABLE.